"इक्कीसवीं सदी में, हिन्दूवाद में एक सार्वभौमिक धर्म के बहुत–से गुण दिखाई देते हैं। एक ऐसा धर्म, जो एक निजी और व्यक्तिवादी धर्म है; जो व्यक्ति को समूह से ऊपर रखता है, उसे समूह के अंग के रूप में नहीं देखता। एक ऐसा धर्म, जो अपने अनुयायियों को जीवन का सच्चा अर्थ स्वयं खोजने की पूरी स्वतन्त्रता देता है और इसका सम्मान करता है। एक ऐसा धर्म, जो धर्म के पालन के किसी भी तौर–तरीक़े के चुनाव की ही नहीं, बल्कि निराकार ईश्वर की किसी भी छवि के चुनाव की भी पूरी छूट देता है। एक ऐसा धर्म, जो प्रत्येक व्यक्ति को स्वयं सोच–विचार करने, चिन्तन–मनन और आत्म–अध्ययन की स्वतन्त्रता देता है।"

"हिन्दूवाद एक अन्तर–निर्देशित या अन्तर–उन्मुख धर्म है जो आत्म–बोध पर और आत्मा और ब्रह्म (परमात्मा) के मिलन या एकात्मता पर ज़ोर देता है। दूसरी तरफ़, हिन्दुत्व एक बाह्य–उन्मुख धारणा है, जो एक राजनीतिक उद्देश्य के लिए सामाजिक–सांस्कृतिक पहचान पर केन्द्रित है। इसलिए 'हिन्दुत्व' हिन्दूवाद के केन्द्रीय सिद्धान्तों और मान्यताओं से पूरी तरह कटी हुई धारणा है। फिर भी यह हिन्दूवाद की पीठ पर सवार होकर और इसका प्रतिनिधित्व करने का दावा करके अपने लक्ष्य को प्राप्त करना चाहती है। यह हिन्दू धर्म को ईश्वर के साथ जुड़ने के माध्यम की बजाय एक सांसारिक–राजनीतिक पहचान के बिल्ले के रूप में देखती है। इसका स्वामी विवेकानन्द या आदि शंकराचार्य के हिन्दूवाद से कुछ भी सम्बन्ध नहीं है।"

" 'हिन्दुत्व अभियान' आत्मविश्वास का प्रतीक न होकर असुरक्षा की भावना का सूचक है। यह अतीत में बार–बार मुसलमानों के हाथों हिन्दू राजाओं की पराजय और अपमान की कथाओं और विजेताओं द्वारा मन्दिरों के विनाश और ख़ज़ानों की लूट की घटनाओं की याद दिलाते रहने पर ही टिका हुआ है। दूसरे शब्दों में कहें तो हिन्दुत्व वृत्तान्त हिन्दुओं को 'पीड़ित' के रूप में प्रस्तुत करता है, न कि एक महान सभ्यता और धर्म के गर्वीले प्रतिनिधियों के रूप में। यह विफलता और पराजय की भावना का वृत्तान्त है, न कि एक महान और विश्व के सबसे उदात्त धर्म का आत्मविश्वास भरा वृत्तान्त। यह अतीत की विफलताओं की स्मृतियों में क़ैद वृत्तान्त है, इसलिए इसे एक विकासशील वर्तमान और सुनहरा भविष्य दिखाई ही नहीं देता।"

"एक हिन्दू के रूप में मैं ऐसे धर्म से सम्बन्ध रखता हूँ जो मेरे पूर्वजों के प्राचीन ज्ञान से ओत–प्रोत है। मैं अपनी जन्मभूमि में अपने धर्म के इतिहास पर गर्व करता हूँ। मैं आदि शंकराचार्य की यात्राओं पर गर्व करता हूँ, जिन्होंने देश के दक्षिणी छोर से उत्तर में कश्मीर तक और पश्चिम में गुजरात से पूर्व में ओडिशा तक यात्राएँ करते हुए हर जगह विद्वानों के साथ शास्त्रार्थ किया, धार्मिक प्रवचन दिये और अपने मठ स्थापित किये। मेरी इस भावना को हार्वर्ड की विद्वान डायना ईक के भारत के 'पवित्र भूगोल' की इन पंक्तियों से और बल मिलता है–'तीर्थयात्राओं के अनेकानेक मार्गों से आपस में गुँथे लोग'। महान दार्शनिक और भारत के राष्ट्रपति डॉ. सर्वपल्ली राधाकृष्णन ने हिन्दुओं को परिभाषित करते हुए लिखा था–'एक साझे इतिहास, साझे साहित्य और साझी सभ्यता वाली विशिष्ट सांस्कृतिक इकाई'। हिन्दूवाद के साथ अपना जुड़ाव व्यक्त करते हुए मैं सचेत रूप से इस भूगोल और इतिहास, साहित्य और सभ्यता का वारिस होने का दावा करता हूँ; (करोड़ों अन्य वारिसों के साथ) उस आराध्य परम्परा का उत्तराधिकारी होने का दावा, जो युगों–युगों से यूँ ही चली आ रही है।"

मैं हिन्दू क्यों हूँ

शशि थरूर

अनुवाद

युगांक धीर

वाणी प्रकाशन

वाणी प्रकाशन

4695, 21-ए, दरियागंज, नयी दिल्ली 110 002

फ़ोन : +91 11 23273167 फ़ैक्स : +91 11 23275710

शाखाएँ

अशोक राजपथ, पटना 800 004, बिहार

कॉफ़ी हाउस कैम्पस, महात्मा गांधी मार्ग, इलाहाबाद 211 001, उत्तर प्रदेश

महात्मा गांधी अन्तरराष्ट्रीय हिन्दी विश्वविद्यालय, वर्धा 442 001, महाराष्ट्र

www.vaniprakashan.com
marketing@vaniprakashan.in
sales@vaniprakashan.in

Main Hindu Kyon Hoon
by Shashi Tharoor
Translated by Yugank Dhir

Originally Published as *Why I Am A Hindu*

ISBN : 978-93-88434-65-2
Non-Fiction

पेपरबैक प्रथम संस्करण 2018
पेपरबैक द्वितीय संस्करण 2019
पेपरबैक तृतीय संस्करण 2022

मूल्य : ₹ 399

सिटी प्रेस, दिल्ली-110 095 में मुद्रित

वाणी प्रकाशन का लोगो मक़बूल फ़िदा हुसेन की कूची से
Vani Prakashan's signature motif is created by artist Maqbool Fida Husain

मेरी माँ

लिली थरूर

के लिए

जिनकी आस्था उनके संशयवाद के बावजूद

निष्कलंक है

मैं क्या वस्तु हूँ मैं नहीं जानता
मैं अकेला भटकता रहा अपने मस्तिष्क का बोझ उठाए,
जब सत्य का प्रथम अंकुर मुझमें फूटा
तो उस स्व–जनित शब्द में मेरा भी हिस्सा था।

–ऋग्वेद, I.164.37

हमारी पूजा से कहीं आप क्रुद्ध न हो जाएँ, प्रभु
हमारी तुच्छ स्तुति से, हमारी उथली अर्चना से।

–ऋग्वेद, II.33.4

मेरे इन वचनों से प्रभु प्रसन्न हों।

–ऋग्वेद, I.25.18

अनुवादक की ओर से

नयी पीढ़ी का धर्म–ग्रन्थ

लगभग एक दशक तक पत्रकारिता और टाइम्स ऑफ़ इण्डिया ग्रुप (धर्मयुग) से जुड़े रहने के बाद पिछले पन्द्रह वर्षों में मैं लगभग तीस पुस्तकों का अनुवाद कर चुका हूँ। इनमें 'रूसो की आत्मकथा', 'इजाडोरा की प्रेमकथा' ('माय लाइफ़', इजाडोरा डंकन), 'प्रेम का वास्तविक अर्थ और सिद्धान्त' ('आर्ट ऑफ़ लिविंग', एरिक फ्रॉम), 'स्त्री और पराधीनता' ('सब्जेक्शन ऑफ़ वीमेन', जॉन स्टुअर्ट मिल्स), 'हेलेन केलर की आत्मकथा', 'मादाम बावेरी' (गुस्ताव फ्लेबयेर), 'गॉन विद द विंड' (मार्गरेट मिशेल), 'इतिहास का स्पर्शबोध' (के. के. बिड़ला की आत्मकथा), 'एक ज़िन्दगी काफ़ी नहीं' (कुलदीप नैयर), और भगत सिंह पर अब तक की सबसे प्रामाणिक पुस्तक 'सरफ़रोशी की तमन्ना : भगत सिंह का जीवन और मुक़दमा' (कुलदीप नैयर), और 2014 में नोबेल पुरस्कार से सम्मानित 'एक गुमशुदा यहूदी लड़की' ('डोरा ब्रूडर', पैट्रिक मोदियानो) जैसी कई अन्तर्राष्ट्रीय और राष्ट्रीय स्तर पर प्रतिष्ठित और ख्याति प्राप्त पुस्तकें शामिल हैं।

परन्तु मैं बिना किसी संकोच के यह कह सकता हूँ कि शशि थरूर साहब की यह पुस्तक मेरे द्वारा अनूदित सबसे महत्त्वपूर्ण पुस्तक है।

थरूर साहब की तरह मुझे भी होश सँभालते ही हिन्दू धर्म की भव्यता, विराटता, विविधता, निजता और इससे जुड़ी अनन्त स्वतन्त्रता के कारण अपने हिन्दू होने पर गर्व होने लगा था, परन्तु जब मैं अपने आसपास के बहुत–से हिन्दुओं को अन्धविश्वासों में लिपटे, पण्डितों–ज्योतिषियों के पाखण्डवाद में उलझे, भगवान के साथ 'प्रसाद चढ़ाने' के रूप में सौदेबाज़ी करते और एक सच्ची और गहरी धार्मिक आस्था (जो हमें नैतिक–शक्ति और मन की शान्ति प्रदान करती है) से लगभग पूर्णतः वंचित देखता था तो मैं हमेशा सोचता था कि कोई ऐसी पुस्तक आसानी से और जगह–जगह उपलब्ध क्यों नहीं है जो आम हिन्दुओं को बहुत सरल भाषा में उनके महान धर्म

के बारे में बता सके। (मुझे यह सब उससे भी सरल भाषा में 1960 के दशक की पौराणिक और सामाजिक फ़िल्मों और रामलीला के भव्य मंचनों ने सिखा दिया था।)

आख़िर शशि थरूर साहब ऐसी एक पुस्तक ले आये हैं और स्वाधीन भारत में एक मार्गदर्शक हिन्दू ग्रन्थ की बहुत बड़ी कमी पूरी हो गयी है। उन्होंने जो कठिन, जटिल और चुनौतीपूर्ण काम कर दिखाया है, उसके लिए हम सब हिन्दुओं (और ग़ैर–हिन्दुओं समेत हम सब भारतीयों) को ही नहीं, बल्कि 'विश्व हिन्दू परिषद' और 'राष्ट्रीय स्वयंसेवक संघ' जैसी संस्थाओं को भी उनका आभारी होना चाहिए।

युवावस्था में पहुँचने के बाद जब मुझे 'राष्ट्रीय स्वयंसेवक संघ' और 'विश्व हिन्दू परिषद' जैसी संस्थाओं के अस्तित्व का पता चला तो मेरे मन में हमेशा यह विचार आता रहा कि मुसलमानों या ईसाइयों के पीछे पड़े रहने की बजाय इन संस्थाओं की पहली ज़िम्मेदारी हिन्दू धर्म की महानता और इसके सिद्धान्तों और शिक्षाओं पर सरल भाषा में छोटी–छोटी पुस्तकें तैयार करवाना और उन्हें जन–जन तक पहुँचाना है ताकि आधुनिक युग का हिन्दू समाज अन्धविश्वासों और पाखण्डों से मुक्त होकर अपनी धार्मिक आस्था के साथ अधिक सच्चाई और गहराई से जुड़ सके। (यदि शशि थरूर साहब अनुमति दें–और वाणी प्रकाशन का आदेश हो–तो मैं उनकी इस पुस्तक के आधार पर और भी सरल भाषा में पाँच–छह छोटी–छोटी पुस्तकें तैयार करना चाहूँगा ताकि इस पुस्तक में निहित अमूल्य ज्ञान और सन्देश जन–जन तक पहुँच सके।)

जिस तरह थरूर साहब के इष्ट देवता गणेश जी हैं, उसी तरह मैं मर्यादा–पुरुषोत्तम राम को अपना आदर्श मानता रहा हूँ और उनकी मर्यादाशीलता, दृढ़ निश्चय, त्याग और नैतिकता की माँग होने पर रावण–वध की न्यायोचितता से हमेशा प्रेरणा लेता रहा हूँ। आश्चर्य की बात यह है कि हम उनके नाम पर अयोध्या में मन्दिर बनाने की बात तो करते हैं, परन्तु उनकी मर्यादाशीलता और उनके जीवन–मूल्यों का अनुसरण करने और इनका प्रचार–प्रसार करने का कोई प्रयास नहीं कर रहे हैं। (राष्ट्रपिता महात्मा गाँधी भी भगवान राम को अपना आदर्श मानते थे, इसीलिए वे भारत में राम–राज्य देखना चाहते थे।)

बहुत–से लोग 'हिन्दुत्व' को 'हिन्दूइज़्म' का हिन्दी पर्यायवाची समझते

हैं, जो सही नहीं है। 'हिन्दूइज़्म' का हिन्दी पर्यायवाची 'हिन्दूवाद' या 'हिन्दू धर्म' है, न कि 'हिन्दुत्व'। जैसाकि थरूर साहब ने ठीक ही लिखा है, 'हिन्दुत्व' का अंग्रेज़ी अनुवाद 'हिन्दूनेस' है, न कि 'हिन्दूइज़्म'। इस पुस्तक में 'हिन्दूइज़्म' के लिए कहीं 'हिन्दूवाद' और कहीं 'हिन्दू धर्म' शब्दों का प्रयोग किया गया है।

यह पुस्तक पढ़ने के बाद पाठकों के मस्तिष्क में न सिर्फ़ 'हिन्दूवाद' और 'हिन्दुत्व' का अन्तर स्पष्ट हो जायेगा, बल्कि उन्हें 'भारतीयता' का सच्चा और गहरा अर्थ भी समझ में आ जायेगा। थरूर साहब की तरह मैं भी यह मानता रहा हूँ कि 'हिन्दूवाद' की संस्कृति एक धरोहर और विरासत की तरह इस देश के कण–कण में बसी हुई है। फिर भी, स्वाधीन भारत प्राचीन वेदों, आदि शंकराचार्य के वेदान्त दर्शन और भक्ति–आन्दोलन के साथ–साथ मुग़ल और ब्रिटिश साम्राज्य की मिली–जुली संस्कृति की उपज है। यही कारण है कि भारत इतना महान, विराट और शक्तिशाली है। यदि हम भारत को अमेरिका की तरह एक बहुसांस्कृतिक महाशक्ति के रूप में उभरते देखना चाहते हैं तो हमें इस मिली–जुली संस्कृति को बनाये और बचाये रखना चाहिए।

–युगांक धीर

अनुक्रम

यह किताब लिखने के कारण

मैंने यह किताब दो ख़ास कारणों से लिखी है। पहला तो यह कि मैं ख़ुद अपने लिए, और जिस किसी की भी इसमें दिलचस्पी हो उसके लिए, उस धर्म की असाधारण बुद्धिमत्ता और गुणों को जानने–समझने की कोशिश करना चाहता था, जिसके साथ मैं पिछले साठ वर्षों से जीता रहा हूँ–वह धर्म, जिसे मैंने अपने पिता और दूरारों से विरासत में मिले विश्वासों और परम्पराओं, अपने ख़ुद के अनुभवों और धर्म–ग्रन्थों के ढेरों अनुवादों और व्याख्याओं के अध्ययन के माध्यम से अपने जीवन में ढालने की कोशिश की है। दूसरे, मैं इस किताब के माध्यम से यह भी दिखाना चाहता था कि 1980 के दशक से हिन्दुत्व का जो असहिष्णु और अक्सर हिंसक स्वरूप भारतीय जनमानस पर हावी होने लगा है, वह हिन्दूवाद की भावना के बिल्कुल विपरीत है, जो दुनिया का सबसे बहुलवादी, समावेशी, उदार और विस्तृत धर्म है।

मैं न तो संस्कृत और न ही हिन्दूवाद का शास्त्री हूँ, और न ही मैं धर्म पर कोई शास्त्रीय ग्रन्थ लिखने बैठा हूँ। हिन्दू धर्म के बारे में मेरी दृष्टि एक आम आदमी की दृष्टि है, और मैंने इस धर्म के बारे में अपना दृष्टिकोण प्रस्तुत किया है, जैसाकि मैंने इसे जाना–समझा है। इसके अलावा मैंने इसके प्रमुख पहलुओं का सरल सार–संक्षेप भी प्रस्तुत किया है। जैसाकि आगे स्पष्ट होगा, हिन्दूवाद का मर्म और सार–तत्त्व समझाने के लिए मैं इसके महानतम शिक्षकों और गुरुओं पर निर्भर रहा हूँ। मेरा वृत्तान्त ख़ुद देखे–भोगे अनुभवों और महत्त्वपूर्ण धर्म–ग्रन्थों और शास्त्रीय व्याख्याओं के गहन अध्ययन के दायरे में गढ़ा गया है। मैंने प्राचीन ग्रन्थों में निहित हिन्दूवाद की धारणाओं, अनेक चिन्तकों द्वारा उनके क्रमिक विकास और हिन्दुत्व की विचारधारा से जुड़े चलनों और चुनौतियों को एक साथ और एक मंच पर प्रस्तुत करने का प्रयास किया है। मैंने इतिहासकारों,

धर्मशास्त्रियों और समाजशास्त्रियों के सैद्धान्तिक दृष्टिकोण की बजाय हिन्दूवाद के प्राचीन ग्रन्थों और हिन्दुत्व की आधुनिक मान्यताओं, दोनों का ही उनके अपने शब्दों में वर्णन प्रस्तुत किया है। इस तरह, मुझे आशा है कि पाठकों को दुनिया के प्राचीनतम और महानतम धर्म और इसके समकालीन अस्तित्व का एक स्पष्ट, सजीव और विचारशील वृत्तान्त पढ़ने को मिल सकेगा।

लेकिन मैं हिन्दूवाद का एक समग्र चित्र प्रस्तुत करने का दावा नहीं कर रहा हूँ, जो इस पुस्तक के दायरे और पृष्ठ संख्या से बहुत बड़ा विषय है। मैंने हिन्दू विचारधारा के उन पहलुओं का वर्णन किया है जो मेरे लिए महत्त्वपूर्ण हैं; उन प्रथाओं पर प्रश्न–चिह्न लगाया है जो मुझे कम रुचिकर लगती हैं; पीढ़ी–दर–पीढ़ी विकसित, संशोधित और पुनर्जाग्रत होने की हिन्दू धर्म की क्षमता और इसके इतिहास का गहराई से विवेचन किया है; और साथ ही एक बहुधर्मी और बहुभाषी देश में हिन्दू होने की भावना और इसके अर्थ को भी समझने की कोशिश की है। इस प्रक्रिया में मैंने इसकी विचारधारा से जुड़ी बहस और चुनौतियों को भी उतनी ही जगह दी है, और इसकी कालातीत तत्त्वमीमांसा को भी।

पुस्तक तीन खण्डों में विभाजित है। पहले खण्ड 'मेरा हिन्दूवाद' में मैंने हिन्दू धर्म के सभी पहलुओं को छुआ है–इसके प्रमुख पन्थ, मत, गुरु और शिक्षाएँ, और साथ ही इसकी कुछ ज़्यादा प्रश्न किए जाने योग्य प्रथाएँ भी। दूसरे खण्ड 'राजनीतिक हिन्दूवाद' में मैंने राजनीतिक नेताओं, रणनीतिज्ञों, विचारकों और उनके धार्मिक सहयोगियों द्वारा अपने हितों के लिए हिन्दू धर्म को 'हाइजैक' करने की कोशिशों का वर्णन किया है। तीसरे खण्ड 'सच्चे हिन्दूवाद की वापसी' में मैंने हिन्दू धर्म को आज दिखायी देने वाली ज़्यादतियों और विकृतियों से मुक्त करके इसके सच्चे और मूल स्वरूप और मर्म को फिर से स्थापित करने के उपायों की चर्चा की है, जो कई पहलुओं से इक्कीसवीं सदी के लिए लगभग एक आदर्श धर्म हो सकता है।

कुछ पाठकों के लिए यह जिज्ञासा का विषय हो सकता है कि पुस्तक के शीर्षक–'मैं हिन्दू क्यों हूँ'–में 'मैं' कौन है? क्या यह एक विचारशील आम हिन्दू है, जो अंग्रेज़ी में पढ़ा–लिखा है और आधुनिक भारत का प्रतिनिधित्व करता है– जो अपने धर्म को लेकर अपने–आपसे कुछ प्रश्न

पूछ रहा है? या यह आज के मुद्दों से जूझता एक राजनीतिज्ञ है और एक गहरी छटपटाहट और निराशा की भावना से लिख रहा है, क्योंकि हिन्दू धर्म को बहुत कम समझने वाले और अपनी ख़ुद की ही एक विचारधारा से प्रभावित और उन्मादित लोग उस पर 'हिन्दू–विरोधी' होने का आरोप लगाते रहे हैं? मेरे हिन्दू होने के दावे के पीछे निस्सन्देह हिन्दूवाद की राजनीतिक व्याख्याओं से जुड़ा वह सार्वजनिक माहौल है जिसमें इसे मात्र एक सामाजिक पहचान के रूप में देखा जा रहा है, न कि आध्यात्मिक आस्था के एक माध्यम के रूप में। लेकिन उनके साथ असहमत होते हुए भी मैं यह असहमति धर्म से बाहर खड़े एक 'सेक्युलर'–उनकी भाषा में 'स्यूडो–सेक्युलर'–के रूप में नहीं, बल्कि धर्म के भीतर खड़े एक हिन्दू के रूप में प्रकट कर रहा हूँ। मैं उन्हें उन्हीं की तरह एक हिन्दू के रूप में चुनौती देना चाहता हूँ।

कुछ अर्थों में मैं उस पुरानी भारतीय विफलता का दोषी भी हूँ जिसमें हाथी को उसकी सूँड, पीठ, पूँछ वग़ैरह से परिभाषित करने की कोशिश की जाती है। इसलिए मैं एक अज्ञात सत्य तक पहुँचने की कोशिश में ज़्यादा से ज़्यादा यह कर सकता हूँ कि बहुत सारे सत्य सामने रखने की कोशिश करूँ। हिन्दू धर्म एक ऐसा अनूठा धर्म है जिसे परिभाषित करना बहुत मुश्किल है। पहले अध्याय में मैंने इसके कारणों का ज़िक्र भी किया है, जैसेकि न कोई एक संस्थापक, न पैग़म्बर, न संगठित चर्च इत्यादि। यह एक तरह से विकिपीडिया जैसी स्थिति है, जिसमें रचनाकारों, ग्रन्थों और मतों–सभी की भिन्नता और विविधता दिखायी देती है। विद्वानों ने हिन्दूवाद को परिभाषित करने के लिए बरगद का पेड़, वन–जगत और केलिडोस्कोप इत्यादि उपमाओं का प्रयोग किया है। एक विद्वान के अनुसार, हिन्दूवाद को 'हेलेनवाद' की तरह एक सभ्यता के प्रतीक के रूप में देखा जा सकता है, या फिर 'जूदाइज़्म' अर्थात यहूदी धर्म की तरह एक आस्था के प्रतीक के रूप में भी। बीसवीं सदी के मध्य के आसपास राजनीतिक विचारक इस बात पर ज़ोर देने लगे कि यह एक 'नस्ल' का भी प्रतीक था। लेकिन क्या यह भी सच नहीं है कि धर्म के बारे में हमारी समझ उपनिवेशवाद, धर्म–निरपेक्षता, आधुनिकता और वैश्विक सम्पर्क से इतनी ज़्यादा प्रभावित हो चुकी है कि अपनी परम्पराओं, विश्वासों और आस्थाओं को लेकर हमारी मूल और स्वदेशी धारणा हमेशा के लिए लुप्त हो गयी है?

मैं यह भी कहूँगा कि मैं इसके बारे में निश्चित नहीं हूँ, और यह भी कि इससे कोई फ़र्क़ नहीं पड़ता। कुछ लोग यह भी कह सकते हैं कि यह पुस्तक कुछ गूढ़, जटिल और विराट सत्यों को इक्कीसवीं सदी के अंग्रेज़ीभाषी पाठक की भाषा में प्रस्तुत करने का प्रयास है। आज हम उस 'हिन्दूवाद' को क्या कहेंगे जिसकी व्याख्या दो हज़ार वर्ष पहले याज्ञवल्क्य ने या फिर दो हज़ार वर्ष पहले आदि शंकराचार्य ने की थी? क्या आज के हिन्दूवाद को तीन हज़ार वर्ष से भी अधिक लम्बी यात्रा में इस आस्था से जुड़े प्रश्नों, जिज्ञासाओं, चिन्तन–मनन की प्रक्रियाओं, आक्रमणों और प्रतिरोधों, और रचनात्मक सुधारों से अलग करके देखा जा सकता है? जैसाकि मेरे एक विचारशील मित्र ने मुझसे पूछा था, ''क्या यह सम्भव है कि हम हिन्दू धर्म को एक 'प्राचीन' धर्म मानते हुए जब यह कहते हैं कि 'मै हिन्दू हूँ' तो हमें इस बात का बोध न हो कि हम एक ऐसी आत्म–परिभाषा या परम्परा का अंग होने की बात कर रहे हैं जो इतिहास से जुड़ी हुई है, कि हम किसी शाश्वत आस्था की बात नहीं कर रहे हैं?''

कुछ लोग यह भी कह सकते हैं कि हिन्दूवाद के इस चित्रण का अर्थ है कि मैं भी उन लोगों की जमात में शामिल हो गया हूँ जो इस सबसे अनियन्त्रित धर्म–व्यवस्था को 'बाँधने' की कोशिश करते है। बहुत–से आलोचकों का यह आरोप रहा है कि भारत के धर्म–निरपेक्ष उदारवादी धार्मिक आस्था को समझ न पाने के कारण ऐसा करते हैं, जबकि हिन्दुत्ववादी यही काम इसलिए करना चाहते हैं क्योंकि वे इस धर्म में निहित आस्थाओं की विविधता को नियन्त्रित कर पाने में असमर्थ हैं। दोनों ही पक्ष अपने–अपने उद्देश्यों के लिए हिन्दूवाद को 'एकरूपता' देने का प्रयास करते हैं। फिर भी, हिन्दुओं का अत्यधिक पूजा–पाठ और जाप, उग्र और हिंसक रीति–रिवाज, स्वामियों–गुरुओं के प्रति अन्धभक्ति–और साथ ही दुर्बोध दार्शनिक व्याख्याएँ–ऐसी चीज़ें हैं जो इस धर्म का सीधी–सादी भाषा में वर्णन करने में शायद ही किसी लेखक की मदद कर पायें।

मैं एक हिन्दू के रूप में अपने धर्म के बारे में लिख रहा हूँ और यह स्वीकार करता हूँ कि मैं अपने–आपको इस धर्म से अलग करके इसके बारे में कुछ लिख पाने में असमर्थ हूँ, जैसाकि हिन्दूवाद के अनेक शास्त्रीय अध्ययनों में देखा जाता है। मेरा अध्ययन एक आन्तरिक अध्ययन है, इसकी सीमाओं के भीतर से किया गया अध्ययन–अगर इतने विराट धर्म की

सचमुच ही कोई सीमा–रेखाएँ हो सकती हैं तो! हालाँकि मैंने हिन्दूवाद पर बहुत–सी पश्चिमी शास्त्रीय पुस्तकें पढ़ी हैं, पर मैं बीसवीं सदी के कुछ आलोचनात्मक विचारकों से सहमत नहीं हूँ। भले ही आधुनिक समतावादी, तर्कवादी और सामाजिक न्याय पर केन्द्रित मूल्यों की कसौटी पर उनका प्राच्यवादी दृष्टिकोण समझ में आता है, पर यह एक तरह से 'हिन्दूफ़ोबिया' के उग्र आरोपों को भी निमन्त्रण देता है। मैं ख़ुद उनके आत्माभिव्यक्ति के अधिकार को चुनौती नहीं देता हूँ, पर मैं यह ज़रूर मानता हूँ कि इस तरह की कुछ पश्चिमी कृतियों ने भी शायद हिन्दू प्रतिक्रियावादी शक्तियों को बढ़ावा देने में मदद की है। हिन्दू धर्म से जुड़ी कुछ प्रथाओं में दोषों के बावजूद इस धर्म को लेकर मेरी प्रशंसा और मेरा गर्व मेरी आलोचनाओं पर भारी पड़ते हैं, और मैं इसके लिए ज़रा भी क्षमाप्रार्थी नहीं हूँ।

यह किताब बहुत–से लोगों के सहयोग के बिना पूरी नहीं हो सकती थी, जो इसके कई ख़ाकों पर अपने अमूल्य विचार देते रहे हैं। मेरे भूतपूर्व सहायक और सहयोगी मनु एस. पिल्लई ख़ुद भी एक इतिहासकार हैं और मुझे उपयोगी मार्गदर्शन देते रहे हैं। इसी तरह, 'दूसरे गर्भ से' मेरी बहन डॉ. नंदिता कृष्णा भी मेरा मार्गदर्शन करती रही हैं। वे इण्डियन काउंसिल ऑफ़ हिस्टोरिकल रिसर्च में कार्यरत हैं और हिन्दूवाद के विभिन्न पहलुओं पर ख़ुद भी बहुत–सी पुस्तकें लिख चुकी हैं। (उन्होंने मुझे यह रेखांकित करने के लिए कहा है कि वे हिन्दूवाद के मेरे चित्रण से तो सहमत हैं, पर हिन्दुत्व की अस्वीकृति से नहीं।) मैं नासदीय सूक्त (द क्रिएशन हाइम) के उनके अनुवाद के प्रयोग की अनुमति के लिए भी उनका धन्यवाद करता हूँ। कीर्तिक शशिधरण, जो बुद्धिजीवी होने के साथ–साथ एक बैंकर भी हैं, वे सब प्रश्न उठाते रहे हैं जिनका मैंने ऊपर संक्षेप में उल्लेख किया है, और साथ ही हिन्दूवाद के कई पहलुओं पर अपनी अन्तर्दृष्टि से भी मुझे सहयोग देते रहे हैं। देवदत्त पटनायक, जो निस्सन्देह हिन्दूवाद पर सबसे लोकप्रिय भारतीय व्याख्याता हैं, ने पुस्तक के एक पिछले ड्राफ़्ट पर कई महत्त्वपूर्ण सुझाव दिए, जिनसे अन्तिम प्रारूप तैयार करने में मुझे काफ़ी मदद मिली। इसी तरह, प्रो. शीबा थाटिल की शोध से मुझे हिन्दूवाद पर प्रचुर मात्रा में ऐसी अमूल्य सामग्री मिली जिनमें से बहुत–सी कृतियाँ आज आउट ऑफ़ प्रिंट हैं। मैं डॉ. कर्ण सिंह का भी आभारी हूँ जिन्होंने मुझे मीराबाई के भजन के अपने अनुवाद के प्रयोग की अनुमति दी। हमेशा की

तरह, मेरे परिवार ने भी बहुत महत्त्वपूर्ण भूमिका निभायी। मेरे बेटे कनिष्क थरूर और मेरी भतीजी डॉ. रागिनी थरूर ने बहुत ध्यान से पाण्डुलिपि पढ़ी और अपने सुझावों और आलोचनाओं से मुझे अमूल्य सहयोग दिया। ख़ासकर रागिनी की कुरेदती हुई टिप्पणियों और आलोचनाओं ने मुझे अपनी धारणाओं और तर्कों पर फिर से विचार करने के लिए प्रेरित किया, जिसके लिए मैं अत्यन्त आभारी हूँ। मेरी बहनों, शोभा और स्मिता ने एक पिछले ड्राफ़्ट पर कई विचारपूर्ण टिप्पणियाँ कीं और वे दोनों पूरे समय बढ़–चढ़ कर मेरा साथ देती रही हैं।

हमेशा की तरह, मेरे प्रकाशक डेविड देविदर (डेविडर) और उनके सम्पादकीय सहकर्मी सिमर पुनीत पुस्तक के गर्भावस्था से प्रकाशन तक पहुँचने की प्रक्रिया में उत्कृष्ट मार्गदर्शक की भूमिका निभाते रहे हैं। सिमर के ध्यानपूर्ण और कर्मठ पाठन और रोज़मेरी सेबेस्टियन ठारकण की दक्षतापूर्ण तथ्यात्मक जाँच–पड़ताल ने पाण्डुलिपि को त्रुटिहीन बनाने में भरपूर मदद की। अपनी बहुत–सी पुस्तकों के सृजन के दौरान मुझे डेविड की बुद्धिमत्ता, दृष्टि और मानवीयता का साथ निरन्तर मिलता रहा है। भले ही रोज़ाना की कई दूसरी व्यस्तताओं के बीच उनकी अटल डेडलाइन मुझे कई बार बहुत थका देती हो, पर इससे मुझे उस काम में जुटे रहने की भी प्रेरणा मिलती रही है जो अब आपके सामने है। इस पुस्तक को अन्तिम प्रारूप तक पहुँचाने में उनकी भूमिका बहुत महत्त्वपूर्ण है, जिसके लिए मैं उनका विशेष रूप से धन्यवाद करता हूँ।

इस पुस्तक की सामग्री में बहुत–से लोगों का योगदान रहा है, परन्तु इसमें प्रयुक्त तर्कों और व्याख्याओं के लिए अन्तिम दायित्व मुझ पर है। यदि यह पुस्तक पढ़ने के बाद हिन्दू और ग़ैर–हिन्दू, दोनों तरह के पाठक मेरे चहेते और श्रद्धेय धर्म–और साथ ही उन चुनौतियों की, जिनका समकालीन भारत में इसे सामना करना पड़ रहा है–को एक नये दृष्टिकोण से देख पाये तो यह पुस्तक अपने उद्देश्य में सफल रहेगी।

शशि थरूर

दिसम्बर 2017
नयी दिल्ली

पहला खण्ड

मेरा हिन्दूवाद

अध्याय एक

मेरा हिन्दूवाद

मैं हिन्दू क्यों हूँ?

इस प्रश्न का सीधा–सा उत्तर है कि भई, इसलिए क्योंकि मैं हिन्दू पैदा हुआ हूँ। ज़्यादातर लोगों के पास अपने धर्म को लेकर चुनाव की कोई सम्भावना नहीं होती, क्योंकि यह जन्म से ही तय हो जाता है, अर्थात् सिर्फ़ भूगोल और माता–पिता की सांस्कृतिक पहचान के संयोग से। दुनिया भर में फैले अधिकांश हिन्दू जन्म से ही हिन्दू हैं। सिर्फ़ एक छोटी–सी संख्या ऐसे लोगों की है जो विवाह, प्रवसन या दार्शनिक विश्वास के कारण 'धर्मान्तरण' की प्रक्रिया से हिन्दू बने हैं। इस प्रक्रिया के बारे में भी बहुत कम हिन्दू जानते हैं। मैं एक हिन्दू के रूप में ही जनमा, पला–बढ़ा और जीवन–भर अपने–आपको एक हिन्दू के रूप में ही देखता रहा हूँ।

लेकिन एक हिन्दू होने का अर्थ क्या है? 1980 के दशक के अन्तिम वर्षों में, जब विश्व मीडिया 'हिन्दू कट्टरवाद' के बारे में बात करने और लिखने लगा तो बहुत–से हिन्दू अपने–आपसे यह प्रश्न पूछने के लिए विवश हो गये। यह अपने–आपमें बड़ी अजीब बात भी थी, क्योंकि हमने जिस हिन्दू धर्म को जाना–समझा था, उसमें कोई कट्टरता या रूढ़ि थी ही नहीं–न कोई संस्थापक, न कोई पैग़म्बर, न संगठित चर्च, न कोई अनिवार्य मान्यताएँ या पूजा–पाठ की रस्में, न 'धर्मपरायण जीवन' की कोई एक निश्चित धारणा; और तो और, कोई एक श्रद्धेय और पूजनीय धर्मग्रन्थ भी नहीं।

मेरा हिन्दूवाद 'एक जिया जाने वाला' धर्म था, अनुभव और पलने–बढ़ने से जुड़ा, देखने–समझने और परस्पर चर्चा से जुड़ा धर्म। यह कोई गहन

धार्मिक अध्ययन से जुड़ा धर्म नहीं था। (हालाँकि ये दोनों चीज़ें एक–दूसरे से इतनी अलग या कटी हुई भी नहीं थीं।) मुझे थोड़े–से मन्त्र और कुछ श्लोकों की पंक्तियाँ याद थीं। संस्कृत मुझे बिल्कुल नहीं आती थी। हिन्दू धर्मग्रन्थों और दर्शन की मेरी सारी समझ अंग्रेज़ी अनुवादों के अध्ययन पर आधारित थी। (मैं किसी मन्दिर में जाता था तो अंग्रेज़ी, संस्कृत और अपनी मातृभाषा मलयालम को मिलाकर बनी एक अजीब–सी भाषा में प्रार्थना करता था। मैं सोचता था कि सर्वव्यापी ईश्वर सभी भाषाएँ जानते होंगे।)

इतिहास का छात्र होने के कारण मैं हमेशा से ही प्राचीन भारतीय परम्पराओं और विश्वासों को लेकर बहुत ज़्यादा जिज्ञासु रहा हूँ। मैंने हिन्दू चिन्तन पर पुस्तकों का अच्छा–ख़ासा संग्रह जमा कर लिया था, जिनमें 'भगवद्गीता' के बहुत–से अनुवाद भी शामिल थे। मैं स्वामी विवेकानन्द के विचारों और भाषणों को भी बड़े चाव से पढ़ता था (जैसाकि आगे चलकर स्पष्ट होगा)। मैंने अपने धर्म के बारे में अंग्रेज़ी में व्यापक अध्ययन किया था। इनमें डॉ. सर्वपल्ली राधाकृष्णन और आनन्द कुमारस्वामी के ज्ञानवर्द्धन और गहन अध्ययन भी शामिल थे। इसी तरह, मैंने स्वामी विवेकानन्द, रामकृष्ण परमहंस और परमहंस योगानन्द के जीवन का भी गहरा अध्ययन किया और हिन्दू धर्म पर बहुत–सी शास्त्रीय पुस्तकें पढ़ीं। इनमें ए.एल बाशम और आर.सी. जेहनेर की पुरानी कृतियों से लेकर रेमन पणिक्कर और डॉ. कर्ण सिंह की अत्यन्त अर्थपूर्ण अंग्रेज़ी व्याख्याएँ शामिल थीं। इनके और अन्य व्यक्तियों के माध्यम से, जिनमें मेरे पिता भी शामिल थे, मैंने 'अपने' हिन्दूवाद को लेकर व्यक्तिगत विश्वासों और आस्थाओं का एक पुलिन्दा तैयार कर लिया था। लेकिन क्या यह काफ़ी था, और हिन्दूवाद के एक नये और हिंसक चेहरे की चुनौती के सामने इसका क्या अर्थ है, जिसे मैं दूर–दूर तक 'अपने धर्म' से जोड़ कर नहीं देख पा रहा था?

हिन्दूवाद की परिभाषा

पहली चुनौती परिभाषा से जुड़ी हुई थी। 'हिन्दू' शब्द का अर्थ सिर्फ़ एक धर्म तक सीमित नहीं है। फ्रेंच और फ़ारसी समेत बहुत–सी भाषाओं में 'इण्डियन' या भारतीय के लिए 'हिन्दू' शब्द का प्रयोग किया जाता है। मूलतः 'हिन्दू' का अर्थ सिन्धु या 'इंडस' नदी के पार के लोगों तक सीमित था। अब यह नदी इस्लामी पाकिस्तान में पड़ती है, जिससे स्थिति और उलझ जाती है।

किसी भी भारतीय भाषा में 'हिन्दू' शब्द का कोई अस्तित्व नहीं था, जब तक कि विदेशियों द्वारा इस शब्द के प्रयोग ने भारतीयों को आत्म–परिभाषा के लिए एक शब्द नहीं दे दिया। दूसरे शब्दों में कहें तो हिन्दू जिस शब्द से खुद को परिभाषित करते हैं वह उनका खुद का गढ़ा हुआ शब्द नहीं है, बल्कि दूसरों से अपनाया गया शब्द है। (कई लोग एक अलग शब्द 'सनातन धर्म' का भी प्रयोग करते हैं, जिसकी चर्चा हम आगे करेंगे।)

इस तरह, 'हिन्दूवाद' विदेशियों द्वारा भारत के स्वदेशी धर्म को दिया गया नाम है। इसके दायरे में बहुत–से सिद्धान्त और धार्मिक व्यवहार आते हैं, जो 'पन्थवाद' से लेकर 'अनीश्वरवाद' तक और 'अवतारों' में आस्था से लेकर 'जातिवाद' में विश्वास तक फैले हुए हैं, परन्तु इनमें से किसी में भी एक हिन्दू के लिए कोई अनिवार्य मूलमन्त्र नहीं है। हमारे धर्म में कोई भी हठधर्मिता नहीं है।

यह निस्सन्देह एक अनोखी बात है। एक कैथलिक इसलिए कैथलिक होता है क्योंकि वह ईसा को ईश्वर–पुत्र मानता है, जिसने मनुष्यता के लिए अपने जीवन का बलिदान दिया। वह 'निष्कलंक गर्भधारण' और 'विर्जिन मैरी' में विश्वास रखता है; चर्च में स्वीकारोक्ति देता है; और पोप और पादरी के मार्गदर्शन के अनुसार चलता है। एक मुस्लिम यह विश्वास करता है कि अल्लाह के अलावा और कोई ईश्वर नहीं है और 'मुहम्मद' उसका पैग़म्बर है। एक यहूदी अपने तोराह को मानता है। तो एक पारसी फायर टेम्पल में पूजा करता है। एक सिख गुरुग्रन्थसाहिब को सबसे ऊपर और श्रद्धेय मानता है। हिन्दू धर्म में इनमें से किसी का भी कोई समतुल्य पर्याय नहीं है। एक हिन्दू होने के लिए कोई भी अनिवार्य शर्त नहीं है। और तो और, ईश्वर में विश्वास भी नहीं।

मैं एक हिन्दू परिवार में पला–बढ़ा। हमारे घर में हमेशा एक पूजा–घर होता था, जहाँ विभिन्न देवी–देवताओं के चित्र हमारे पूर्वजों के कुछ पुराने चित्रों के साथ शेल्फ़ और दीवार की शोभा बढ़ाया करते थे। इनके आसपास मेरे श्रद्धालु माता–पिता द्वारा प्रतिदिन जलाई जाने वाली अगरबत्तियों की राख बिखरी रहती थी। मैं पहले किसी पुस्तक में लिख चुका हूँ कि अपने पिता को पूजा करते देखते हुए किस तरह मेरे मन में धार्मिकता की भावना उपजनी शुरू हुई थी। हर सुबह, स्नान करने के बाद मेरे पिता कमर में तौलिया लपेटे और अपने गीले बालों में कंघी किये बिना पूजा–घर में मन्त्रोरचारण किया करते थे। लेकिन उन्होंने कभी भी मुझे अपने साथ

खड़े होने के लिए नहीं कहा। यह इस बात का उदाहरण था कि धर्म के बारे में हिन्दू 'विचार' यह था कि यह एक पूर्णतया निजी मामला था। यह पूजा–अर्चना सिर्फ़ आपके और आपके मनचाहे ईश्वरीय प्रतीक के बीच थी। एक हिन्दू के रूप में मुझे अपना सत्य ख़ुद खोजना था।

मेरा सत्य

मुझे लगता है, मैंने खोज भी लिया है। मैं ईश्वर को मानता हूँ। स्कूली दिनों के एक छोटे–से दौर को छोड़ कर (जब तर्कवाद हमें अविश्वास की तरफ़ ले जाने लगता है और अपनी सीमाएँ पहचान कर जल्दी ही ध्वस्त भी हो जाता है) मैं हमेशा ही ईश्वर में विश्वास करता रहा हूँ। मैं बड़ी ख़ुशी से कह रहा हूँ कि मैं एक धर्मनिष्ठ हिन्दू हूँ, सिर्फ़ इसलिए नहीं कि मैं इस धर्म में पैदा हुआ हूँ बल्कि कई अन्य कारणों से भी–हालाँकि आस्था को किसी कारण की ज़रूरत नहीं होती।

पहला कारण सांस्कृतिक है। एक हिन्दू के रूप में मैं एक ऐसे धर्म से सम्बन्ध रखता हूँ जो मेरे पूर्वजों के प्राचीन ज्ञान से ओत–प्रोत है। मैं अपनी जन्मभूमि में अपने धर्म के इतिहास पर गर्व करता हूँ। मैं आदि शंकराचार्य की यात्राओं पर गर्व करता हूँ, जिन्होंने देश के दक्षिणी छोर से उत्तर में कश्मीर तक और पश्चिम में गुजरात से पूर्व में ओडिशा तक यात्राएँ करते हुए हर जगह विद्वानों के साथ शास्त्रार्थ किया, धार्मिक प्रवचन दिये और अपने मठ स्थापित किये। मेरी इस भावना को हार्वर्ड की विद्वान डायना ईक के भारत के 'पवित्र भूगोल' की इन पंक्तियों से और बल मिलता है–'तीर्थयात्राओं के अनेकानेक मार्गों से आपस में गुँथे लोग'। महान दार्शनिक और भारत के राष्ट्रपति डॉ. सर्वपल्ली राधाकृष्णन ने हिन्दुओं को परिभाषित करते हुए लिखा था–'एक साझे इतिहास, साझे साहित्य और साझी सभ्यता वाली विशिष्ट सांस्कृतिक इकाई'। हिन्दूवाद के साथ अपना जुड़ाव व्यक्त करते हुए मैं सचेत रूप से इस भूगोल और इतिहास, साहित्य और सभ्यता का वारिस होने का दावा करता हूँ; (करोड़ों अन्य वारिसों के साथ) उस आराध्य परम्परा का उत्तराधिकारी होने का दावा, जो युगों–युगों से यूँ ही चली आ रही है। मैं स्वीकार करता हूँ कि मेरे बहुत–से मित्र, हमवतन और सहधर्मी ऐसी ज़रूरत महसूस नहीं करते, और ऐसे हिन्दू भी हैं जो भारतीय नहीं हैं या अब नहीं रहे हैं। परन्तु मैं इस 'सांस्कृतिक' और 'भौगोलिक'

हिन्दूवाद के साथ बहुत सहज और स्वाभाविक महसूस करता हूँ जो मुझे मेरे पैतृक अतीत से गहराई से जोड़ता है।

'हिन्दूवाद' में मेरी आस्था का एक दूसरा कारण है इसका बौद्धिक लचीलापन। मैं किसी दूसरे धर्म के सिद्धान्तों के साथ उतना सहज महसूस नहीं कर सकता जितना हिन्दूवाद के साथ करता हूँ। मैं हमेशा से अपने–आपको एक उदारवादी के रूप में देखता रहा हूँ–सिर्फ़ राजनीतिक या फिर आर्थिक दृष्टिकोण से नहीं बल्कि जीवन के प्रति एक दृष्टिकोण के रूप में। मैं लोगों को, जैसे वे हैं, उसी रूप में स्वीकार करता हूँ और उन्हें कुछ भी होने या बनने की पूरी स्वतन्त्रता देता हूँ; मैं उन्हें कुछ भी करने की भी स्वतन्त्रता देता हूँ बशर्ते कि इससे किसी दूसरे का अहित न हो। यह मेरा स्वाभाविक इंस्टिंक्ट है। कठोर या प्रतिबन्ध लगाने वाले धार्मिक विश्वास मेरे स्वभाव से मेल नहीं खाते। मैं जिस धर्म के साथ पला–बढ़ा, उसने मेरे उदारवादी दृष्टिकोण को और पुष्ट किया। कई अर्थों में हिन्दूवाद इस विचार पर आधारित है कि युगों का ज्ञान और ईश्वरत्व सिर्फ़ एक धर्मग्रन्थ में नहीं समा सकता। इसलिए हमारे अनेक धर्मग्रन्थ हैं और हमें इनमें से किसी के भी माध्यम से अपना सत्य खोजने की स्वतन्त्रता है। एक हिन्दू के रूप में मैं किसी मन्दिर या पण्डित के माध्यम के बिना भी एक निष्ठावान हिन्दू होने का दावा कर सकता हूँ; मैं अपनी इच्छा से किन्हीं भी रीतियों और प्रथाओं को स्वीकार या अस्वीकार कर सकता हूँ। मेरा धर्म मुझे किसी भी दृश्य संकेत से अपनी धार्मिक निष्ठा का प्रदर्शन करने के लिए नहीं कहता– न एक समूह के रूप में अपनी व्यक्तिगत पहचान का परित्याग करने के लिए, और न किसी विशेष दिन या समय पर पूजा–अर्चना करने के लिए। (न तो कोई हिन्दू पोप है, न हिन्दू वेटिकन, न हिन्दू कटहिज़्म (प्रश्नोत्तरी)– कोई हिन्दू संडे भी नहीं।) एक हिन्दू के रूप में मेरा धर्म मुझे बहुत–से देवी–देवताओं में से किन्हीं को भी चुनने की स्वतन्त्रता देता है और उनकी पूजा करने की मनचाही विधि की भी। मैं रस्मों का पालन करूँ या न करूँ; प्रथाओं को मानूँ या न मानूँ; व्रत रखूँ या न रखूँ। एक हिन्दू के रूप में मैं एक ऐसे धर्म में निष्ठा रखता हूँ जिसमें कोई भी कठोर नियम या बन्धन नहीं हैं, किसी तरह की हठधर्मिता या प्रतिबन्ध नहीं हैं, कोई एक ऐसा पवित्र ग्रन्थ भी नहीं है, जिसके निर्देशों और शिक्षाओं को मानना मेरे लिए अनिवार्य हो।

एक हिन्दू आस्तिक भी हो सकता है और नास्तिक भी। यह भी कहा जाता है कि ये शब्द ईश्वर में विश्वास की बजाय व्यक्ति के कर्मों से सम्बन्ध रखते हैं, परन्तु कर्मों का आधार विचार ही होते हैं। एक आस्तिक के रूप में हिन्दू वेदों की पवित्रता और आत्मा के अस्तित्व को स्वीकार कर सकता है और ईश्वर में विश्वास रख सकता है। परन्तु वह इनमें से कुछ को या सभी को मानने से इनकार भी कर सकता है और फिर भी अपने–आपको हिन्दू कह सकता है, क्योंकि नास्तिकता भी हिन्दू दर्शन का एक अंग है। एक आस्तिक हिन्दू के रूप में वह हिन्दू दर्शन की छह प्रमुख शाखाओं में से किसी को अपना सकता है, जिन्हें 'षड् दर्शन' कहते हैं। (मैं आगे चल कर इसकी चर्चा करूँगा)। इसी तरह, एक नास्तिक के रूप में भी वह पाँच प्रमुख शाखाओं में से किसी से भी जुड़ सकता है, जिसमें बौद्ध और जैन धर्म भी शामिल हैं। ये दोनों धार्मिक पन्थ हिन्दूवाद में बढ़ते आडम्बरपूर्ण कर्मकाण्ड के ख़िलाफ़ सुधारवादी आन्दोलनों के रूप में शुरू हुए थे, पर बाद में एक तरह से हिन्दूवाद में ही घुल–मिल गये। (हालाँकि इन धर्मों के अनुयायी शायद ऐसा न मानें।) नास्तिक अपने–आपको भौतिकवादी चार्वाक पन्थ से भी जोड़ सकता है, जिसके अनुयायी अधिकांश धार्मिक रीति–रिवाजों को अस्वीकार करके धन और लाभ को ही सब कुछ मानते हैं। एक हिन्दू के सामने उतने ही विकल्प हैं जितने एक कल्पनाशील चितेरे की कल्पनाओं के रंग।

इसके साथ ही, एक हिन्दू के रूप में मैं इस बात की भी सराहना करता हूँ कि हिन्दू धर्म किसी भी तरह की निश्चितता का दावा नहीं करता। हिन्दूवाद में यह बड़ी अनोखी चीज़ है कि यह सृष्टि की रचना पर विस्मित होने के साथ–साथ रचयिता की सर्वव्यापकता पर भी सन्देह कर सकता है। ये दोनों बातें 3,500 वर्ष पुराने 'ऋग्वेद' के नासदीय सूक्त में बड़ी ख़ूबसूरती से व्यक्त की गयी हैं, जिसे सृजन सूक्त या 'क्रिएशन हाइम' के रूप में भी जाना जाता है।

कुल सात पदों और अट्ठाईस पंक्तियों वाले इस सूक्त की पहली दो और अन्तिम दो मूल पंक्तियाँ इस प्रकार हैं–

नासदासीन्नो सदासीत्तदानीं
नासीद्रजो नो व्योमा परोत्।

. . . . . .

यो अस्याध्यक्षः परमे व्योमन्त्सो।
अंग वेद यदि व न वेद।।7।।

पूरे सूक्त का हिन्दी भावानुवाद कुछ इस प्रकार है–

तब न अनस्तित्व था न अस्तित्व
तब न अन्तराल था न आकाश
तब क्या था? कहाँ था? किसके सहारे था?
क्या तब जल था, अथाह और अपरिमित? (1)

तब न मृत्यु थी न अमरत्व
न रात और दिन का भेद
स्वयं को जीवित रखता हुआ मात्र वह एक
तब मात्र वह था, और 'कुछ भी' नहीं। (2)

आरम्भ में मात्र अन्धकार था, अन्धकार में लिपटा
पूर्ण अन्धकार में लिपटा, बिना प्रकाश का जल
मात्र शून्य, मात्र एक निराकार शून्य
अन्ततः वह एक उभरा, ऊष्मा की शक्ति से जन्मता (3)

आरम्भ में कामना का स्फुटन हुआ
वह मूल बीज, मस्तिष्क से जनमा
ऋषियों ने अपने हृदय और बुद्धि को खँगाला
और अस्तित्व व अनस्तित्व के सम्बन्ध को पहचाना (4)

उन्होंने अपनी दृष्टि शून्य से परे दौड़ाई
इसके ऊपर क्या था? इसके नीचे क्या था?
तब बीज रोपित किये गये और महाशक्ति उदित हुई
नीचे शक्ति थी, ऊपर संवेग था। (5)

कौन सचमुच जानता है? कौन बता सकता है?
यह सब कब हुआ? सृजन कैसे हुआ?

ईश्वर बाद में आये, सृजन पहले हुआ
अतः कौन जानता है सृजन कैसे हुआ? (6)

कौन जानता है सृजन कब आरम्भ हुआ?
उसने इसे रचा या उसने नहीं रचा
सर्वोच्च स्वर्ग से सब कुछ देखने वाला
वह जानता है, या शायद वह भी नहीं जानता है। (7)

—ऋग्वेद, X.129[1]

'या शायद वह भी नहीं जानता है!' —मैं उस धर्म पर मोहित हुए बिना नहीं रह पाता जिसमें स्वयं परमेश्वर और सृष्टि के रचयिता को लेकर भी इस तरह का आधारभूत प्रश्न किया जा सकता है। शायद सचमुच ही वह भी नहीं जानता है। हम नश्वर मनुष्य भला वह सब जानने का दावा कैसे कर सकते हैं जिसे स्वयं ईश्वर भी निश्चित रूप से नहीं जानता है?

हिन्दू चिन्तन में ईश्वर की अज्ञेयता को भी एक सद्‌गुण के रूप में देखा जाता है। उपनिषदों में एक ऋषि की रोचक कथा है, जिसमें उनसे ईश्वर की प्रकृति को परिभाषित करने के लिए कहा जाता है। ख़ूब वाक्‌पटु ऋषि मौन हो जाते हैं। उनके शिष्य उनका उत्तर जानने के लिए आग्रह करने लगते हैं तो वे कहते हैं—''यही उत्तर है। मौन ही परम सत्य है।'' दैवी सत्य के रहस्य को शब्दों या स्वरों में नहीं बाँधा जा सकता। न विचार पर्याप्त हैं न शब्द। केनोपनिषद् के अनुसार, ''जो इसे समझते हैं, वे नहीं समझते; जो नहीं समझते, वही इसे समझते हैं''। उपनिषदों के अन्तिम शब्द हैं—'नेति, नेति' अर्थात् यह नहीं, यह नहीं—जिससे परम सत्य की अभिव्यक्ति की असम्भवता का पता चलता है। अनेक ऋषियों के अनुसार, दैवी की चेतना को दूसरों तक सम्प्रेषित करना असम्भव है। जिन्हें उनकी तरह ऊँचे स्तर का बोध नहीं हो पाया है, वे शब्दों या संकेतों के माध्यम से नहीं समझ सकते : 'इसके बारे में कुछ भी कह पाना असम्भव है।'

अब जब मैं इस धर्म में निष्ठा रखने के कारण गिनवा रहा हूँ जो 'समझ पाने के दायरे से ऊपर' है तो मैं एक निर्णायक कारण पर आता हूँ। एक हिन्दू के रूप में मैं एक ऐसे धर्म से सम्बन्ध रखता हूँ जो दुनिया का ऐसा एकमात्र प्रमुख धर्म है जो 'एकमात्र सच्चा धर्म' होने का दावा नहीं करता।

---

1. नन्दिता कृष्णा, 'हिन्दूइज़्म एण्ड नेचर', पेंग्युइन बुक्स, नयी दिल्ली, 2017, पृ. 5–6; (हिन्दी संस्करण) मूल संस्कृत से अनूदित।

मैं जब दूसरे धर्मों के लोगों से मिलता हूँ तो इस भार से पूरी तरह मुक्त होता हूँ कि मैं एक 'सच्चे रास्ते' पर चल रहा हूँ, जिससे वे सब भटक गये हैं। यह कट्टर 'सिद्धान्त' सभी सामी धर्मों, ईसाइयत, इस्लाम और जूदाइज़्म की जड़ों में मौजूद है। बाइबल में कहा गया है—मैं मार्ग हूँ, सत्य हूँ और जीवन हूँ; कोई भी मनुष्य पिता (ईश्वर) तक मेरे बग़ैर नहीं पहुँच सकता। (जॉन, 14, 6)। इसी तरह, कुरान के अनुसार, 'अल्लाह के अलावा और कोई ख़ुदा नहीं है और मोहम्मद उसके पैगम्बर हैं।' इसका अर्थ यह हुआ कि जो इन धर्मों को नहीं मानते उनके लिए पाप—मुक्ति की कोई सम्भावना ही नहीं है, सद्गति या स्वर्ग में जगह तो दूर की बात। हिन्दूवाद के अनुसार, ईश्वर—भक्ति के सभी रास्ते समान रूप से वैध हैं। इसलिए हिन्दू दूसरे धर्मों के सन्तों—फकीरों और धार्मिक प्रतीकों को भी पूजने से संकोच नहीं करते। मुझे इस बात पर गर्व है कि मैं अपने धर्म के प्रति अनिष्ठा की भावना महसूस किये बिना दूसरे धर्मों का भी उतना ही सम्मान कर सकता हूँ।

आख़िरकार, जैसाकि दार्शनिक रेमन पणिक्कर ने 'द वेदिक एक्सपीरिएंस' में बड़े ख़ूबसूरत शब्दों में लिखा है—'हमारी आस्था ही विचार को सम्भव बनाती है। आस्था हमें वह अविचारित ज़मीन देती है जिस पर विचार जन्म लेते हैं। आस्था ही नैतिकता और अन्य निर्णयों को सम्भव बनाती है और हमारे सामने एक ऐसा क्षितिज खोलती है जो हमारे कृत्यों को अर्थपूर्ण बनाता है।' एक हिन्दू के रूप में मैं अपने धार्मिक विश्वासों के बीच अपने कृत्यों का अर्थ खोज रहा हूँ।

कट्टर सिद्धान्तों से मुक्त धर्म

और फिर हिन्दूवाद एक सभ्यता है, न कि एक कट्टर धार्मिक सिद्धान्त। हिन्दू अधर्म जैसी कोई चीज़ ही नहीं है। हिन्दूवाद एक ऐसा धर्म है जो अपने हर अनुयायी को अपनी कल्पनाशीलता से अपना इष्ट देव गढ़ने की छूट देता है। हिन्दू धर्म में सचमुच यह एक अनोखी बात है कि इसमें अधर्म जैसी कोई धारणा ही नहीं है। इसमें कोई ऐसे कट्टर सिद्धान्त हैं ही नहीं जिनसे भटक जाने पर आप पर 'अधर्मी' होने का आरोप लगाया जा सके। और तो और, ईश्वर के अस्तित्व को स्वीकार करना भी एक हिन्दू होने के लिए अनिवार्य शर्त नहीं है। जैसाकि हमने ऊपर ज़िक्र किया है, चार्वाक पन्थ हिन्दू दर्शन की एक महत्त्वपूर्ण शाखा है, जो नास्तिकता के सिद्धान्त पर

आधारित है। फिर भी; इस पन्थ के अनुयायी अपने–आपको हिन्दू कहते हैं।

चार्वाक पन्थ को प्राचीन हिन्दूवाद की बौद्धिक उदारता के एक दिलचस्प उदाहरण के रूप में देखा जा सकता है। चार्वाक न केवल बड़ी शान से भौतिकवादी होने का दावा करते थे, बल्कि आस्तिकों की कई श्रद्धेय मान्यताओं को खुल्लम–खुल्ला चुनौती देते थे। ऋषि माधवाचार्य ने 'सर्वदर्शन संग्रह' में चार्वाक पन्थ की विचारधारा को प्रस्तुत करते हुए लिखा था–"न तो कोई स्वर्गलोक है, न मोक्ष, न दूसरे लोक तक जारी रहने वाली कोई आत्मा, न कोई ऐसी पूजापाठ या अनुष्ठान की व्यवस्था, जिससे लोक–परलोक सुधरता हो।"[2] चार्वाक सन्तों–साधुओं और उनकी गतिविधियों को तिरस्कार की दृष्टि देखते थे। 'अग्निहोत्र यज्ञ, त्रिवेद, भिक्षुक का त्रिदण्ड और शरीर पर धूलि रमाकर घूमना मात्र आजीविका के साधन हैं, जिन्हें विधाता ने उन लोगों के लिए चुना है जिनके पास न समझ है न ऊर्जा।' वे आस्तिक दार्शनिकों के सैद्धान्तिक दावों पर भी प्रहार करने से नहीं चूकते थे–"यदि ज्योतिस्तोम यज्ञ में बलि किया गया पशु स्वर्गलोक में जाता है तो भक्त अपने पिता को अग्निकुण्ड में क्यों नहीं चढ़ा देता?"

दूसरे अर्थों में, हिन्दूवाद अपनी परिधि में लगभग सभी तरह के विश्वासों और भक्तियों को समेटे हुए है। वह कुछ को चुनकर अन्य को अस्वीकार नहीं करता। महात्मा गाँधी ने हिन्दू धर्म की इस विशिष्टता की सराहना करते हुए लिखा था–"कट्टरता से इसकी स्वतन्त्रता मुझे बहुत ज़्यादा सम्मोहित करती है, क्योंकि यह अपने अनुयायियों को आत्म–अभिव्यक्ति की अधिकतम सम्भावना प्रदान करता है।"[3] इस तरह यह एक काल–निरपेक्ष धर्म है; जितना प्राचीनतम उतना ही नवीनतम; अपने दायरे में वे सभी ग्रन्थ, दर्शन, पन्थ और मत समेटे हुए जो ज़रूरी नहीं कि एक–दूसरे से सहमत हों, परन्तु इनमें से किसी को भी किसी भी धार्मिक उच्च सत्ता ने कभी ख़ारिज नहीं किया। 'हिन्दू' धर्म में ऐसी कोई सर्वोच्च सत्ता है भी नहीं। इसलिए कभी भी किसी 'हिन्दू न्यायिक जाँच' की सम्भावना भी नहीं है, क्योंकि न तो कोई ऐसा धर्मग्रन्थ है जिसके निर्देशों का पालन अनिवार्य हो, और न ही कोई ऐसी सर्वोच्च सत्ता है जो इस तरह की जाँच का

2. देवीप्रसाद चट्टोपाध्याय एवं एम. के गंगोपाध्याय द्वारा सम्पादित 'चार्वाक / लोकायत : एन एन्थोलॉजी ऑफ़ सोर्स मैटीरियल्ज़ एण्ड सम रीसेंट स्टडीज़', इण्डियन काउंसिल ऑफ़ फिलोसॉफ़िकल रिसर्च, 1990, पृ. 352

3. 'हिन्दू धर्म', नवजीवन पब्लिशिंग हाउस, अहमदाबाद, 1950, पृ. 6

आदेश दे सके। हिन्दू चिन्तन एक विशाल पुस्तकालय की तरह है, जिसमें कभी भी, कोई भी पुस्तक 'आउट ऑफ़ प्रिंट' नहीं होती। यह सम्भव है कि किसी पुस्तक को सदियों से पढ़ा न गया हो, परन्तु वह पुस्तकालय में मौजूद रहती है। कोई भी, कभी भी उस पुस्तक को पढ़ सकता है, उसको संशोधित कर सकता है, उसमें नयी टिप्पणियाँ या विचार जोड़ कर उसे पुनर्मुद्रित कर सकता है, परन्तु अधिकांशतः मूल पुस्तक भी ज्यों–की–त्यों पुस्तकालय में मौजूद रहती है। उसे देखो–बाँचो, उपयोग करो या व्यर्थ समझकर नज़रअन्दाज़ करो, वह अपना अस्तित्व नहीं खोती।

फिर भी, यह प्रश्न कि आख़िर 'हिन्दू कौन है?' अक्सर उठता रहा है, और स्वाभाविक रूप से राजनीतिक हस्तियाँ भी इस बहस में शामिल होती रही हैं। लोकमान्य बाल गंगाधर तिलक ने सनातन धर्म सभा की एक बैठक में कहा था, "वेदों के स्वयं स्पष्ट और स्वयंसिद्ध सत्यों में विश्वास रखने वाला व्यक्ति हिन्दू है।" इस तरह उन्होंने श्रद्धेय धर्मग्रन्थों के आधार पर एक धार्मिक पहचान स्थापित करने का प्रयास किया। यह इसलिए भी ज़रूरी लग रहा था क्योंकि ब्रिटिश राज के दौरान मुसलमानों को 'कुरान को मानने वाले' एक विशिष्ट धार्मिक समुदाय के रूप में मान्यता मिल चुकी थी और तिलक चाहते थे कि उपनिवेशीय भारत में हिन्दुओं को भी एक विशिष्ट धार्मिक पहचान का लाभ मिल सके।[4]

दो दशक बाद महात्मा गाँधी ने तिलक की इस परिभाषा को विस्तार देते हुए लिखा–"हिन्दू वे लोग हैं जो वेदों, उपनिषदों, विभिन्न धर्म–ग्रन्थों, ईश्वर के अनेक अवतारों, पुनर्जन्म, वर्ण और आश्रम व्यवस्था (जीवन के चार चरण, जिन पर आगे चर्चा की जायेगी), गो–पूजा और गो–रक्षा में विश्वास रखते हैं और मूर्ति–पूजा पर अविश्वास प्रकट नहीं करते।" मेरे ख़याल से यह बहुत लम्बी सूची है और मुझे मिलाकर बहुत–से हिन्दू इनमें से कुछ शर्तों को अनावश्यक समझते हैं और फिर भी अपने–आपको गर्व से हिन्दू मानते हैं। हिन्दुत्व के राजनीतिक दर्शन के कट्टरवादी विचारक वी.डी. सावरकर (जिनके विचारों पर आगे चलकर विस्तार से चर्चा करेंगे) ने 1920 के दशक में कहा था कि वेदों की धार्मिक सत्ता को न मानने वाला भी हिन्दू हो सकता है।[5]

4. श्री स्वामी शिवानन्द द्वारा 'ऑल एबाउट हिन्दुइज़्म' में उद्धरित, डिवाइन लाइफ़ सोसायटी, 1947

5. 'हिन्दुत्व : हू इज़ ए हिन्दू?', वी.डी. सावरकर (मूल संस्करण 'एसेंशियल्स ऑफ़ हिन्दुत्व' शीर्षक से प्रकाशित), वीर सावरकर प्रकाशन, 1921, पृ. 81

उनके विचार में हिन्दू पहचान की दृष्टि से एकत्ववाद और पन्थवाद, द्वैत और अद्वैत, वेदों और उपनिषदों, और अज्ञेयवाद और अनीश्वरवाद के बीच धार्मिक विवाद कोई अर्थ नहीं रखते थे। सावरकर 'हिन्दूवाद' की बजाय 'हिन्दुत्व' को एक ऐसे सांस्कृतिक सूत्र के रूप में देखते थे जो भारतवर्ष में रहने वाले सभी लोगों को आपस में जोड़ता था। इसलिए कोई आश्चर्य की बात नहीं कि देश के पहले प्रधानमन्त्री जवाहरलाल नेहरू ने कहा था–"अलग–अलग लोगों के लिए एक हिन्दू होने का अलग–अलग अर्थ है।"[6] ब्रिटिश प्रशासनिक अधिकारी और इतिहासकार सर अल्फ्रेड ल्यॉल के अनुसार, हिन्दूवाद विसंगतियों और विरोधाभासों से भरा 'एक उलझाव भरा जंगल' था–पूरे भारत में फैली एक ऐसी धार्मिक अराजकता, जिसे समझ पाना और परिभाषित कर पाना बहुत मुश्किल था। सम्भवतः इसीलिए डॉ. सर्वपल्ली राधाकृष्णन ने 1926 में हिन्दूवाद पर अपने प्रसिद्ध व्याख्यानों की शुरुआत करते हुए कहा था–"क्या यह आस्थाओं का अजायबघर है, धार्मिक रस्मों का पिटारा, या सिर्फ़ भौगोलिक अभिव्यक्ति का एक मानचित्र?"[7]

जैसाकि मैंने कहा है, इस चयनशीलता का एक परिणाम हिन्दुओं में अन्य धर्मों और पूजा–पद्धतियों को स्वीकार करने की उदारता है, जिन्हें वे कई बार अपना भी लेते हैं। हिन्दू अक्सर अन्य धर्मों के पूजा–स्थलों के प्रति श्रद्धा जताते देखे जाते हैं और उनके पवित्र प्रतीकों को अपने साथ ले जाना और सँभाल कर रखना पसन्द करते हैं। इतिहास सूफ़ी दरगाहों, सिख गुरुद्वारों और ईसाई धर्मस्थलों में हिन्दू श्रद्धालुओं की भीड़ के वर्णनों से भरा पड़ा है। (तमिलनाडु के वेलंकन्नी शहर में बेसेलिका ऑफ़ अवर लेडी ऑफ़ गुड हेल्थ–जिसे 'लॉर्डेस ऑफ़ द ईस्ट' के नाम से भी जाना जाता है–और मुम्बई के बान्द्रा उपनगर में माउण्ट मेरी चर्च हिन्दुओं में ख़ासतौर से लोकप्रिय दो ईसाई धर्मस्थल हैं, दरगाहों और गुरुद्वारों की लोकप्रियता का तो कहना ही क्या?) मेरे स्वर्गीय पिता एक पक्के हिन्दू थे और दिन में दो बार स्नान के बाद पूजा करते थे। वे नियम से देश के विभिन्न भागों में स्थित प्रमुख मन्दिरों के दर्शन करने जाते रहते थे। जब 1960 के दशक में गुरुवयूर मन्दिर में आग लगी तो उन्होंने मुम्बई में इसके पुनर्निर्माण के लिए चन्दा इकट्ठा करने का अभियान चलाया और अपनी थोड़ी–सी जमापूँजी

6. 'द डिस्कवरी ऑफ़ इण्डिया', जवाहरलाल नेहरू, 1946
7. 'द हिन्दू वे ऑफ़ लाइफ़', सर्वपल्ली राधाकृष्णन, जी. एलन एंड अनविन लि., लन्दन, 1927

खुशी–खुशी इस काम के लिए समर्पित कर दी। फिर भी, जब उनके एक कैथलिक मित्र और बीमा एजेण्ट ने वेटिकन की यात्रा से लौटने के बाद उन्हें विर्जिन मैरी की एक ताबीज़ भेंट की, जिसे स्वयं पोप का वरदान प्राप्त था, तो उन्होंने वर्षों तक बड़ी श्रद्धा से उसे अपने पास सँभाले रखा। अधिकांश हिन्दू इसी हिन्दूवाद को जानते हैं–एक ऐसा धर्म, जो दूसरे धर्मों को भी न केवल सम्मान बल्कि श्रद्धा की दृष्टि से देखता है।

दिव्यता के प्रति श्रद्धा, इसका स्रोत कुछ भी क्यों न हो, एक उल्लेखनीय हिन्दू विशिष्टता है–जो कट्टर धार्मिक सिद्धान्तो को स्वीकार न करने की लम्बी परम्परा का प्रतीक है। 11 सितम्बर, 1893 को शिकागो की 'पार्लियामेण्ट ऑफ़ वर्ल्ड्स रिलिजंस' में दिये गये अपने ऐतिहासिक भाषण में स्वामी विवेकानन्द ने हिन्दूवाद पर बात करते हुए कहा था कि यह धर्म विश्व को सिर्फ़ सहिष्णुता ही नहीं बल्कि स्वीकृति सिखाता है। उनका मानना था कि हिन्दू धर्म के खुलेपन, विविधता और अन्य धर्मों को स्वीकार करने की क्षमता को देखते हुए यही एक ऐसा धर्म था जो दूसरों को ख़तरे में डाले बिना अपना प्रभाव बढ़ा सकता था। इस धर्म संसद में उन्होंने उस उदार मानवतावाद का विस्तार से वर्णन किया था जो उनके (और मेरे) धर्म का हृदय–प्रदेश था। "मुझे उस धर्म से जुड़ा होने पर गर्व है जिसने विश्व को सहिष्णुता और सार्वभौमिक स्वीकृति की सीख दी है। हम न सिर्फ़ सार्वभौमिक सहिष्णुता में विश्वास करते हैं बल्कि सभी धर्मों को सच्चे धर्म के रूप में स्वीकार करते हैं।"[8] उन्होंने एक श्लोक 'शिव महिमा स्तोत्रम्' भी सुनाया था जो उन्हें स्कूल के दिनों से याद था–"जिस तरह अलग–अलग नदियाँ अलग–अलग स्थानों से प्रकट होकर समुद्र में जा मिलती हैं, उसी तरह हे प्रभु, मनुष्य अलग–अलग और सीधे–टेढ़े रास्तों से चल कर अन्ततः तुम्हारी शरण में ही पहुँचते हैं।" 'भगवद्गीता' में भी यही ख़ूबसूरत बात कही गयी है–"जो कोई भी मेरे पास आता है, जिस रूप में भी आता है, मैं उस तक पहुँचता हूँ; सभी मनुष्य अपने–अपने रास्तों पर संघर्षरत हैं जो अन्ततः मुझी तक पहुँचते हैं।"[9]

यह एक अत्यन्त महत्त्वपूर्ण विचार था और विवेकानन्द द्वारा सिखाये

8. 'स्वामी विवेकानन्द : द कम्पलीट वर्क्स ऑफ़ स्वामी विवेकानन्द', मैननयनी पब्लिशर्स, चेन्नई, 2015
9. वही।

जा रहे दर्शन का केन्द्र–बिन्दु था। सहिष्णुता का आख़िर यही मतलब था कि आपके पास सत्य था और जिसके पास नहीं था, उसे भी खुश रहने दोगे। आप सहिष्णुता के माध्यम से उसे ग़लत होने का अधिकार दोगे। दूसरी तरफ़, स्वीकृति का यह अर्थ था कि आपके पास सत्य था और शायद दूसरे के पास भी सत्य था, कि आप उसके सत्य को भी स्वीकार करो तो और उसका सम्मान करो तो। साथ ही, आप यह भी उम्मीद करोगे कि दूसरा भी आपके सत्य को स्वीकार करे और उसका सम्मान करे। भिन्नता को स्वीकार करने की यह रीत–यह विचार कि जीवन और आस्था के अन्य मार्ग भी उतने ही वैध हैं–हिन्दूवाद का केन्द्रीय बिन्दु है और भारत की प्रजातान्त्रिक संस्कृति का आधार है।

शिकागो में अपने एक अन्य व्याख्यान में विवेकानन्द ने बड़े गर्व से घोषणा की थी–"मैं विश्व को चुनौती देता हूँ कि संस्कृत दर्शन की समूची व्यवस्था में एक भी ऐसा वाक्य ढूँढ़ कर दिखाये कि सिर्फ़ हिन्दुओं का उद्धार होगा, दूसरों का नहीं।" व्यास ने लिखा है–"अपनी जाति और पन्थ के बाहर भी हमें आदर्श मनुष्य दिखायी देते हैं।"[10]

हिन्दूवाद की एक बड़ी शक्ति–हालाँकि कुछ लोग इसे कमज़ोरी के रूप में देखते हैं–लिखित धर्म–निर्देशों का अभाव है। हिन्दू धर्म यह मानता है कि अलग–अलग लोगों को लक्ष्य तक पहुँचने के लिए अलग–अलग रास्तों की ज़रूरत हो सकती है। स्वयं हिन्दू धर्म के भीतर भी सभी के लिए एक जैसा धार्मिक व्यवहार लागू करने की इच्छा नहीं है। ऐसा माना जाता है कि भिन्न–भिन्न आध्यात्मिक और बौद्धिक स्तर के लोग ईश्वर से जुड़ने के लिए अलग–अलग रास्ते और तौर–तरीके अपनायेंगे।

अनेकानेक देवी–देवता

परिणामस्वरूप, हिन्दू स्वयं को ईश्वर को विभिन्न रूपों में पूजने की स्वतन्त्रता देते हैं। 33 करोड़ देवी–देवता होने की बात (कुछ स्रोतों के अनुसार, 3.3 करोड़ या 30 करोड़–यानी इस संख्या में भी लचीलापन दिखायी देता है) ईश्वरीयता या दिव्यता के असंख्य रूप होने की प्रतीक है। अन्य धर्मों में ईश्वर के विचार को एक मनुष्य रूपी प्रतीक से मूर्त किया जाता है।

10. वही।

ईश्वर की हिन्दू धारणा इससे जितनी सरल है उतनी ही जटिल भी। हिन्दू धारणा के अनुसार ईश्वर सर्वव्यापी है, वह हमारे भीतर भी है और बाहर भी। वह काल और दिशा से ऊपर है। उसका न कोई आदि है और न अन्त। उसका कोई आकार और रूप भी नहीं है। इसलिए ईश्वर की अनेक रूपों में कल्पना की जा सकती है, उसे सभी आकारों और स्वरूपों में ढाला जा सकता है। कोई भी ऐसी जगह नहीं है जहाँ ईश्वर न हो, जहाँ ईश्वर न हो सकता हो। ईश्वर का सर्वोच्च रूप ब्रह्म या ब्रह्मन् है, जो परम और सम्पूर्ण है, जो सार्वभौमिक आत्मा है और सम्पूर्ण सृष्टि में रचा–बसा हुआ है।

मैत्रेय उपनिषद् के एक छन्द के अनुसार–

> "आरम्भ में हर वस्तु ब्रह्म थी। मात्र वह था–एकमात्र और अनन्त। पूर्व में अनन्त, दक्षिण में अनन्त, पश्चिम में अनन्त, उत्तर में अनन्त, ऊपर अनन्त, नीचे अनन्त, सभी जगह अनन्त। उसके लिए पूर्व–पश्चिम, ऊपर या नीचे, आर या पार का कोई अर्थ नहीं है। परम 'स्व' किसी जगह स्थिर नहीं है, वह असीम है, अजन्मा है, अतर्कीय है, अकल्पनीय है। वह ईश्वर की तरह सब जगह है। सृष्टि के विनाश के क्षण में वह अकेला जाग्रत रहता है। फिर वही पूरे विश्व को जाग्रत करता है, मात्र एक विचार से, जो उससे ही विस्तारित होकर उसमें ही विलीन हो जाता है। वही वह प्रकाश है जो सूर्य में झलकता है, जो अग्नि की लपटों में झलकता है, और उदर की अग्नि में भी, जो भोजन को पचाती है। इसीलिए कहा गया है–"जो अग्नि में है, जो हृदय में है, और जो सूर्य में है, वह एक ही है और वही है।"[11]

हिन्दू दर्शन से जुड़ा एक प्रसिद्ध संवाद 'छान्दोग्य उपनिषद्' में देखने में आता है। ईश्वर के अस्तित्व को लेकर यह संवाद ऋषि उद्दालक अरुणी और उनके पुत्र श्वेतकेतु के बीच है। युवा श्वेतकेतु अपने पिता से पूछता है कि ईश्वर के अस्तित्व का कोई प्रत्यक्ष प्रमाण न होने के बावजूद वे उसके अस्तित्व को कैसे सिद्ध करेंगे? ऋषि अपने पुत्र को बरगद के पेड़ से एक फल तोड़ कर लाने के लिए कहते हैं और फिर उसे काटने के लिए कहते हैं। फल में से एक छोटा–सा बीज निकलता है। पिता बीज को तोड़ने के

---

11. फ्रेडरिक मैक्स मूलर, 'द उपनिषद्, भाग–II' ऑक्सफ़ोर्ड क्लेरेंडन प्रेस, 1884 से साभार।

लिए कहते हैं, पर बीज में से कुछ भी नहीं निकलता। पिता कहते हैं कि फल में एक छोटे–से बीज के अलावा और कुछ भी दिखायी नहीं देता, परन्तु इस बीज में कोई इतनी शक्तिशाली वस्तु है कि यह छोटा–सा बीज एक विशाल पेड़ बन सकता है। इसी तरह, ईश्वर भी बीज में छिपी शक्ति की तरह दिखायी नहीं देते, परन्तु पूरी सृष्टि का निर्माण कर सकते हैं।

पुत्र सन्तुष्ट तो होता है, पर पूरी तरह नहीं। ऋषि उसे पानी के एक कटोरे में नमक मिलाने के लिए कहते हैं। इसके बाद वे उसे कटोरे के अलग–अलग हिस्सों से पानी को चखने के लिए कहते हैं। पुत्र कहता है कि कटोरे के हर हिस्से के पानी में एक जैसा नमकीन स्वाद है। अब ऋषि श्वेतकेतु को नमक और पानी को अलग–अलग करने के लिए कहते हैं। पुत्र कहता है कि ऐसा नहीं किया जा सकता। ऋषि मुस्कराते हुए कहते हैं कि जिस तरह नमक पूरे पानी में घुल–मिल गया है, उसी तरह ब्रह्म रूपी सार्वभौमिक आत्मा भी पूरी सृष्टि में घुली–मिली हुई है। जीवन समाप्त हो जाने के बाद हम सभी मनुष्य ब्रह्म में विलीन हो जाते हैं। जिस तरह नमक को पानी से अलग नहीं किया जा सकता, उसी तरह मनुष्य को भी ब्रह्म से अलग नहीं किया जा सकता।

चूँकि ईश्वर हर जगह है और हर वस्तु में है, यह सर्वव्यापी ब्रह्म या सार्वभौमिक आत्मा 'निर्गुण' है–गुण, आकार और लिंग–भेद के बिना। निर्गुण ब्रह्म को पुरुष या स्त्रीलिंग के रूप में वर्णित नहीं किया जा सकता। वेदों में अज्ञेय ईश्वर के लिए प्रश्नवाचक 'का' (कौन) और कस्मै (किसे) इत्यादि शब्द देखने में आते हैं। संस्कृत में ईश्वर के लिए अक्सर 'तत्' शब्द का भी प्रयोग किया गया है, जिसका अर्थ है, 'जिसका अस्तित्व है'। हिन्दू साधना 'ओ३म् तत् सत्' के उच्चारण से शुरू होती है। 'ओ३म्' की ध्वनि में अतीत, वर्तमान और भविष्य तीनों का समावेश है, 'तत्' अर्थात् जो अस्तित्व में है, और 'सत्' अर्थात् 'सत्य'। 'छान्दोग्य उपनिषद्' में ऋषि अपने पुत्र श्वेतकेतु को तत्त्वमीमांसा के पाठ पढ़ाते हैं और हर पाठ 'तत् त्वं असि' के साथ समाप्त होता है, अर्थात् 'तुम्हारे और सर्वव्यापी ब्रह्म के बीच कोई अन्तर नहीं है।'

'ऋग्वेद' के हिरण्यगर्भ सूक्त में ईश्वर के बारे में कहा गया है–

आत्मा और देह का दाता है वही
प्राणी और देवता जिसके अनुशासन में रहते हैं

मृत्यु और अमरता जिसकी छाया प्रतिबिम्ब है
उस देवता की उपासना करें हम हवि देकर।

* * *

जिसके बल पर तेजोमय है अम्बर
पृथ्वी हरी–भरी, स्थापित, स्थिर
स्वर्ग और सूर्य भी स्थिर
ऐसे देवता की उपासना करें हम हवि देकर।

–ऋग्वेद, 1, 121, 9[12]

ऋषि–मुनियों को यह अहसास हुआ कि ईश्वर का यह वर्णन आम मनुष्यों की समझ में आना कठिन होगा। हिन्दू धर्म के मूल में एक निर्गुण ब्रह्म की दार्शनिक अवधारणा थी, परन्तु आम मनुष्यों को एक ऐसे ईश्वर की पूजा करने की ज़रूरत थी जिसकी वे कल्पना कर सकें और मूर्त रूप में ढाल सकें। इस तरह एक 'सगुण ब्रह्म' के विचार का जन्म हुआ। इस साकार, सगुण और सदेह ब्रह्म को 'ईश्वर' या 'भगवान' का नाम दिया गया। देखा जाये तो ईसाई धर्म के 'गॉड' और इस्लाम धर्म के 'अल्लाह' के लिए 'ईश्वर' ही सबसे उपयुक्त शब्द है, क्योंकि इन धर्मों में 'ब्रह्म' जैसी कोई अवधारणा नहीं है, परन्तु हिन्दू ईश्वर के अनेक रूप हैं। सबसे ऊपर ब्रह्मा (सर्जक), विष्णु (संरक्षक) और महेश अर्थात् शिव (विध्वंसक) की त्रिमूर्ति है, जो ईश्वर के सिद्धान्त की विभिन्न अभिव्यक्तियों के प्रतीक हैं। इनके अतिरिक्त इनकी पत्नियाँ, अन्य साथी और विभिन्न अवतार भी हैं जो अवसरों और भक्तों की निजी श्रद्धा के अनुसार पूजे जाते हैं। अवतार के सिद्धान्त–जिसके अन्तर्गत राम और कृष्ण की तरह मानवरूपी ईश्वर की पूजा की जाती है–का एक लाभ यह भी है कि भक्त हिन्दूवाद के मूल विचार अर्थात् निराकार सर्वोच्च ईश्वरीय सत्ता का कोई उल्लंघन किये बिना निजी तौर पर एक देहचारी ईश्वर के साथ जुड़ाव महसूस कर सकता है। इस तरह, अज्ञेय और निर्गुण ब्रह्म एक देहधारी अवतार के रूप में भक्त के लिए बहुत जाना–पहचाना और निकट का अनुभव हो जाता है। दूसरे शब्दों में कहें, तो हिन्दू दार्शनिक विचार एक मूर्त आकार लेकर

12. रेमन पणिक्कर, 'द वेदिक एक्सपीरियंस : मंत्रमंजरी : एन एन्थोलॉजी ऑफ़ द वेदाज़ फॉर मॉडर्न मैन', यूनिवर्सिटी ऑफ़ केलिफोर्निया प्रेस, बर्कले, 1977; (हिन्दी संस्करण) मूल संस्कृत से अनूदित।

आम मनुष्यों की पहुँच के दायरे में आ जाता है। अवतार के इस सिद्धान्त को एक तरह से एक निजी ईश्वर की भक्ति की लोकप्रिय माँग के समाधान के रूप में भी देखा जा सकता है– एक ऐसा ईश्वर, जिसके साथ भक्त अपने दिन–प्रतिदिन के जीवन का तालमेल बिठा सके। जैसाकि भगवान कृष्ण ने गीता में कहा है, "जब–जब संसार में अधर्म और अन्याय बढ़ता है, मैं अवतार के रूप में अवतरित होता हूँ। बुराई का अन्त करके धर्म की पुनर्स्थापना के लिए मैं समय–समय पर जन्म लेता रहता हूँ।" (भगवद्गीता, 4, 7–8)

यह भी एक उल्लेखनीय तथ्य है कि विष्णु के दशावतर अर्थात् दस अवतार मानव के विकास क्रम के विभिन्न चरणों के प्रतीक प्रतीत होते हैं– वह भी डार्विन के सिद्धान्त के दो हज़ार वर्ष पहले। मत्स्य (मछली), कूर्म (कछुआ), वराह (जंगली सूअर), नरसिम्हा (आधा मनुष्य आधा शेर), वामन (बौना) और परशुराम (फरसाधारी) से लेकर आदर्श नायकों राम और कृष्ण तक, और फिर बुद्ध (एक रोचक समावेश, जिस पर आगे चलकर चर्चा करेंगे) और कल्कि (जिसका अभी तक जन्म नहीं हुआ) तक विष्णु के ये अवतार अपने–आपमें एक दिलचस्प शृंखला की कड़ियाँ हैं। कल्कि को आग की लपटों के भीतर और सफ़ेद घोड़े पर सवार एक खड्गधारी योद्धा के रूप में दिखाया जाता है। उसे विश्व के भावी विनाश का प्रतीक माना जाता है, जिसके बाद कलियुग का अन्त और सतयुग का शुभारम्भ होगा।

कुछ लोग ब्रह्मा, विष्णु और महेश की तिगड़ी को सरल ढंग से लेते हुए उन्हें तीन अलग देवताओं के रूप में देखते हैं, परन्तु दरअसल वे तीनों एक ही ईश्वर के तीन अलग रूप हैं और संयुक्त रूप से एक उत्तम पुरुष का आदर्श स्थापित करते हैं। इसी तरह, देवताओं (और दानवों) को रचने वाले ईश्वर को प्रजापति के नाम से जाना जाता है। हिन्दू शास्त्रों में ईश्वर के अनेकानेक रूपों का वर्णन है, जो विभिन्न देवी–देवताओं के नाम से अपनी–अपनी महिमा रखते हैं। इसके पीछे एक कारण हिन्दू देवताओं में आदिवासियों के देवी–देवताओं का समावेश भी हो सकता है। जैसे–जैसे हिन्दूवाद ने देश के कोने–कोने में जड़ें फैलाई, वैसे–वैसे यह स्थानीय देवी–देवताओं को भी अपने दायरे में समेटता चला गया। दूसरे शब्दों में कहें, तो हिन्दूवाद ने स्थानीय धार्मिक मान्यताओं और रीति–रिवाजों को कुचलने की बजाय उन्हें अपना अंग बना लिया और हिन्दू देवालय में

नये देवी–देवताओं की प्रतिमाएँ स्थापित होती चली गयीं। कई आदिवासी कबीले पशुओं की पूजा करते थे। हिन्दूवाद ने आस्था के इन प्रतीकों का अनादर करने की बजाय उन्हें भी अपने आँचल में समेट लिया और इन श्रद्धेय पशुओं को देवी–देवताओं के साथी या वाहन बना दिया। इस तरह, वैदिक देवी–देवता शेर, मोर, हंस या बैल की सवारी करते दिखायी देने लगे। अपनी उदार और समावेशी प्रकृति के कारण हिन्दूवाद ने अन्य आस्थाओं को अस्वीकार या ख़ारिज करने की बजाय उन्हें इसी तरह अपने विशाल पंखों में समेट लिया।

इन कारणों से हिन्दू धर्म में कितने ही देवी–देवता प्रतिष्ठापित होते चले गये, जिनमें हरेक की अपनी विशिष्ट छवि और भूमिका थी। कुछ देवी–देवता शान्त और प्रसन्नचित्त मुद्रा में चित्रित किये जाते थे तो कुछ दुष्ट शक्तियों पर प्रहार करते हुए क्रोधित मुद्रा में। उदाहरण के लिए, विष्णु ने एक राक्षस का वध करने के लिए अर्द्धमानव और अर्द्धसिंह का अर्थात् नरसिम्हा का रूप धारण किया था, क्योंकि उसे कोई मनुष्य नहीं मार सकता था। इसी तरह शिव, विष्णु और हाथी की सूँड़ वाले 'विघ्नहर्ता' गणेश की छवि से सभी परिचित हैं। ईश्वर के विभिन्न रूपों से जुड़ी सभी विशिष्ट छवियाँ और भूमिकाएँ कुल मिलाकर सृष्टि की हिन्दू अवधारणा की प्रतीक हैं, जिनके पीछे एक गहरा दार्शनिक चिन्तन दिखायी देता है। इनमें अज्ञान और अन्याय को मिटाने से लेकर विध्वंस और पुनर्सृजन तक का विराट उद्देश्य देखा जा सकता है।

ब्रह्मा अर्थात् सृष्टि के रचयिता को हमेशा चतुर्मुखी दिखाया जाता है और उनके चारों मुख चारों दिशाओं का अवलोकन करते हैं, जैसाकि सृष्टि का निर्माण करने वाले को शोभा देता है। वे हाथ में वेद लिये और एक अर्चना–कलश के पास कमल पर बैठे दिखायी देते हैं। कमल को एक पवित्र फूल माना जाता है क्योंकि यह कीचड़ में खिलकर भी मैला नहीं होता। उनकी पत्नी सरस्वती को ज्ञान और विद्या की देवी माना जाता है। वे हमेशा हाथ में वीणा लिये बैठी दिखायी देती हैं, जो सृष्टि के संगीत की प्रतीक है–और 'ओ३म्' के रूप में उस आन्तरिक वाणी की, जिससे सृष्टि का उद्‌भव हुआ। सरस्वती के एक हाथ में मनकों की माला है, जो प्रार्थना और ध्यान की प्रतीक है। उनके दूसरे हाथ में ताड़ का पत्ता है, जिस पर अंकित अक्षर विद्या के प्रतीक हैं। वे भी ब्रह्मा की तरह कमल

पर बैठी दिखायी देती हैं, परन्तु कभी–कभी वे मोर पर भी बैठी दिखायी जाती हैं, जो शिक्षा से उत्पन्न होने वाले अभिमान को नियन्त्रण में रखने का प्रतीक है। उनका वाहन भव्य और सौम्य हंस है।

ब्रह्मा को यदा–कदा ही पूजा जाता है। उनके मन्दिर भी गिने–चुने हैं, जिनमें राजस्थान में स्थित पुष्कर मन्दिर सबसे प्रसिद्ध है। उनकी तुलना में सरस्वती कहीं अधिक लोकप्रिय हैं, जिन्हें व्यापक रूप से पूजा और चित्रित किया जाता है। उनकी पूजा का एक विशिष्ट दिन भी है, जिसे 'सरस्वती पूजा' के नाम से जाना जाता है। ब्रह्मा की पूजा के लिए ऐसा कोई विशिष्ट दिन नहीं है। यह भी एक उल्लेखनीय तथ्य है कि एक शीर्ष देवता की मात्र पत्नी होने के बावजूद सरस्वती का महत्त्व कम नहीं होता। भले ही हिन्दूवाद लिंग पर आधारित भेदभाव से पूरी तरह मुक्त न हो, परन्तु ईश्वरीय छवि में स्त्रियों का समावेश इसकी एक अनूठी और अनुकरणीय विशिष्टता मानी जा सकती है।

इसका सबसे अच्छा उदाहरण शक्ति के रूप में देवी की विभिन्न छवियों में देखा जा सकता है। वह जीवन–शक्ति की प्रतीक है, जो जीवन की रचना करती है, पालती–पोसती है, विकसित करती है, और ज़रूरत पड़ने पर शत्रुओं का विनाश भी कर सकती है। वह ऊर्जा की प्रतीक है, जिसके बिना पुरुष देवता निष्प्रभाव हो सकते हैं। इस नारी ऊर्जा के कई रूप हैं। सरस्वती के रूप में वह ज्ञान की प्रतीक है तो लक्ष्मी के रूप में धन और सम्पन्नता की। शिव की अर्धांगिनी उमा या पार्वती के रूप में वह शिव से अविभाज्य है, अग्नि और ऊष्मा या पुरुष और प्रकृति की तरह। कामाक्षी या राजराजेश्वरी के रूप में वह एक महान माँ है। दुर्गा के रूप में वह शेर पर सवार होकर आठ मानवीय बुराइयों–लोभ, मोह, क्रोध, द्वेष, घृणा ईर्ष्या, अहंकार और वासना का विनाश करती है। देवी का सबसे भयानक रूप काली के रूप में प्रकट होता है, जो साक्षात् काल की प्रतीक है। काली रंगत, क्रोधित हाव–भाव और आक्रामक मुद्रा में वह अक्सर रक्त से सनी खोपड़ियों की माला पहने, एक हाथ में एक कटा हुआ सिर उठाये और पाँव तले अपने शत्रुओं को कुचलती हुई चित्रित की जाती है।

इससे भी दिलचस्प तथ्य यह है कि देश भर में कुल इक्यावन शक्तिपीठ हैं, और इनमें से प्रत्येक पीठ शिव की पहली पत्नी सती के एक अंग को समर्पित है। कहा जाता है कि भगवान विष्णु के सुदर्शन चक्र से

सती के शरीर के इक्यावन टुकड़े हो गये थे। (सती ने अपने पिता द्वारा आयोजित की गयी अग्नि–परीक्षा में आत्मदाह कर लिया था और दुखी और शोकग्रस्त शिव उसके मृत शरीर को उठाये घूम रहे थे। उन्हें इस अवस्था से उभारने के लिए ही विष्णु ने सुदर्शन चक्र चलाया था। बाद में पार्वती के रूप में सती का पुनर्जन्म हुआ।) ऐसे भी मन्दिर हैं जहाँ देवियाँ माह में तीन दिन मासिक धर्म के लिए एकान्तवास करती हैं, जैसे केरल में चेंगन्नुर का मन्दिर; और ऐसे मन्दिर भी जहाँ देवी के सिर्फ़ पदचिह्न (पत्थर पर अंकित) पूजे जाते हैं। मेरे घरेलू राज्य केरल में देवियों के मन्दिरों की भरमार है, जिन्हें सिर्फ़ 'देवी' या 'भगवती' के नाम से जाना जाता है और दोनों का एक ही अर्थ है। भगवती–पूजा का सबसे लोकप्रिय रूप भद्रकाली की पूजा में देखने में आता है, जो काली का ही एक रूप है। तिरुवनन्तपुरम के एक मन्दिर अल्लुकल भगवथी मन्दिर का नाम गिनीज़ बुक ऑफ़ वर्ल्ड रिकॉर्ड्स में दर्ज है, क्योंकि वहाँ 2009 में महिलाओं की सबसे विशाल भीड़ जुटी थी। (25 लाख का यह आँकड़ा हर वर्ष बढ़ता जा रहा है, जो 2017 में 45 लाख पर पहुँच गया।) फ़रवरी में पोंगल के अवसर पर जुटने वाली महिलाओं की यह भीड़ देवी को चढ़ाने के लिए घर में बने व्यंजन लेकर आती है।

दुर्गा के जन्म को लेकर एक अद्भुत पौराणिक कथा है। कहा जाता है कि महिषासुर नाम का एक राक्षस था जिसका सिर भैंसे का था। उसने सभी देवताओं को पराजित करके अपने–आपको पूरी सृष्टि का राजा घोषित कर दिया था। पराजित देवता इन्द्र की शरण में जाकर छिप गये और महिषासुर को हराने का कोई उपाय सोचने लगे। उन्होंने अपनी–अपनी शक्तियों और विशिष्ट गुणों को इकट्ठा करके एक नयी शक्ति की रचना करने का फ़ैसला किया, जो महिषासुर को हरा सके। परिणामस्वरूप, एक महायज्ञ का आयोजन किया गया, जिसके सम्पन्न होते ही आकाश में भयानक बिजली कड़की और अठारह भुजाओं वाली एक स्त्री प्रकट हुई। शेर पर सवार इस स्त्री ने अपनी सभी भुजाओं में कोई–न–कोई अस्त्र उठा रखा था। उसके और महिषासुर के बीच भीषण युद्ध हुआ जो नौ दिन और नौ रात तक चला। अन्ततः नारी शक्ति की इस नयी प्रतीक अर्थात् देवी दुर्गा की जीत हुई और महिषासुर मारा गया। तभी से हिन्दू इन नौ दिनों को नवरात्रों के रूप में मनाते हैं, जिसके बाद

दुर्गा पूजा के दिन देवी की पूजा की जाती है। (एक दिलचस्प तथ्य यह भी है कि पिछले कुछ वर्षों से कुछ छिट–पुट समूह उल्टे महिषासुर की ही पूजा करने लगे हैं। उनका मानना है कि महिषासुर पर देवी दुर्गा की विजय दरअसल जंगली आदिवासियों पर सभ्य हिन्दुओं के आक्रमण और दमन की प्रतीक है।)

देवी की विभिन्न छवियों से ऐसा प्रतीत होता है कि हिन्दूवाद ने देवी–पूजा की विविध परम्पराओं को धीरे–धीरे अपना अंग बना लिया। काली पूर्व–वैदिक युग की देवी प्रतीत होती है, जिसे हिन्दुओं ने शक्ति की प्रतीक का रूप दे दिया। कहीं–कहीं हिन्दू शास्त्रों में एक ही दैवीय शक्ति का नर और नारी, दोनों रूपों में वर्णन मिलता है। विष्णु का नारी रूप धारण करना तो प्रसिद्ध है ही, गणेश को भी विनायकी या गणेशवरी के नाम से नारी रूप में चित्रित किया जाता है, हालाँकि आजकल उसकी कम ही पूजा की जाती है। इसी तरह, अर्जुन ने भी अर्जुनी (नारी) और बृहन्नला (हिजड़ा) का रूप धारण किया था। मदुरई के एक मन्दिर में उनके इन तीनों रूपों की मूर्तियाँ मौजूद हैं।

महाकाव्य 'रामायण' में वानर देवता हनुमान को भगवान राम के सेवक और परम भक्त के रूप में चित्रित किया गया है। विद्वानों के अनुसार, हनुमान का यह पात्र वैदिक दर्शन में जीववादी प्रकृति पूजा और साथ ही हिन्दूवाद के दायरे में आदिवासियों के समावेश का प्रतीक है। हिन्दू महाग्रन्थों में चित्रित पशु पात्र, जो मनुष्यों के साथ उन्हीं की भाषा में संवाद करते दिखाये जाते थे, सम्भवतः आदिवासी जातियों के प्रतीक थे। हनुमान के अलावा गिद्ध–रूपी जटायु और भालू–रूपी जामवन्त ऐसे ही कुछ पात्र हैं।[13]

एक अन्य दिलचस्प उदाहरण ओडिशा में भगवान जगन्नाथ के मामले में देखा जा सकता है, जो अपने भव्य रथ के लिए प्रसिद्ध हैं। यह रथ किसी पवित्र लक्ष्य की प्राप्ति और दुष्ट शक्तियों के विनाश के लिए प्रयोग में लाया जाता है। उन्हीं के नाम पर अंग्रेज़ी का एक प्रसिद्ध और दमदार शब्द 'जगरनॉट' अस्तित्व में आया है।

इसे उपनिवेशीय संस्कृति के एक मज़ेदार उदाहरण के रूप में देखा जा सकता हैं। यूँ 'जगन्नाथ' का अर्थ 'जगत् के नाथ' है, जो भगवान कृष्ण के लिए प्रयोग किया जाता है। इसके साथ भी एक रोचक कथा जुड़ी हुई

---

13. मैं इस अन्तर्दृष्टि के लिए डॉ. नन्दिता कृष्णा का ऋणी हूँ।

है। कहते हैं कि राजा इन्द्रद्युम्न एक वन से गुज़र रहे थे तो उन्हें भगवान् कृष्ण का शव दिखायी दिया, जिन्हें एक शिकारी ने मार डाला था। भगवान विष्णु ने उन्हें सलाह दी कि वे श्रीकृष्ण का लकड़ी का पुतला बना कर उसमें उनकी हड्डियाँ डाल दें। महान ऋषि विश्वकर्मा इस शर्त पर यह काम करने के लिए राज़ी हो गये कि उनके काम में कोई विघ्न नहीं डाला जायेगा, लेकिन पन्द्रह दिन बाद राजा अधीर हो गये और पुतले के बारे में पता लगाने के लिए ऋषि के पास जा पहुँचे। जैसाकि स्वाभाविक था, विश्वकर्मा क्रोधित हो उठे और उन्होंने पुतले के हाथ–पाँव बनाये बिना ही काम अधूरा छोड़ दिया। राजा इन्द्रद्युम्न ने सृष्टि के रचयिता ब्रह्मा से प्रार्थना की तो उन्होंने पुतले में प्राण तो डाल दिये, परन्तु वे हाथ–पाँवों के अभाव को लेकर कुछ नहीं कर सके। श्रीकृष्ण की यही अधूरी मूर्ति पुरी (ओडिशा) के जगन्नाथ मन्दिर में बड़ी श्रद्धा से पूजी जाती है।

इस दन्तकथा के पीछे एक अलग कहानी छिपी हुई प्रतीत होती है। जैसाकि मैंने महसूस किया है, उपमहाद्वीप में हिन्दूवाद के फैलाव के साथ कई स्थानीय और आदिम आस्थाएँ और धार्मिक परम्पराएँ इसका अंग बनती चली गयीं। सम्भवतः जगन्नाथ भी एक आदिवासी देवता थे, जिन्हें हिन्दूवाद ने भगवान कृष्ण के ही एक रूप में पुनःप्रस्तुति देकर हिन्दू धर्म में आत्मसात कर लिया। जगन्नाथ की कुछ कठोर और अपरिष्कृत आकृति और हाथ–पाँवों के अभाव को देखते हुए यह दन्तकथा एक सुविधाजनक आवरण अधिक प्रतीत होती है। सम्भवतः एक नये देवता को सार्वजनिक स्वीकृति दिलवाने के लिए ही वर्ष में चार बार जगन्नाथ की झाँकी या यात्रा निकाली जाने लगी, जो थल और जल, दोनों भागों से होकर गुज़रती है। इनमें सबसे प्रसिद्ध आषाढ़ (मध्य जून–मध्य जुलाई) के महीने में पड़ने वाली रथयात्रा है। उस दिन जगन्नाथ की मूर्ति को एक भव्य रथ पर बिठाकर पूरे शहर में घुमाया जाता है और सड़कों के दोनों तरफ़ जमा श्रद्धालुओं का उत्साह और उन्माद देखते ही बनता है। जगन्नाथ के रथ के पीछे कुछ अन्य रथ भी रहते हैं, जिन पर उनके भाई बलराम और बहन सुभद्रा की मूर्तियाँ सुशोभित होती हैं। मन्त्रोच्चार और भजनों के बीच यह रथयात्रा घण्टों तक जारी रहती है और ऐसा लगता है मानो अपने श्रद्धेय देवता की एक झलक पाने के लिए पूरा शहर ही सड़कों पर उमड़ पड़ा है।

यह भी एक दिलचस्प रहस्य है कि यह उन्माद और श्रद्धा भरी रथयात्रा अंग्रेज़ी शब्द 'जगरनॉट' में कैसे बदल गयी, जिसका अर्थ है, अपने रास्ते में आने वाली हर चीज़ को तूफ़ान की तरह तहस–नहस कर देने वाली 'एक अकाट्य, अभेद्य और विकराल शक्ति'। दरअसल, प्राच्यवाद बहुत पहले शुरू हो गया था, ब्रिटिशों द्वारा भारत पर विजय से चार सदियों पहले। चौदहवीं सदी में सर जॉन मैंडविले के यात्रा–वृत्तान्तों ने भारतीय संस्कृति का एक विकृत चित्र विश्व के सामने रखना शुरू कर दिया था। उन्होंने जगन्नाथ रथयात्रा का लोमहर्षक वर्णन करते हुए लिखा था कि उन्मादित भक्त धार्मिक आत्म–उत्सर्ग की भावना से अपने–आपको विशाल रथ के आगे फेंकते रहते थे और रथ उन्हें कुचलते हुए आगे बढ़ता रहता था। सच्चाई यह है कि हिन्दूवाद में मानव बलि की कोई अवधारणा ही नहीं रही है। अगर सर जॉन ने किसी हिन्दू भक्त को रथ के नीचे कुचले जाते देखा था तो यह मात्र एक दुर्भाग्यपूर्ण दुर्घटना रही होगी। कोई कमज़ोर भक्त भीड़–भाड़ और धक्का–मुक्की के बीच रथ के आगे गिर पड़ा होगा और उसे समय रहते बचाया नहीं जा सका होगा। फिर भी, यह झूठी छवि प्रचलित होती चली गयी और अठारहवीं सदी तक एक तूफ़ानी और विध्वंसक शक्ति के लिए 'जगरनॉट' शब्द का खुलकर प्रयोग किया जाने लगा। एक ऐसी शक्ति जो सम्पूर्ण निष्ठा और सर्वोच्च आत्म–त्याग की माँग करती है। शेर्लाट ब्रोंते और चार्ल्स डिकेंस के उपन्यासों में इस शब्द का इन्हीं अर्थों में प्रयोग हुआ है। रॉबर्ट लुइस स्टेवेंसन ने भी डॉ. जेकिल के छद्म मुखौटे मिस्टर हाइड के सन्दर्भ में इसी शब्द का प्रयोग किया है। सिर्फ़ मार्क ट्वेन ने अपनी आत्मकथा में 'जगरनॉट' शब्द को दूसरे रूप में प्रस्तुत करते हुए इसे एक दयालु और उदार हृदय देवता से जोड़ा है। ब्रिटिश म्यूज़ियम में अठारहवीं सदी के रथों के संग्रह से भी यही पता चलता है कि इतने कलात्मक रथों का उपयोग सिर्फ़ श्रद्धा–भावना जगाने वाले देवता के लिए ही किया गया होगा, न कि किसी भयानक और विध्वंसक देवता के लिए। परन्तु अफ़सोस, तब तक यह शब्द अपने विकृत अर्थों में ही प्रचलित हो चुका था।

लेकिन मैं थोड़ा पीछे पलटूँगा। हिन्दूवाद ने सिर्फ़ पहले की जीववादी और आदिवासी धार्मिक परम्पराओं को आत्मसात ही नहीं किया। इसने जैन धर्म के संस्थापक महावीर की शिक्षाओं को भी अपना लिया और उनके अनुयायियों को हिन्दू धर्म के ही एक विशिष्ट अंग के रूप में देखा। जब

बौद्ध धर्म ने हिन्दू धर्म को सुधारने का प्रयास किया तो हिन्दूवाद ने उल्टे बौद्ध धर्म को ही अपने विशाल पंखों में समेट लिया। बुद्ध को भगवान विष्णु का अवतार मानते हुए हिन्दूवाद ने उनके अज्ञेयवाद को हिन्दू धर्म के नास्तिक पन्थ से जोड़ दिया। परिणाम यह हुआ कि अपनी जन्मभूमि में बौद्ध धर्म का शायद ही कोई प्रभाव रह गया। सम्भवतः इसी तरह हिन्दूवाद ईसाइयत और इस्लाम को भी आत्मसात कर लेता, परन्तु ये धर्म हिन्दूवाद द्वारा अंगीकार किये जाने के लिए तैयार नहीं थे। इसका प्रमुख कारण यह था कि ये धर्म अपने सत्य को ही एकमात्र और अन्तिम सत्य समझते थे, न कि एक विराट सत्य के विविध रूपों में से एक विशिष्ट रूप।

हिन्दूवाद इस अर्थ में भी एक अनूठा धर्म है क्योंकि यह ईश्वर, मनुष्य और सृष्टि को एक–दूसरे से जोड़ कर देखता है। जैसाकि दार्शनिक रेमन पणिक्कर ने हिन्दू चिन्तन के बारे में कहा है–''मनुष्य के बिना ईश्वर कुछ भी नहीं है, सचमुच ही 'कुछ नहीं'। ईश्वर के बिना मनुष्य मात्र एक 'वस्तु' है, एक अर्थहीन और उद्देश्यहीन वस्तु। मनुष्य और ईश्वर के बिना सृष्टि सिर्फ़ 'कुछ' (एनीथिंग) है, एक अस्तित्वहीन अराजकता।'' पणिक्कर के वर्णन के अनुसार, मनुष्य और ईश्वर को कुछ भी अलग नहीं करता; 'उनके बीच न कोई मध्यस्थ है न कोई बाधा'। इसलिए हिन्दू प्रार्थनाओं में श्रद्धेय और सांसारिक मिश्रित रहते हैं। हिन्दू अपने ईश्वर से कुछ भी माँग सकता है। हिन्दू धर्मग्रन्थों में मौजूद हज़ारों श्लोकों, मन्त्रों और भजनों में एक व्यापारी के लिए लाभ कमाने की प्रार्थना, एक कंगाल के लिए ऋण–मुक्ति की प्रार्थना, नर–नारी के मिलन का गुणगान और एक हारे हुए जुआरी द्वारा अपनी लत से मुक्ति की प्रार्थना इत्यादि सब कुछ मिल सकता है। इस तरह, पूजा और प्रार्थना एक हिन्दू के लिए सिर्फ़ एक आध्यात्मिक अनुभव नहीं है, यह उसके सांसारिक जीवन का स्तर सुधारने से भी जुड़ा हुआ है, उसके आज के भौतिक जीवन से।

गणेश : मेरे इष्ट देवता

पूजा–पाठ के कुछ विशेष आयोजनों पर हिन्दुओं से अक्सर कहा जाता है कि वे अपने इष्ट देव का ध्यान करें। दूसरे शब्दों में कहें, तो उन्हें एक निराकार ईश्वर की उस मानवीय रूप में कल्पना करने के लिए कहा जाता है जो उन्हें सबसे ज़्यादा मोहित करता है। मैं ऐसे अवसरों पर गणेश का

ध्यान करता हूँ जिन्हें हमारे दक्षिण में गणपति कहा जाता है। इसलिए नहीं कि मुझे लगता है कि ईश्वर उनकी तरह दिखते हैं, बल्कि इसलिए क्योंकि ईश्वरीयता के अनेकानेक पहलुओं में से जिन पहलुओं का वे प्रतिनिधित्व करते हैं, वे मुझे सबसे ज़्यादा सम्मोहित करते हैं।

ओ३म् महा गणपते नमः
सर्व विघ्नोबा शान्तये
ओ३म् गणेशाय नमः

जहाँ तक मुझे याद आता है, मैं न जाने कितने वर्षों से अपनी हर सुबह की शुरुआत इसी मन्त्र से करता रहा हूँ। मैंने यह मन्त्र इसका पूरा अर्थ समझे बिना ही याद कर लिया था। मैं सिर्फ़ इतना जानता था कि दुनिया भर के करोड़ों हिन्दुओं की तरह मैं भी गजराज यानी हाथी के सिर वाले गणेश को याद करके अपने दिन भर के प्रयासों के सफल होने का वरदान माँगता हूँ। गणेश अपनी भावशून्य मुद्रा में मेरे शयनकक्ष के शेल्फ पर, मेरे दफ़्तर में, मेरे ड्राइंग–रूम में, मेरे डायनिंग–रूम में और मेरे पूजा कक्ष में विराजमान हैं। उनकी ये मूर्तियाँ पत्थर की हैं, धातु की हैं और लुगदी की भी। इसमें बेमेल जैसी कोई बात भी नहीं है, क्योंकि गणेश को हर साँचे में ढल जाने की आदत है। वे कैलेण्डरों और पोस्टरों से लेकर ट्रेडमार्कों और विवाह और निमन्त्रण–पत्रों तक भला कहाँ दिखायी नहीं देते? थोड़े गोल–मटोल, लम्बी सूँड़ वाले (एक टूटे हुए दाँत के साथ), चित्रकारों की कल्पना के परिधान धारण किये (साधु से लेकर अन्तरिक्ष यात्री तक) और मूषक (चूहे) पर सवार गणेश करोड़ों भारतीय दिलों में बसे सम्भवतः सबसे लोकप्रिय हिन्दू देवता हैं।

बहुत कम शुभ अवसरों को गणेश पूजा के बिना पूरा माना जाता है। हिन्दू पुराणों के अनुसार, उनका सबसे बड़ा गुण विघ्नों को दूर करके इच्छाओं को पूरा करना है, जिसमें उनकी बुद्धि और बल, दोनों की ही भूमिका मानी जाती है। हर कोई नया काम शुरू करने या विवाह बन्धन में बँधने से पहले गणेश का आशीर्वाद लेना चाहता है। मेरा खुद का पढ़ाई के दिनों का प्रेम जाति, भाषा, क्षेत्र, उम्र और अभिभावकीय स्वीकृति के मामलों में सभी स्थापित भारतीय परम्पराओं का उल्लंघन करता था, परन्तु जब हमने विवाह किया तो हमारे निमन्त्रण–पत्र के अगले पृष्ठ पर गणेश जी का चित्र अंकित था।

इन तमाम वर्षों में गणेश के साथ मेरा व्यक्तिगत जुड़ाव और गहरा हो

चुका है। कहते हैं कि 2,000 वर्ष पुराना महाकाव्य 'महाभारत' वेद व्यास ने बोल–बोलकर गणेश से ही लिखवाया था। तभी से बहुत–से लेखक गणेश को याद करके अपनी पाण्डुलिपि का 'श्रीगणेश' करना पसन्द करते रहे हैं। यहाँ एक दिलचस्प प्रसंग का उल्लेख करना उपयुक्त होगा। जब मैंने 'महाभारत' के पात्रों और प्रकरणों को भारत के बीसवीं सदी के इतिहास से जोड़ते हुए एक राजनीतिक व्यंग्य 'द ग्रेट इण्डियन नॉवेल' (1989) लिखा था तो इसके डिक्टेशन का काम एक अवकाश प्राप्त राष्ट्रवादी वेद व्यास ने किया था। इसे टाइप करने वाले सेक्रेटरी का नाम गणपति था, जो ख़ूब बड़ी नाक और चतुर आँखों वाले एक बुद्धिमान व्यक्ति थे और हाथी की तरह झूमकर चलते थे। तो, हिन्दू ईश्वरीयता के ये रूप भी दिखायी देते रहते हैं!

मेरे हिन्दूवाद में ईश्वर कोई दूर–दराज और पहुँच से बाहर स्वर्गलोक में वास करने वाली आकृति नहीं है। वह हमारे आसपास सब जगह मौजूद है और हम किसी भी रूप में उसकी कल्पना करके उसके साथ एक निजी जुड़ाव महसूस कर सकते हैं। हिन्दू देवालय में हज़ारों देवी–देवताओं की प्रतिमाएँ मौजूद हैं, छोटी–बड़ी हर तरह की। गणेश 'गण' के प्रमुख हैं, या जैसाकि कुछ विद्वानों का मानना है, 'दूसरे दर्जे के देवताओं' में प्रमुख हैं।[14] वे प्रमुख हिन्दू देवताओं ब्रह्मा, विष्णु, शिव की त्रिमूर्ति में शामिल नहीं हैं, जिन्हें सर्वोच्च सत्ता या परमेश्वर के तीन रूप माना जाता है। परन्तु वे शिव या कम–से–कम उनकी पत्नी पार्वती के पुत्र हैं। (एक धारणा यह भी है कि पार्वती ने कोई समागम किये बिना उन्हें सिर्फ़ अपनी देह से रचा था।)

एक लेखक के रूप में मुझमें यह जानने की हमेशा जिज्ञासा रही है कि कोई समाज अपने बारे में किस तरह की कहानियाँ सुनाता है? इसलिए गणेश को लेकर मेरे आकर्षण का एक कारण वे तमाम कहानियाँ भी हैं जो उनके मूल सिर के खोने और उनके अनोखे मुख–मण्डल के बारे में कही जाती हैं।

सबसे प्रचलित कथा वह है जो मेरी दादी माँ ने मुझे बचपन में सुनाई थी। इस कथा के अनुसार, पार्वती स्नान करने के लिए गयीं और अपने नन्हे पुत्र गणेश को द्वार पर पहरा देने के लिए छोड़ गयीं। तभी शिव

14. रॉबर्ट एल. ब्राउन, 'गणेश : स्टडीज़ ऑफ़ एन इण्डियन गॉड', सनी प्रेस, न्यूयॉर्क, 1991, पृ. 21

आये और घर में प्रवेश करने लगे तो गणेश ने उन्हें रोक दिया। शिव क्रोधित हो उठे और उन्होंने उसे एक उद्दण्ड बालक समझकर उनका सिर काट डाला। पार्वती स्नान करके लौटीं तो अपने पुत्र का कटा हुआ सिर देखकर रोने–चीख़ने लगीं। उन्हें मनाने के लिए शिव ने वहाँ से गुज़रते एक हाथी का सिर काटकर गणेश के धड़ पर लगा दिया।

इस कथा से यह सीख भी मिलती थी कि माता–पिता की आज्ञा का आँख मूँदकर पालन करने के ख़तरनाक परिणाम हो सकते थे, भले ही दादी मुझे यह सब समझाना न चाहती हों। मेरी माँ, जो लाख चाहने के बावजूद अपने बच्चों का गुणगान करने का लोभ संवरण नहीं कर पाती थीं, एक दूसरी कथा सुनाया करती थीं। इस कथा के अनुसार, गर्वीली पार्वती ने शनि देवता से अपने पुत्र की प्रशंसा करते हुए उसे देखने के लिए कहा था। उन्हें यह ध्यान नहीं रहा कि शनि की कुदृष्टि उनके सुन्दर पुत्र को भस्म कर देगी। एक बार फिर हाथी का सिर सबसे सुविधाजनक उपचार प्रतीत हुआ और नन्हे गणेश 'गजमुखी' हो गये।

एक ऐसे भारत में पलते–बढ़ते हुए जहाँ निष्ठा अक्सर एक बिकाऊ चीज़ प्रतीत होती थी, मैं गणेश की कर्तव्यनिष्ठा से प्रभावित हुए बिना नहीं रह सका। उनका सिर किसी भी कारण से धड़ से अलग हुआ हो, लेकिन उनके एक हाथी दाँत का टूटना एक प्रहरी के रूप में उनकी अडिग कर्तव्यनिष्ठा का ही परिणाम था। जैसाकि एक शाम मेरी दादी ने हम सबको इकट्ठा करके बताया था, "परशुराम को शिवजी से बहुत–से वरदान प्राप्त थे। एक दिन वे शिवजी के धाम कैलाश पर्वत पर उनसे मिलने गये तो हमेशा की तरह गणेश द्वार पर नियुक्त थे। उन्होंने परशुराम को भीतर जाने से रोका क्योंकि शिवजी सो रहे थे और गणेश उनकी नींद में कोई विघ्न पड़ने देना नहीं चाहते थे। परशुराम क्रोधित हो उठे और जबरन भीतर जाने का प्रयास करने लगे, परन्तु गणेश टस से मस न हुए। (यह सुनकर मेरी आँखें विस्मय से फैल गयी थीं।) उन्होंने परशुराम को अपनी लम्बी सूँड़ पर उठाकर कई बार गोलाई में घुमाया और फिर ज़मीन पर पटक दिया। परशुराम का सिर चकराने लगा। कुछ देर बाद वे थोड़ा सँभले तो अपना प्रिय शस्त्र फरसा निकालकर गणेश पर झपटे। गणेश इसका भी मुक़ाबला कर सकते थे, लेकिन उन्होंने फरसे को शिवजी के शस्त्र के रूप में पहचान लिया और पलटवार नहीं किसा। उन्होंने फ़रसे के प्रहार को चुपचाप अपने एक हाथी

दाँत पर सहन कर लिया जिससे उनका वह दाँत आधा टूट गया।" तभी से गणेश को सिर्फ़ एक पूरे हाथी दाँत के साथ चित्रित किया जाता है और दूसरा हाथी दाँत आधा ही दिखाया जाता है।

इस कथा का रोमांच तब भी कम नहीं हुआ जब मैंने कुछ अन्य वृत्तान्तों में पढ़ा कि गणेश का यह हाथी दाँत 'महाभारत' लिखने के कारण घिस–घिसकर आधा रह गया था। इससे इस टूटे हुए दाँत का सम्बन्ध ज्ञान से भी जुड़ जाता है। उम्र बढ़ने के साथ मुझे गणेश से जुड़े अन्य प्रतीकों का भी पता चला। हिन्दूवाद के विद्वानों के अनुसार, उनकी स्थूल काया का सम्बन्ध सृष्टि की विराटता से है और यह मनुष्यों और मोटी खाल के जीवों की एकात्मकता का भी प्रतीक है। कुछ विद्वानों का यह भी विचार है कि यह बाहरी रूप की महत्त्वहीनता और आन्तरिक और आध्यात्मिक सौन्दर्य की महानता का प्रतीक भी है। जो भी हो, अपनी अपरम्पारिक मुखाकृति के बावजूद लोकप्रिय चित्रणों में गणेश अक्सर सुन्दरियों से घिरे दिखाये जाते हैं। इनमें उनकी जुड़वाँ पत्नियाँ, सिद्धि और बुद्धि भी शामिल हैं, जो क्रमशः आध्यात्मिक शक्ति और बौद्धिकता की प्रतीक हैं। कुछ चित्रों में एक तीसरी पत्नी रिद्धि भी दिखायी जाती है, जो धन–सम्पदा की प्रतीक है। (आमतौर से रिद्धि को बुद्धि की जगह दिखाया जाता है, जिसका अर्थ शायद यह है कि बुद्धि और धन–सम्पदा साथ–साथ नहीं रह सकतीं–या तो आप बुद्धिमान हो सकते हैं या फिर धनवान; आप एक साथ बुद्धिमान और धनवान नहीं हो सकते!) गणेश की सूँड़ को घुमाकर सर्वप्रथम ध्वनि 'ओ३म्' के आकार में ढाला जा सकता है, जबकि उनकी कमर में लिपटा अजगर ब्रह्माण्डीय ऊर्जा का प्रतीक माना जाता है।

"पर अम्मा माँ," मैं अपनी दादी से पूछा करता था, "गणेश चूहे की सवारी क्यों करते हैं?" हमारे पूजा–घर के ज़्यादातर चित्रों में गणेश यही अनोखी सवारी करते दिखायी देते थे। सीधे–सादे ढंग से देखें तो शायद यह सृष्टि में विशाल और लघु के एक समान महत्त्व का प्रतीक था, पर दादी माँ ने मुझे समझाते हुए कहा था, "ये दोनों पशु गणेश जी की क्षमताओं के प्रतीक हैं। वे भारी–भरकम हाथी की तरह रास्ते में आने वाले सभी विघ्नों को कुचल सकते हैं, जबकि नन्हे चूहे की तरह वे छोटे–से बिल में घुसकर भी शत्रु का नाश कर सकते हैं।" हाथी, चूहे और मनुष्य के गुणों से सम्पन्न देवता निश्चित ही विघ्नों को दूर कर सकता है। शायद यही

कारण है कि हिन्दू देवी–देवताओं में उनका प्रथम श्रेणी में स्थान न होने के बावजूद बहुत सारे हिन्दू उन्हें अपना इष्ट देव मानते हैं।

और मुझ जैसे इक्कीसवीं सदी के शहरवासी के लिए उनके आकर्षण का क्या रहस्य हो सकता है? जैसाकि उनकी एकटक दृष्टि और चौड़ी भौंहों से प्रतीत होता है, गणेश एक अत्यन्त बुद्धिमान देवता हैं। बचपन में मैंने यह कथा भी सुनी थी कि किस तरह पार्वती ने अपने दोनों पुत्रों, गणेश और कार्तिकेय से दौड़ते हुए दुनिया का चक्कर लगाने के लिए कहा था। दोनों में से ज़्यादा फुर्तीला और पराक्रमी पुत्र तुरन्त दौड़ पड़ा, क्योंकि उसे विश्वास था कि वह अपने भाई को मात दे देगा। गणेश कुछ देर चुपचाप बैठे रहने के बाद उठे और अपनी माँ का एक चक्कर लगाकर वापस बैठ गये। पार्वती ने उन्हें मुक़ाबले की याद दिलाई तो उन्होंने बड़े भोलेपन से कहा, "तुम्हीं मेरी दुनिया हो, माँ, और मैं तुम्हारा एक चक्कर लगा चुका हूँ।" कहने की ज़रूरत नहीं है कि उन्होंने दौड़ जीत ली और मेरी अगाध प्रशंसा भी।

इसलिए कोई आश्चर्य की बात नहीं है कि गणेश भारत भर में न सिर्फ़ श्रद्धा बल्कि बड़े उत्साह की भावना से पूजे जाते हैं। कभी–कभी तो यह उत्साह सीमा के पार भी जाता रहा है, जैसाकि 1890 के दशक में पश्चिमी भारत में प्लेग फैलने पर गणेश भक्तों ने ब्रिटिश अभियान में हाथ बँटाने और चूहों को मारने से इनकार कर दिया था, क्योंकि उनका मानना था कि चूहा गणेश की सवारी होने के कारण श्रद्धा का पात्र था, न कि घृणा का। इसी तरह, सितम्बर 1995 में इस ख़बर ने सनसनी फैला दी थी कि देश भर में गणेश की मूर्तियाँ दूध पीने लगी थीं। कुछ जगह तो उनके माता–पिता पार्वती और शिव की मूर्तियों के दूध पीने की भी ख़बर थी।

परन्तु तर्कवादी भी चुप नहीं बैठे थे। उन्होंने इसे सीधे–सीधे विज्ञान से जोड़ते हुए भौतिकी (फ़िज़िक्स) का एक सामान्य नियम बताया। मूर्तियों की खुश्क, पथरीली और संगमरमरी सतह के अणुओं (मॉलिक्यूल्स) ने 'केपिलरी एक्शन' (कोशिका क्रिया) पैदा कर दिया था, जिसके कारण वह सतह दूध को सोखने लगी थी। यह दूध सचमुच मूर्ति में प्रवेश करने की बजाय एक पतली धार के रूप में नीचे बह रहा था और मूर्तियों के सफ़ेद रंग के कारण दिखायी नहीं दे रहा था। सरकारी वैज्ञानिकों की एक टीम ने टेलीविज़न पर एक प्रयोग का प्रदर्शन करते हुए दूध में हरे रंग का पाउडर मिला दिया, जिसके बाद एक हरी धार मूर्ति के चेहरे के आसपास फैलती हुई दिखायी

देने लगी। कुछ ने इस घटना को एक सामूहिक उन्माद, तो कुछ ने पोंगा–पण्डितों द्वारा हिन्दुओं में अन्धविश्वास पैदा करने की चाल बताया। कुछ लोग इसे तेज़ी से उभर रही हिन्दुत्व शक्तियों की शरारत के रूप में भी देख रहे थे। 'पायोनियर' अख़बार में छपे एक छायाचित्र में मन्दिर के पिछवाड़े से एक फुहारा फूटते हुए दिखाया गया, जिसमें से बहता दूध एक बाल्टी में गिर रहा था।[15] इससे सीधे–सीधे ऐसा लगता था कि यह मात्र छल–फ़रेब था, न कि कोई दैवी घटना। फिर भी, दुनिया भर के मन्दिरों में जुटे करोड़ों हिन्दू श्रद्धालुओं के लिए यह मात्र इस बात का संकेत था कि स्वर्गलोक के देवी–देवता अब भी आम मनुष्यों के जीवन से नज़दीक से जुड़े हुए थे।

यूँ हिन्दू हमेशा से ही ऐसा मानते रहे हैं। यह घटना एक प्रतीक मात्र थी। हिन्दुओं के देवता उनके दैनिक जीवन का हिस्सा हैं और उनके साथ सड़कों, बसों और ट्रेनों में हर जगह मौजूद रहते हैं। हमारे तन के कपड़ों की तरह वे हमसे एक निजी सान्निध्य की तरह जुड़े रहते हैं। तिरुवनन्तपुरम का सांसद होने के कारण मैं यह देखकर चकित रह गया कि मेरा चुनाव–क्षेत्र दुनिया की एकमात्र ऐसी जगह थी जहाँ का हवाई अड्डा भी वर्ष में एक बार कुछ घण्टों के लिए बन्द हो जाता था–ताकि भगवान पद्मनभस्वामी की झाँकी एयरफ़ील्ड से गुज़रकर पारम्परिक समुद्र स्नान के लिए जा सके। शहर में किसी को भी, वह किसी भी धर्म का क्यों न हो, यह कोई आश्चर्य की बात नहीं लगती थी।

इसलिए दूध पीने की घटना के रूप में ईश्वर का हमारे दैनिक जीवन में प्रवेश कोई अनहोनी बात नहीं थी। हमारे देवता हमारे जीवन का हिस्सा हैं, हम उनमें अपने–आपको देखते हैं, एक ऊँचे और श्रद्धेय रूप में। मेरा स्नेह स्वयं गणेश से है–स्थूल काया, लम्बी नाक, टूटे दाँत और बड़े कानों वाले एक ऐसे देवता, जो हमारी अपनी कमियों और दोषों के हर्षोल्लास भरे प्रतीक हैं। और फिर, हमारे जैसे अनगिनत समस्याओं से जूझते देश को एक विघ्नहर्ता देवता की ही ज़रूरत है।

मुम्बई में अपना बचपन गुज़ारते हुए मैं गणेश चतुर्थी के धूमधाम भरे त्योहार को हर वर्ष बड़ी मन्त्रमुग्धता से देखा करता था–जो देश की इस आर्थिक राजधानी का सबसे लोकप्रिय त्योहार है। गणेश की एक–से–एक

15. 'मिल्क ड्रिंकिंग डाइटीज़ अनलीश मास हिस्टीरिया'–'ग्रेट मिस्ट्रीज़ ऑफ़ ट्वेंटियथ सेंचुरी', रीडर्स डाइजेस्ट, 1999

कलात्मक और सजी–धजी मूर्तियों वाले हज़ारों पण्डाल शहर में दस दिनों तक ख़ूब धूम मचाये रखते हैं और विसर्जन के दिन लाखों श्रद्धालुओं के जुलूसों का उत्साह और उन्माद देखते ही बनता है। एक नन्हे बालक के रूप में समुद्र के किनारे खड़े होकर, एक के बाद एक बहुत–से 'गणपतियों' को समुद्र की लहरों में विसर्जित होते देखना मेरे लिए बहुत रोमांचकारी और आनन्ददायक अनुभव होता था, लेकिन साथ ही उदास कर देने वाला भी। क्या गणेश जी सचमुच चले गये? लेकिन मैं दिल ही दिल में जानता था कि वे मुझसे बिछड़े नहीं थे। वे मुझे फिर से मिलेंगे–मेरे घर के कैलेण्डरों में, ताक पर सजी मूर्तियों में, मेरी पुस्तकों के आवरणों में, और उस प्रार्थना में जिसके साथ मेरी हर सुबह शुरू होती थी–

ओ३म् महा गणपतये नमः
सर्व विघ्नोबा शान्तये
ओ३म् गणेशाय नमः

अध्याय दो

हिन्दू मार्ग

कहते हैं कि एक बार ऋषि याज्ञवल्क्य से पूछा गया कि कुल कितने देवता थे। उन्होंने 3,300 नामों की एक सूची बनायी और फिर उसे कम करते–करते सिर्फ़ एक पर आ गये– ब्रह्म...अर्थात् ब्रह्माण्ड की एक सर्वव्यापी आत्मा, जो सभी सृजनों की जननी है। उपनिषदों में कहा गया है, 'एकम् सत् विप्रा बहुधा वदन्ति'। यह आध्यात्मिकता पर स्वामी विवेकानन्द का प्रिय वाक्य भी था, अर्थात् 'जिसका अस्तित्व है वह एक ही है, ऋषि–मुनि उसे विविध नामों से पुकारते हैं'।

इसलिए हिन्दू इस बात को समझते हैं कि ईश्वर के सारे पूजा–पाठ 'उस' तक पहुँचने के प्रयास मात्र हैं जिसे न छुआ जा सकता है, न देखा जा सकता है, क्योंकि ईश्वर सचमुच ही अज्ञेय है। हम उसकी पुरुष, स्त्री या अन्य किसी भी रूप में कल्पना कर सकते हैं और हर कल्पना एक समान वैध है; कोई भी कल्पना किसी दूसरी कल्पना से न तो ज़्यादा सही है और न ग़लत। हिन्दू धर्म में ईश्वर के विविध रूप, जो अमूर्त को एक विशिष्ट दृश्य स्वरूप देने के प्रयास हैं, इस बात के भी प्रतीक हैं कि मनुष्य की कल्पना सीमित है और ईश्वर को किसी भी निश्चित रूप और आकार में ढाला नहीं जा सकता। सच्चाई यह है कि हिन्दू शास्त्रों में ईश्वर के इतने सारे रूप और आकार हैं कि किसी एक ईश्वरीय छवि को लेकर सहमति की बात करना निरर्थक है। इसलिए ईश्वर की एक मोटी तोंद और हाथी के सिर वाले देवता के रूप में भी कल्पना की जा सकती है और दस भुजाओं और सम्मोहक मुस्कान वाली एक देवी के रूप में भी। जब ये दोनों ही छवियाँ वैध हैं तो फिर सलीब पर टँगे एक

लहूलुहान मनुष्य की ईश्वर के रूप में कल्पना क्यों नहीं की जा सकती? एक हिन्दू को ईश्वर की सभी छवियाँ स्वीकार हैं। अन्य धर्मों के भक्तों को श्रद्धा भावना से अपने ईश्वर की वन्दना या बन्दगी करते देखना ही एक हिन्दू के मन में वैसी ही श्रद्धा भावना पैदा करने के लिए काफ़ी है। स्वीकृति हिन्दू धर्म का मूल भी है और सार भी।

जैसाकि मैंने शुरू में कहा है, हिन्दूवाद को समझने की चाबी यह है कि यह एक ऐसा धर्म है जो सत्य पर एकाधिकार का दावा नहीं करता। हिन्दू इस बात को समझते हैं कि उनका रास्ता मोक्ष प्राप्ति का एकमात्र रास्ता होना ज़रूरी नहीं है। उन्हें सत्य की खोज के सभी रास्तों का सम्मान करना सिखाया जाता है। वे जानते हैं कि ये सभी रास्ते प्रत्येक मनुष्य की परिस्थितियों, संस्कृति, मूल्यों और अभिप्रेरणाओं पर निर्भर करते हैं। भगवान कृष्ण ने 'गीता' में कहा है, "कोई किसी भी धर्म का अनुसरण करता हो और मुझे किसी भी रूप और आकार में पूजता हो, अगर उसकी लगन सच्ची है तो मैं उसकी निष्ठा को बनाये रखता हूँ।"[16] परम सत्य तक पहुँचने के विविध मार्गों की स्वीकृति उन दार्शनिक वाद–विवादों और तर्कों–वितर्कों में भी झलकती है जो हिन्दू धर्म में सदियों से चले आ रहे हैं।

भिन्नता की इस स्वीकृति का एक परिणाम यह भी रहा है कि हिन्दूवाद अन्य धर्मों की हठधर्मिता से अप्रभावित रहा है। फ्रेंच यात्री फ्रांसुआज़ बर्नेयर ने सत्रहवीं सदी में अपनी भारत यात्रा के दौरान 1671 में कुछ ब्राह्मणों से ईसाई धर्म अपना लेने का आग्रह किया था, लेकिन उनका उत्तर सुनकर वह हक्का–बक्का रह गया। खुद उसके अपने शब्दों में, "उन्होंने अपने कानून को सारी दुनिया के लिए अच्छा बताने का प्रयास नहीं किया, न ही यह कहा कि उनका ईश्वर सिर्फ़ उनकी सुनता है। उन्होंने एक अजनबी को अपने धर्म में अपना लेने से भी मना कर दिया और कहा कि आपका धर्म भी झूठा नहीं है, पर वह आप लोगों के लिए अच्छा है। उन्होंने यह भी कहा कि ईश्वर ने स्वर्गलोक में जाने के अलग–अलग रास्ते बनाये हैं। इसलिए आप अपने धर्म को पूरी दुनिया का धर्म बनाने की कोशिश न करें।"[17]

दूसरे शब्दों में कहें तो ब्राह्मणों ने उससे कहा था, हम आपके धर्म का सम्मान करते हैं, आप हमारे धर्म का सम्मान करो।

---

16. शकुन्तला जगन्नाथन के अनुवाद से।
17. फांसुआज़ बर्नेयर, 'ट्रेवल इन द मुग़ल एम्पायर', आर्चीबाल्ड कांस्टेब्ल एण्ड कम्पनी, मानचेस्टर, 1970

कुछ विद्वानों ने हिन्दुओं को 'हेनोथेइस्ट' भी बताया है, जिसका अर्थ है, ऐसे लोग जो अपने ईश्वर को पूजते हैं, लेकिन अन्य ईश्वरों के अस्तित्व से भी इनकार नहीं करते। हर हिन्दू किसी देवता की पूजा करता है, परन्तु यह ज़रूरी नहीं कि अन्य सभी हिन्दू भी उसी देवता की पूजा करते हों। जैसाकि राधाकृष्णन ने कहा है, "ईश्वर उस कानून से बढ़कर है जो निर्देशों का पालन करवाता है; उस न्यायाधीश से बढ़कर है जो दण्ड देता है; उस प्रेम से बढ़कर है जो अंकुश लगाता है; उस पिता से बढ़कर है जिसने हमें जन्म दिया है; और उस माँ से भी बढ़कर है जिसके साथ वह सब कुछ जुड़ा हुआ है जिसकी हम आशा और आकांक्षा कर सकते हैं।"[18] ईश्वर यह सब भी है और इससे अनन्त रूप से और बढ़कर।

हेनोथेइस्ट दृष्टिकोण का अर्थ है, ईश्वर की भक्ति के सभी तरीकों के प्रति एक समान आदर भावना। एक हिन्दू जब ईश्वर की भक्ति को उसी तरह सम्मान से देखता है जिस तरह वह किसी दूसरे हिन्दू को एक अलग देवता की भक्ति करते देखता है। उसके लिए ईसा की भक्ति करने वाला ख़ुद उससे अर्थात् विष्णु या शिव की भक्ति करने वाले से अलग नहीं है। एक हिन्दू की भिन्नता की स्वीकृति यहीं से शुरू होती है। यही कारण था कि यहूदियों के एक बड़े काफ़िले के लिए ईसा के समय में पश्चिम भारत में प्रवेश करना और महाराष्ट्र के एक ग्रामीण अंचल में सदियों तक अपने धर्म का पालन करते रहना सम्भव हो पाया। उनके हिन्दू पड़ोसियों ने कभी भी उन्हें विदेशी या दूसरे धर्म का नहीं समझा। सदियों बाद जब जेरुसलम से एक रब्बी घूमता–फिरता भारत पहुँचा तो उसने उन्हें यहूदियों के रूप में पहचाना।

लेकिन उनके पड़ोसियों को इससे कोई फ़र्क़ नहीं पड़ता था। 'हरि स्तुति' में एक स्त्रोत है, जिसका अर्थ है–"तीनों लोकों के स्वामी विष्णु, जिन्हें शैव शिव के रूप में, वेदान्ती ब्रह्म के रूप मे, बौद्ध बुद्ध के रूप में, नैयायिक प्रधान के रूप में, जैन महावीर के रूप में और कर्मकाण्डवादी धर्म–सिद्धान्त के रूप में पूजते हैं, हमारी कामना पूरी करें।"[19] हिन्दूवाद में चयनशीलता के इस खुलेपन के कारण ही स्वामी विवेकानन्द 1893 में शिकागों की धर्म–ससंद में कह पाये थे–"जिसे हिन्दू ब्रह्म के रूप में,

---

18. एस. राधाकृष्णन, 'द हिन्दू व्यू ऑफ़ लाइफ', एलन एण्ड एल्विन, लन्दन, 1926
19. डायना एल. ईक, 'गॉड : ए स्पिरिच्युल जर्नी फ्रॉम बोजमां टू बनारस', बीकन प्रेस, बोस्टन, 1993, पृ. 76

पारसी अहुरा मजदा के रूप में, बौद्ध बुद्ध के रूप में, यहूदी यहोवा के रूप में और ईसाई 'फ़ादर इन हैवन' के रूप में जानते है।'' उनके लिए वे सब एक ही थे। ''जिसका अस्तित्व है वह एक ही है, ऋषि–मुनि उसे विविध नामों से पुकारते हैं।''

जीवन की समग्रता

भारत में अपने दो सौ वर्ष के उपनिवेशीय शासन के दौरान ब्रिटिश हिन्दूवाद को समझने और इसके साथ अपना तालमेल बिठाने के लिए जूझते रहे। उन्होंने इसके अर्थ खोजने और उन पर चर्चा करने के पुरज़ोर प्रयास किए। कुछ ने इसे ई.एम. फ़ोस्टर के कुख्यात शब्दों में 'मिस्ट्री एण्ड मडल' (रहस्य और उलझाव/बिखराव) के रूप में देखा तो कुछ ने इसे अपने ढंग से सरलीकृत और परिभाषित करके देखने–समझने की कोशिश की। हिन्दू धर्म बहुईश्वरवादी था या एकईश्वरवादी, यह पहेली ब्रिटिश मस्तिष्कों को लगातार परेशान किये रही। 1911 की जनगणना के बाद एक वरिष्ट ब्रिटिश अधिकारी ने यह निष्कर्ष निकाला कि हिन्दुओं का एक बड़ा बहुमत एक सर्वोच्च ईश्वर में दृढ़ विश्वास रखता था, जिसे परमेश्वर, ईश्वर या नारायण के नाम से जाना जाता था। भारत में प्रमुख जनगणना अधिकारी सर हर्बट रिस्ले ने टिप्पणी करते हुए लिखा कि ''यह विचार सिर्फ़ पढ़े–लिखों तक सीमित नहीं था, बल्कि ज़्यादातर आम लोग भी ऐसा ही समझते थे। एक बुद्धिमान ग्रामीण हिन्दू न सिर्फ़ परमात्मा, कर्म, माया, मुक्ति जैसी हिन्दू धारणाओं को भली–भाँति समझता था, बल्कि अपने भविष्य पर इनके प्रभाव को लेकर भी कामचलाऊ जानकारी रखता था।''[20]

कुछ आधारभूत विचार हर हिन्दू के मन में बहुत गहरे पैठे हुए थे, चाहे वह उनका पालन करे या न करे। इन साझे विचारों में दो चतुर्वर्गीय विभाजन शामिल थे। पहला विचार जीवन के चार चरणों या आश्रमों से जुड़ा हुआ था। ब्रह्मचर्य जीवन का पहला चरण था, जो शिक्षा और ज्ञान अर्जित करने और एक सार्थक जीवन जीने के लिए अनुशासन के अभ्यास से जुड़ा हुआ था। दूसरा चरण गृहस्थ आश्रम था, जो विवाह करके घर बसाने, सन्तान उत्पन्न करने और पारिवारिक दायित्व निभाने से जुड़ा हुआ था। तीसरा चरण वानप्रस्थ था, जो सांसारिक जीवन से निवृत्त होकर वन

---

20. हर्बर्ट रिस्ले, 'द पीपल ऑफ़ इण्डिया', ठैकर, स्पिंक एण्ड कम्पनी, शिमला, 1915, पृ. 244

और एकान्त में प्रकृति के बीच जीवन बिताने और चिन्तन–मनन से जुड़ा हुआ था। चौथा और अन्तिम चरण संन्यास था, जो सभी सांसारिक सूत्रों और चिन्ताओं से मुक्त होकर ईश्वर का ध्यान करने और अन्ततः शरीर त्यागकर ब्रह्म के साथ लीन होने की आध्यात्मिक तैयारी से जुड़ा हुआ था।

जीवन के ये चार चरण जीवन के चार छोरों या लक्ष्यों से भी जुड़े हुए थे– धर्म (जिस पर हम आगे चलकर विस्तार से चर्चा करेंगे), अर्थ (धन–सम्पदा या आर्थिक सम्पन्नता), काम (इन्द्रियों का सुख और तृप्ति) और मोक्ष (जो जीवन में ऊँचे ध्येयों और सद्कर्मों से प्राप्त होता है, और हर मनुष्य का अन्तिम लक्ष्य है)।

जीवन के ये चरण और लक्ष्य मनुष्य की आवश्यकताओं को एक समग्र दृष्टि से देखते हुए निर्धारित किये गये हैं। हर व्यक्ति के लिए सीखना और कमाना, यौन–सम्बन्ध, सन्तान का पालन–पोषण और पारिवारिक दायित्व आवश्यक हैं। इसी तरह हर व्यक्ति से सार्वजनिक हितों में भागीदारी और ईश्वर के साथ एक निजी आध्यात्मिक सूत्र स्थापित करने की भी अपेक्षा की जाती है। से सभी आवश्यकताएँ हम सभी के अन्दर मौजूद हैं और एक–दूसरे में उलझी और घुली–मिली रहती हैं। हम भले ही सचेत रूप से इनकी उपस्थिति से अवगत न हों, पर हम प्रयास और योजनाबद्ध ढंग से या अनायास ढंग से इन्हें पूरा करने की धुन में लगे रहते हैं। हमारे ऋषि–मुनि मनुष्य की इन आवश्यकताओं को लेकर अत्यन्त सचेत थे और इनके महत्त्व को स्वीकारते थे। एक आम कहावत 'माता–पिता गुरु देवम्' मनुष्य की जीवन यात्रा को संक्षेप में व्यक्त कर देती है। सबसे पहले जन्म देने वाली माँ होती है, जिस पर हम पूरी तरह निर्भर होते हैं। फिर हमें घर से बाहर की दुनिया दिखाने वाले पिता होते हैं। इसके बाद हमें शिक्षा और ज्ञान देने वाले गुरु होते हैं और फिर अन्ततः ईश्वर होते हैं, जिन्हें खोज लेने के बाद ही हमारी यह जीवन–यात्रा सफल हो पाती है।

हिन्दू धर्म में जीवन को उसकी पूरी समग्रता के साथ देखा गया और जीवन को चरणों में बाँधकर सर्वोच्च लक्ष्य की तरफ़ बढ़ने का आग्रह किया गया। इसने यौन–सुख और धन–सम्पत्ति से जुड़ी लालसा को दबाने या झुठलाने का प्रयास नहीं किया, बल्कि इन्हें एक ऊँचे ध्येय के साथ जोड़ दिया। ('काम' पर अलग से एक पूरा शास्त्र है, जिसे वात्स्यायन के 'कामसूत्र' के नाम से जाना जाता है।) दूसरे शब्दों में कहें, तो हिन्दूवाद ने

अलौलिक और सनातन शान्ति की खोज के साथ लौकिक अर्थात् सांसारिक इच्छाओं की तृप्ति के महत्त्व को भी पहचाना और इसे मनुष्य के जीवन में पर्याप्त जगह दी। जैसाकि राधाकृष्णन ने लिखा है, "हिन्दूवाद लोक और परलोक को साथ जोड़कर देखता है।" यह कोई संयोग मात्र नहीं है कि सभी प्रमुख हिन्दू देवता विवाहित हैं और आमतौर से अपनी पत्नियों के साथ दिखाए जाते हैं। अक्सर ये पत्नियाँ भी अपने–आपमें एक देवी होती हैं और स्वयं देवताओं की तरह इनके बारे में भी बहुत–सी कहानियाँ प्रचलित होती हैं। यह हिन्दूवाद का एक अनूठा पहलू है कि देवताओं को भी इच्छाओं का शिकार होते दिखाया जा सकता है। उन्हें अप्सराओं पर मोहित होते या ऋषियों की पत्नियों को सम्मोहित करते चित्रित किया जाता है। भगवान शिव तो परम सुन्दरी मोहिनी के रूप में स्वयं भगवान विष्णु पर ही मोहित हो गये थे। ऐसा लगता है कि सामाजिक व्यवहारों में अंकुश और पाखण्ड को मुस्लिम आक्रमणों और विक्टोरियाई शासन के बाद ही हिन्दू जीवन–शैली में शामिल किया गया।

हिन्दू सनातन की प्राप्ति के लिए–जो 'अन्धकार के पार प्रकाश' की खोज है–तीन तरह के माध्यम अपनाते हैं। पहला है ज्ञान, जो मात्र सैद्धान्तिक शिक्षा न होकर निजी अनुभव से प्राप्त सूझ–बूझ होती है। दूसरा है भक्ति, जिसमें पूजा, उपवास, मन्दिर की रस्में और त्याग के साथ–साथ ध्यान और आत्म–मन्थन आते हैं। तीसरा माध्यम कर्म है, जिससे धर्म का पालन किया जाता है। कर्म क्रिया भी है, नियति भी और अनहोनी भी, और सन्दर्भ के अनुसार इसका अर्थ बदलता रहता है। इस तरह, एक हिन्दू ज्ञान, भक्ति और कर्म अर्थात् अपने कृत्य और आचरणों के माध्यम से ईश्वरीयता या सनातन सत्ता से जुड़ने का प्रयास करता है।

इनमें भक्ति सबसे लोकप्रिय माध्यम है और आम लोगों के लिए सबसे आसान भी, क्योंकि हम सभी में पूजने की जन्मजात भावना या क्षमता होती है। शुद्धतावादी हिन्दू पूजन को कई श्रेणियों में बाँटते हैं; जो कुछ इस प्रकार हैं। सबसे साधारण लोग आत्माओं और जीववादी शक्तियों की पूजा करते हैं; इससे ऊपर के स्तर के लोग अपने पूर्वजों, लोकप्रिय देवी–देवताओं, गुरुओं और स्वामियों की पूजा करते हैं; इससे अगले वर्ग के लोग राम, कृष्ण या बुद्ध इत्यादि अवतारों की पूजा करते हैं; इससे भी ऊपर के स्तर के लोग अपने किसी इष्ट देवता की पूजा करते हैं; और

सबसे ऊपर के स्तर के लोग परमेश्वर या ब्रह्म के रूप में सर्वोच्च ईश्वरीय सत्ता की पूजा करते हैं। इसका अर्थ यह हुआ कि अपने किसी निजी या इष्ट देव के माध्यम से सर्वोच्च सत्ता या ब्रह्म से जुड़ने वाले भक्त सीधे ब्रह्म से जुड़े लोगों से थोड़ा नीचे की श्रेणी में आते हैं। 'केन उपनिषद्' के कुछ छन्दों में प्राचीन युग के रचनाकारों की अद्‌भुत प्रतिभा के साथ–साथ उनके दार्शनिक चिन्तन की अथाह गहराइयों के भी दर्शन होते हैं। ऐसे ही कुछ छन्दों का हिन्दी अनुवाद कुछ इस प्रकार है–

> कौन मस्तिष्क को दूर भटकने के लिए भेजता है? कौन जीवन से इसकी यात्रा शुरू करवाता है? कौन हमसे ये शब्द बुलवाता है? हमारे नेत्रों व कानों के पीछे छिपी आत्मा क्या है?
>
> यह कान का कान, आँख की आँख, शब्द का शब्द, मस्तिष्क का मस्तिष्क और जीवन का जीवन है। बुद्धि पर चलने वाले इसे पार कर जाते हैं और संसार त्यागने पर अमरत्व प्राप्त करते हैं।
>
> वहाँ न आँख, न शब्द, न मस्तिष्क पहुँचता है। हम न जानते हैं, न समझ सकते हैं कि उसका कैसे वर्णन करें? वह ज्ञात और अज्ञात से ऊपर है। हमारे प्राचीन ऋषि–मुनियों ने हमें यही सत्य समझाया है।
>
> जिसे शब्दों में नहीं कहा जा सकता हैं, परन्तु जिससे शब्दों में कहा जाता है, वह और केवल वह ब्रह्म है, परम आत्मा, न कि वह जिसे यहाँ लोग पूजते हैं।
>
> जिसे मस्तिष्क से नहीं सोचा जा सकता, परन्तु जिससे मस्तिष्क सोच सकता है, वह और केवल वह ब्रह्म है, परम आत्मा, न कि वह जिसे यहाँ लोग पूजते हैं।
>
> जिसे आँख से नहीं देखा जा सकता, परन्तु जिससे आँख देख सकती है, वह और केवल वह ब्रह्मा है, परम आत्मा, न कि वह जिसे यहाँ लोग पूजते हैं।
>
> जिस कानों से नहीं सुना जाना सकता, परन्तु जिससे कान सुन सकते हैं, वह और केवल वह ब्रह्म है, परम आत्मा, न कि वह जिसे लोग यहाँ पूजते हैं।
>
> जिसे श्वांस से भीतर नहीं खींचा जा सकता, परन्तु जिससे श्वांस भीतर आती–जाती है, वह और केवल वह ब्रह्म है, परम

आत्मा, न कि वह जिसे यहाँ लोग पूजते है।[21]

इस सबमें महान विविधताएँ और चयनशीलता जुड़ी हुई है। कुछ समीक्षकों ने हिन्दूवाद को दर्शन–शास्त्र घुला जीववाद' कहा है तो कुछ ने इसे 'रहस्यवाद और तत्त्व विज्ञान' (मेटाफ़िज़िक्स) का घोल बताया है। वे न तो पूरी तरह सही हैं और न पूरी तरह ग़लत। अन्ततः सभी तरह की पूजा का एक लक्ष्य तक पहुँचने का साधन मात्र है। कुछ लोग ईश्वर को प्रकृति में, वनों में और नदियों में कुछ लकड़ी या पत्थर की छवियों में और कुछ स्वर्ग लोक में ढूँढ़ते हैं। परन्तु हिन्दू ऋषि ईश्वर को अपने भीतर खोजता है और उसे अपने ही अन्तर्मन की गहराइयों में बैठे पाता है।

हिन्दूवाद का बरगद

अपने खुलेपन और विविधता के कारण हिन्दू धर्म एक ठेठ भारतीय उपज है, एक बरगद का वृक्ष। इसकी शाखाएँ दूर तक और चारों ओर फैली हुई हैं, और इनमें से कई फिर से धरती में घुसती रहती हैं और नयी जड़ों को जन्म देती रहती हैं। इस विशाल और भव्य वृक्ष की गहरी छाँव में– जिसकी बहुत–सी जड़ें और तने हैं– तरह–तरह के वनस्पति और जीव, विचार और क्रियाएँ पनपते और फलते–फूलते रहते हैं।

भारत में पूजा–स्थलों की भरमार के कारण हिन्दुओं के सामने बहुत–से विकल्प रहते हैं और धार्मिक प्रकृति के मन्दिर प्रेमियों को लम्बी तीर्थ–यात्राओं के अक्सर मिलते रहते हैं। अधिकांश हिन्दू परिवार ऐसी तीर्थ–यात्राओं पर अक्सर जाते रहते हैं। कई लोगों के लिए तो छुट्टियाँ मनाने का अर्थ ही किसी धार्मिक शहर की यात्रा करना होता है। जहाँ कुछ तीर्थस्थान इतने सुलभ और सुविधा–सम्पन्न हैं कि तीर्थयात्रा धार्मिक छुट्टियों का रूप ले लेती है, वहीं कई तीर्थस्थल, दुर्गम, चुनौतीपूर्ण और भक्तों के संकल्प की परीक्षा लेने वाले भी होते हैं। कश्मीर में स्थित अमरनाथ की बर्फ़ीली गुफ़ा की वार्षिक तीर्थयात्रा के लिए कैलाश पर्वत और तिब्बत की मानसरोवर झील से होते हुए एक लम्बा और कठिन रास्ता पार करना पड़ता है। भगवान शिव का धाम माने जाने वाले इस तीर्थस्थान के रास्ते में पड़ने वाले हिमालय के पतले और खतरनाक दर्रे पार करते हुए कभी–कभी श्रद्धालु अपनी जान भी गँवा बैठते हैं। इसी तरह

21. जुआँ मस्करो, 'द उपनिषद्स', पेंग्युइन बुक्स, लन्दन, 1965 से उद्धरित।

केदारनाथ और बद्रीनाथ की तीर्थयात्राएँ और गंगा और यमुना के उद्गम स्थलों गंगोत्री और यमुनोत्री की यात्राएँ भी साहस और संकल्प की माँग करती हैं। कई तीर्थस्थान कुछ विशेष त्योहारों और दिनों से जुड़े होते हैं, जब लाखों हिन्दू देश के कोने–कोने से वहाँ जमा होते हैं। त्रिस्सुर पूरम, जिसमें लगभग सौ सजे–धजे हाथियों का भव्य जुलूस देखते ही बनता है, पुरी (ओडिशा) के जगन्नाथ मन्दिर की रथयात्रा और बारह वर्ष में एक बार जुटने वाले कुम्भ मेले (आगे विस्तार से वर्णित) ऐसे ही कुछ विशिष्ट अवसर होते हैं। संस्कृत शब्द 'उत्सव' का अर्थ ही है, दुख और चिन्ता से मुक्त होना ('उत्' अर्थात् त्यागना या हटाना और 'सव' अर्थात् सांसारिक कष्ट या चिन्ताएँ)। बहुत–से हिन्दू धार्मिक त्योहार या उत्सव विशेष अंचलों से भी जुड़े हुए हैं, जहाँ लाखों–लाख श्रद्धालु वर्ष के किसी विशिष्ट दिन इकट्ठे होकर अपनी श्रद्धा–भावना प्रकट करते हैं। बंगाल की दुर्गा पूजा, महाराष्ट्र की गणेश चतुर्थी, उत्तर भारत की रामलीला, केरल का ओणम और तमिलनाडु का पोंगल ऐसे ही कुछ भव्य आंचलिक धार्मिक त्योहार हैं। रंगों का त्योहार होली, जहाँ हिन्दुओं का सबसे मज़ेदार और धमाल त्योहार है, वहीं मकर संक्रान्ति (जब हिन्दू ज्योतिष शास्त्र के अनुसार सूर्य मकर राशि में प्रवेश कर जाता है) गम्भीरता और शालीनता से मनाया जाने वाला त्योहार है। जैसाकि मैंने ऊपर कहा है, बारह वर्ष में एक बार जुटने वाले कुम्भ मेले स्वाभाविक रूप से हिन्दुओं के सबसे बड़े धार्मिक आयोजन हैं। हरिद्वार, प्रयाग (इलाहाबाद), नासिक और उज्जैन में बारी–बारी से आयोजित होने वाले इन मेलों में शामिल होने वाले हिन्दू श्रद्धालुओं की संख्या करोड़ों तक पहुँच जाती है। इलाहाबाद में गंगा और यमुना के संगम प्रयागराज पर आयोजित होने वाला कुम्भ मेला विदेशी पर्यटकों के लिए भी एक अद्भुत दृश्य होता है, जिसमें लगभग दो करोड़ हिन्दू भक्तों का जमावड़ा कई दिनों तक बड़े उत्साह और उमंग के साथ भक्ति–रस में डूबा रहता है।

कभी–कभी यह तीर्थयात्रा एक चहेते मन्दिर के नियमित रूप से दर्शनों से जुड़ी होती है। केरल के राजनीतिक नेता के. करुणाकरण हर महीने की पहली तारीख़ को (जो मलयालम कैलेण्डर के अनुसार होती थी) प्रसिद्ध कृष्णा मन्दिर के दर्शन करने जाया करते थे। इसी तरह, पहाड़ की चोटी पर स्थित सबरीमलई के अय्यपा मन्दिर या तिरुमलई के बालाजी मन्दिर में भी हज़ारों भक्त नियमित रूप से दर्शनों के लिए जाते

हैं। कहीं–कहीं एक ही स्थान पर बहुत–से मन्दिर मौजूद रहते हैं, जैसे कुम्बकोणम के नौ ग्रहों वाले मन्दिर। कई बार एक ही परिवार या भक्तों का समूह अलग–अलग क्षेत्रों में स्थित बहुत–से मन्दिरों की तीर्थयात्रा पर भी निकल पड़ता है। मुझे याद है, जब मैं 14 वर्ष का था तो हमारा परिवार ऐसी ही एक तीर्थयात्रा पर गया था। तीन सप्ताह लम्बी इस यात्रा के दौरान हमने तिरुपति, मदुराई (जहाँ का प्रसिद्ध मीनाक्षी मन्दिर एक पराक्रमी रानी को समर्पित है, जिसे शिवजी की संगिनी बनने का भी सौभाग्य प्राप्त हुआ था। इस मन्दिर में 33,000 मूतियाँ हैं।), थंजवूर, कांचीपुरम, पलानी और रामेश्वरम् के प्रमुख मन्दिरों के दर्शन करने के साथ–साथ हमने तमिलनाडु और केरल के कई अन्य शहरों के भी अनगिनत मन्दिरों के दर्शन किये। हम हर जगह कुछ देर रुककर आगे बढ़ते रहे थे। मेरे माता–पिता के लिए यह अत्यन्त सन्तुष्टि प्रदान करने वाला अनुभव था, जबकि हम बच्चों के लिए उतना ही रोमांचकारी। हर पड़ाव पर हमें हिन्दू धर्म के बारे में कुछ–न–कुछ जानने–समझने को भी मिला।

एक बालक के रूप में मुझ पर तीर्थयात्रा का सबसे बड़ा प्रभाव यह पड़ा कि मैंने अपने धर्म में निहित विविधता और भिन्नता को स्वयं अपनी आँखों से देखा और समझा। इन मन्दिरों की वास्तुशिल्पीय शैली और बनावट में भिन्नता, विभिन्न मन्दिरों के देवी–देवताओं में भिन्नता, पण्डितों के व्यवहार और पूजा–पाठ की विधियों में भिन्नता, देवताओं को समर्पित किये जाने वाले चढ़ावे में भिन्नता, और हर मन्दिर से जुड़ी प्रचलित मान्यताओं और प्रथाओं में भिन्नता ऐसे ही कुछ अविस्मरणीय अनुभव थे। तिरुपति (आन्ध्र प्रदेश), तिरुमलई के वेंकटाचलपति मन्दिर की एक लोकप्रिय प्रथा के अनुरूप मेरा सिर मुँडवाकर मेरे 14 वर्ष के लम्बे घुँघराले बाल भगवान बालाजी को चढ़ाये गये। यह मन्दिर देश के सबसे धनवान मन्दिर के रूप में भी प्रसिद्ध है।[22]

22. इस मन्दिर का ख़ज़ाना सचमुच आश्चर्यजनक है। भक्तों के चढ़ावे, मुण्डन के बाद चढ़ाये गये टनों बालों के मूल्य, हर टिकट के मूल्य, कुछ विशिष्ट रस्मों के लिए विशेष शुल्क, प्रसाद के मूल्य (आमतौर से, पेटेंट किये जा चुके प्रसिद्ध तिरुपति लड्डू के रूप में) और दान–कलशों और हुंडियों में डाली गयी नकद राशि इत्यदि को मिलाकर इस मन्दिर को प्रतिवर्ष 2,500 से 3,000 करोड़ रुपये की आय होती है। 2015 में तिरुपति का वार्षिक बजट 2,530 करोड़ रुपये यानी 39.2 करोड़ डॉलर था, जबकि इसकी तुलना में उसी वर्ष वेटिकन का वार्षिक बजट 27.4 करोड़ डॉलर था। धन की कामना करने वाले भक्तों के प्रिय देवता होने के कारण सन्तुष्ट भक्त बालाजी के प्रति अपनी कृतज्ञता व्यक्त करने के लिए उसी अनुपात में खुलकर धन और आभूषण इत्यादि चढ़ाते हैं।

हिन्दू धर्म में विविधता की स्वीकृति के कई और आयम भी हैं। कभी–कभी विदेशी दबे स्वर में पूछते हैं कि क्या हिन्दू धर्म में शाकाहार ज़रूरी है और क्या शराब इत्यदि की भी मनाही है। उन्हें बड़ा आश्चर्य होता है जब अलग–अलग हिन्दू अलग–अलग जवाब देते हैं। हिन्दूवाद के हर स्वरूप में कुछ नियम और प्रतिबन्ध हैं, परन्तु सभी पर लागू होने वाली कोई आचार संहिता नहीं है। उत्तर भारत के वैष्णवों की तरह ऐसे हिन्दू भी हैं जो मांसाहार का नाम सुनकर ही बिदक जाते हैं, और ऐसे हिन्दू भी जो तामसिक आहार होने के कारण प्याज–लहसुन को भी त्याज्य मानते हैं। दूसरी तरफ़ ऐसे हिन्दू भी हैं जो मांसाहार से परहेज़ को कुछ–कुछ असभ्यता से जोड़कर देखते हैं। कोलकाता के कालीघाट मन्दिर में नियमित रूप से बकरों की बलि दी जाती है, जबकि देश भर के कई अन्य काली मन्दिरों में भी किसी–न–किसी पशु की बलि देने का चलन है। फिर भी, अधिकांश हिन्दू त्योहारों पर शाकाहार का पालन किया जाता है। मेरे बच्चों की माँ आधी बंगाली और आधी कश्मीरी है और दोनों तरफ़ से मांसाहारी ब्राह्मणों की लम्बी श्रृंखला से सम्बन्ध रखती है। उसके सगे–सम्बन्धी मेरे शाकाहारी होने की बात सुनकर स्तब्ध रह जाते थे। कुछ ने मुझे भगवान शिव के भक्त वैष्णवों से भी जोड़ने की कोशिश की। हालाँकि मैं किसी ख़ास वर्ग के साथ 'टाइपकास्ट' किये जाने के ख़िलाफ़ था, लेकिन यह भी सच है कि मेरा नाम शिव के नाम पर ही रखा गया था। मैं महाशिवरात्रि के दिन पैदा हुआ था। एक दिलचस्प तथ्य यह भी है कि तमिल में शाकाहार के लिए 'शैव' शब्द का प्रयोग किया जाता है। हमने अपने बच्चों को 'सब कुछ खाना' सिखाया है, लेकिन उनके मिश्रित जींस अपना प्रभाव दिखाना नहीं भूले। एक जुड़वाँ बेटा मांस–मछली का ख़ूब शौक़ीन निकला तो दूसरे ने सिर्फ़ सात वर्ष की उम्र में, और मेरी तरफ़ से किसी तरह के सुझाव या सलाह के बिना, मांसाहार छूने से साफ़ इनकार कर दिया और शुद्ध शाकाहारी बन गया।

शराब या मदिरा के अपने विरोधाभास हैं। हिन्दू चिन्तन में कहीं–कहीं निषेध का संकेत मिलता है तो इसके साथ ही कुछ धार्मिक रस्मों में मदिरा के प्रयोग के भी दर्शन होते हैं, जैसेकि काल भैरव मन्दिर समूह में। साधु–संन्यासियों द्वारा आध्यात्मिक अनुभूति के लिए भांग–गाँजे और अन्य नशों का प्रयोग तो बड़ी आम बात है। वेदों के अनुसार, सोमरस देवताओं

का प्रिय पेय था और धार्मिक आयोजनों के दौरान इसका खुलकर प्रयोग होता था। ऋग्वेद के चौथे मण्डल के अठारहवें सूक्त में इन्द्र देवता द्वारा सोमरस की तीन झीलें पीने का उल्लेख है। इसके पीछे वृत्र नामक एक राक्षस का वध करने का उद्देश्य था, जिसने सभी नदियों के पानी को अपने वश में कर लिया था।[23] इसी तरह 'महाभारत' में भी सोमरस के सेवन का जगह–जगह उल्लेख है, जो विष्णु के अवतारों से जुड़ा हुआ है। एक पौराणिक कथा के अनुसार, वरुणी नाम के हिन्दू देवता मदिरा के देवता माने जाते हैं, जो समुद्र मन्थन के बाद अवतरित हुए थे। उन्हें संसार के चौदह रत्नों में गिना जाता है, जिनमें से एक रत्न चन्द्रमा भी है। संस्कृत साहित्य में, कालिदास के काव्य और नाटकों समेत, मादक रसों के उपयोग का जगह–जगह उल्लेख मिलता है। परन्तु कुछ ऐसे शास्त्र भी हैं जो ब्राह्मणों के लिए मदिरापान को धर्मशास्त्र की दृष्टि से आपत्तिजनक बनाते हैं। ब्राह्मणवादी हिन्दूवाद भी मदिरा सेवन के विरुद्ध रहा है।

सिद्धान्तों को लेकर भी हिन्दूवाद में यही विविधता दिखाई देती है। उपनिषदों और भगवद्गीता के गहरे प्रभाव में रसे–बसे हिन्दू 'ब्रह्म' और 'आत्मन' (परम आत्मा या सार्वभौमिक आत्मा, जिसका एक अंश हम सबके भीतर है) के रूप में एक ही सर्वोच्च ईश्वर में विश्वास रखते हैं और स्वयं को 'एकईश्वरवादी' मानते हैं। दूसरी तरफ़ एक आम हिन्दू, जो इन ग्रन्थों के गूढ़ अर्थों से अनभिज्ञ है, ईश्वर के अलग–अलग रूपों और छवियों को अनेक ईश्वरों के रूप में देखता है और स्वयं को 'अनेकईश्वरवादी' मानता है। सच्चाई यह है कि इससे कुछ फ़र्क़ भी नहीं पड़ता है। एक हिन्दू के लिए ये दोनों दृष्टिकोण एक समान वैध और उचित हैं।

धार्मिक विश्वास और व्यवहार की यह व्यापक विविधता हिन्दूवाद को अन्य धर्मों की तरह स्पष्ट शब्दों में परिभाषित करने की चुनौती को बहुत कठिन बना देती है। 'हिन्दू' शब्द उस तरह की एकरूपी सामुदायिक पहचान का प्रतीक नहीं है जैसेकि 'मुस्लिम' शब्द मुस्लिम समुदाय के सन्दर्भ में प्रयोग किया जाता है। मुस्लिम कुछ निश्चित सिद्धान्तों, मान्यताओं और नियमों के आधार पर एक–दूसरे से जुड़े हुए हैं, जबकि हिन्दूवाद में इस प्रकार की हठधर्मिता का अभाव है। हिन्दू मान्यताओं और व्यवहार की किसी मानक व्यवस्था के अभाव के कारण और साथ ही धार्मिक नेतृत्व

23. रैल्फ टी.एच. ग्रिफ़िथ के अंग्रेज़ी अनुवाद से।

और धार्मिक संस्थाओं की किसी ठोस और शक्तिशाली व्यवस्था के अभाव के कारण भी हिन्दू समुदाय को परिभाषित करने की कठिनाई और भी बढ़ जाती है। जब ईसाई एक–दूसरे से असहमत होते हैं तो वे अपने तर्कों के लिए एक ही धर्म ग्रन्थ 'बाइबल' का सन्दर्भ देते हैं, जिसे उनके धर्म का आधार ग्रन्थ माना जाता है। यही बात मुस्लिमों के बारे में भी कही जा सकती है, जिनकी कुरान की व्याख्या में आपसी मतभेद और तर्क–वितर्क की सम्भावना और भी कम है। हिन्दुओं के पास ऐसा कोई तैयार आधारभूत ग्रन्थ नहीं है और आपसी असहमति की स्थिति में वे कभी भूले–चूके ही धर्मग्रन्थों का सन्दर्भ देते हैं। ऐसे अवसरों पर वे आमतौर से आध्यात्मिक मार्गदर्शकों और गुरुओं की मदद लेते हैं, जिनकी जानकारी, कम–से–कम सैद्धान्तिक स्तर पर, बहुत–से धर्मग्रन्थों की उनकी अपनी समझ पर आधारित होती है।

पिछले कुछ दशकों से 'भगवद्गीता' हिन्दुओं के लिए एक तरह से एक श्रद्धेय धर्मग्रन्थ का रूप लेने लगी है। इसका कारण बीसवीं सदी के कुछ आध्यात्मिक गुरुओं–जैसेकि स्वामी चिन्मयानन्द–और महात्मा गाँधी जैसे राजनीतिक नेताओं द्वारा इसका नियमित उल्लेख और प्रयोग है। 'गीता' में भगवान कृष्ण के शब्दों में वेदों और उपनिषदों का सार है। 'गीता' में परिणाम की चिन्ता किये बिना अपने धर्म और कर्तव्य का पालन करने पर भी ज़ोर दिया गया है। इस धर्म वाक्य को कई विश्व नेता भी समय–समय पर उद्धरित कर चुके हैं। तुर्की द्वारा साइप्रस के अतिक्रमण को न्यायोचित ठहराते हुए तुर्की के प्रधानमन्त्री ने भी ऐसा ही किया था। इन पंक्तियों के लेखक ने जब संयुक्त राष्ट्र के महासचिव के पद के लिए चुनाव लड़ा तो यही वाक्य इस असफल प्रयास को सार्थकता प्रदान करता रहा।

परन्तु हिन्दूवाद को 'भगवद्गीता' या किसी भी दूसरे एकमात्र धर्मग्रन्थ तक सीमित नहीं किया जा सकता। जैसाकि डॉ. राधाकृष्णन ने कहा है, "हिन्दूवाद कोई निश्चित और कठोर सिद्धान्तों वाला धर्म नहीं है। यह आध्यात्मिक चिन्तन और बोध से ओत–प्रोत एक विराट, जटिल और सूक्ष्मता से आपस में गुँथे विचारों का समूह है।" आध्यात्मिक नेता दादा वासवानी ने हिन्दूवाद को 'धर्मों की फेलोशिप', 'दर्शन शास्त्रों की फ़ेडरेशन' और 'लीग ऑफ़ रिलिजंस' बताया था। उन्होंने हिन्दू धर्म के लिए 'धर्म' की बजाय बहुवाचक 'धर्मों' शब्द का प्रयोग किया था।

लेखक ऋत्विज मर्चेण्ट ने अपनी बात कहने के लिए मेरी शब्दावली का प्रयोग किया था। मैंने अपनी पुस्तक 'इण्डिया : फ्रॉम मिडनाइट टू मिलेनियम' में लिखा था कि भारत के बारे में किसी भी स्वयंसिद्ध सत्य का तुरन्त एक दूसरे स्वयंसिद्ध सत्य से खण्डन किया जा सकता है। उन्होंने लिखा, "हिन्दूवाद भी बिल्कुल भारत जैसा ही प्रतीत होता है, एक अनिवार्य विरोधाभास; हिन्दूवाद के बारे में किसी भी स्वयंसिद्ध सत्य का तुरन्त एक दूसरे स्वयंसिद्ध सत्य से खण्डन किया जा सकता है।" यह टिप्पणी करते हुए कि जितने अनुयायी थे, उतने ही हिन्दूवाद भी थे। उन्होंने आगे जोड़ा, "दिलचस्प बात यह है कि भारत के बारे में शशि थरूर का वक्तव्य–कि भारत के बारे में सबसे सिंग्युलर (विलक्षण) बात यह है कि आप इसके बारे में सिर्फ़ बहुवचन (प्ल्यूरल) में बात कर सकते हैं–हिन्दूवाद पर भी उतना ही लागू होता है। अगर धर्म को एक टेक्नोलॉजी के रूप में देखा जाये जो आध्यात्मिक विकास करके अन्ततः सर्वोच्च शक्ति के साथ लीन होने के लक्ष्य को सफल बनाता है, तो 'द हिन्दू वे' (तरीक़ा/मार्ग) को लेकर कोई एकरूपता या मेल–मिलाप की स्थिति दिखाई नहीं देती। सच तो यह है कि 'द हिन्दू वे' शब्दावली भी अपने–आपमें एक छलावा है, क्योंकि कोई एक हिन्दू तरीक़ा या रास्ता है ही नहीं।"[24]

ऋत्विज मर्चेण्ट ने एक हिन्दू की परिभाषा देते हुए लिखा है कि सत्य की खोज में जुटा रहने वाला मनुष्य हिन्दू है। उनके अनुसार, "हिन्दू वह मनुष्य है जो एक वस्तुपरक सच्चाई के अस्तित्व, जिसे ईश्वर कहा जाता है, का पता लगाने की खोज में जुटा रहता है, और उसके अस्तित्व को लेकर आश्वस्त हो जाने के बाद उसे पा लेता है; इसके लिए वह जो साधन इस्तेमाल करता है, वे अन्तर्निहित रूप से व्यक्तिपरक होते हैं और उसके अपने रुझान, मान्यताओं और मूल्यों पर निर्भर करते हैं।"

हिन्दूवाद की यह परिभाषा–अगर हम सचमुच इसे परिभाषा कह सकते हैं तो, क्योंकि यह लगभग हर संस्कृति और धर्म पर लागू हो सकती है–सत्य की साधना की वैयक्तिक प्रकृति पर, इस प्रक्रिया में तर्कशीलता की भूमिका पर और ईश्वर को पाने की परम चाह पर ज़ोर देती है। (इसके लिए 'ईश्वर की चाह' शब्दावली का प्रयोग किया जाये या आत्मा

24. ऋत्विज मर्चेण्ट, 'आन्सरिंग द अल्टीमेण्ट क्वेश्चन : हू इज़ ए हिन्दू', फ़र्स्टफ़ेस्ट डॉट कॉम, 24 सितम्बर, 2014

के परमात्मा या ब्रह्म में विलीन होने के बात की जाये, अर्थ एक ही है।)

कुछ हिन्दू अपने धर्म के लिए 'हिन्दू' शब्द के प्रयोग को शुद्ध नहीं मानते और इसे 'ब्राह्मणवाद' कहना पसन्द करते हैं। परन्तु कुछ दलित और अन्य आलोचक लम्बे समय तक ब्राह्मणों के दबदबे के कारण इस शब्दावली को आपत्तिजनक मानते हैं। अपने मूल रूप में यह शब्द 'ब्रह्म' या परम आत्मा–जो पूरे ब्रह्माण्ड को अपने भीतर समेटे हुए है–की प्राप्ति के आदर्श से जुड़ा हुआ था। बहुत–से लोग हिन्दू धर्म के लिए 'सनातन धर्म' शब्द का भी प्रयोग करते हैं, जो अपने नाम के अनुरूप चिरन्तन या सनातन भी है और उतना ही नया भी। सदैव उपस्थित और सदैव विकासशील। हिन्दूवाद में यह स्वीकार करने में कोई कठिनाई नहीं है कि समय के साथ धर्म के कुछ पहलू अप्रासंगिक हो सकते हैं और नये विचारों, दृष्टिकोणों और संशोधनों की ज़रूरत पड़ सकती है, जीर्णोद्धार की ज़रूरत। फिर भी, धर्म का मूल, मर्म या सारतत्त्व युगों–युगों से अपरिवर्तनीय है।

काल को लेकर भी हिन्दू धारणा पश्चिमी विचारों से बहुत अलग है। हिन्दू चिन्तन के अनुसार, विश्व का कोई आदि या अन्त नहीं है। वह सिर्फ़ काल के एक अन्तहीन चक्र से गुज़रता रहता है, जो चार युगों में बँटा हुआ है। सतयुग अर्थात् सत्य का युग, त्रेतायुग, द्वापरयुग और कलियुग (विनाश और असत्य का युग, जिसमें आज हम सब जी रहे हैं)। हर कलियुग एक प्रलय के साथ ख़त्म होता है जिसमें पूरे विश्व का विनाश हो जाता है। इसके बाद सतयुग के साथ काल के अगले चक्र की शुरुआत होती है। कुछ हिन्दू यह तर्क देते हैं कि वैष्णवों और शैवों की काल–धारणा में भी अन्तर है। विष्णु बहुत–से अवतारों के रूप में जन्म लेते हैं, जबकि शिव बस सिर्फ़ 'हैं'। वैष्णव समय के साथ निरन्तर बदलते रहते हैं, जबकि शैव आत्म–विनाश पर केन्द्रित रहते हैं। हालाँकि यह एक दिलचस्प अन्तर है, फिर भी वैष्णव और शैव, दोनों की काल धारणा अन्य धर्मों की काल धारणा से अलग है, जिसमें पृथ्वी का लौकिक जीवन मृत्यु के बाद स्वर्ग या नर्क की प्राप्ति के साथ समाप्त हो जाता है।

हिन्दी के 'धर्म' शब्द के लिए अंग्रेज़ी का 'फेथ' शब्द काफ़ी नहीं है। 'धर्म' एक व्यापक अर्थों वाला शब्द है, जिसमें सामाजिक व्यवहार और कानून–सम्मत आचरण की एक पूरी व्यवस्था शामिल है। मैंने 1989 में

अपनी पुस्तक 'द ग्रेट इण्डियन नॉवेल' के अन्त में उन तमाम शब्दों की सूची प्रस्तुत की थी, जिन्हें 'धर्म' के अंग्रेज़ी पर्यायवाची के रूप में प्रयोग किया जा रहा है। 'धर्म' शब्द को अब अंग्रेज़ी शब्दकोशों में भी शामिल किया जाने लगा है। (उदाहरण के लिए, चैम्बर्स ट्वेंटिएथ सेंचुरी डिक्शनरी में 'धर्म' का अर्थ 'राइशियसनेस दैट अण्डरलाइज़ द लॉ' दिया गया है।) इसे एक सन्तोषजनक अर्थ माना जा सकता है। दरअसल, अंग्रेज़ी का कोई भी इकलौता शब्द (फेथ, रिलिजन, या लॉ) 'धर्म' के पूरे अर्थ को अभिव्यक्त नहीं कर सकता। पी. लाल के अनुसार, ''अंग्रेज़ी में 'धर्म' शब्द का कोई पर्यायवाची है ही नहीं।'' स्वयं उन्होंने 'धर्म' को 'सद्आचरण की संहिता, कुलीन संस्कारगत जीवन–शैली, धार्मिक नियमों का अनुसरण और पालन' के रूप में परिभाषित किया है। हिन्दुत्व के विविध पहलुओं पर बहुत–सी पुस्तकें लिख चुकी नन्दिता कृष्णा ने 'धर्म' शब्द को 'न्याय–परायणता का नियम' के रूप में अनूदित किया है। रिचर्ड लेनॉय ने तो अपनी पुस्तक 'द स्पीकिंग ट्री' में भिन्न–भिन्न सन्दर्भों में 'धर्म' की पूरी नौ परिभाषाएँ प्रस्तुत की हैं। इनमें नैतिक नियम, आध्यात्मिक व्यवस्था, श्रद्धेय नियम, न्याय–परायणता, और ही 'सामाजिक, नैतिक और आध्यात्मिक समरसता की समग्रता' भी शामिल हैं। सचमुच ही, 'धर्म' शब्द अपने शास्त्रीय अर्थों में ईश्वर और मनुष्य के सभी ब्रह्माण्डीय दायित्व समेटे हुए है। मित्र अंसर हुसैन खान, जो शास्त्रार्थ आधारित 'द रीडिस्कवरी ऑफ़ इण्डिया' के लेखक भी हैं, के अनुसार, धर्म को सीधे–सादे अर्थों में 'जिसके अनुसार हम जीते हैं' के रूप में परिभाषित किया जा सकता है।

'धर्म' शब्द संस्कृत के 'ध्र' शब्द से बना है, जिसका अर्थ है थामना या पकड़ना। इसलिए धर्म एक ऐसी चीज़ है जो मनुष्य के अस्तित्व को थामकर या सँभालकर रखती है; वह नियम जो अस्तित्व की बागडोर को थामकर रखता है। धर्म के अनुसार जीने का अर्थ है– सत्य के अनुसार जीना। एक हिन्दू के लिए नैतिक जीवन धर्म के पालन से जुड़ा जीवन है, जो उस परम सत्य के अनुरूप होना चाहिए जो इस सृष्टि को थामे या सँभाले हुए है।

एक बहुकेन्द्रीय आस्था

हिन्दूवाद एक बहुकेन्द्रीय धर्म है। क्योंकि यह मान्यता और व्यवहार के अनेक केन्द्रों को स्वीकार करता है, इसलिए ईश्वरीय सत्ता का कोई

एकमात्र ढाँचा नहीं है। जब कोई केन्द्र ही नहीं है तो स्वाभाविक रूप से कोई परिधि भी नहीं है। सनातन धर्म में सभी तरह के विश्वास शामिल हैं, क्योंकि किसी को भी बाहर रखने का कोई आधार ही नहीं है। डॉ. राधाकृष्णन के अनुसार, हिन्दू सहिष्णुता उदासीनता नहीं है। हिन्दू यह बात समझते हैं कि सभी स्व–घोषित सत्यों का समान महत्त्व नहीं है। फिर भी, हिन्दू आध्यात्मिक विकल्पों के विशाल बुफ़े टेबल पर सभी का स्वागत है, जिनका रस लेना न लेना हिन्दू की अपनी इच्छा या रुचि पर निर्भर करता है। इस सिक्के का दूसरा पहलू यह भी है कि हिन्दू अन्य धर्मों की परम्पराओं को 'बेगाना' या 'पराया' नहीं समझता; ख़ासतौर से वह इन्हें किसी तरह की चुनौती के रूप में नहीं देखता; हिन्दू विश्वासों और व्यवहारों को लेकर सन्देह पैदा करने वाली नहीं समझता– आख़िर उसका धर्म एक कालातीत और सनातन धर्म है।

जैसाकि हमने देखा है, हिन्दूवाद के विपरीत सामी (या अब्राहमी) धर्म स्वयं को ईश्वरीय मूल का मानते हैं। स्वयं ईश्वर ने अब्राहम को 'ट्रू फेथ' के दर्शन करवाये थे, इसलिए यह किसी प्रश्नचिह्न से परे थी। यह अलग बात है कि इसकी तीन प्रमुख धाराएँ, जूदाइज़्म, ईसाइयत और इस्लाम (उद्‌भव के क्रम में) अलग–अलग ग्रन्थों पर विश्वास रखते हैं। मुस्लिम मान्यता के अनुसार, अल्लाह (ईश्वर) ने मुहम्मद को और भी बहुत कुछ बताया, इसलिए मुहम्मद उनके निर्दिष्ट पैगम्बर बन गये। क्योंकि स्वयं ईश्वर द्वारा कहे गये शब्द ग़लत नहीं हो सकते, इसलिए तीनों सभी धर्म परम सत्य के विचार के इर्द–गिर्द केन्द्रित हो गये। ईश्वर तक पहुँचने का उनका रास्ता ही एकमात्र रास्ता था। दूसरे रास्ते चुनने वाले नर्क की आग और मृत्युदण्ड के हक़दार थे। बहुतों ने इसे अपना कर्तव्य समझते हुए दूसरे रास्तों के अन्धकार में भटकते लोगों को परम सत्य के दर्शन करवाने और उन्हें उनकी ग़लती का अहसास करवाने का दायित्व सँभाल लिया। अगर आप उनके सत्य को अपनाने से इनकार करते थे तो आप ग़लत थे और अगर आप ख़ुद को सुधारने के इच्छुक नहीं थे तो आप पथभ्रष्ट, दुष्ट या अन्धे थे। इन 'उद्‌घाटित' धर्मों के सत्य को अक्षमता या अनिच्छा के कारण समझ न पाने का कोई और कारण नहीं हो सकता था। इसलिए कुछ 'ट्रू बिलीवर्स' (सच्चे निष्ठावानों) को इस बात की अनुमति थी कि वे बल या प्रलोभन के प्रयोग से आपको सही रास्ते पर लायें।

दूसरी तरफ़, सनातम धर्म ने अपने अनुयायियों को सत्य की सतत खोज के लिए प्रोत्साहित किया। यह सत्य ईश्वर या पैगम्बर द्वारा कोई ऊपर से उद्घाटित सत्य नहीं था। इसे पूजा, ध्यान, सद् आचरण और अनुभव द्वारा ही पाया जा सकता था, वह भी आमतौर से जीवन के परिपक्व और ढलते वर्षों में। आख़िर धर्म एक अनुभव ही तो है, ईश्वर का अनुभव। 'श्वेताश्वतर उपनिषद्' में कहा गया है, ''ईश्वर, जिसने सबको और सब कुछ रचा है, प्रत्येक जीव के हृदय में विराजमान है, और उसे हृदय, ज्ञान और संकल्प के माध्यम से ही पाया जा सकता है। जो ऐसा कर लेते हैं वे अमरत्व प्राप्त कर लेते हैं।'' हृदय, ज्ञान और संकल्प तीनों अपनी–अपनी भूमिका निभाते हैं और ईश्वर की खोज या प्राप्ति के लिए अपरिहार्य हैं। इसका यह अर्थ भी है कि धार्मिक अनुभव एक निजी अनुभव है। एक आत्म–बोध, जो प्रत्येक मनुष्य के लिए अलग अनुभव है। जैसाकि डॉ. राधाकृष्णन ने कहा है, ''ईश्वर जब स्वयं को मनुष्यों के सामने उद्घाटित या प्रकट करता है तो वह ऐसा उनकी निजी परिकल्पनाओं और पूर्वाग्रहों के ढाँचे या फ्रेमवर्क के भीतर ही करता है। पश्चिमी धर्म अपने उद्घाटित सत्य के लिए स्वयं से बाहर स्वर्गलोक की तरफ़ देखते हैं, जबकि हिन्दू अपने भीतर देखता है।''

हिन्दू अपने धर्म को एक साथ कई स्तरों पर जी सकता है और जीता है। मन्दिर में पूजा–पाठ, धार्मिक नियमों के पालन, प्रथाओं के अनुसरण और सद्कर्मों के स्तर पर (धर्म–कर्म का मार्ग) आध्यात्मिक चिन्तन, ध्यान, किसी इष्ट देवता की भक्ति और सेवा, त्याग और तपस्या के स्तर पर (भक्ति का मार्ग), और दर्शनशास्त्र और ईश्वरवाद के गम्भीर अध्ययन के स्तर पर (ज्ञान का मार्ग)। अधिकांश हिन्दू पहले स्तर से आगे नहीं बढ़ पाते। उनका हिन्दूवाद मन्दिर दर्शन, व्रत–उपवास और उनके प्रदेश में मनाये जाने वाले धार्मिक त्योहारों तक सीमित रहता है। धर्म से इससे अधिक की अपेक्षा रखने वाले और सत्य की खोज के लिए उत्सुक हिन्दू भी अपने धर्म–ग्रन्थों से तत्काल कोई निश्चित उत्तर या अन्तिम समाधान प्राप्त नहीं कर पाते, इसलिए उनकी खोज निरन्तर जारी रहती है। जहाँ बाइबल, बुद्ध के संवादों और कुरान की बातों को चुनौती नहीं दी जा सकती, वहीं वेद सत्य की खोज के लिए और अधिक आध्यात्मिक अध्ययन और चिन्तन–मनन के लिए प्रेरित करते हैं।

यह भी सच है कि हिन्दूवाद जैसी विराट, विस्तृत और निरन्तर विकासशील व्यवस्था में धर्म–ग्रन्थों में ऐसा बहुत कुछ होगा जो विरोधाभासपूर्ण हो। हर विद्वान कोई ऐसा हिन्दू धर्म–ग्रन्थ सामने रख सकता है जो उसके विचार का समर्थन और दूसरे के विचार का खण्डन करता हो। यही बात उसके विरोधी पर भी लागू होती है। उदाहरण के लिए, हिन्दू समाज में स्त्री की स्थिति को लें, जिसमें अच्छे–बुरे बहुत–से बदलाव आते रहे हैं। याज्ञवल्क्य की 'मनुस्मृति' में ऐसी बहुत–सी दहला देने वाली बातें हैं जो पुरुष की तुलना में स्त्री की हीन स्थिति को लेकर कही गयी हैं। इसी तरह, 'महाभारत' के अनुशासन पर्व में भीष्म का यह संवाद भी उतना ही आपत्तिजनक है–''संसार में स्त्रियों का एक सनातन कर्तव्य है–अपने पति की पराधीनता स्वीकार करके एक आज्ञाकारी पत्नी की तरह उसकी सेवा करना।'' फिर भी, हिन्दू धर्म गें पत्नी को अर्द्धांगिनी' और 'राहधर्गिणी' गी कहा गया है। मुनि सयान ने 'ऋग्वेद' की व्याख्या करते हुए लिखा है–''पति और पत्नी एक ही तत्त्व के दो समान अंश हैं और हर दृष्टि से एक–दूसरे के समान हैं। इसलिए दोनों को मिल–जुलकर सभी कार्यो में, वे धार्मिक हों या सांसारिक, बराबर की भूमिका निभानी चाहिए।'' पराक्रमी कैकेयी द्वारा अपने पति के साथ रणभूमि में जाना और शत्रु के छक्के छुड़ाना मशहूर है। स्वामी विवेकानन्द ने बड़े गर्व के साथ घोषणा करते हुए कहा था कि हिन्दू धर्म के कुछ उच्च कोटि के ऋषि–मुनियों और धर्मग्रन्थों के ज्ञाताओं में स्त्रियों का अत्यन्त सम्मानजनक स्थान था। वेदों के उद्घाटन और सृजन से जुड़ी 21 मूल ऋषिकाएँ स्त्रियाँ ही थीं। 'गार्गी' और 'मैत्रेयी' जैसे नाम आज दिल्ली यूनिवर्सिटी के कुछ कॉलेजों की शोभा बढ़ा रहे हैं। विश्वपारा, घोषा और आपाला कुछ अन्य प्रमुख ऋषिकाएँ थीं। आदि शंकराचार्य ने अपने प्रसिद्ध आलोचक मण्डन मिश्र के साथ शास्त्रार्थ के दौरान उसकी विदुषी पत्नी सरसवाणी को नियुक्त किया था। स्वयं मनु ने भी लिखा है, ''जहाँ स्त्रियों का सम्मान होता है वहाँ देवता वास करते हैं। जहाँ उनका सम्मान नहीं होता वहाँ सभी कर्मकाण्ड व्यर्थ हैं।'' 210 शिवभक्त लिंगायत सन्तों में से 35 स्त्रियाँ हैं। दूसरे शब्दों में कहें, तो प्राचीन ग्रन्थों में सभी तरह के विचार हैं और यह एक हिन्दू पर निर्भर है कि वह क्या चुनता है। अगर वह ग़लत चुनाव करता है तो यह उसकी ग़लती है, न कि हिन्दूवाद की।

हिन्दू यह बात समझता है कि सभी धर्मग्रन्थों को व्याख्या की ज़रूरत है और उन्हें मात्र शाब्दिक अर्थों में नहीं लिया जा सकता। इसके साथ ही यह भी मानकर चला जाता है कि प्राचीन ग्रन्थों में सब कुछ अपने मूल रूप में मौजूद होना या वैसा ही व्यवहार में होना ज़रूरी नहीं है। केरल के मातृ व्यवस्था वाले समाज में सम्पत्ति के स्वामित्व का अधिकार रखने वाली नायर स्त्रियों की शक्तिशाली स्थिति; राजपूत स्त्रियों की सम्मानजनक स्थिति, जो रणभूमि में पति की वीरगति के बाद सामूहिक आत्मदाह करना पसन्द करती थीं; और मीराबाई जैसी साध्वी और सावित्रीबाई फुले जैसी समाज सुधारक की श्रद्धेय सामाजिक छवि से यही प्रमाणित होता है कि हिन्दुओं ने स्त्री की शक्तिशाली और सम्मानजनक भूमिका को सहज भाव से स्वीकार किया है। 'मनुस्मृति' में जो कुछ भी हो, पर इससे यह सम्भावना खत्म नहीं हो जाती कि युगों–युगों से इस पर प्रश्नचिह्न लगाया जाता रहा है।

हिन्दूवाद अपने अनुयायियों को चुनाव की स्वतन्त्रता देता है। आप जो भी चुनते हैं वही, आपका हिन्दूवाद है, जबकि दूसरे लोग अलग चुनाव करके उसे आध्यात्मिक रूप से सही ठहरा सकते हैं। हिन्दू दर्शन इस बात का साक्षी है कि युगों–युगों से निष्ठावानों के बीच तर्कपूर्ण वाद–विवाद चलते रहे हैं– जो धर्मग्रन्थों के किसी कठोर बन्धन से मुक्त थे– और परिणामस्वरूप हिन्दू धार्मिक दार्शनिक समूचे इतिहास के दौरान अपने विचारों और अपने धर्म में सुधार लाते रहे हैं।

अनेकानेक श्रद्धेय ग्रन्थ

जैसाकि मैंने कहा है, हिन्दूवाद का कोई एक श्रद्धेय ग्रन्थ नहीं है। ऐसे बहुत–से ग्रन्थ हैं, जो एक–दूसरे का अनुमोदन भी करते हैं और खण्डन भी। आमतौर से हिन्दू धर्म–ग्रन्थों को श्रुति, स्मृति, इतिहास, पुराण, आगम और दर्शन में विभाजित किया जाता है।

'श्रुति' वे ग्रन्थ हैं जो सुनाये या उद्‌घाटित किये गये हैं। चारों वेद–ऋग्वेद, सामवेद, यजुर्वेद और अथर्ववेद–इसी श्रेणी में आते हैं। इन्हें ऋषियों को सुनाया या उद्‌घाटित किया गया था और महाऋषि वेद व्यास ने इनकी व्याख्या करके अपने शिष्यों की पीढ़ियों के माध्यम से आगे बढ़ाया, परन्तु ये 'उद्‌घाटित' ग्रन्थ ईसाइयों या मुस्लिमों के धर्म–ग्रन्थ की तरह स्वयं

ईश्वर द्वारा उद्घाटित किये गये ग्रन्थ नहीं हैं। ऋषि एक मन्त्र–द्रष्टा होता है, मन्त्रों या विचारों का द्रष्टा। वह इन्हें ध्यानमग्न अवस्था में 'सुनता' या 'देखता' है। यह भी एक दिलचस्प तथ्य है कि फ़िलोसफ़ी के लिए संस्कृत शब्द 'दर्शन' है, अर्थात् देखना। हिन्दूवाद में एक ऋषि की परिकल्पना भी उतनी ही महत्त्वपूर्ण है जितनी उसकी बौद्धिक जिज्ञासा। इस दृष्टि से भी हिन्दू दर्शन पश्चिमी दर्शन से बहुत अलग है।

ऐसा माना जाता है कि 'ऋग्वेद' के 10,552 मन्त्र लिखे जाने में पाँच सौ वर्ष का समय लगा, और इन पाँच सदियों में कम–से–कम पचास ऋषियों ने इनकी रचना में हाथ बँटाया। इनकी श्रद्धेयता या पवित्रता का कारण इनकी रचना से जुड़ी ईश्वरीय प्रेरणा और आध्यात्मिक श्रेष्ठता है, न कि यह कि ये स्वयं ईश्वर द्वारा उद्घाटित या प्रकट किये गये हैं। बाद के वेदों की भी यही स्थिति है। ऐसा माना जाता है कि ये चारों वेद 1500 ईसापूर्व और 500 ईसापूर्व के बीच रचे गये अर्थात् लगभग एक हज़ार वर्ष के दौरान। इस अवधि में मनुष्य के विकासक्रम की झलक भी इन वेदों में देखी जा सकती है। 'ऋग्वेद' में जहाँ देवताओं को प्रसन्न करने के लिए पशु बलि, आदिम आस्था और कुछ मन्त्रों में संशयवाद इत्यादि की अभिव्यक्ति दिखाई देती है,[25] वहीं बाद के वेदों में नयी सामाजिक स्थितियों के साथ तालमेल की स्पष्ट झलक है। उदाहरण के लिए, 'यजुर्वेद' में कुछ नये देवताओं पशुपति (पशुओं के देवता) और औषदी (औषधियों के देवता) इत्यादि का उल्लेख है, जो सम्भवतः स्थानीय आस्थाओं को ध्यान में रखते हुए शामिल किये गये।

इसी तरह, वैदिक दर्शन का सारतत्त्व प्रस्तुत करने वाले 108 उपनिषद् भी 'श्रुति' ग्रन्थ हैं। वे भी कई सदियों में रचे गये। ऐसा माना जाता है कि पहले आठ उपनिषद् 800 ईसापूर्व और 400 ईसापूर्व के बीच रचे गये, जो बौद्ध धर्म के उद्भव का युग भी था। अगले तीन उपनिषद् उत्तर–बुद्ध युग में अर्थात् 300 ईसापूर्व और 200 ईसापूर्व के बीच रचे गये। अन्य 97 उपनिषद् पौराणिक युग से सम्बन्धित हैं, अर्थात् दूसरी ईसवी सदी से दसवीं ईसवी सदी के बीच। 'ऋग्वेद' के प्रारम्भिक मन्त्रों और सबसे बाद में रचे गये उपनिषदों के रचना–काल में पूरे ईसवी कैलेण्डर (या ईसा मसीह से लेकर अब तक) अर्थात् 2,000 वर्ष का अन्तर है। एक पूरा उपनिषद् (मांडूक्य उपनिषद्) तो सिर्फ़ मूल ध्वनि 'ओ३म्' को समर्पित है।

---

25. देखें पाद टिप्पणियाँ 155 और 156

अनेक हिन्दुओं के अनुसार, उपवेदों के रूप में गिने जाने वाले प्राचीन ग्रन्थों में 'आयुर्वेद' (चिकित्सा शास्त्र), 'धनुर्वेद' (शस्त्र शास्त्र), 'गन्धर्ववेद' (मंचीय कलाओं का शास्त्र, जिसमें संगीत, नृत्य और नाट्य शास्त्र शामिल हैं) और 'अर्थशास्त्र' (राजपाठ विज्ञान, जो कई पहलुओं से मैकियावेली के 'द प्रिंस' की 2,000 वर्ष पुरानी पूर्व–झलक थी) शामिल हैं। इसी तरह वेदों के कुछ विस्तारित अंग भी हैं, जिन्हें 'वेदांग' के रूप में जाना जाता है। ये वेदांग व्याकरण, ध्वनि विज्ञान, शब्द–साधन, काव्य कला, अनुष्ठान शास्त्र और अन्तरिक्ष और ज्योतिष विज्ञान (ज्योतिष वेदांग) इत्यादि विषयों पर केन्द्रित हैं।

'स्मृति' ग्रन्थों का अर्थ है वे ग्रन्थ जो स्मरण करके लिखे गये हैं। उनकी रचना में ईश्वरीय प्रेरणा का हाथ नहीं है। ये ग्रन्थ आम मनुष्यों को उनके दैनिक जीवन के आचरण और आध्यात्मिक और सांसारिक कर्तव्यों के पालन में मार्गदर्शन देने के उद्देश्य से लिखे गये हैं। 300 ईसापूर्व से 200 ईसवी के बीच रची गयी इन 18 स्मृतियों को 'धर्मशास्त्र' भी कहा जाता है, क्योंकि इनमें धर्म के पालन के बारे में विस्तार से बताया गया है। इनमें समय और स्थान के साथ धार्मिक व्यवहार में परिवर्तन की आवश्यकता का भी संकेत मिलता है। इन स्मृतियों में वर्ण के अनुसार दैनिक आचरण और धर्म–कर्म का भी वर्णन है, जिसे 'वर्ण आश्रम धर्म' कहा जाता है। साथ ही, इन स्मृतियों में राजपाठ चलाने के नियमों का भी उल्लेख है, जिसे 'राजधर्म' कहा जाता है। इसे हम प्रशासनिक काम–काज की हिन्दू व्यवस्था भी कह सकते हैं, जो प्राचीन समय में एक राजा के अधीन चलती थी।

क्योंकि ये स्मृतियाँ मनुष्यों द्वारा प्राचीन समय में दैनिक जीवन के आचरण और धर्म–पालन के सम्बन्ध में लिखी गयी हैं, इसलिए हिन्दू धर्म इन्हें पत्थर की लकीर की तरह आज भी प्रासंगिक नहीं मानता। याज्ञवल्क्य की 'मनुस्मृति'–जिसे अक्सर 'हिन्दू विधान' का स्रोत कहा जाता है–मात्र एक स्मृति ग्रन्थ है। कोई भी हिन्दू गम्भीरतापूर्वक यह तर्क नहीं दे सकता कि इन नियमों का पालन आज भी आवश्यक है। इसमें भी सन्देह है कि इन स्मृतियों के रचना–काल में भी इनके मार्गदर्शन का आँख मूँद कर पालन किया जाता था।

ये सभी स्मृतियाँ अपने आन्तरिक स्वरूप में दोष रहित और ठोस ही हों, ऐसा भी नहीं था, जैसाकि 'यक्ष प्रश्न' की इन पंक्तियों से स्पष्ट होता है–

तर्क–वितर्क की यह भरमार!
स्मृतियों में भी परस्पर मतभेद हैं,
कोई विचार निर्णायक या अन्तिम नहीं है
धर्म का मर्म अदृश्य और अज्ञात है
सद्मार्ग केवल महापुरुषों का सद्मार्ग है

–यक्ष प्रश्न, श्लोक 114[26]

'इतिहास' की श्रेणी के ग्रन्थों में कुछ महाकाव्य शामिल हैं। 'श्रुति' और 'स्मृति' ग्रन्थों की गूढ़ दार्शनिक बातें कथात्मक महाकाव्यों में ढलकर आम मनुष्यों के लिए कहीं अधिक ग्राह्य और अनुकरणीय हो जाती हैं। (ये महाकाव्य आसानी से नृत्य–संगीत और नाट्य की मंचीय कला प्रस्तुतियों में ढाले जा सकते हैं और परिणामस्वरूप इनका सन्देश और भी आसानी से जन–जन तक पहुँच सकता है।) 'इतिहास' शब्द का अर्थ है 'जैसाकि था', इसलिए बहुत–से लोग इन महाकाव्यों को शब्दशः लेते हैं और इन्हें इतिहास का अंग मानते हैं, परन्तु इनमें रहस्यवाद और फन्तासी के भी बहुत–से तत्त्व घुले हुए हैं। यह भी सम्भव है कि इन महाकाव्यों के बाद के संस्मरणों में ही इनके प्रमुख पात्रों को दैवी छवियों से मण्डित किया गया हो। परन्तु इनका प्रमुख उद्देश्य आज भी कथात्मक शैली में धर्मशास्त्र की सीख देता है।

पहले महाकाव्य 'रामायण' में राजा रामचन्द्र की कथा है, जो निजी धर्म और राजधर्म, दोनों के प्रतीक हैं। प्रारम्भिक संस्करणों में वे ईश्वर की बजाय एक 'आदर्श पुरुष' या 'मर्यादा पुरुषोत्तम' के रूप में प्रस्तुत किये गये थे, जो सत्य के मार्ग पर चलने के लिए संकल्पबद्ध है। वाल्मीकि की कथा में ऐसे बहुत–से प्रसंग और संकेत हैं जो राम की ऐतिहासिकता सिद्ध करने वाले ठोस साक्ष्य कहे जा सकते हैं। इनमें अयोध्या से लंका तक और वापसी की उनकी यात्रा से जुड़े भौगोलिक और प्राणि विज्ञान और वनस्पति विज्ञान सम्बन्धी विवरण, जो आश्चर्यजनक रूप से सही हैं, भी शामिल हैं।[27] राम ने मर्यादाओं का पालन करने के लिए असीम त्याग किये और यहाँ तक कि राजधर्म निभाने के लिए अपनी प्रिय पत्नी तक का परित्याग कर दिया।

---

26. के. बालासुब्रमण्य अय्यर, 'यक्ष प्रश्न', भवंस बुक कम्पनी, बम्बई, 1989
27. मैं इस अन्तर्दृष्टि के लिए डॉ. नन्दिता कृष्णा का ऋणी हूँ।

दूसरे महाकाव्य 'महाभारत' को कई बार रचा गया और हर पुनर्रचना के साथ इसमें कई परिवर्तन आते रहे और नये प्रसंग जुड़ते रहे। 400 ईसवी के आसपास इसमें 'भगवद्गीता' को जोड़ा गया, जिसका शाब्दिक अर्थ है 'भगवान का गीत'। इसमें उपनिषदों का सारतत्त्व प्रस्तुत किया गया है और बहुत–से हिन्दुओं के लिए यह उनके धर्म का मूल श्रद्धेय ग्रन्थ है।

ये दोनों हिन्दू महाकाव्य, 'रामायण' और 'महाभारत', अत्यन्त हृदयस्पर्शी और नाटकीय कथाएँ सुनाते हुए नैतिकता, सिद्धान्तों और मूल्यों की शिक्षा देते हैं। ये बहुकेन्द्रीय और आधारभूत ग्रन्थ हैं और सभी प्रमुख सामाजिक विषयों को स्पर्श करते हैं–नैतिक आचरण क्या है? एक न्यायपूर्ण समाज किस तरह बनता हैं? राजाओं, मन्त्रियों, योद्धाओं, स्त्रियों और ऋषि–मुनियों के क्या कर्तव्य हैं? इनमें महान नैतिक द्वन्द्वों, सद् आचरण की कसौटियों, न्याय और निष्ठा, हिंसा और प्रायश्चित्त इत्यादि के साथ–साथ सामाजिक और राजनीतिक कृत्यों के आदर्श मापदण्डों का भी विस्तृत चित्रण है। बार–बार सुने और सुनाये जाने के कारण ये दोनों महाकाव्य हिन्दुओं की सामूहिक चेतना का अंग बन चुके हैं।

'रामायण' की कथा वनवास भोग रहे एक राजकुमार राम की पत्नी सीता के एक असुर राजा रावण द्वारा अपहरण और राम द्वारा उस पर चढ़ाई और विजय की एक मर्मस्पर्शी और लोमहर्षक कथा है और हर भारतीय और अधिकांश दक्षिण पूर्व एशियावासियों को मालूम है। दुष्ट रावण पर राम की विजय और अयोध्या लौटकर एक न्यायप्रिय और कल्याणकारी राजा के रूप में उनका राजपाट सँभालना बुराई पर भलाई की विजय का एक शाश्वत प्रतीक बन चुका है। फिर भी, इस सीधी–सादी कथा में कुछ ऐसे पेंच और जटिल प्रसंग भी हैं–जैसेकि सीता का क्या अन्त हुआ और इस प्रसंग को लेकर राम का महान अन्तर्द्वन्द्व–जो इनकी सरल व्याख्याओं को एक कठिन काम बना देते हैं।

'महाभारत' का सम्बन्ध अधर्म से अधिक है। यह असली दुनिया की कहानी है, जिसके पात्रों में कई मानवीय दोष हैं। इसके प्रसंग भी किसी स्पष्ट अन्त वाले नहीं हैं और इसकी घटनाएँ महान त्याग और पराक्रम से लेकर अशोभनीय समझौतों, वचन के उल्लंघन, गरिमा रहित युद्ध नीतियों, सुविधाजनक झूटों और अनैतिक आचरण तक फैली हुई हैं। इसमें धर्म की प्रकृति को लेकर एक प्रश्न उठाया गया है–धर्म क्या है? युधिष्ठिर कहता

है, "धर्म एक सूक्ष्म वस्तु है।" कथा का हर प्रसंग मानो इसी का अर्थ खोजता हुआ प्रतीत होता है। क्या धर्म शास्त्रों की देन है? एक परम्परा की कड़ी है? न्याय का दूसरा नाम है? या नीति का दूसरा नाम है? क्या यह जाति या लिंग से निर्धारित होता है? 'महाभारत' में ऐसी बहुत–सी घटनाएँ हैं जो नैतिकता से जुड़े गम्भीर प्रश्नों पर सोचने–विचारने के लिए बाध्य करती हैं। जब निम्न जाति का एकलव्य छिप–छिपकर गुरु द्रोणाचार्य को अपने शिष्यों को धनुर्विद्या देते देखता है और इस कला में अत्यन्त कुशल हो जाता है तो द्रोणाचार्य दक्षिणा के रूप में उससे उसका अँगूठा ही माँग लेते हैं, ताकि वह दोबारा कभी धनुष न चला सके। जब पाण्डव अपनी पत्नी द्रौपदी को शतरंज के खेल में दाँव पर लगाकर उसे हार बैठते हैं तो द्रौपदी उसे दाँव पर लगाने के पाण्डवों के अधिकार और उसे 'जीतने' के कौरवों के अधिकार को चुनौती देती है। इस तरह के प्रश्न उठाकर इस महाकाव्य में हिन्दुओं को अपने धर्म और मान्यताओं को लेकर आत्म–चिन्तन करने के लिए प्रेरित किया गया है। भारतीयों की सामूहिक चेतना में 'महाभारत' का बहुत महत्त्व है। इसमें जो प्रश्न उठाये गये हैं और जिन मानवीय मूल्यों को स्थापित करने का आग्रह किया गया है, वह भारत की मानसिकता को समझने के लिए बहुत महत्त्वपूर्ण है। इसके पात्र आज भी भारतीय जनमानस पर छाए हुए हैं, इसके मिथक आज भी भारतीयों की कल्पनाओं को प्रेरित करते हैं; और इसकी घटनाएँ आज भी एक समकालीन संवाद स्थापित करते हुए हर भारतीय के मन में गूँज रही हैं।

200 ईसा पूर्व से 200 ईसवी के बीच रची गयी 'रामायण' और 400 ईसा पूर्व से 400 ईसवी के बीच रची गयी 'महाभारत' (इन 800 वर्षों में जिसके सुनने–सुनाने की प्रक्रिया के प्रभाव भी मूल कथानक पर पड़ते रहे होंगे)[28] हिन्दुओं के दो सबसे लोकप्रिय धर्म–ग्रन्थ हैं और इनकी मूल कथा (जिसके साथ ढेरों उप–कथाएँ भी जुडी हुई हैं) लगभग हर भारतीय को मालूम है। 'इतिहास' श्रेणी के अन्य ग्रन्थों में 'योग वाशिष्ठ'–जिसमें वशिष्ठ ऋषि द्वारा भगवान राम को सुनायी गयी कथाएँ हैं–और 'हरिवंश'–जिसमें भगवान कृष्ण के जन्म और उनकी लीला की कथाएँ हैं–शामिल हैं।

28. क्योंकि कोई निश्चित काल निर्धारित करना असम्भव है, इसलिए कुछ लोग बाद के काल को सही मान लेते हैं।

'रामायण' और 'महाभारत' के स्थानीय भाषाओं में अनुवाद के बाद उनकी लोकप्रियता और प्रभाव में कई गुणा वृद्धि हो गयी। बारहवीं सदी में तमिल में रची गयी 'कम्बन रामायण' और सोलहवीं सदी में अवधी में रचे गये तुलसीदास के 'रामचरितमानस' ने राम को हिन्दू देवालय में शीर्ष स्थान पर प्रतिष्ठापित कर दिया।

'महाभारत' में 'भगवद्गीता'–अर्थात् भगवान का गीत–एक असाधारण, प्रेरणादायक और गहन दार्शनिकता से ओत–प्रोत काव्य है। इसमें बहुत सशक्त और काव्यात्मक भाषा में मनुष्य के अस्तित्व से जुड़े कई विकट प्रश्नों को छुआ गया हैं। यदि दो एक–से महत्त्वपूर्ण परन्तु परस्पर विरोधी कर्तव्य मनुष्य को दो विपरीत दिशाओं में खींचें तो मनुष्य को क्या करना चाहिए? हम सभी को जीवन में कभी–न–कभी एक कठिन चयन का सामना करना पड़ता है। रणभूमि में पहुँचे महान धनुर्धारी अर्जुन की भी यही स्थिति थी। एक तरफ़ एक अच्छे उद्देश्य के लिए युद्ध करने की चुनौती थी तो दूसरी तरफ़ अपने ही कुटुम्ब के सदस्यों का वध करने से जुड़ी पीड़ा। एक तरफ़ कर्तव्य था और दूसरी तरफ़ भाई–बन्धुओं का प्रेम। क्या उसे उनका रक्त बहाना होगा? क्या उसे किसी का जीवन न लेने के नैतिक संकल्प का त्याग करना होगा? परन्तु यदि इस कारण से वह युद्ध से मुँह मोड़ता है तो अन्याय की शक्तियाँ हावी हो जायेंगी और अत्याचार करने वाले विजयी हो जायेंगे। तो फिर उसे क्या करना चाहिए? अर्जुन अपनी दुविधा भगवान कृष्ण के सामने रखता है और कृष्ण का उत्तर ही गीता का सार और इसका प्रमुख भाग है। श्रीकृष्ण कहते हैं, "अपने धर्म का पालन करो। अपना कर्तव्य निभाओ और परिणाम की चिन्ता मत करो। अपने धर्म के अनुरूप उचित कर्म ही तुम्हारा कर्तव्य है। परिणाम की सफलता या विफलता से तुम्हारे कर्म से जुड़ी नैतिक प्रेरणा पर कोई अन्तर नहीं पड़ना चाहिए। तुम्हारी अपनी भावनाएँ या किसी फल की इच्छा कर्म की आवश्यकता के आगे निरर्थक हैं।" कृष्ण का दार्शनिक परामर्श कुल मिलाकर यह है कि जो सही है वही करो और परिणाम की चिन्ता मत करो। इसमें यह स्वीकृति अन्तर्निहित है कि जो सही है, वही करना हमेशा आसान नहीं होता। यह दूसरों को, और हमारे प्रियजनों को भी, दुख और पीड़ा पहुँचा सकता है। परन्तु धर्म का मार्ग, सद्आचरण भरा जीवन–जिसे पश्चिम में 'नैतिक जीवन' कहा जा सकता है–एक जटिल

और चुनौतीपूर्ण कार्य है, जिसे सफलता और विफलता, जीवन और मृत्यु, पुरस्कार और दण्ड की सामान्य कसौटी पर नहीं परखा जा सकता। इस सलाह पर अमल करते हुए और अपने सारथी की भूमिका निभा रहे कृष्ण के सान्निध्य में अर्जुन युद्ध में उतरा और अपने ही सगे–सम्बन्धियों कौरवों का वध करके इस निर्णायक युद्ध में विजयी हुआ।

'गीता' एक आश्चर्यजनक ग्रन्थ है। यह न सिर्फ़ बुद्धिमत्ता और दर्शनशास्त्र से ओतप्रोत है, बल्कि कर्म का भी सन्देश देती है–दृढ़ विश्वास और साहस के साथ अपना कर्म करने और अपना कर्तव्य निभाने का सन्देश। हिन्दूवाद की शायद ही किसी दूसरी पुस्तक की इतनी व्यापक और विस्तृत विवेचना और व्याख्या हुई हो। स्वामी विवेकानन्द और महात्मा गाँधी 'गीता' को अक्सर उद्धरित करते रहते थे। दोनों ही इसकी काव्यात्मक उत्कृष्टता और दार्शनिक गहराई के अलग–अलग पहलुओं पर मोहित थे और उन्हें अपना जीवन–यन्त्र बना चुके थे।

अठारह पुराण (250 ईसवी से 1000 ईसवी के बीच रचित) वेदों और धर्मशास्त्रों के सत्य को कथाओं और अन्य विधाओं के माध्यम से पुनःप्रस्तुत करते हैं। वे कई सदियों से ग्रामीण क्षेत्रों में धार्मिक शिक्षा का प्रमुख माध्यम बने रहे हैं। वे इतिहास श्रेणी के ग्रन्थों से इस दृष्टि से भिन्न हैं कि वे उनकी तरह एक भव्य कथानक नहीं अपनाते, बल्कि अलग–अलग कथाओं और पात्रों के माध्यम से धार्मिक शिक्षा देते हैं। इन पौराणिक कथाओं का नैतिक सन्देश आज भी हिन्दुओं की नैतिक संहिता का आधार बना हुआ है। इन कथाओं के विभिन्न पात्र आस्था, पवित्रता, आज्ञाकारिता, निष्ठा, लगन, सतीत्व, उदारता इत्यादि के प्रतीक बन चुके हैं। सामान्य बातचीत या राजनीतिक चर्चाओं में अक्सर उनके उदाहरण दिये जाते हैं। प्रह्लाद सच्चा ईश्वर भक्त है तो सावित्री एक समर्पित पत्नी; ध्रुव अटल प्रतिज्ञा का प्रतीक है तो हरिशचन्द्र एक पक्के सत्यवादी। पुराणों में विष्णु के दस अवतारों की कथाएँ भी मौजूद हैं। 'श्रीमद्भागवत' या 'भगवद् पुराण' में भगवान कृष्ण के जीवन और लीलाओं का वर्णन है। देश भर में घरों और मन्दिरों में आज भी इसका पाठ किया जाता है।

पुराण हिन्दूवाद के विकास के महत्त्वपूर्ण प्रतीक हैं। इनमें मनुष्यरूपी ईश्वर की पूजा पर अधिक ज़ोर दिया गया, जबकि इनसे पहले के वैदिक धर्म में कर्मकाण्ड और आहुतियों को अधिक महत्त्व दिया जाता था। इनमें

होम की विशिष्ट भूमिका थी, जो अग्नि देवता को प्रसन्न करने के लिए अग्नि के आसपास कर्मकाण्ड की प्रक्रिया से जुड़ा होता था। पौराणिक धार्मिक गतिविधियाँ मूलतः मूर्ति–पूजा और पूजा–पाठ पर केन्द्रित होती थीं। (ऐसा भी कहा जाता है कि वैदिक युग में सिर्फ़ निराकार और छविरहित ईश्वर की पूजा की जाती थी, अनुष्ठान किये जाते थे और स्थानीय जातियों के नदी, पर्वत और वृक्ष देवताओं की स्तुति की जाती थी। ये सभी एक जगह स्थिर न होकर स्थान बदलते देवता थे। चौथी सदी में सिकन्दर के भारत में आने के बाद ही स्थिर मन्दिरों की स्थापना और उनमें नायकों और देवी–देवताओं की मूर्तियों की प्रतिष्ठापना का विचार भारत में पहुँचा।) इसी तरह, जहाँ वेदों का हिन्दूवाद मन्त्रों और आहुतियों समेत कर्मकाण्ड पर अधिक आधारित था, वहीं पुराणों ने धार्मिक मूल्यों के लिए मिथकों और कथाओं को अपना आधार बनाया। निर्गुण ब्रह्म के साथ–साथ सगुण ब्रह्म के विचार को भी विकसित करते हुए पुराणों ने वैदिक धर्म को आम लोगों के रोज़ के पूजा–पाठ से जोड़ दिया। वेदों के निर्गुण ब्रह्म ने 'माया' की सम्मोहक शक्ति का प्रयोग करते हुए सगुण ब्रह्म अर्थात् 'ईश्वर' या 'भगवान' का रूप ले लिया। विष्णु और शिव को ईश्वर माना जाने लगा। विष्णु के भक्त, जिन्हें 'वैष्णव' कहा जाने लगा, उन्हें उनके अनेक अवतारों के रूप में पूजने लगे, जबकि 'शैव' कहे जाने वाले शिव–भक्त केवल शिव को पूजते थे। यूँ शिव के भी कई पक्ष थे, जिनमें नृत्यमग्न 'नटराज' और 'शिवलिंग' समेत उनके परिवार के सदस्य– पत्नी पार्वती और दोनों पुत्र 'गणेश' (या विनायक) और स्कन्द (या मुरुगन) शामिल थे। पौराणिक हिन्दूवाद में स्थानीय संस्कृतियों का समावेश और कहीं–कहीं उनका संस्कृतकरण भी दिखायी देता है। पुराणों ने उनके देवताओं और लोकप्रिय नायकों को हिन्दू मिथकों में शामिल करके हिन्दूवाद का एक अभिन्न अंग बना लिया। पौराणिक युग में ही वैष्णवों और शैवों ने मूर्ति–पूजा को धर्म के एक अभिन्न अंग के रूप में अपनाया, जबकि वैदिक युग में इसका कोई वर्णन नहीं मिलता। दूसरे शब्दों में कहें, तो पुराणों ने वैदिक धर्म और स्थानीय लोक जीवन के बीच तथा धीर–गम्भीर दार्शनिकों और लोक संस्कृति के बीच एक पुल बनाने या एक सूत्र स्थापित करने का काम किया। आज हम जिस हिन्दूवाद को जानते–समझते हैं, उसका अधिकांश भाग इन पुराणों पर ही आधारित है।

इनमें से किसी भी श्रेणी से मेल न खाने वाला एक अन्य प्राचीन हिन्दू धर्म–ग्रन्थ तमिल में देखने को मिलता है। 300 ईसवी के आसपास जन्मे थिरुवल्लुवर द्वारा रचित 'थिरुक्कुरल' नामक इस ग्रन्थ में 1330 दोहों का संग्रह है। इस ग्रन्थ में निहित ज्ञान भरी कहावतों और धार्मिक शिक्षा को देखते हुए इसे 'तमिलों का वेद' भी कहा जाता है।

छठी सदी तक भारत और हिन्दूवाद एक समृद्ध पुराणशास्त्र (माइथोलॉजी), धार्मिक विधियों और रस्मों की एक सुदृढ़ परम्परा, अनूठे वीररस काव्य, नैतिक आचरण की एक सुस्पष्ट और सुविकसित व्यवस्था, एक विकासरत धार्मिक वास्तुशिल्प और जन साधारण के लिए प्रचुर आध्यात्मिक साहित्य से सम्पन्न हो चुका था। इसके पास व्यापक महत्त्व के ग़ैर–धार्मिक ग्रन्थ भी थे, जिनमें 'पंचतन्त्र की कथाएँ' सबसे लोकप्रिय हैं। इन कथाओं में विभिन्न पात्रों के माध्यम से सांसारिक मामलों पर व्यावहारिक सलाह दी गयी है। इन रोचक कथाओं के पात्रों में मनुष्य और पशु–पक्षी दोनों ही शामिल हैं। कुछ कथाओं में राजाओं और मन्त्रियों पर कटाक्ष और व्यंग्य देखने को मिलता है तो कुछ में दुर्भाग्यपूर्ण हिंसा का भी वर्णन है। कुछ कथाओं में घमण्डी और डींगें हाँकने वाले पात्रों का मज़ाक़ उड़ाकर हास्य रस पैदा करने की कोशिश की गयी है। यूँ इतिहासकार उपिन्दर सिंह ने 'पंचतन्त्र' पर अपनी टिप्पणी में कहा है, "हमें बड़े बेबाक ढंग से बताया जाता है कि सच्चाई, उदारता और दूसरों की मदद करना जैसे परम्परागत सद्‌गुण मनुष्य को बर्बाद कर सकते हैं। आत्म–त्याग (दिखावे का भी) के विचार का भी मज़ाक़ उड़ाया गया है। चालाकी, होशियारी और कठोर मानसिकता का गुणगान किया गया है। सामाजिक सम्बन्धों में सिर्फ़ मित्रता की अच्छाई की गयी है, हालाँकि इसे भी पूरी तरह बख्शा नहीं गया है।"[29]

मूर्ति–पूजा के साथ मन्दिर भी अस्तित्व में आये, जिनका निर्माण पाँचवीं सदी से ही शुरू हुआ। ग्यारहवीं से तेरहवीं सदी के बीच यह अपने चरम पर पहुँच चुका था, जब भव्य चोला मन्दिर निर्मित किये गये। इनमें से कुछ आज भी अस्तित्व में हैं। 108 आगम विशिष्ट देवताओं की पूजा के विधि–विधान और सिद्धान्तों से जुड़े हुए हैं। इनमें शिव, विष्णु और शक्ति प्रमुख हैं। इन आगमों ने प्रत्येक देवता पर केन्द्रित विशेष पन्थों

29. उपिन्दर सिंह, 'पॉलिटिकल वायलेंस इन एंशिएण्ट इण्डिया', कैम्ब्रिज, एमए : हार्वड यूनिवर्सिटी प्रेस, 2017, पृ. 236

को भी जन्म दिया। आगमों में प्रत्येक देवता के मन्दिर निर्माण के नियमों और पूजा की विधियों का भी विस्तृत वर्णन है। ये विवरण इतने विस्तृत हैं कि इनमें भक्त द्वारा मूर्ति और पवित्र पात्रों के स्नान से लेकर मूर्ति को आभूषण पहनाना और भजनों–आरतियों का समय और क्रम तक शामिल है। आगमों में भजनों और आरतियों की भी भरमार है। फिर भी, अधिकांश लोग प्रतिदिन अपने घर के एकान्त में ही पूजा करना पसन्द करते हैं और मन्दिर कभी–कभी ही जाते हैं। वे अपने घर में ही एक छोटा–सा मन्दिर या पूजा–घर बना लेते हैं। इस निजी पूजा–पाठ का 'श्रीमद्भागवत' या 'भगवत पुराण' में भी उल्लेख है (दूसरा भाग, अध्याय 27, श्लोक 12)। इसके अनुसार पूजा की मूर्ति आठ प्रकार की हो सकती है–पत्थर, लकड़ी, धातु, मिट्टी, रेत, स्फटिक (क्रिस्टल) से बनी मूर्ति, चित्रकला द्वारा चित्रित मूर्ति या मात्र काल्पनिक मूर्ति (मानसिक छवि)। कुछ प्रमुख मन्दिर नदियों के तटों पर निर्मित किये गये। इनमें गंगा, यमुना, नर्मदा, गोदावरी, कृष्णा और कावेरी तट के मन्दिर शामिल थे। इन नदियों में बहते पानी को तन, मन और आत्मा को शुद्ध करने वाला माना जाता था।

'दर्शन' श्रेणी में आने वाले ग्रन्थ हिन्दू दर्शन की छह प्रमुख शाखाओं का प्रतिनिधित्व करते हैं। अनेक स्रोतों पर आधारित ये दर्शन ग्रन्थ बौद्धिक और शास्त्रीय प्रकृति के हैं। 'षड् दर्शन' के नाम से जाने जानेवाले हिन्दू दर्शनशास्त्र की तीन कम जानी–पहचानी शाखाएँ है– न्याय दर्शन, जिसमें तर्कशीलता और वाद–विवाद पर ज़ोर दिया गया है; वैशेषिक दर्शन, जो सृष्टि को असंख्य परमाणुओं से निर्मित मानता है और प्रत्येक परमाणु में अपने विशिष्ट गुण हैं; और मीमांसा दर्शन, जो मोक्ष प्राप्ति के लिए त्याग और अनुष्ठान को सबसे महत्त्वपूर्ण मानता है। (कुछ विद्वान वैदिक धर्म को 'मीमांसा हिन्दूवाद' भी कहते हैं, ताकि इसे बाद के युग के पौराणिक हिन्दूवाद से अलग करके देखा जा सके।) हिन्दू दर्शन की चौथी शाखा 'योग दर्शन' है, जो भले ही शारीरिक अभ्यास या व्याख्या के रूप में आज दुनिया भर में प्रसिद्ध हो चुका हो, परन्तु वास्तव में इसका सम्बन्ध मस्तिष्क, श्वांस और शरीर को नियन्त्रित करके ईश्वरीय समाधि प्राप्त करने से है। हिन्दू दर्शन में प्रमुख विवाद दो अन्य दर्शन शाखाओं के बीच है। इनमें से पहली शाखा 'सांख्य दर्शन' हिन्दू दर्शन की सबसे पुरानी शाखा है और इसका उल्लेख 'महाभारत' में भी मिलता है। तर्कशीलता पर आधारित यह

दर्शन 'द्वैतवाद' में विश्वास करता है, अर्थात् आत्मा और तत्त्व या अलौकिक और सांसारिक दो अलग–अलग सत्ताएँ हैं और इनमें एक स्पष्ट अन्तर है। दूसरी तरफ़, हिन्दू दर्शन की सबसे नयी शाखा (लगभग एक हज़ार वर्ष पहले स्थापित) 'वेदान्त दर्शन' इससे ठीक उल्टे 'अद्वैतवाद में विश्वास करती है। इसके अनुसार, आत्मा और तत्त्व एक ही हैं। 'वेदान्त' का अर्थ ही है वेदों का अन्त। आदि शंकराचार्य से लेकर उन्नीसवीं सदी में स्वामी विवेकानन्द की सशक्त व्याख्याओं के कारण 'वेदान्त दर्शन' हिन्दू धर्म का प्रमुख दर्शन बन चुका है। इसका अन्तर्राष्ट्रीय स्तर पर भी काफ़ी प्रभाव है। अगले अध्याय में हम इस पर विस्तार से चर्चा करेंगे।

हिन्दू वेदों पर विश्वास तो करते हैं, परन्तु उन्हें विश्लेषण या आलोचना से ऊपर नहीं मानते। हिन्दू धर्म में यह माना जाता है कि जो हमारे पूर्वजों के लिए मूल्यवान था, वह आज हमारे लिए भी मूल्यवान हो सकता है, परन्तु हर पीढ़ी को अपनी आध्यात्मिक विरासत पर प्रश्न उठाने और उसे अपने दृष्टिकोण से देखने की अनुमति है।

हिन्दू चेतना में वेदों का अत्यन्त श्रद्धेय स्थान है, परन्तु उपनिषदों, पुराणों, महाकाव्यों और कई अन्य आध्यात्मिक–दार्शनिक विश्लेषणों और व्याख्याओं को भी हिन्दू धर्म के आधारभूत ग्रन्थ माना जाता है। वेदान्त के तीन प्रस्थान– उपनिषद्, ब्रह्मसूत्र (450 ईसापूर्व से 200 ईसवी के बीच बादरायण द्वारा रचित 555 श्लोक, जिनमें उपनिषदों के आध्यात्मिक और दार्शनिक विचारों का सार है) और भगवद्गीता– हिन्दू दर्शनशास्त्रियों के अनुसार धर्म, ज्ञान और अनुशासन के तीन चरणों से सम्बन्ध रखते हैं। प्रत्येक का अपना महत्त्व है, जिसे अलग से या अन्य दो के साथ मिलाकर जाना–समझा और व्यवहार में लाया जा सकता है।

जैसाकि हम देख चुके हैं, मुस्लिमों और ईसाइयों के विपरीत हिन्दू यह दावा नहीं करते कि उनका धर्म ही अन्तिम या परम सत्य का प्रतीक है। दरअसल, अगर वे ऐसा करें तो बड़ी मुश्किल हो जायेगी। उनके पास इतने सारे धर्मग्रन्थ हैं और उनमें इतने प्रकार के और परस्पर विरोधी सत्य हैं कि किसी विशेष सत्य की श्रेष्ठता सिद्ध करने के लिए आपस में लड़ने–मरने की स्थिति पैदा हो सकती है। इसलिए एक हिन्दू के लिए एक धर्म–ग्रन्थ आत्मबोध का माध्यम मात्र है। शब्द और उनमें निहित अन्तदृष्टियाँ ऐसे उपकरण हैं जिनके माध्यम से एक हिन्दू आत्म–शोधन

की तरफ़ बढ़ सकता है। दूसरे शब्दों में कहें, तो ये धर्मग्रन्थ मनुष्य के मस्तिष्क में जमे कोहरे को छाँटने वाली प्रकाश की किरणों की तरह हैं। अगर हम इन अन्तर्दृष्टियों को, इनके शब्दों के जादू को और इनके मन्त्रों के संगीत को अपने मस्तिष्क में प्रवेश करने दें तो वहाँ छाया कोहरा छँट सकता है और हमारे व्यक्तित्व का कायाकल्प हो सकता है। इस कायाकल्प के लिए धर्म–ग्रन्थ के शब्दों को समझना ही काफ़ी नहीं है– जैसाकि अब्राहमी धर्म–ग्रन्थों के साथ होता है– बल्कि इसमें मस्तिष्क को नयी सम्भावनाओं के लिए खोलना और जगाना भी शामिल है। एक सम्भावना यह भी हो सकती है कि हमें धर्म–ग्रन्थ का कोई दावा खोखला या झूठा लगे। धर्म–ग्रन्थ का उद्देश्य मनुष्य के मस्तिष्क में प्रवेश करके उसे 'स्व' का अहसास करवाना है।

जैसाकि स्वामी विवेकानन्द ने कहा है, "पश्चिम के लोगों के लिए उनके धर्म–ग्रन्थ भीतर ली गयी श्वांसों की तरह हैं, जबकि हमारे लिए हमारे धर्मग्रन्थ बाहर छोड़ी गयी श्वांसों की तरह हैं। वे श्वांस की तरह आयीं, ईश्वर की श्वांस, और ऋषियों के हृदयों से छलकीं, मन्त्रद्रष्टा ऋषियों के हृदयों से।"

अपने धर्म–ग्रन्थों के प्रति हिन्दुओं के इस दृष्टिकोण को देखते हुए सनातन धर्म ने बाइबल, तोरा और कुरान के प्रति भी यही दृष्टिकोण अपनाया है। हिन्दू इन श्रद्धेय पुस्तकों के शाब्दिक अर्थ खोजने की कोशिश नहीं करते, क्योंकि वे इन्हें शाब्दिक रूप में नहीं पढ़ते। वे इनके शाब्दिक सन्देश को लेकर कोई तर्क–वितर्क भी नहीं करते। हिन्दुओं ने इतिहास में कभी भी दूसरों के धर्म–ग्रन्थों के शब्दों को लेकर कोई विवाद खड़ा नहीं किया। इसका कारण यह है कि हिन्दुओं के लिए किसी धर्म–ग्रन्थ के शाब्दिक अर्थ अपने–आपमें अन्तिम या परम सत्य नहीं होते। धर्म–ग्रन्थ या तो आत्मबोध करवा सकते हैं या नहीं करवा सकते। आप कहते हैं, आपका श्रद्धेय ग्रन्थ ईश्वर की वाणी है? ठीक है, अगर यह स्वयं को समझने, आपके मस्तिष्क की आँखें खोलने और अपनी आत्मा को परमात्मा के साथ एकाकार करने में आपकी मदद करता है तो यह अपने उद्देश्य में सफल है। ओह, क्या आप यह कह रहे हैं कि आपके श्रद्धेय ग्रन्थ का यह उद्देश्य नहीं है? तो फिर इसका क्या उद्देश्य है? चलिए, मुझे इसे पढ़ने दीजिए। शायद यह मेरी आँखें खोलने में मदद कर सके!

ईश्वरवाद से जुड़े विवादों को लेकर हिन्दुओं का यह रवैया उपनिवेश काल में नेक और ईमानदार ईसाई मिशनरियों को उलझन में डाले रहा।

हिन्दू धर्म : एक जीवन अनुभव

परिणामस्वरूप, दुनिया के धर्मों में हिन्दूवाद का एक अनूठा स्थान है। जैसाकि डॉ. राधाकृष्णन ने इसकी व्याख्या करते हुए कहा है, "अन्तर्बोध बुद्धि से, अनुभव सिद्धान्त से और आन्तरिक अहसास बाहरी अभिव्यक्ति से ऊपर और बढ़कर है। धर्म किसी अमूर्त विचार की स्वीकृति या रस्मो–रिवाज का उत्सव नहीं है, यह एक तरह का जीवन का अनुभव है। यह सच्चाई की प्रकृति में एक अन्तर्दृष्टि (दर्शन) का अनुभव है।" हिन्दू अपने लोगों को दृढ़ सिद्धान्तों की तोपें दागने वाली सत्य–सेना में गठित करना पसन्द नहीं करते। उनकी अन्तर्बुद्धि (इंस्टिंक्ट) उन्हें सन्देह करने, छानबीन करने, प्रश्न करने के लिए उकसाती है। तर्कशीलता और अन्तर्बोध को साथ–साथ रहना चाहिए। हिन्दूवाद में किसी सिद्धान्त पर अन्धश्रद्धा का अभाव है। सभी तरह की आध्यात्मिक शिक्षाएँ सन्देह या खण्डन से ऊपर नहीं हैं। किसी भी परिकल्पना को तर्कपूर्ण विचार पर परखे जाने की ज़रूरत है। हिन्दू धर्म–ग्रन्थ भी मुख्य रूप से सैद्धान्तिक निर्देश न होकर जीवन के प्रतिरूप या प्रतिबिम्ब हैं।

कोई पूछ सकता है कि ठीक है, ये सब बहुत अच्छी बातें हैं, पर हिन्दुओं की उस विशाल जनसंख्या के बारे में क्या कहेंगे जो अपने धर्म के इन महान पहलुओं से अनभिज्ञ है? जो ईश्वरवाद के विविध रूपों और आध्यात्मिक चयनशीलता के जन्मजात अभ्यस्त हैं? जिनके लिए हिन्दूवाद का अर्थ एक सांस्कृतिक पहचान है? जो दुख या मुसीबत में मन्दिर में जाकर अपने इष्ट देवता से प्रार्थना करते हैं, व्रत–उपवास रखते हैं और अपने क्षेत्र के धार्मिक त्योहारों को धूमधाम से मनाते हैं? जो अन्य धर्मों और अपने धर्म के अन्तर को लेकर पूरी तरह सचेत हैं? क्या मैं जिस हिन्दूवाद की बात कर रहा हूँ वह इन सबका भी हिन्दूवाद है?

मैं यह दावा करना चाहूँगा कि हाँ, है। क्योंकि अन्ततः किसी धर्म की प्रकृति इसके विद्वानों, ईश्वरवादियों और ग्रन्थीय सिद्धान्तों से निर्धारित नहीं होती। यह एक आम श्रद्धालु से निर्धारित होती है, जो सिद्धान्तों के चक्कर में न पड़कर सिर्फ़ ईश्वर में विश्वास करता है और अपने धर्म को

अपने ईश्वर के साथ साक्षात्कार का माध्यम मानता है; जो अपने धर्म का मर्म अपने धार्मिक व्यवहार से प्रदर्शित करता है। हिन्दूवाद में एक समझ में आने वाली प्रवृत्ति यह है कि धर्म को इसके अनूठे संस्कृत ग्रन्थों और दर्शन शास्त्र के आईने से देखने की कोशिश की जाती है। परन्तु उतना ही महत्त्व व्यवहार के स्तर पर इसके अभ्यास का भी है, जो पूजा–पाठ और रस्मों की गैर–संस्कृतीय, मौखिक, भाषाई और क्षेत्रीय परम्पराओं से जुड़ा हुआ है। ये देश के विभिन्न भागों में धर्म के अनुभव का एक अभिन्न अंग हैं। पिछले एक हज़ार वर्ष से इस विशिष्ट धार्मिक व्यवहार के कारण ही हिन्दूवाद लगभग अपनी मूल प्रवृत्ति के साथ जीवित रहने में सफल रहा है। यही कारण है कि बौद्ध और जैन धर्म जैसे सुधारवादी आन्दोलनों, मुस्लिम अतिक्रमणों और शासनों, ईसाई मिशनरियों द्वारा धर्मान्तरण अभियानों, रामानन्द, चैतन्य और कबीर (इनके बारे में आगे भी) की सुधारवादी चुनौतियों, सिख धर्म और ब्रह्म समाज जैसे रूपान्तरकारी पन्थों के उद्‌भव के बावजूद हिन्दूवाद पर कोई आँच नहीं आ पायी। भले ही हर हिन्दू अपने धर्म के उत्कृष्ट पहलुओं के प्रति सचेत न हो, पर वह इसकी मान्यताओं और सिद्धान्तों की परम्परा के बीच पला–बढ़ा होता है, चाहे किसी ने इनके बारे में उसे समझाया–बताया न हो। हो सकता है, उसका हिन्दूवाद ज्ञान की बजाय आदत का हिन्दूवाद हो, पर यह एक जिया और भोगा हुआ हिन्दूवाद होता है।

यह 'आदत' स्थान, जाति और समुदाय के अनुसार अलग–अलग हो सकती है। दक्षिण भारत के धार्मिक आयोजन और व्यवहार उत्तर भारत से बिल्कुल अलग हैं। तमिल के थई महीने में पड़ने वाले थई पुसम त्योहार के दौरान भक्तजन लकड़ी की कांवड़ी पर चढ़ावे की वस्तुएँ लेकर चलते हैं। बहुत–से लोग यह कांवड़ी उठाने के लिए अपने शरीर को छिदवा भी लेते हैं और इस तरह भगवान मुरुगन के प्रति अपनी श्रद्धा और समर्पण प्रकट करते हैं। यह त्योहार देश के अन्य हिस्सों में कहीं देखने को नहीं मिलता। इसी तरह तमिलनाडु और दक्षिण केरल में धूमधाम से मनाये जाने वाले पोंगल त्योहार के महत्त्व के बारे में भी उत्तर भारत के बहुत कम लोग जानते हैं। विगत वर्षों में रौशनी का त्योहार दिवाली हिन्दुओं का सबसे बड़ा त्योहार बन चुका है, परन्तु दक्षिण में यह उतनी धूमधाम से नहीं मनाया जाता। केरल में इसकी तुलना में ओणम त्योहार कहीं

ज़्यादा धूम–धड़ाके और उत्साह से मनाया जाता है, जबकि उत्तर में यह बिल्कुल भी नहीं मनाया जाता।

एक तरह से ओणम हिन्दू विविधता का भी बहुत अच्छा उदाहरण है। यह असुर राजा महाबली की पृथ्वी पर वार्षिक वापसी के उपलक्ष्य में मनाया जाता है। वह एक बुद्धिमान और कल्याणकारी राजा था, जिसके न्यायप्रिय राज में पौराणिक युग के केरल की जनता बहुत ख़ुश और सुखी थी। उसकी शक्ति और लोकप्रियता से ईर्ष्या करने वाले देवताओं ने भगवान विष्णु को एक ब्राह्मण बौने वामन के रूप में पृथ्वी पर भेजा। वामन ने राजा से कहा कि उसे सिर्फ़ इतनी ज़मीन दान कर दीजिए जितनी वह तीन कदमों में नाप सके। राजा उसकी यह छोटी–सी माँग सुनकर हैरान रह गया और उसने झट–से इसे स्वीकार कर लिया। इसके बाद देखते–ही–देखते बौना वामन भगवान विष्णु के विराट अलौकिक आकार में बदल गया। उसने अपना पहला कदम पृथ्वी पर रखा, दूसरा स्वर्ग पर और तीसरा कदम उठाने के लिए राजा की तरफ़ देखने लगा। राजा महाबली ने विनयपूर्वक अपना सिर प्रस्तुत कर दिया तो वामन रूपी भगवान विष्णु ने अपना पाँव उसके सिर पर रखकर उसे पाताल में पहुँचा दिया। ओणम के दिन राजा महाबली पृथ्वी पर लौटकर देखता है कि उसकी प्रजा का क्या हाल है। उसे सेंटा क्लॉज़ की तरह एक गोल–मटोल और ख़ुशमिज़ाज छवि में और अपनी ख़ुशहाल प्रजा को देखकर मुस्कराते हुए चित्रित किया जाता है। ओणम ख़ुशियाँ मनाने, दान–पुण्य करने और भोज आयोजित करने का दिन है। जैसाकि मैंने कहा है, उत्तर भारत में इसे नहीं मनाया जाता है, हालाँकि इससे एक दिन पहले वहाँ एक छोटा त्योहार 'वामन पूजा' मनाया जाता है और बौने वामन के रूप में विष्णु की पूजा की जाती है। उत्तर भारतीय नेता और भाजपा अध्यक्ष अमित शाह के एक मलयालम ट्वीट ने तब एक विवाद खड़ा कर दिया जब उन्होंने वामन पूजा के उपलक्ष्य में केरलवासियों को अपनी शुभकामनाएँ दीं। उन्होंने अनजाने में ही केरल की जनता की भावनाओं को आहत कर दिया था, क्योंकि इसे वामन द्वारा लोकप्रिय स्थानीय राजा के संहार की खुशी मनाने की दृष्टि से देखा गया।

हिन्दूवाद की विराट विविधता और सदियों से स्थानीय लोक–धर्मों को अपना अंग बनाते चले जाने की इसकी प्रवृत्ति के कारण हिन्दू धर्म

में त्योहारों की भरमार है। वर्ष में शायद ही कोई दिन ऐसा हो जो किसी न किसी शुभ अवसर, किसी देवता या स्थानीय प्रथा से जुड़ा हुआ न हो। इन दिनों का महत्त्व क्षेत्र और समुदाय पर निर्भर करता है। राष्ट्रीय राजधानी दिल्ली में यह बड़ी आम बात है कि पंजाबी धूमधाम से लोहड़ी मना रहे हों, जबकि बंगालियों के लिए यह एक आम दिन हो, बिहारी छठ पूजा में जुटे हों, जबकि मराठियों के लिए इस त्योहार का कोई अर्थ न हो, मलयाली ओणम के उत्साह में झूम रहे हों जबकि उत्तर भारतीय दिवाली की तैयारी कर रहे हों।

अधिकांश हिन्दुओं के लिए रस्मो–रिवाज उनके धर्म का एक अभिन्न और बहुमूल्य अंग हैं। कुछ रस्में या संस्कार पण्डितों द्वारा संस्कृत में सम्पन्न किये जाते हैं, जबकि भक्त हाथ जोड़कर उनके पास बैठा रहता है और ध्यान से उनके मन्त्रों और व्याख्याओं को सुनता है। वह दक्षिणा के रूप में पण्डित को उसकी फ़ीस देता है। (बहुत–से धार्मिक ग्रन्थों में संस्कार सम्पन्न करने वाले पण्डित और इसे करवाने वाले भक्त या यजमान के बीच स्पष्ट अन्तर दिखाया गया है। उसकी भूमिका पण्डित को दक्षिणा देकर अपनी कृतज्ञता प्रकट करने तक सीमित होती है। कुछ संस्कार–ख़ासकर जन्म, नामकरण, अन्न ग्रहण, अक्षर ज्ञान, विवाह, मृत्यु और दाह–संस्कार से जुड़ी रस्में–भाग लेने वाले प्रत्येक व्यक्ति के लिए गहरा अर्थ रखती हैं और भक्त को अपने धर्म, परिवार और समुदाय से जोड़ती हैं। बहुत बार धार्मिक रस्में मन्दिर जाने से जुड़ी होती हैं जबकि कभी–कभी इन्हें घर पर ही सम्पन्न किया जाता है। मेरी बहनें विदेश में बसी हैं और मन्दिरों में उतना नहीं जातीं जितना कि भारत में रहने वाली मेरी माँ जाती हैं, परन्तु विदेशी भूमि पर भी वे बहुत–सी धार्मिक रस्मों और परम्पराओं का पालन करती हैं। वे हमेशा मुझसे कहती हैं कि यह सोचकर कि उनकी माँ विशेष धार्मिक अवसरों पर एक प्राचीन मन्दिर में जाकर परिवार के लिए प्रार्थना करती हैं और ग़रीबों को दान देती हैं, उन्हें बहुत सन्तोष प्रदान करता है। वे ख़ुद, लन्दन में हों या केलिफोर्निया में, शाम ढलते ही अपने पूजा–घर में एक दीपक जलाना नहीं भूलतीं, जैसाकि हिन्दू सदियों से करते रहे हैं।

देश के अधिकांश भागों में कोई धार्मिक संस्कार सम्पन्न करने के लिए लगभग हमेशा ही पण्डित की ज़रूरत पड़ती है। परन्तु केरल के नायर समुदाय में, जिससे मैं सम्बन्ध रखता हूँ, विवाह के अवसर पर भी पण्डित की

ज़रूरत महसूस नहीं की जाती। इस समुदाय में विवाह को एक सामाजिक अनुबन्ध के रूप में देखा जाता है, जिसे बड़े–बूढ़ों के मार्गदर्शन में और बहुत–से साक्षियों की उपस्थिति में (जो आमतौर से खाते–पीते लोग होते हैं) सम्पन्न किया जाता है। यह समुदाय ईश्वर के प्रतिनिधियों अर्थात् पण्डितों को उतना महत्त्व नहीं देता। परन्तु उत्तर भारत में किसी पण्डित के बिना विवाह की रस्मों की कल्पना भी नहीं की जा सकती, जिन्हें पूरा होते–होते रात बीत जाती है। यह सब न हो तो विवाह बहुत फीका–फीका लगेगा।

मेरे जीन्स में मौजूद पण्डित रूपी मध्यस्थ के प्रति मेरी अरुचि को देखते हुए यह बहुत स्वाभाविक था कि एक बालक के रूप में मैं अपने पिता से यह पूछूँ कि मन्दिर जाना क्यों आवश्यक था। मेरा तर्क था कि अगर ईश्वर सब जगह था तो क्या वह घर में, स्कूल में या दफ्तर में नहीं था? हमें ईश्वर के दर्शनों के लिए मन्दिर जाने की क्या ज़रूरत थी? पिताजी ने बड़े धैर्य से मुझे समझाया कि ईश्वर सर्वव्यापी था, परन्तु कुछ जगह वह ज़्यादा शक्तिशाली था, ख़ासकर ऐसी जगहों पर, जहाँ उसकी कोई मूर्ति चमत्कारी ढंग से अचानक ही प्रकट हो गयी हो (जैसे गुरुवयूर मन्दिर में कृष्ण की मूर्ति) या जहाँ कोई और चमत्कार हुआ हो। इस तरह की जगहें सैकड़ों वर्षों से श्रद्धालुओं की श्रद्धा के कारण और भी पवित्र हो जाती हैं और उनका धार्मिक महत्त्व बहुत बढ़ जाता है। यह एक दिनोदिन बढ़ती और फैलती चली जाने वाली प्रसिद्धि होती है। किसी देवी–देवता से जुड़ी किसी अनोखी घटना के कारण मन्दिर प्रसिद्ध होने लगता है और श्रद्धालुओं की संख्या बढ़ने लगती है। जैसे–जैसे भक्तों की संख्या बढ़ती है, वैसे–वैसे मन्दिर की प्रसिद्धि और भी बढ़ती चली जाती है। भक्तों की श्रद्धा से जहाँ मन्दिर की पवित्रता बढ़ती है, वहीं उनकी मन्नत पूरी होने पर मन्दिर की चामत्कारिक शक्ति के क़िस्से दूर–दूर तक फैलने लगते हैं। इस तरह मन्दिर का धार्मिक महत्त्व भी दिनोदिन बढ़ता चला जाता है।

चौदह वर्ष की उम्र में दक्षिण भारत की उस तीर्थयात्रा के दौरान मैंने अपने पिता से यह भी पूछा था कि पहले से ही पण्डितों की दक्षिणा दे देने के बावजूद रस्में पूरी होने के बाद वे दोबारा हाथ क्यों फैला रहे थे। पिताजी यह प्रश्न सुनकर थोड़ा झेंपे ज़रूर, पर फिर उन्होंने कहा कि पण्डितों को भी गुज़र–बसर करनी थी। उनके भी परिवार थे और बच्चे थे जिनके रहन–सहन और शिक्षा का ख़र्च उनके कन्धों पर था।

वे अपने यजमानों से मदद न माँगते तो किससे माँगते? आख़िर उनके पास ज्ञान था और उन्हें सैकड़ों मन्त्र याद थे, जिन्हें अवसर के अनुसार वे फर्राटे से उच्चारित करते थे। क्या उन्हें इस विशेषज्ञता का पुरस्कार नहीं मिलना चाहिए था?

इस उत्तर ने मेरे किशोर मन को आंशिक रूप से ही सन्तुष्ट किया। मुझे अपने माता–पिता की तरह मन्दिर जाने का बहुत ज़्यादा शौक़ नहीं रहा। मुझे लगता था कि अगर मेरे मन में पवित्र भावनाएँ हैं और मेरे विचार निर्मल हैं तो अपने घर के एकान्त में पूजा करना भी उतना ही प्रभावी था। मेरे घर में एक विविधतापूर्ण पूजा–घर है, जहाँ देवी–देवताओं की दर्जनों मूर्तियाँ, चित्र और स्मारक हैं। इनमें मेरे माता–पिता का एक धार्मिक चित्र भी शामिल है जो मुझे अपने पिता द्वारा प्रतिदिन पूजा करने की याद दिलाता रहता है। मैं इन सभी चित्रों को श्रद्धाभाव से नमन करता हूँ और पूजा करता हूँ।

फिर भी, अन्य श्रद्धालुओं की इच्छा को देखते हुए मैं अक्सर मन्दिरों में भी जाता रहता हूँ, ख़ासकर अपने चुनाव–क्षेत्र तिरुवन्तपुरम में, जहाँ देश के किसी भी अन्य महानगर की तुलना में प्रति वर्ग किलोमीटर ज़्यादा धार्मिक स्थल हैं। मेरे मित्र, सहकर्मी और पार्टी कार्यकर्ता मेरे साथ होते हैं और मेरे लिए प्रार्थना करते हैं। वे अक्सर देवी–देवताओं से मेरे लिए कोई मन्नत भी माँगते हैं, जिसके पूरा होने पर मुझे केलों, नारियलों या नमक इत्यादि में तोला जाता है। यह वज़न कम करने के लिए भी एक अच्छा–ख़ासा प्रलोभन होता है, क्योंकि मैं सोचता हूँ कि वज़न जितना ज़्यादा होगा, उतनी ही वस्तुएँ मेरे शुभचिन्तकों को मन्दिर में चढ़ानी होंगी। यूँ मुझे मन्दिर के लाभ को लेकर कोई शिकायत नहीं है। मुझे मन्दिरों में शान्ति महसूस होती है और अपने साथ जाने वालों के साथ मैं एक गहरा जुड़ाव महसूस करता हूँ–मानो ईश्वर की स्तुति से जुड़ी आशाओं और इनसानी ज़रूरतों के बीच उस साझे धर्म–स्थल पर उनके साथ मेरा एक अवर्णनीय सूत्र स्थापित हो गया हो।

* * *

कुछ लोग हिन्दूवाद को एक स्वार्थी धर्म के रूप में भी देखते हैं–एक ऐसा धर्म, जहाँ भक्तजन सिर्फ़ अपनी सुख–समृद्धि के लिए प्रार्थना करते हैं–जहाँ

मुसलमानों की 'जुमे की नमाज' या ईसाइयों के 'संडे मास' जैसा सार्वजनिक सेवा या समुदाय को आपस में जोड़ने का कोई उद्देश्य नहीं है। दार्शनिक दृष्टि से देखा जाये तो उपनिषदों का सबसे महत्त्वपूर्ण दावा यही हो सकता है कि प्रत्येक व्यक्ति समस्त सृष्टि का सारतत्त्व है; कि मनुष्य, आत्मा, ब्रह्माण्ड और ब्रह्म एक ही है। इससे जो दृष्टिकोण विकसित होता है, वह यह है कि ईश्वरीयता के दर्शनों के लिए मनुष्य को सिर्फ़ अपने भीतर झाँकने की ज़रूरत है। मनुष्य को साथी भक्तों या सामूहिक प्रवचनों की ज़रूरत नहीं है। हिन्दू धर्म–पद्धति मूलतः अन्तर्मुखी है, और चिन्तन–मनन द्वारा अपने भीतर झाँकने और आत्म–बोध से जुड़ी है। 'मुण्डक' उपनिषद्' (II, 2, 3) में एक अनूठा रूपक है–भक्त का लक्ष्य अमरत्व है। उपनिषद् उसके धनुष हैं, सतत ध्यान उसके बाण हैं, और बाण चलाने वाला उसका हाथ उसका ब्रह्मयुक्त मस्तिष्क है।[30] इस आन्तरिकता के कारण कुछ हिन्दू आलोचक हिन्दूवाद में उस आपसी एकता का अभाव देखते हैं जो अन्य धर्मों में दिखायी देती है और उन्हें आधुनिक विश्व और सामाजिक दबावों का सामना करने की बेहतर क्षमता प्रदान करती है। उनके अनुसार, सामूहिक आध्यात्मिक विकास की बजाय व्यक्तिगत आत्म–बोध पर केन्द्रित होने के कारण हिन्दूवाद भले ही दार्शनिकता से ओतप्रोत हो, परन्तु सामूहिक कार्रवाई की दृष्टि से यह पूर्णतया शक्तिहीन है। इसलिए हिन्दुओं को एक ऐसे 'परिभाषित' समुदाय के रूप में गठित करना कठिन हो जाता है जो बाहरी दबावों को दृढ़ता से झेल सके। कुछ हद तक यही विचार 'हिन्दुत्व' के उद्‌भव के लिए भी ज़िम्मेवार थे, जिस पर हम पाँचवें अध्याय में चर्चा करेंगे।

'अथर्ववेद' में लिखा है कि जागरूकता की खोज, उत्तरों की खोज और आत्मबोध की ओर यात्रा कभी समाप्त नहीं होती–

वायु बहने से क्यों नहीं रुकती?
मस्तिष्क विश्राम क्यों नहीं करता?
सत्य की खोज में बहता जल
कभी थमता क्यों नहीं?

–अथर्ववेद, X, 7, 37[31]

---

30. उपनिषदों से रचा गया धनुष उठाकर और इस पर सतत ध्यान से नुकीला किया गया बाण चढ़ाकर इसे ब्रह्म पर केन्द्रित मस्तिष्क से खींचो और अपने लक्ष्य पर, अमर ब्रह्म पर चलाओ' www.wisdomlib.org
31. रेमन पणिक्कर, 'द वैदिक एक्सपीरियंस', पृ. 66

फिर भी, यह प्रक्रिया विशुद्ध आत्म–केन्द्रित व्यक्तिवाद भी नहीं है, क्योंकि इस खोज के साथ जो आत्म–बोध जुड़ा हुआ है वह सभी के लिए एक समान है। आत्म–बोध अन्ततः आत्मा का परमात्मा या ब्रह्म से मिलन का रूप ले लेता है, जो सामूहिक आत्मा है। इसलिए जब कोई पूजा के लिए मन्दिर जाता है तो एक साझे पवित्र स्थल से उसी लक्ष्य पर पहुँचने की चाह रखता है, जहाँ दूसरा हर भक्त पहुँचना चाहता है।

अध्याय तीन

हिन्दू प्रथाओं पर प्रश्न

तिरुवन्तपुरम के कुछ पुराने मन्दिर, खासकर ग्यारहवीं सदी में निर्मित श्री पद्मनाभस्वामी क्षेत्रम– जिसके हाल ही में दुनिया के सबसे धनवान मन्दिरों में होने का पता चला है, क्योंकि त्रावणकोर के पुराने ज़माने के विजयी राजा–महाराजा वहाँ भरपूर ख़ज़ाना चढ़ाते रहते थे– सचमुच बहुत सुन्दर है। वहाँ विष्णु को 'पद्मनाभ' के रूप में पूजा जाता है, जो दूध के समुद्र 'क्षीर सागर' में तैरते एक विशाल अजगर 'अनन्त' पर लेटे दिखाई देते हैं। उनकी यही मुद्रा प्रसिद्ध है और बड़ी श्रद्धा से राजा–महाराजाओं और प्रजा द्वारा पूजी जाती रही है। त्रावणकोर के महाराजा स्वयं को 'पद्मनाभदास' कहना पसन्द करते थे, क्योंकि वे स्वयं को उनका सेवक समझते थे और उन्हीं के नाम पर शासन करते थे। यहाँ राजा के ईश्वरीय अधिकार से उलट ईश्वर के राजकीय अधिकार का उदाहरण दिखाई देता है।

देश में भले ही एक–से–एक लुभावने मन्दिर हों, परन्तु इन मन्दिरों द्वारा प्रोत्साहित सभी प्रथाएँ उतनी लुभावनी प्रतीत नहीं होतीं। प्राचीन वर्ण परम्परा एक ऐसी परम्परा थी जिससे मैं वर्षों तक अनभिज्ञ ही रहा, क्योंकि मेरे माता–पिता ने कभी इसका ज़िक्र ही नहीं किया। ग्यारह वर्ष की उम्र में मुम्बई में एक सहपाठी ने मेरी जाति पूछी तो पहली बार मैंने अपने माता–पिता से इसके बारे में जानना चाहा। परन्तु बचपन से ही उदार संवेदनाओं के कारण मुझे जाति के आधार पर इस तरह का भेदभाव बहुत वितृष्णापूर्ण लगा।

जाति और हिन्दूवाद

यह दिखावा करना मुश्किल होगा कि हिन्दूवाद को वर्ण–व्यवस्था की

समस्या से अलग करके देखा जा सकता है, क्योंकि कुछ श्रद्धेय धर्म–ग्रन्थों में इस भेदभाव को धर्मसम्मत बताया गया है। 'ऋग्वेद' के मूल भागों में वर्णभेद का कोई उल्लेख नहीं है। यह सबसे पहले बाद में सम्मिलित 'पुरुष सूक्त' में दिखाई देता है। इसमें 'ब्रह्माण्ड पुरुष' के त्याग का वर्णन करते हुए लिखा गया है कि उसके मुख से ब्राह्मण अर्थात् पण्डित–पुरोहित और विद्वान, उसकी भुजाओं से क्षत्रिय अर्थात् योद्धा और शासक, उसकी जंघाओं से वैश्य अर्थात् व्यापारी और कृषक, और उसके चरणों से शूद्र अर्थात् श्रमिक, कारीगर और चाकर पैदा हुए।

इस सूक्त को चुनौती दी जाती रही है और इसे जातिगत भेदभाव को विधिसम्मत बनाने की चाल या षड्यन्त्र के रूप में देखा गया है। दलित नेता डॉ. भीमराव अम्बेडकर ऐसे ही लोगों में शामिल थे। फिर भी, बहुत–से हिन्दू यह मानते हैं कि जाति–व्यवस्था को धर्म की स्वीकृति प्राप्त है। दरअसल, जैसाकि मैंने अपनी पुस्तक 'अन्धकार काल' में दर्शाया है, भारत में जातियाँ तो थीं, पर जाति–व्यवस्था नहीं थी। अंग्रेज़ों ने बेहतर प्रशासन की दृष्टि से देश की जनता को समझने, श्रेणीबद्ध और वर्गीकृत करने के लिए धर्म की तरह जाति पर भी ज़ोर दिया, और परिणामस्वरूप बाद के दिनों की कठोर जातिवादी व्यवस्था विकसित होने लगी। देवदत्त पटनायक ने इसे अंग्रेज़ों द्वारा लगभग 3,000 जातियों (पुश्तैनी काम–धन्धों के गिर्द विभाजित जातियों और उपजातियों) को ज़बरन धर्मशास्त्रों में वर्णित चार वर्णों में 'फ़िट' करने का प्रयास बताया है। इसी कारण से एक ऐसी जटिल वर्ण–व्यवस्था अस्तित्व में आ गयी, जो हिन्दू समाज के लिए प्रश्नचिह्नों और उलझनों का स्रोत बनी रही है।

'पुरुष सूक्त' की भाषा से ऐसा लग सकता है कि मन्दिरों के पुजारी सिर्फ़ ब्राह्मण हो सकते हैं, परन्तु शूद्र अर्चक आज भी बहुत–से हिन्दू धर्मस्थलों में धार्मिक रस्में सम्पन्न करते हैं। अक्तूबर 2017 में त्रावणकोर देवस्वम् अर्थात् मन्दिर के निर्देशक मण्डल ने 36 ग़ैर–ब्राह्मण पुजारियों की नियुक्ति की, जिसमें 6 दलित भी शामिल थे। (1936 तक केरल के मन्दिरों में भूतपूर्व 'अछूतों' को प्रवेश की अनुमति भी नहीं थी। आज भी देश के कई मन्दिरों में सिर्फ़ जनेऊधारी श्रद्धालुओं को प्रवेश की अनुमति है।) आम मान्यता यह है कि वर्ण–व्यवस्था के कारण सिर्फ़ ब्राह्मणों को ही शिक्षा और ज्ञान प्राप्त करने की अनुमति थी। पर हम यह भी जानते हैं

कि वेदों के संकलनकर्त्ता वेदव्यास छोटी जाति की मछुआरिन के पुत्र थे, जबकि महाकाव्य 'रामायण' के रचयिता वाल्मीकि छोटी जाति के शिकारी थे। आज ये दोनों ही ब्राह्मणों समेत सभी हिन्दुओं की श्रद्धा के पात्र हैं।

जाति के उद्‌भव के पीछे हिन्दूवाद की यह इच्छा भी हो सकती है कि सामाजिक अनुक्रम में विभिन्न नस्लीय, साम्प्रदायिक और व्यावसायिक समूहों को व्यवस्थित किया जा सके। डॉ. राधाकृष्णन के अनुसार, 'यह बाहरी शक्तियों के दबाव को झेलने के लिए हिन्दूवाद का समाधान था', हिन्दू समाज में शामिल की गयी विभिन्न जनजातियों के 'सभ्यकरण' का उपाय। इस महान विद्वान की दृष्टि में, जाति या वर्ण का अर्थ था 'एक व्यवस्थित विविधता, समरस बहुलता, एक में अनेक, जो सृष्टि की बनावट का सूत्र भी है।'[32]

यह राब बड़ा सराहनीय लगता है, जब तक कि यह व्यवस्थित विविधता व्यवहार में ऐसे सामाजिक बन्धनों का रूप नहीं ले लेती जो सामाजिक भेदभाव और आर्थिक दमन की विकृतियों में बदलने लगते हैं। पर हमेशा से ऐसा नहीं था। उपनिवेशीय काल से पहले वर्ण–व्यवस्था के संचालन में एक ख़ास तरह का लचीलापन था, जिसके अन्तर्गत वेदव्यास और वाल्मीकि के अलावा जातीय उतार–चढ़ाव या फेर–बदल के कई अन्य प्रसिद्ध उदाहरण भी देखे जा सकते हैं। जो भी हो, जाति–व्यवस्था धार्मिक पूजा में भी हस्तक्षेप करने लगी। बहुत–से मन्दिरों ने 'निचली' जातियों और 'अछूतों' का प्रवेश वर्जित कर दिया। जाति–बहिष्कृतों का नाम ढेरों सामाजिक प्रतिबन्धों और तिरस्कारों के कारण ही 'अछूत' पड़ा।

इन घृणित प्रथाओं का कोई बचाव नहीं किया जा सकता। बहुत–से आधुनिक हिन्दू जाति व्यवस्था के भेदभावपूर्ण पहलुओं को अस्वीकृत करते हुए बड़े हुए हैं, हालाँकि बच्चों के विवाह के मामले में वे अब भी जाति का ध्यान रखना पसन्द करते हैं। उनका सीधा–सादा तर्क है : जाति सदियों से चली आ रही एक सामुदायिक व्यवस्था है और हम इसे त्यागने के इच्छुक नहीं हैं। हम इसमें निहित परस्पर समानताओं से सन्तुष्ट हैं और अपने जाति समूहों में वैवाहिक सम्बन्ध जोड़ना बेहतर समझते हैं, परन्तु इसका अर्थ यह नहीं है कि हम अन्य जातियों के लोगों के साथ भेदभाव बरतते हैं या उनके साथ दुर्व्यवहार करते हैं। हम शिक्षित लोग हैं और जानते

---

32. एस राधाकृष्णन, 'द हिन्दू वे ऑफ़ लाइफ़,' एलेन एण्ड अनविन, लन्दन, 1927

हैं कि यह ग़लत है। बहुत–से आधुनिक हिन्दुओं को यह समझौता एक धब्बा प्रतीत हो सकता है, फिर भी आज की हिन्दू आबादी में यह रवैया कहीं ज़्यादा आम है।

यहाँ यह भी कहना ज़रूरी है कि जातिगत भेदभाव के ख़िलाफ़ सबसे प्रभावशाली आन्दोलन– 12वीं सदी के बासव से लेकर 19वीं सदी के श्री नारायण गुरु तक–हिन्दूवाद के भीतर से ही उभरे। इनमें हिन्दू देवी–देवताओं के प्रति श्रद्धा के साथ–साथ हिन्दू–शब्दावली और परिकल्पना पहले की तरह ही बरक़रार रही। शिव मन्दिर में पूजा से वर्जित किये जाने के बाद नारायण गुरु ने एक नदी में उतरकर एक लिंगम ढूँढ़ निकाला। इस तरह, अनुपलब्ध शिव को ठुकराने की बजाय उन्होंने ख़ुद का शिव गढ़ लिया। 14वीं सदी के सन्त चोखामेला एक दलित थे और मन्दिर में प्रवेश से वर्जित होने के बावजूद वे ईश्वर भक्ति में डूबे रहे। अपने एक छन्द में उन्होंने ईश्वर को इस तरह सम्बोधित किया है मानो किसी ऊँची जाति वाले से बात कर रहे हों– 'भूखा–प्यासा बड़ी आशा से तुम्हारे टुकड़ों के लिए आया हूँ।' इसी तरह एक अन्य छन्द में उन्होंने 'तुम्हारे टुकड़ों के लिए कटोरा लेकर आया हूँ' जैसे शब्दों का प्रयोग किया है। मन्दिर में प्रवेश न मिलने के कारण वे अपने देवता की सेवा में जुट जाते हैं और उसके बचे–खुंचे टुकड़े खाते हैं। यह चौंकाने की हद तक अनुसरणवादी भले ही हो, पर यह भी दर्शाता है कि चोखामेला के सामाजिक दर्जे से उनकी आध्यात्मिक श्रेष्ठता पर कोई प्रभाव नहीं पड़ा था, और मृत्युपरान्त उनकी श्रद्धेय छवि पर भी। लिंगायत सन्तों में भी कई निर्धन पृष्ठभूमि से थे। पन्थ के संस्थापक बासव भले ही ब्राह्मण थे, परन्तु उनके प्रमुख शिष्यों में, जैसाकि मनु एस. पिल्लई ने लिखा है, अल्लामा प्रभु ढोलवादक, सिद्धरामा चरवाहा, मक्कैया धोबी और कक्कैया चमार थे।[33]

फिर भी, हिन्दूवाद में सामाजिक फेर–बदल दुर्लभ ही था और शूद्रों की स्थिति अत्यन्त शोचनीय थी। क्या इसका कारण धर्म था या इसे व्यवहार में लाने वाला समाज? छुआछूत एक ऐसी प्रथा है जिसे धर्म–ग्रन्थों से जोड़ पाना असम्भव है। यह कहना कि एक अच्छा हिन्दू होने के लिए जातिगत भेदभाव करना ज़रूरी है, तर्कपूर्ण भी नहीं लगता। जैसाकि दार्शनिक जनार्दन गनेरी ने लिखा है, "हिन्दूवाद के भीतर ही ऐसे दार्शनिक संसाधन मौजूद हैं

---

33. मनु. एस. पिल्लई, 'विमेन, लिंगायत एण्ड 'द हिन्दू' ' लाइवमिंट, 25 सितम्बर, 2017

जो घृणास्पद और अन्यायपूर्ण सामाजिक प्रथाओं की आन्तरिक आलोचना को प्रोत्साहित करते हैं।'' आदि शंकराचार्य की मान्यताओं से परिचित पाठक इस बात की पुष्टि करेंगे कि उपनिषद् अस्तित्व की एकात्मकता, प्रत्येक को प्राप्त ईश्वरीयता, प्रत्येक में वास करती आत्मा और सभी आत्माओं के अन्ततः ब्रह्म से मिलन पर ज़ोर देते हैं। इस विचार में सभी आत्माओं की समानता और जातिगत मतभेद की अनुपस्थिति अन्तर्निहित है। सभी मनुष्यों के कल्याण की वेदान्तिक अवधारणा में भी सामाजिक या आर्थिक भेदभाव के बिना समानता का यही विचार मौजूद है– बहुजन सुखाय, बहुजन हिताय। कहा जाता है कि स्वयं आदि शंकराचार्य का भी ऐसे ही एक जातिच्युत चण्डाल से सामना हुआ था, जिसे उनके शिष्यों ने रास्ते से हटने के लिए कहा था। चण्डाल ने पलटकर आदि शंकराचार्य से पूछा था, ''आप कौन होते हैं मुझे हटने के लिए कहने वाले? क्या मेरे भीतर का 'स्व' आपके भीतर के 'स्व' से अलग है?'' निम्न जाति के चण्डाल के मुख से अद्वैत का यह दर्शन सुन कर आदि शंकराचार्य इतने हतप्रभ रह गये कि उन्होंने उसके आगे नतमस्तक होते हुए उसे अपना गुरु मान लिया।

मनु एस. पिल्लई ने उसी युग के एक प्रसंग का वर्णन किया है। शंकराचार्य के शिक्षक के पुत्र ऋषि वररुचि ने एक समाजच्युत स्त्री के साथ विवाह किया और उनकी 12 सन्तानें हुईं। एक ब्राह्मण बन गया, दूसरा बढ़ई और तीसरा मुसलमान। वे सब भोज पर बैठे तो एक अन्य भाई अपनी पसन्द का भोजन लाकर वहाँ परोसने लगा– गाय के थन, या चाहें तो आप 'बीफ़' कह सकते हैं। इसके बाद कथा यह है कि वह मांस एक पौधे में बदल गया जिसे सबने मिल–जुलकर खाया। इससे यह सीख मिलती है कि अलग–अलग होने के बावजूद वे सब एक ही थे– एक ही माता–पिता और एक ही धरती की सन्तानें।[34]

फिर भी, जातिगत भेदभाव व्यापक और अत्याचार के स्तर पर था। इसके साथ ही यह भी सच है कि हिन्दू बहुत पहले ही 'आरक्षण' के तर्क को स्वीकार कर चुके हैं, ताकि जन्म के आधार पर सदियों से चले आ रहे भेदभाव की भरपाई की जा सके। यही कारण है कि भारतीय संविधान ने विश्व के सबसे पुराने और विस्तृत सकारात्मक कार्यवाही कार्यक्रम के रूप में अनुसूचित जातियों और जनजातियों (दलितों और आदिवासियों) को न

34. मनु एस. पिल्लई, 'द केरल ऑफ़ द पास्ट एण्ड प्रेजेण्ट,' लाइवमिंट, 2 सितम्बर, 2017

सिर्फ़ समान अवसरों बल्कि शैक्षणिक संस्थानों, सरकारी नौकरियों और संसद और विधानसभाओं में आरक्षित सीटों के रूप में निश्चित परिणामों की गारण्टी दी। एक हज़ार वर्ष के भेदभाव और ख़ासकर छुआछूत के रूप में घृणित और अवर्णनीय सामाजिक दमन को देखते हुए अधिकांश सवर्ण हिन्दुओं ने आरक्षण की व्यवस्था को सहर्ष स्वीकार किया है। उन्होंने इसे एक न्यायपूर्ण समाधान के रूप में देखते हुए कोई विरोध प्रकट नहीं किया है।

ये आरक्षण संविधान की अनुसूची में सूचीबद्ध समूहों को उनकी जातीय (और अपरिवर्तनीय समझी जाने वाली) पहचानों के आधार पर दिये जाते हैं। वर्ष 1989 में वी.पी. सिंह की सरकार द्वारा मण्डल आयोग के सुझावों पर अमल के बाद इन समूहों में अन्य पिछड़े वर्गों (ओ.बी.सी.) को भी शामिल कर लिया गया और आरक्षण के लाभ प्राप्त करने वाले समूहों की संख्या काफ़ी बढ़ गयी। परन्तु इससे लाभ प्राप्त करने के आधार पर कोई अन्तर नहीं पड़ा। पिछड़े वर्गों में 'वर्ग' शब्द के उपयोग के बावजूद इन सूचियों में जातियाँ और उपजातियाँ ही शामिल थीं, जो सामाजिक अनुक्रम में दलितों से थोड़ा ऊपर थीं। मुझ जैसे लोग जातीय पहचान को स्वतन्त्रता–पूर्व युग के एक अनचाहे अवशेष के रूप में त्याग देना पसन्द करते हैं, परन्तु यह स्वीकार करते हैं कि जाति के आधार पर मिलने वाले लाभों को टाला नहीं जा सकता। जहाँ तक हमारा सम्बन्ध है, जाति और जातिगत भेदभाव को खुल कर ठुकराने वाले स्वतन्त्रता आन्दोलन की मानस–सन्तानें होने के कारण हमसे जातीय भावना को स्वीकृति देने की अपेक्षा नहीं की जाती, भले ही कभी–कभी तहों के नीचे यह थोड़ी–बहुत छलक भी जाती हो।

पर मेरे साथ ऐसा नहीं है। मैं विपरीत दिशा में अपने झुकाव को लेकर पूरी तरह से सचेत हूँ। मैं केरल के एक अख़बार के उस प्रभारी का बेटा हूँ जिन्होंने अपने कॉलेज के दिनों में ही महात्मा गाँधी के आह्वान पर अपना जाति नाम 'नायर' त्याग दिया था। बाद में वे लन्दन चले गये और फिर अपने परिवार के साथ पश्चिमीकृत बम्बई में बस गये। मैं एक ऐसी राष्ट्रवादी पीढ़ी का सदस्य हूँ जो जाति–व्यवस्था से लगभग अनजान रहते हुए पली–बढ़ी थी।

मुझे अब भी याद है कि मुझे अपनी जाति का कैसे पता चला था। तब मैं ग्यारह वर्ष का था और स्कूल की एक रंगमंच प्रतियोगिता में सातवीं

कक्षा का प्रतिनिधित्व कर रहा था। आठवीं कक्षा का प्रतिनिधित्व एक प्रसिद्ध फ़िल्मी परिवार का लड़का कर रहा था, जो एक हिन्दू परिवार है। आगे चल कर वह लड़का भी एक रोमांटिक हीरो के रूप में ख़ूब चला। मैंने अभिनय करने के साथ–साथ एक हास्य–कविता सुनाई थी और अपनी कक्षा के प्रयासों का एमसी किया था। वह लड़का मेरे प्रदर्शन से या तो हैरान था या फिर परेशान, इसलिए अगले दिन उसने मुझे टायॅलेट की सीढ़ियों के पास रोक कर पूछा, "थरूर, तुम किस जाति के हो?"

मैं यह प्रश्न सुनकर कुछ हड़बड़ाया–सा उस महापुरुष की तरफ़ देखने लगा और हकलाते हुए बोला, "मुझे...मुझे नहीं मालूम!" मेरे पिता ने कभी भी जाति तो दूर, किसी के धर्म तक का ज़िक्र नहीं किया था। उन्होंने मुझे इन चीज़ों से दूर ही रखा था।

"नहीं मालूम का क्या मतलब?" अभिनेता के बेटे ने हैरानी से कहा, "हर किसी को अपनी जाति पता होती है।"

मैंने कुछ शर्माते हुए कहा कि मुझे सचमुच नहीं मालूम।

"तुम्हारा मतलब है तुम ब्राह्मण वग़ैरह नहीं हो?" वह मुझे घूरते हुए बोला।

मैं यह भी नहीं बता पाया कि मैं वग़ैरह–वग़ैरह हूँ। उस दिन के बाद उस महापुरुष ने स्कूल में मुझसे कभी बात नहीं की। लेकिन उस समय मैंने अपने माता–पिता से इस बारे में जानना चाहा, जिनके उदारवादी धार्मिक दृष्टिकोण ने मुझे इतना अनाड़ी बनाये रखा था। उन्होंने मुझे बहुत सरल शब्दों में नायर समुदाय के बारे में बताया और इस तरह स्कूल के उस लड़के और भविष्य के सफल फ़िल्मी हीरो के कारण मुझे अपने जीन्स सम्बन्धी अतीत का पहला सबक मिला।

इस जबरन प्राप्त की गयी जानकारी के बावजूद मैं जाति को एक अप्रासंगिक चीज़ मानते हुए ही बड़ा हुआ। पहचान के एक बिल्ले के रूप में जाति का विचार मेरे लिए कोई ख़ास महत्त्व नहीं रखता था, क्योंकि यह ऐसे बहुत–से बिल्लों में से एक था जिन्हें ज़रूरत और सुविधा के अनुसार प्रयोग करते रहना पड़ता है। माता–पिता के पैतृक गाँवों में छुट्टियाँ मनाते हुए मेरी जातीय पहचान भले ही कुछ अर्थ रखती हो, परन्तु मेरे महानगरीय स्कूल में इसका कोई महत्त्व नहीं था। मेरे माता–पिता ने कभी नहीं पूछा कि मेरे घर आने वाले या मेरे साथ खेलने वाले या मेरी जन्मदिन की पार्टी

में आने वाले दोस्त किस जाति या धर्म के थे। मैं जाति से बेख़बर रहते हुए ही बड़ा हुआ, मेरा विवाह भी अन्तर्जातीय हुआ और अपने दोनों बच्चों को मैंने जाति के मामले में बेपरवाह बल्कि बेध्यान रखते हुए ही बड़ा किया। जब तक उम्र के पाँच दशक से भी अधिक पार करने के बाद मैं भारतीय राजनीति की जातिग्रस्त दुनिया में नहीं आ गया, सब कुछ ऐसे ही चलता रहा। राजनीति की इस नयी दुनिया में भी मैं जिससे भी मिला या जिसके साथ भी मैंने काम किया, उसकी जाति का पता लगाने का मैंने कभी कोई प्रयास नहीं किया। रसोइया हो या कोई और घरेलू कर्मचारी, मैंने किसी को भी काम पर रखते हुए उसकी जाति नहीं पूछी। मैं अपने घर में सभी तरह के लोगों को बुलाता रहा हूँ और उनके साथ खाता–पीता रहा हूँ, पर उनकी जाति के बारे में जानने का ख़याल कभी मेरे मन में नहीं आया।

फिर भी, भारत अनेक पहचानों की धरती है और इनमें से एक प्रमुख पहचान जाति है। जैसाकि कहा गया है, कुछ लोगों के लिए यह राजनीतिक लामबन्दी का माध्यम है। उत्तर भारत के कुछ हिस्सों में यादव (ओ.बी.सी.) समुदाय का उत्थान इसी का एक उदाहरण है। बहुत–से भारतीय जब वोट देते हैं तो अपनी जाति को वोट देते हैं। इसे भारतीय राजनीति की एक सच्चाई स्वीकार करते हुए भी अंग्रेज़ी बोलने वाला शहरी वर्ग इस व्यवहार पर नाक–भौं सिकोड़ सकता है। आख़िर हममें से कोई भी तब एतराज़ नहीं करता जब एक दलित नेता अपनी जाति पर गर्व प्रकट करता है या दलित एकता का आह्वान करता है। जाति से बेख़बर रहना मेरे विशेषाधिकार का प्रतीक भी है, क्योंकि मेरे दलित मित्रों का कहना है कि कोई भी दलित अपनी जाति से अनजान नहीं रह सकता। जाति के प्रदर्शन को लेकर अधिकांश आक्रोश तब भड़कता है जब किसी दमित वर्ग द्वारा स्वाभिमान की अभिव्यक्ति की बजाय यह तथाकथित 'उच्च जाति' के किसी सदस्य द्वारा अपनी शक्ति और वर्चस्व के प्रदर्शन से जुड़ा होता है।

भारतीय मानचित्र से जाति जल्दी ग़ायब नहीं होगी। इसके साथ इतने सारे राजनीतिक और प्रशासनिक लाभ (और हानियाँ) जुड़े हुए हैं कि ऐसा हो पाना सम्भव नहीं लगता। और फिर बहुत सारे हिन्दुओं के लिए जाति उनके दैनिक जीवन की एक जीती–जागती सच्चाई बनी हुई है। फिर भी, बहुत सारे हिन्दू ऐसे भी हैं जिनके लिए अब यह उतना महत्त्व नहीं रखती। धीरे–धीरे यह पहचान के बहुत–से स्वरूपों में से एक

बनती जा रही है, जिन्हें अवसर के अनुसार परस्पर अदला–बदला जा सकता है। अब एक भारतीय बहुत–से समूहों से जुड़े होने का दावा कर सकता है, जिनमें से एक समूह उसकी जाति भी है। इसलिए शायद जाति अपने–आपमें पहले–सी महत्त्वपूर्ण न रह जाये। पर अभी अधिकांश हिन्दू उस स्थिति तक नहीं पहुँचे हैं, और दुर्भाग्य से शायद राजनीति उन्हें वहाँ तक पहुँचने भी न दे। हाल के वर्षों में हमने यह भी देखा है कि विभिन्न जातियाँ अपने–आपको पिछड़ा दिखाने में एक–दूसरे से होड़ कर रही हैं (जो कभी–कभी हास्यास्पद भी लगता है)। राजस्थान में मीणा और गुज्जर समुदायों द्वारा अपने आपको एक–दूसरे से पिछड़ा दिखाने के प्रयास और मराठा, पटेल और जाट जैसे उन्नत और शक्तिशाली समुदायों द्वारा इसी आधार पर आरक्षण की माँग ऐसी ही कुछ चिन्ताजनक घटनाएँ हैं। जैसाकि मेरे एक अंकल ने दार्शनिक अन्दाज़ में कहा था, ''अब हमारे देश में आगे बढ़ने के लिए पिछड़ा होना ज़रूरी है।'' (शायद यह टिप्पणी पूर्वाग्रह युक्त लगे, पर अब बहुत–सी अनारक्षित जातियाँ ऐसा ही महसूस करने लगी हैं।) यह भी एक विडम्बना है कि ब्रिटिश उपनिवेशीय शासन द्वारा हमारे देश में सींची गयी जातिगत विभाजन की फसल नष्ट होने का नाम ही नहीं ले रही है, और हमारे जीवन का एक पीड़ाजनक हिस्सा बनी हुई है। अपनी पिछली पुस्तक 'अन्धकार काल' में मैं इस पर विस्तार से लिख चुका हूँ।

यह ख़बर कि हाल ही के एक सर्वेक्षण से पता चला है कि 27 प्रतिशत भारतीय अब भी छुआछूत में विश्वास करते हैं, कई मायनों में कोई ख़बर नहीं है।[35] अधिकांश भारतीय एक ऐसे भारत में बड़े हुए हैं जहाँ इस तरह का व्यवहार अक्सर दिखाई देता रहता है, हालाँकि अंग्रेज़ी किताबें पढ़ने वाले लोग यह समझते हैं कि यह सब ग्रामीण और पिछड़े क्षेत्रों में होता है, न कि शहरी भारत में।

परन्तु इस सर्वेक्षण से कुछ आश्चर्यजनक तथ्य भी सामने आये हैं। इसके अनुसार, लगभग हर तीसरा हिन्दू (30%) छुआछूत में विश्वास रखने की बात स्वीकारता है। मतलब यह कि वे दलितों को अपनी रसोई में प्रवेश करने या अपने बर्तनों का प्रयोग करने नहीं देते परन्तु इन आँकड़ों से यह विचित्र तथ्य भी सामने आया कि 23% सिख, 18% मुस्लिम और

35. सीमा चिश्ती, 'सबसे बड़ा जाति सर्वेक्षण : हर चौथा भारतीय छुआछूत को मानता है,' इण्डियन एक्सप्रेस, 29 नवम्बर, 2014

5% ईसाई भी छुआछूत में विश्वास रखते हैं।[36] ये सभी धर्म समानता और आपसी भाईचारे में विश्वास रखने का दावा करते हैं। सर्वेक्षण के प्रमुख शोधकर्त्ता, डॉ. अमित थोराट– जो राष्ट्रीय व्यावहारिक आर्थिक अन्वेषण परिषद् (एन.सी.ए.ई.आर.) से जुड़े हुए हैं– को उद्धरित करते हुए इण्डियन एक्सप्रेस ने लिखा है, ''इन आँकड़ों से पता चलता है कि (अन्य धर्मों में) धर्मान्तरण के बाद भी मानसिकता में पूरा बदलाव नहीं आता है। जातिगत पहचान व्यक्ति से इस कदर चिपकी रहती है कि सामाजिक परिप्रेक्ष्य में इससे मुक्त हो पाना मुश्किल हो जाता है।''[37]

अपने मित्रों, सहकर्मियों और साथियों की जाति के प्रति मेरे पिता का और मेरा दृष्टिकोण– जाति को लेकर बेपरवाह और अनजान रहने की मानसिकता– आज के जाति सचेत भारत में पर्याप्त नहीं रह गया है। बहुत समय तक मैं यही सोचता रहा था कि आधुनिक भारत के लिए यही आदर्श था–सभी के प्रति एक समतावादी भावना, जिसमें दूसरों को आँकने की कसौटी उनकी जाति न होकर– जैसाकि मार्टिन लूथर किंग कहा करते थे– उनके चरित्र के तत्त्व या उनकी योग्यताओं का सार था। परन्तु विदेश में चौंतीस वर्ष बिताने के बाद और पिछले एक दशक से भारत में रहते हुए मैंने यह सीखा है कि मैं ग़लत था। जैसाकि हाल ही में एक अठारह वर्ष की ब्लॉगर तेजस्विनी ताभने ने लिखा है, ''एक ब्राह्मण का जातिगत गर्व अन्य जातियों के अपमान से जुड़ा हुआ है।'' वे आगे लिखती हैं, ''जाति भारतीय समाज का आधार भी है और ढाँचा भी, और सत्ता के सम्बन्ध और उत्पादन की शक्तियाँ, दोनों ही इसी के माध्यम से संचालित होते हैं। जाति से आँख मूँद लेने से उच्च जाति में 'जन्म की घटना' से प्राप्त होने वाले सामाजिक, राजनीतिक और आर्थिक विशेषाधिकार ख़त्म नहीं हो जाते।'' उनके अनुसार, सामाजिक अनुक्रम में ऊँचे स्थान पर रखी जाने वाली जाति के किसी भी व्यक्ति को अपनी जाति की स्थिति के लाभ मिलेंगे ही मिलेंगे, चाहे या अनचाहे, जाने या अनजाने। भारतीय समाज में जाति संसाधनों और अवसरों के वितरण को नियन्त्रित करती है। जाति आपके जीवन में पूरी तरह मौजूद

36. एक विद्वान मित्र के अनुसार ईसाइयों के मामले में यह प्रतिशत काफ़ी कम लग रहा है। उनके अनुसार, तमिलनाडु में बहुत–से चर्चों ने अलग जातियों के लिए अलग–अलग बैठने के बेंच और क़ब्रिस्तान बना रखे हैं। कुछ चर्च तो दलितों को बाहर बैठने के लिए कहते हैं।

37. अमित थोराट, 'मैपिंग एक्सक्लूशन', इण्डियन एक्सप्रेस, 3 दिसम्बर, 2014

रहती है, भले ही यह सीधे–सीधे दिखाई न दे, क्योंकि आपकी सामाजिक और आर्थिक पूँजी आपकी जाति का ही उत्पादन होती है।''[38]

मुझे यह स्वीकार करना पड़ेगा कि वे सही कह रही हैं। इसीलिए उनकी फटकार सीधे दिल पर चोट करती है–''ऊँची जाति में पैदा होना किसी का दोष नहीं माना जा सकता, परन्तु जाति से मिलने वाले 'बिन कमाये फ़ायदों' को स्वीकार करने से इनकार करना और इससे जुड़े मैकेनिज्म की मौजूदगी को झुठलाना ठीक नहीं है।'' दूसरी तरफ़, इसी ढाँचे की निचली पायदान पर स्थित उपेक्षित जातियों के लिए जाति का मतलब सिर्फ़ अपमान, वंचना, दमन और आरोपित पहचान है।''

दूसरे शब्दों में कहें तो जाति को नज़रअन्दाज़ करने का विशेषाधिकार भी सिर्फ़ ऊँची जातियों को प्राप्त है; निचली जातियों वाले जाति से आँख नहीं मूँद सकते। कई बार, पश्चिम की नस्ल–अन्ध (कलर–ब्लाइण्ड) नीतियों से इसका मुकाबला करने की कोशिश की जाती है, परन्तु यह तुलना सही नहीं जान पड़ती। नस्ल, दिखाई देती है, जबकि जाति के बारे में ऐसा नहीं कहा जा सकता। इसीलिए व्यक्तिगत और सामाजिक सम्बन्धों में जाति को भूलना या इससे आँख मूँदे रहना कहीं ज़्यादा आसान भी है। कोई श्वेत यह नहीं कह सकता कि ''मुझे पता ही नहीं था कि वह अश्वेत था,'' ख़ासकर जब कोई श्वेत नियोक्ता एक अश्वेत प्रत्याशी का आवेदन पत्र ठुकरा दे। परन्तु एक उच्च जाति का हिन्दू यह ज़रूर कह सकता है कि ''मुझे पता ही नहीं था कि वह दलित था।'' फिर भी, समय की माँग है कि जाति को लेकर सचेत रहा जाये और इससे जुड़ी बाधाओं को सकारात्मक कार्यवाही से दूर किया जाये, न कि इससे आँखें मूँद ली जायें। जवाहरलाल नेहरू को आशा थी कि जाति भारत की चेतना से अदृश्य हो जायेगी, जैसाकि मेरे मामले में भी था। परन्तु आज के भारत में यह सम्भव नहीं लगता।

एन.सी.ए.ई.आर के हाल के सर्वेक्षण से यह पुष्टि हो गयी है कि भारत के अधिकांश धार्मिक समुदायों में अन्यायपूर्ण जातिगत भेदभाव अब भी जारी है। इससे हिन्दू समाज इस कलंक से मुक्त नहीं हो जाता। परन्तु जैसाकि स्वामी विवेकानन्द ने कहा था, ''जाति का धर्म से कुछ भी सम्बन्ध

38. तेजस्विनी ताभने, 'नो, मि. थरूर, आय डोण्ट वाण्ट टू एण्टर यूअर किचन,' www.roundtableindia.com.in, 16 सितम्बर, 2017

नहीं है। यह एक विशुद्ध सामाजिक व्यवस्था है और बहुत–से हिन्दू अपने बच्चों को जातिवाद के विचार से दूर रख सकते हैं और उन्हें ऐसा करना भी चाहिए।'' पुराणों में ऋषि वशिष्ठ और विश्वामित्र के बीच इस चर्चा का वर्णन है कि क्या वैदिक धर्म को एक सार्वभौमिक धर्म होना चाहिए या इसे आर्यों तक ही सीमित रहना चाहिए? उपनिषदों ने वेदों में वर्णित कर्मकाण्ड युक्त धर्म के प्रभाव को विस्तार देने का काम किया तो आदि शंकराचार्य और रामानुज जैसे गुरुओं ने इसे और अधिक प्रजातान्त्रिक बनाया। आदि शंकराचार्य का कहना था कि कोई भी मनुष्य केवल अपने माता–पिता के हिन्दू होने के आधार पर धर्म–ग्रन्थों, पुराणों और महाकाव्यों के अध्ययन, जप, उपवास और पूजा के माध्यम से परम चेतना प्राप्त कर सकता है। आदि शंकराचार्य ने जातिवाद का कभी समर्थन नहीं किया। जाति को लेकर आज का सहानुभूतिपूर्ण और उदार दृष्टिकोण बहुत–से सुधारवादियों की लम्बी श्रृंखला का परिणाम है। कबीर, नानक, शिरडी के साईं बाबा, श्रीनारायण गुरु और महात्मा गाँधी ने सुधार की इस लहर को आगे बढ़ाया।

भले ही हिन्दू समाज ने एक निन्दनीय प्रथा को जारी रखा हो, परन्तु कोई भी ऐसा ठोस दावा नहीं कर सकता कि यह हिन्दू धर्म का अंग है। भगवान कृष्ण के बचपन के मित्र उत्तंग के बारे में एक अद्‌भुत कथा प्रचलित है। कृष्ण ने उसे यह वरदान दे रखा था कि जब भी कभी उसे रास्ते में प्यास लगेगी तो भगवान उसे पानी प्रदान करेंगे। एक बार उत्तंग किसी सुनसान क्षेत्र में था और उसे बहुत ज़ोर से प्यास लगी। उत्तंग ने अपने वरदान को याद करते हुए भगवान से पानी माँगा। जल्दी ही उसे चिथड़ों में लिपटा एक शूद्र शिकारी दिखाई दिया, जिसने अपनी कमर में खाल से बनी पानी की थैली लटका रखी थी। लेकिन पक्के ब्राह्मण उत्तंग ने उसका पानी पीने से इनकार कर दिया। शिकारी उसके पीछे–पीछे चलता रहा और उससे पानी पीने का अनुरोध करता रहा। उत्तंग फिर भी नहीं माना और पानी का प्रबन्ध न करने के लिए भगवान कृष्ण को कोसने लगा। देखते–ही–देखते वह शिकारी अदृश्य हो गया और उसकी जगह स्वयं भगवान कृष्ण प्रकट हो गये। उन्होंने उत्तंग को बताया कि उन्होंने फटेहाल शिकारी के भेस में स्वयं इन्द्र देवता को भेजा था और खाल की उस थैली में पानी की जगह अमृत था। उसे पीते ही उसे अमरत्व प्राप्त

हो जाता। कृष्ण ने उसे फटकारते हुए कहा कि उसने शिकारी को उसके चीथड़ों और जाति से आँकने की कोशिश की थी और परिणामस्वरूप वह अमरत्व प्राप्त करने के सुनहरे अवसर को खो बैठा था।

यह मानने वाला हिन्दू कि जातिगत भेदभाव उसके धर्म के साथ मेल नहीं खाता एक बेहतर हिन्दू है बनिस्बत उस हिन्दू के, जो कहता है कि उसका धर्म एक दलित रसोइए को नियुक्त करने या अपने दलित बॉस को अपने घर में खाने पर आमन्त्रित करने की अनुमति नहीं देता। दलितों को किसी मन्दिर में प्रवेश न मिलने या किसी अन्य मामले में जातिगत भेदभाव की घृणित घटनाओं के बारे में हम आज भी आये दिन सुनते–पढ़ते रहते हैं। देशभर में व्यापक लोकप्रियता अर्जित करने वाले भारत के पहले चित्रकार राजा रवि वर्मा ने सन् 1890 के दशक में हिन्दू देवी–देवताओं के चित्र बना कर उनकी लिथोग्राफिक प्रतियाँ छपवायी थीं, जो ख़ूब बिकी थीं। इसके बाद मन्दिर प्रवेश से वंचित दलित इन चित्रों को ही अपने घरों में टाँग कर पूजा–पाठ करने लगे थे। जैसाकि मैंने पिछले पृष्ठों में बताया है, केरल के महान समाज सुधारक श्रीनारायण गुरु ने अपना खुद का ही एक शिवलिंगम प्रतिष्ठापित करके एक मन्दिर बना लिया था, क्योंकि उन्हें शिव मन्दिरों में प्रवेश करने की अनुमति नहीं थी। इसमें कोई सन्देह नहीं कि हिन्दू धर्म जातिगत भेदभाव को मिटाने की बजाय इसे संरक्षण देता रहा है और जाति के आधार पर मानवीय दमन हिन्दूवाद की नकारात्मक छवि के साथ लम्बे समय से जुड़ा रहा है। पर क्या अपने अनुयायियों के अत्याचारपूर्ण व्यवहार के लिए सचमुच धर्म ही ज़िम्मेदार होता है? शायद नहीं; परन्तु हिन्दुओं को अपने धर्म के चेहरे से जातिगत भेदभाव के धब्बे छुड़ाने के लिए सामूहिक और संकल्पबद्ध प्रयास करते रहने होंगे।

गुरु, स्वामी और 'भगवान बाज़ार'

हिन्दूवाद का एक दूसरा नकारात्मक पहलू अन्धविश्वास से जुड़ा हुआ है। हिन्दू विभिन्न चिह्नों और भविष्यवाणियों में झट से विश्वास करने वाले माने जाते हैं। ज्योतिष शास्त्र के प्रति हमारा मोह जग–जाहिर है। सच तो यह है कि जन्मकुण्डली के बिना एक हिन्दू वैसा ही है जैसे पासपोर्ट के बिना कोई अमेरिकन। कई मामलों में यह एक बड़ी रुकावट बन सकती है। मेरे पास तो दो–दो जन्मकुण्डलियाँ हैं। पहली मेरे जन्म के तुरन्त बाद लन्दन

में एक आप्रवासी भारतीय डॉक्टर ने बनाई थी, जबकि दूसरी केरल में हमारे गाँव के ज्योतिषी ने बनाई थी। ये दोनों आपस में मेल नहीं खाती थीं और ऐसा लगता है कि आज तक मैं दो तरह की परस्पर बेमेल नियतियाँ जीता रहा हूँ, सार्वजनिक जीवन में और लेखन में।

परन्तु क्या हिन्दू धर्म पर अपने ज्योतिषियों के लिए ज़िम्मेदार होने का आरोप लगाया जा सकता है? इसमें कोई सन्देह नहीं कि इनमें से बहुत–से झूठे और पाखण्डी हैं। क्या ज्योतिष में बहुत–से हिन्दुओं के विश्वास को हिन्दू धर्म की बजाय भारतीय समाज से जोड़कर देखा जा सकता है?

धर्मगुरुओं और स्वामियों के प्रति हिन्दुओं के मोह को देखते हुए इसे धर्म की बजाय समाज से जोड़ना मुश्किल हो जाता है। इन धर्मगुरुओं और स्वामियों की धार्मिक–आध्यात्मिक योग्यता कई बार उनके चोले से ज़्यादा नहीं होती। जाने कितनी सदियों से हिन्दू साधु–महात्माओं के प्रति यह आकर्षण महसूस करते रहे हैं। शिरडी के साईं बाबा जैसे साधु–फकीर हों या चमत्कार दिखाने वाले सत्य साईं बाबा, ध्यान की शिक्षा देने वाले महर्षि महेश योगी हों या यौन उन्मुक्तता की बात करने वाले 'भगवान' श्री रजनीश (जो बाद में अपने–आपको 'ओशो' कहलवाना पसन्द करने लगे)– सभी के अनुयायियों की बेहिसाब संख्या रही है। सत्य साईं बाबा के दुनिया भर में लाखों–करोड़ों अनुयायी हैं। मैं उनके आध्यात्मिक हैड–क्वार्टर पुट्टापर्ती की स्वच्छता के बारे में पहले कहीं लिख चुका हूँ, जहाँ उनकी मृत्यु के बाद भी श्रद्धालुओं का आना–जाना जारी है। हिन्दूवाद के 'जीते–जागते' सन्तों में माता अमृतानन्दमयी का नाम प्रमुख है। उन्हें निर्मल प्रेम की प्रतिमूर्ति के रूप में देखा जाता है और 'हगिंग सेण्ट' (गले लगाने वाली सन्त) के रूप में बड़ी श्रद्धा से याद किया जाता है। कोल्लम के घास वल्लीकवु में स्थित उनका अमृतपुरी आश्रम हमेशा हलचलों से भरा रहता है और दुनिया भर के श्रद्धालुओं को आकर्षित करता है। सत्य साईं बाबा की तरह वे भी श्रद्धालुओं द्वारा दिये जाने वाले दान को सामाजिक कल्याण से जुड़ी परियोजनाओं पर ख़र्च करती हैं। आश्रम एक यूनिवर्सिटी, एक मेडिकल कॉलेज, एक अस्पताल और एक टेलीविज़न स्टूडियो भी चलाता है।

ये श्रद्धेय विभूतियाँ लम्बे समय से चली आ रही हिन्दू परम्परा की कड़ियाँ हैं। अद्वैत वेदान्तिक हिन्दू गुरुओं को बहुत ऊँचे स्थान पर रखते

रहे हैं, क्योंकि अनेक प्राचीन ग्रन्थ यही कहते हैं कि आध्यात्मिक खोज के लिए मनुष्य को एक ज्ञानी और सुयोग्य मार्गदर्शक की ज़रूरत होती है। इसलिए बहुत–से हिन्दू एक गुरु का अनुसरण करना अच्छा मानते हैं, जो स्वयं लक्ष्य न होकर लक्ष्य तक ले जाने वाला मार्ग होता है; आत्मबोध की तरफ़ ले जाने वाला मार्गदर्शक, न कि स्वयं आत्मबोध का विकल्प। अद्वैत परम्परा में एक योग्य और ज्ञानी गुरु का होना इसलिए भी महत्त्वपूर्ण है ताकि सच्चा ज्ञान प्राप्त किया जा सके, और झूठे और भटकाने वाले ज्ञान से बचा जा सके। गुरु एक प्रशिक्षक और परामर्शदाता होने के साथ–साथ शिष्य का व्यक्तित्व सँवारने वाला और उसमें ऊँचे जीवन मूल्य संचारित करने वाला प्रेरक भी होता है। क्योंकि हिन्दूवाद अनुभव पर ज़ोर देता है, इसलिए अपने अध्ययन और चिन्तन का अनुभव गुरु अपने शिष्य के साथ बाँट कर उसे दार्शनिक ज्ञान प्रदान कर सकता है। एक श्रेष्ठ गुरु एक प्रेरणादायक शिक्षक और आध्यात्मिक मार्गदर्शक होता है और एक दार्शनिक की तरह शिष्य को जीवन का अर्थ समझाता है। गुरु अन्धकार को छाँटने वाले प्रकाश की तरह होता है। हिन्दू धर्म में गुरु का स्थान इसलिए भी महत्त्वपूर्ण है क्योंकि जिस तरह माँ भौतिक जन्म देती है, उसी तरह गुरु आध्यात्मिक पुनर्जन्म देता है। परन्तु इसके साथ ही यह भी सच है कि सभी स्व–घोषित गुरु उस कसौटी पर खरे नहीं उतरते।

भारत में गुरुओं–स्वामियों की भरमार है। कुछ महान विद्वत्ता और धर्म–ग्रन्थों के गहन ज्ञान के प्रतीक हैं तो कुछ रहस्यवादी और चमत्कारिक कारनामों से श्रद्धालुओं को मन्त्रमुग्ध कर देते हैं। कुछ ऐसे भी हैं जो बुद्धिमत्ता और सूझ–बूझ भरी बातों से श्रद्धालुओं में प्रेरणा का संचार करते हैं। इस तरह के गुरुओं के अनुयायियों की संख्या लाखों में होती है। बहुत–से गुरुओं के अपने आश्रम हैं जहाँ श्रद्धालु उनके प्रवचन सुनते आते हैं। कई श्रद्धालु तो महीनों तक इन आश्रमों में पड़े रहते हैं और गुरु के निर्देश के अनुसार सामाजिक सेवाएँ करते हैं।

परन्तु इसी जमात में ऐसे गुरु और स्वामी भी शामिल हैं जो धूर्त, पाखण्डी और तमाशेबाज़ हैं। वे भोले–भाले श्रद्धालुओं को उल्लू बनाकर उनसे धन ऐंठते हैं और अपनी तिजोरियाँ भरते हैं। वे 'भगवान बाज़ार' के भ्रष्ट व्यापारी हैं और भक्तों और धर्म दोनों को बदनाम करते हैं। इनमें लाल रंग की मिनी स्कर्टें पहनने वाली और प्रेम के नुस्खे सिखाने वाली

एक महिला गुरु, पेड़ पर बैठकर अपने पाँव के स्पर्श से भक्तों का उद्धार करने वाला एक बाबा और नग्नावस्था में अपने गुप्तांग को पकड़वा कर भक्तों को वरदान देने वाला एक अन्य बाबा जैसे विचित्र और बेहूदा 'गुरु' भी शामिल हैं। इस सबका हिन्दूवाद से कुछ भी सम्बन्ध नहीं है, सिवा इसके कि एक हिन्दू आध्यात्मिक सत्य की अन्तहीन खोज में कैसे भी रास्ते अपना सकता है।

इन स्वामियों और बाबाओं के बहुत–से भक्त हिन्दू नहीं हैं। इसी तरह, कुछ बाबा स्वयं भी हिन्दू नहीं हैं, परन्तु उनके भक्तों में बड़ी संख्या में हिन्दू शामिल हैं। इस बात को भी ध्यान में रखने की ज़रूरत है कि भक्तों पर इन ढोंगी बाबाओं के प्रभाव का एक कारण भारतीय समाज में विघटन और भटकाव की भावना भी है। दिशाहीनता और निराशा की भावना से गुज़र रहे लोग एक धार्मिक मार्गदर्शक की ज़रूरत महसूस करते हैं। एक सिख गुरु का ही उदाहरण लें, जिसने अपना नाम सिख, हिन्दू और मुस्लिम नामों को मिलाकर रखा हुआ है और साथ में 'इनसान' भी जोड़ दिया है–यानी बाबा गुरमीत राम रहीम सिंह इनसान। अगस्त, 2017 में गम्भीर आरोपों में उसकी गिरफ़्तारी के बाद उसके भक्तों ने पंजाब, हरियाणा और राजधानी दिल्ली में ख़ूब हंगामा किया। उन्हें विश्वास ही नहीं था कि उनके गुरु और मार्गदर्शक कुछ ग़लत भी कर सकते थे।

ज़ेवरों से लदे और रंगीन मिज़ाज गुरमीत सिंह अपनी महिला अनुयायियों के यौन शोषण के लिए जाने जाते थे, लेकिन सिर्फ़ दो महिलाएँ ही उनके ख़िलाफ़ अदालत में जाने की हिम्मत कर पायीं। पन्द्रह वर्ष तक चले इस मुक़दमे की 200 सुनवाइयों के दौरान बाबा के भक्तों ने जाँच करने वाली टीम, पुलिस, जजों और शिकायतकर्त्ताओं को अपने प्रभाव में लेने के लिए पूरा ज़ोर लगा दिया, पर वे लोग नहीं झुके।

बाबा गुरमीत राम रहीम सिंह इनसान हमेशा से ही एक विचित्र बाबा थे और एक आध्यात्मिक साधु–संन्यासी की बजाय तड़क–भड़क और ऐश्वर्य–विलास भरी ज़िन्दगी जीने के लिए जाने जाते थे। उनके लम्बे केश, उनकी भारी–भरकम मोटसाइक़िलों और महँगी कारों का काफ़िला और उनकी महिला सहयोगियों का समूह उनकी रंगीन मिज़ाज छवि का ही विस्तार था। वे अपने ख़ुद के म्यूज़िक वीडियो भी बनाते थे, जिनमें 'लव चार्जर' जैसा सुपरहिट वीडियो भी शामिल था। उन्होंने 'मैसेंजर

ऑफ़ गॉड' के नाम से ख़ुद पर एक फ़ीचर फ़िल्म भी बनवाई। इस सबके परिणामस्वरूप इस 'रॉकस्टार बाबा' के भक्तों की संख्या एक करोड़ से भी ऊपर पहुँच चुकी थी।

बाबा और उनके गुण्डों ने उनके पन्थ 'डेरा सच्चा सौदा' के रास्ते में आने वाली हर रुकावट और चुनौती को बड़ी बेरहमी से कुचल दिया। उनके ख़िलाफ़ बलात्कार का मामला दर्ज करवाने वाले एक स्थानीय पत्रकार की वर्ष 2002 में हत्या कर दी गयी। डेरा सच्चा सौदा ने देखते ही देखते पंजाब और हरियाणा में भू–सम्पत्तियों का अम्बार खड़ा कर लिया और इन दोनों राज्यों समेत राजधानी दिल्ली के प्रशासनिक और राजनीतिक दायरों में अपना प्रभाव जमाना शुरू कर दिया।

इस सबके बावजूद डेरा सच्चा सौदा उत्तर भारत के एक क्षेत्र की एक ऐसी सामाजिक माँग को पूरा कर रहा था जो अपने–आपमें एक सही और ईमानदार माँग थी। डेरा सच्चा सौदा ने पंजाब और हरियाणा के कुछ ख़ास पिछड़े वर्गों को एक ऐसी पहचान दी, जिससे वे वर्षों से वंचित थे। बाबा के अनुयायियों में शामिल लाखों लोग इससे पहले सिर्फ़ सामाजिक दमन और अपमान के बारे में जानते थे। डेरा सच्चा सौदा ने उन्हें एक नयी पहचान और प्रतिष्ठा दी– सुरक्षा और सम्मान की वह आवाज़ जिससे वे सदियों से वंचित थे। इसके साथ ही बाबा का 'मार्केट फ्रेण्डली' धर्म भी भक्तों को बहुत रास आया, एक ऐसा धर्म, जिसे आसानी से समझा और अपनाया जा सकता था। डेरा सच्चा सौदा काफ़ी पहले ही अस्तित्व में आ चुका था और एक नये पन्थ के रूप में कुछ सराहनीय काम भी कर रहा था। बाबा गुरमीत सिंह इस पन्थ का नया चेहरा भर हैं।

डेरे के अनुयायियों में सिख ही ज़्यादा हैं, हालाँकि बहुत–से हिन्दू भी इस पन्थ से जुड़े हुए हैं। सिख धर्म समानता की भावना पर आधारित है और यही कारण है कि अतीत में निचली जातियों के बहुत–से हिन्दू, ख़ासकर दलित और अन्य पिछड़े वर्ग धर्मान्तरण करके सिख धर्म अपनाते चले गये। परन्तु जातिवाद भारतीय समाज में इतनी गहराई से पैठा हुआ है कि धर्मान्तरण के बाद भी बहुत–से सिखों को ऐसा महसूस होता रहा कि समाज में और शिरोमणि गुरुद्वारा प्रबन्धक समिति जैसी अधिकृत सिख संस्थाओं में ऊँची जाति वाले सिखों का ही दबदबा था।

इसलिए पिछड़ी पृष्ठभूमि वाले सिख दिनोदिन निराश और मोहभंग

की स्थिति में पहुँचते चले गये। एक तरफ़ आक्रोश और लाचारी की इस भावना ने और दूसरी तरफ़ कमज़ोर शैक्षणिक–आर्थिक स्थिति और बेरोज़गारी ने इन वर्गों की युवा पीढ़ियों को शराब और नशीले पदार्थों की तरफ़ धकेल दिया। ये नशीले पदार्थ पंजाब से सटे पाकिस्तान से आते थे, जहाँ ये भारी मात्रा में अफ़ग़ानिस्तान से पहुँचते थे, इसलिए पंजाब की युवा पीढ़ी को ये आसानी से उपलब्ध थे। पंजाब को भारत की 'ड्रग कैपिटल' कहा जाने लगा था। पिछले वर्ष रिलीज हुई विवादास्पद हिट फ़िल्म 'उड़ता पंजाब' में नशे की लत में घिरते पंजाब की इसी समस्या का बड़ा हृदयस्पर्शी चित्र प्रस्तुत किया गया था।

डेरा सच्चा सौदा की भूमिका को इसी सन्दर्भ में देखने की ज़रूरत है। पन्थ और इसके करिश्माई प्रमुख पंजाब के इन पिछड़े वर्गों के मसीहा के रूप में उभरे। बाबा गुरमीत सिंह राम रहीम इनसान का व्यक्तिगत जीवन कैसा भी हो, पर उन्होंने इन भटकते और निराश समुदायों को एक वैकल्पिक राह दिखाई। डेरे ने अपने सदस्यों और उनके बच्चों के लिए निःशुल्क शिक्षा का इन्तज़ाम किया। भूखों को निःशुल्क भोजन और बेरोज़गारों को डेरे के विभिन्न उद्यमों में रोज़गार देकर उन्हें नशे की लत से दूर रखने में बाबा और उनके डेरे ने अहम भूमिका निभाई। इससे भी बढ़कर डेरे ने इन पिछड़े और निराश वर्गों के जीवन को एक अर्थ और एक उद्देश्य प्रदान किया। परिणामस्वरूप, पंजाब और हरियाणा की एक बड़ी और उपेक्षित आबादी की सबसे बड़ी मानवीय ज़रूरत पूरी होने लगी–मानवीय गरिमा और एक जुड़ाव की भावना की कचोटती हुई ज़रूरत।

छोटे–बड़े राजनीतिज्ञ भी बाबा और उनके डेरे के प्रभाव से बच न पाये और चाहे–अनचाहे उनका समर्थन करने के लिए मजबूर हो गये, पर डेरा सच्चा सौदा पंजाब में ऐसा इकलौता डेरा नहीं है। बहुत–से दूसरे छोटे–बड़े डेरे भी हैं जो पंजाब और हरियाणा में अपने अनुयायियों को एक वैकल्पिक राह दिखाने में लगे हैं। सच्चे हों या झूठे, पर इसमें कोई सन्देह नहीं कि ये डेरे समाज में शान्ति बनाये रखने, असन्तोष को कम करने और समुदायों की कुण्ठा को सकारात्मक गतिविधियों की तरफ़ मोड़ने में महत्त्वपूर्ण भूमिका निभा रहे हैं। यही कारण है कि इन डेरों को ख़तरनाक पन्थ मान कर इन पर अंकुश लगाने की बजाय सभी पार्टियों की सरकारें इनका खुल कर समर्थन करती रही हैं। इनकी धार्मिक प्रकृति इन्हें नशे

और अपराध की दुनिया का एक कहीं बेहतर और सुरक्षित विकल्प बना देती है। इन डेरों ने नशे की लत को कम किया है, लोगों के अकेलेपन को समुदाय से जोड़ दिया है और मोहभंग और हताशा की आवाज़ को ईश्वरीय आस्था में बदल दिया है–भले ही राम रहीम जैसे बाबा चाँदी की चमचमाती जैकेटें पहनते रहे हों और रेंज रोवर्स जैसी महँगी विदेशी कारों में घूमते रहे हों।

ये डेरे भक्तों में जिस तरह की निष्ठा जगाते हैं उसे नज़रअन्दाज़ नहीं किया जा सकता। लोगों की एक मूलभूत ज़रूरत की पूर्ति करने वाले ये डेरे एक तरह से एक आध्यात्मिक गुरु की भूमिका निभाते हैं और अनुयायियों में वैसी ही गहरी श्रद्धा और निष्ठा की भावना पैदा कर देने में सफल रहते हैं। अधिकांश डेरे ऐसे गुरुओं द्वारा चलाये जा रहे हैं जो बाबा राम रहीम की तरह दिखावेबाज़ और विवादास्पद नहीं हैं। फिर भी, इन डेरों के धार्मिक आकर्षण और लोकप्रियता का सबसे बड़ा कारण सामाजिक और आर्थिक असुरक्षा ही है। जो काम सरकार और सामाजिक संस्थाएँ नहीं कर पायीं, वह एक बाबा ने कर दिखाया–एक ऐसे बाबा ने, जिसे ढोंगी और यौन कामुकता का शिकार माना जा चुका है। उसकी यह सफलता उसकी कमज़ोरियों से ज़्यादा महत्त्वपूर्ण है। बाबा के चरणों में अपनी पत्नियाँ और बेटियाँ चढ़ाने वाले भक्त कभी नहीं समझ पायेंगे कि उन दो महिलाओं को ऐसा ही 'आशीर्वाद' देने के लिए बाबा को सज़ा क्यों दी गयी जैसाकि सोशल मीडिया पर एक गुमनाम पोस्ट में किसी ने लिखा है–"एक भटके हुए इनसान को इससे कोई फ़र्क़ नहीं पड़ता कि उसे रास्ता दिखाने वाला बलात्कारी है। एक भूखा इनसान एक हत्यारे के हाथ से भी खाना ले लेगा।"

बाबा को जेल हो जाने पर डेरे के अनुयायियों ने जो उग्र प्रतिक्रिया व्यक्त की, उससे उनका यह डर उजागर होता है कि उनके और उनके डेरे के बिना वे एक बार फिर हाशियों में सिमट जायेंगे। इससे बाबा से जुड़ी उनकी अपनी पहचान की गहराई का भी पता चलता है, बाबा ने चाहे जो भी किया हो। वे सचमुच ही बाबा के लिए मरने–मारने पर उतारू हैं; या जैसाकि वे समझ रहे होंगे, वे अपनी पहचान बरक़रार रखने के लिए किसी भी हद तक जाने को तैयार हैं।

सज़ा की घोषणा होते ही उत्तर भारत के एक महत्त्वपूर्ण हिस्से

में दंगों और तोड़–फोड़ की घटनाओं ने कई दिनों तक जनजीवन को अस्त–व्यस्त किये रखा। तीस से भी ज़्यादा लोग मारे गये, हज़ारों वाहन जला दिये गये, दो नये होटलों समेत कितनी ही इमारतें फूँक दी गयीं, ट्रेनों के डिब्बे तोड़ दिये गये और रास्ते बन्द कर दिये गये। बहुत–से भारतीय यह देखकर परेशान थे कि इक्कीसवीं सदी के दूसरे दशक में उनके देश में धार्मिक अन्ध श्रद्धा का कैसा नंगा नाच हो रहा था। परन्तु इस हिंसा ने इससे कहीं बड़े सवाल खड़े कर दिये थे।

इस घटना ने यह दिखा दिया है कि आर्थिक प्रगति और विकास को लेकर भारत के बड़े–बड़े दावों की जड़ें कितनी खोखली हैं? हम उपेक्षित वर्गों को सामाजिक समानता और न्याय देने में असफल रहे हैं। इससे यह भी पता चलता है कि सरकारी संस्थाएँ कितनी बेशर्मी से अपनी सामाजिक ज़िम्मेदारियों से पल्ला झाड़ कर यह काम धार्मिक संस्थाओं को सौंपने के लिए तत्पर रहती हैं, भले ही उनके प्रमुख स्वयं को कानून से ऊपर समझते रहें। यह घटना हमारी कानून और व्यवस्था की क्षमता पर भी एक प्रश्नचिह्न लगा देती है, जो किसी भी तरह की सामूहिक हिंसा के आगे बेबस हो जाती है। इससे आम जनता पर धार्मिक नेताओं की गहरी पकड़ का भी पता चलता है, जो कमज़ोर वर्गों की सामाजिक पहचान और गरिमा की ज़रूरत को भुनाते हुए उनके मसीहा बन बैठते हैं।

बाबा गुरमीत राम रहीम सिंह इनसान आखिर जेल में पहुँच गये हैं, भले ही वे वहाँ एक लक्ज़री हेलीकॉप्टर में और अपनी गोद ली हुई समर्पित बेटी के साथ चॉकलेट चबाते हुए पहुँचे हों, और उनके साथ चलने वाली पुलिस टीम और कानूनी अधिकारियों ने उनका सामान उठा रखा हो। भले ही बाबा अब जेल में हों, पर हिन्दू या सिख धर्म तो नहीं, भारतीय समाज ज़रूर उनसे कहीं ज़्यादा गहरे संकट में है।

हिन्दू भाग्यवाद

एक ऐसा विषय जिससे बचना मुश्किल है, और जो हिन्दू धर्म की लोकप्रिय धारणाओं से जुड़ा हुआ है, 'हिन्दू भाग्यवाद' है। क्या नियति, कर्म या होनी में हमारा विश्वास हमें खुद को अपने हाल पर छोड़ने और भाग्य को स्वीकार करने की प्रेरणा नहीं देता–बजाय इसके कि हम अपनी स्थिति को बदलने की कोशिश करें?

हमारे पुराणों में एक बहुत पुरानी कथा है, जिसे हिन्दू अक्सर ख़ुद पर लागू करते हुए सुनाते रहते हैं।

एक आदमी–जिसे हम एक श्रेष्ठ हिन्दू मान लेते हैं, के पीछे एक शेर पड़ गया। वह जान बचाने के लिए तेज़ी से भागने लगा, लेकिन कुछ दूर जाने के बाद उसकी साँस फूलने लगी। वह समझ गया कि वह अब ज़्यादा देर तक या तेज़ी से नहीं दौड़ पायेगा। उसे एक पेड़ दिखाई दिया। उसकी जान में जान आयी और वह तेज़ी से उस पेड़ पर चढ़ गया। शेर पेड़ तक आ पहुँचा और उसकी तरफ़ देखते हुए गुर्राने लगा। उस आदमी को लगा कि चलो, जान तो बच गयी, पर यह क्या! वह जिस डाल पर बैठा था, वह कमज़ोर थी और नीचे झुक रही थी। उसके शरीर का बोझ न सहने के कारण वह कभी भी टूट कर नीचे गिर सकती थी। शेर अब भी नीचे खड़ा गुर्रा रहा था और उसे अपने जबड़ों में भींचने की प्रतीक्षा कर रहा था। तभी वह डाल नीचे झुकते–झुकते एक कुएँ के ऊपर झूलने लगी। उस आदमी को आस की एक किरण दिखाई दी। शायद कुआँ उसे बचा ले, शायद वह तैर सके। पर कुआँ सूखा था। इतना ही नहीं, इसके सूखे तल पर कई साँप भी रेंग रहे थे।

अब हमारा नायक क्या करे? डाल कुछ और नीचे झुकी तो उसे कुएँ की मुँडेर पर उगे घास के एक इकलौते तिनके पर शहद की एक बूँद चमकती दिखाई दी।

हमारा पौराणिक नायक या एक ठेठ हिन्दुस्तानी इस परिस्थिति में क्या करेगा?

वह डाल के साथ नीचे झुका और उसने तिनके पर चमकता शहद चाट लिया।

यह कहानी कम–से–कम 2,000 वर्ष पुरानी है, पर इसे आज भी सुनाया जा सकता है। यह हिन्दू भाग्यवाद को लेकर प्राच्यवादियों की धारणा की प्रतीक भी है। हम जिस भी स्थिति में हैं, उसे सहन और स्वीकार कर लेने की हमारी प्रवृत्ति। यह कहानी एक असम्भव परिस्थिति के अनुसार ख़ुद को ढाल लेने और उसका अच्छे से अच्छा उपयोग करने की हमारी प्रवृत्ति को भी दर्शाती है।

अत्यन्त विकट और पार न पायी जा सकने वाली कठिनाइयों का यही हिन्दू समाधान है। जिसे हम हरा नहीं सकते, उससे लड़ा नहीं जाता। हमें

उसके साथ रहने–जीने का सबसे अच्छा रास्ता ढूँढ़ना पड़ता है। जिसे पश्चिम वाले 'हिन्दू भाग्यवाद' कहते हैं, और वी.एस. नायपॉल ने जिसे 'अकर्मण्यता की प्रवृत्ति' कहा है, वह काफ़ी हद तक यही है।

परन्तु इसे हिन्दूवाद की सिर्फ़ आंशिक समझ ही कहा जा सकता है। 'भगवद्गीता' हिन्दुओं को स्वयं से ऊपर उठकर देखने के लिए कहती है–अर्थात् भाग्य से उन्हें जो कुछ भी प्राप्त हुआ है, उनके जन्म की परिस्थितियाँ, उनकी भौगोलिक स्थिति, उनकी आर्थिक स्थिति, उनकी शिक्षा इत्यादि से ऊपर उठकर आत्मबोध की तरफ़ बढ़ने के लिए। हमारी परिस्थितियाँ हमें उन्हें बदलने की स्वतन्त्रता से वंचित नहीं करतीं। एक हिन्दू के जन्म के समय ग्रहों की स्थिति से शायद उसके भविष्य की सम्भावनाएँ प्रभावित होती हों और उसके जीवन में उतार–चढ़ाव आते हों, परन्तु यह स्वयं उस पर निर्भर करता है कि वह किस परिस्थिति में क्या करे। यह कहना ग़लत होगा कि एक श्रेष्ठ हिन्दू यह मानता है कि भाग्य में सब कुछ पहले से लिखा होता है या उसकी नियति पहले से निर्धारित है। हिन्दू अपनी सम्भावनाएँ तलाशने के लिए अपने ईश्वर के साथ मिलकर काम करता है। एक हिन्दू के लिए ईश्वर सिर्फ़ ऊपर या आसपास ही नहीं बल्कि उसके भीतर भी होता है। ईश्वर हमारे साथ संघर्ष करता है, कष्ट भोगता है और प्रयास करता है। इस दृष्टि से देखें तो एक हिन्दू अपना भाग्य ईश्वर के साथ मिलकर खुद बनाता है।

संयुक्त राष्ट्र में मेरे कॅरियर के शुरुआती दिनों में मेरे पहले बॉस, जो अपने मूल क्षेत्र डेनमार्क में एक आम उपदेशक थे, ने मुझसे एक सीधा प्रश्न पूछा, ''एक हिन्दू को एक अच्छा मनुष्य बनने की क्यों ज़रूरत है?'' मेरा जवाब था, स्वर्ग में जाने या नर्क से बचने के लिए नहीं, क्योंकि अधिकांश हिन्दू इन दोनों में ही विश्वास नहीं करते। अगर स्वर्ग कोई ऐसी जगह है जहाँ एक आत्मा को अपने सफ़ेद पंख लहराते हुए ईश्वर का गुणगान करते रहना पड़ता है तो यह बड़ी बोरियत भरी जगह होगी, ज़हाँ शायद ही कोई जाना चाहे; और गुणगान की इच्छा रखने वाला ईश्वर भी असुरक्षा की भावना का शिकार होगा। जहाँ तक नर्क की बात है, तो इसकी धारणा ही हिन्दू ब्रह्माण्ड विज्ञान के साथ मेल नहीं खाती। नर्क कोई ऐसी जगह लगती है जहाँ ईश्वर नहीं है, और यह एक ऐसी धारणा है जो एक हिन्दू

के लिए अकल्पनीय है, क्योंकि ईश्वर सर्वव्यापी है। अगर वह सर्वव्यापी नहीं है तो वह ईश्वर कैसे हो सकता है?

अगर हिन्दूवाद एक मानव धर्म है, एक ऐसी आचार संहिता जिसे पूरी मानवता पर लागू किया जा सकता है, तो एक ग़ैर–हिन्दू के लिए यह प्रश्न पूछना ठीक ही है कि एक हिन्दू क्यों एक अच्छा इनसान बनना चाहेगा? सबसे पहली बात तो यह है कि उस पर अपने धर्म का पालन करने का नैतिक दायित्व है, जिसका अर्थ है सदैव उचित या सत्य 'कर्म' करना, अर्थात् सद्कर्म।

हिन्दू धर्म–ग्रन्थों के अनुसार धर्म का पालन करने के रास्ते में छह बाधाएँ आ सकती हैं। इनमें 'काम' और 'लोभ' सबसे प्रमुख हैं। 'काम' अर्थात् अनियन्त्रित यौन–इच्छाएँ और 'लोभ' अर्थात् अपनी आवश्यकता से अधिक सांसारिक वस्तुओं–धन–सम्पत्ति और ऐश्वर्य–विलास इत्यादि–की कामना रखना। चार अन्य बाधाएँ मनुष्य का व्यक्तिगत विकास रोक देती हैं और उसके दुखों और विनाश का कारण बनती हैं–क्रोध, मद (अहंकार या घमण्ड), मात्सर्य (ईर्ष्या) और मोह (सांसारिक सम्बन्धों और वस्तुओं के साथ परमात्मा से अधिक जुड़ाव)। इन छह बाधाओं को सात सद्गुणों के अभ्यास से नियन्त्रित और समाप्त किया जा सकता है। आदि शंकराचार्य के युग में प्रतिपादित ये सात सद्गुण इस प्रकार हैं–अहिंसा, सत्य, शिव (करुणा), सौन्दर्य–बोध, पवित्रता, स्वभाव (संयम या आत्म–नियन्त्रण) और वैराग्य (विरक्ति)। एक अच्छा जीवन जीने के लिए एक हिन्दू के लिए इन सात सद्गुणों का अभ्यास करना और इस प्रकार, धर्म पालन के रास्ते में आने वाली छह बाधाओं को दूर रखना आवश्यक है।

मेरा बॉस एक दुनियादार व्यक्ति था और वह एक हिन्दू के एक अच्छा इनसान बनने का कोई अधिक व्यावहारिक कारण जानना चाहता था। उसका कहना था कि अगर मनुष्य के सामने स्वर्ग के सुखों का प्रलोभन और नर्क की आग का डर न हो तो वह अच्छा मनुष्य क्यों बनना चाहेगा? एक हिन्दू के सामने इस तरह का क्या प्रलोभन था? मैंने उन्हें समझाया कि जहाँ ईसाई धर्म में यह माना जाता है कि शरीर में एक आत्मा होती है, वहीं हिन्दू धर्म में यह माना जाता है कि आत्मा का शरीर होता है। शरीर नष्ट होता रहता है, परन्तु आत्मा अमर रहती है। शरीर आत्मा का एक चोला मात्र है जो हर जन्म में बदलता रहता है। जन्म और पुनर्जन्म

के इस चक्र से मुक्त होकर ब्रह्म के साथ हमेशा के और स्थायी मिलन का नाम ही मोक्ष है। मनुष्य हर जन्म में इसके लिए प्रयास करता रहता है और इसलिए एक अच्छा मनुष्य बनने की चाह रखता है। दूसरी तरफ़, एक अधर्मी हिन्दू धर्म की बजाय अधर्म और सद्गुणों की बजाय अवगुणों में लिप्त रहता है और उसकी आत्मा मलिन होती चली जाती है। इस प्रकार वह ब्रह्म (परमात्मा) और मोक्ष से दूर होता चला जाता है।

मुझे नहीं पता कि वह मेरे उत्तर से सन्तुष्ट हुआ या नहीं? मुझे यह भी नहीं पता कि आप मेरे उत्तर से कितने सन्तुष्ट होंगे? यदि शरीर नश्वर है और आत्मा अमर है और मोक्ष प्राप्त होने तक शरीर रूपी चोला बदलती रहती है, तो पुनर्जन्म की धारणा भी पूरी तरह तर्कपूर्ण प्रतीत होती है।

पुनर्जन्म की धारणा हिन्दूवाद की एक आधारभूत धारणा है। अन्य धर्मों के अनुसार मनुष्य एक शरीर होता है, जिसमें उसकी आत्मा होती है, जबकि हिन्दू धर्म के अनुसार मनुष्य एक आत्मा है जो शरीर रूपी एक अस्थायी चोला धारण किये हुए है। इस अस्थायी चोले या पुनर्जन्म का चक्र तब तक चलता रहता है जब तक आत्मा मोक्ष प्राप्त करके ब्रह्म से नहीं मिल जाती, अर्थात् उसी का एक अंग नहीं बन जाती। मृत्यु और पुनर्जन्म के इस चक्र को 'संसार' कहा जाता है।

यहाँ यह प्रश्न उठता है, जो ईश्वर में दृढ़ विश्वास रखने वाले किसी भी व्यक्ति को उलझन में डाल सकता है–कि ईश्वर अपने ही रचे मनुष्यों को इतने दुख और कष्ट क्यों देता है और उन्हें असमानता और अन्याय का शिकार क्यों बनाता है? इसका हिन्दू उत्तर यह है कि यह सब पिछले जन्म के कर्मों या दुष्कर्मों का फल होता है। आत्मा एक जन्म से दूसरे जन्म तक उसी तरह कूदती–फलाँगती रहती है जैसे एक इल्ली घास के एक तिनके से दूसरे तिनके तक (यह रूपक उपनिषदों से है, न कि मेरा ख़ुद का गढ़ा हुआ)।

मुझे हमेशा से ही यह अन्यायपूर्ण लगता रहा है। जिस जन्म की हमें याद तक नहीं है, उसके दुष्कर्मों के फल हम आज क्यों भोगें? फिर भी, अन्य धर्मों की व्याख्याओं की तुलना में यह व्याख्या ज़्यादा गले उतर जाती है। अन्य धर्म शायद ही इसका कोई स्पष्ट और तर्कपूर्ण उत्तर दे पाते हों कि कृपालु ईश्वर अपने मनुष्यों को इतने कष्ट क्यों देता है? उदाहरण के लिए, यदि आप ईश्वर को एक सफ़ेद दाढ़ी वाले दयालु ईश्वर के रूप

में देखते हैं, जो आप पर नज़र रखे हुए हैं, आपकी प्रार्थनाओं को सुनता है, और समय–समय पर आपकी मदद करता रहता है, तो यह कल्पना करना मुश्किल हो जाता है कि उसे आप पर या आपके आसपास हो रही क्रूरताओं और अत्याचारों की परवाह नहीं है। इसकी बजाय यदि आप ईश्वर को इस रूप में देखें कि ईश्वर सभी जगह है, सभी मनुष्यों में है और सभी वस्तुओं में है–अच्छाई और बुराई, न्याय और अन्याय सभी में वह एक निर्लिप्त ब्रह्माण्डीय शक्ति की तरह उपस्थित है–तो फिर संसार के दुःखों और ख़ुशियों को समझना कहीं अधिक सरल हो जाता है।

पुनर्जन्म का विचार 'कर्म' से जुड़ा हुआ है, अर्थात् आपके पूरे जीवन के कर्मों का कुल निचोड़। इसके अनुसार, आपके जन्म की परिस्थितियाँ–घर–परिवार, क्षेत्र, देश, और जन्मजात उपलब्ध अवसर इत्यादि–आपके पिछले जन्म के अच्छे–बुरे कर्मों पर निर्भर करते हैं। इसी तरह, आपकी मृत्यु की परिस्थितियाँ भी किसी मानवीय नियन्त्रण से बाहर होती हैं। जब आप अपने वर्तमान जीवन की निर्धारित अवधि पूरी कर चुके होते हैं और आपकी आत्मा इस शरीर को त्याग कर एक नये शरीर में प्रवेश करने की तैयारी में होती है तो किसी–न–किसी कारण से आपकी मृत्यु हो जाती है। इसे 'प्रारब्ध कर्म' कहा जाता है। इसी तरह, पिछले जन्मों के गुणों–अवगुणों, अच्छाइयों–बुराइयों और प्रवृत्तियों से कमाए हुए आपके कुछ 'संचित कर्म' होते हैं, जिन्हें हर नये जन्म के कर्मों से सुधारा या बिगाड़ा जा सकता है। हमारा ज्ञान, आचरण और प्रयास करने का संकल्प हमारे संचित कर्मों को सुधारने में हमारी मदद करता है। इसके अलावा, हमारे 'आगामी कर्म' भी होते हैं जो हमारे भविष्य के पुनर्जन्मों की रूपरेखा तैयार करते हैं। इस जन्म के हमारे अपशब्द और दुष्कर्म हमारे अगले जन्मों की सम्भावनाएँ बिगाड़ने का काम करते हैं, जबकि हमारे सद्कर्म हमारा सद् आचरण और हमारा धर्म–निर्वाह हमारे भविष्य के जन्मों की सम्भावनाओं को सँवारने का काम करता है। इस प्रकार, हम धीरे–धीरे मोक्ष की तरफ़ बढ़ते या इससे दूर होते चले जाते हैं।

इसे एक तरह से 'हिन्दू एक अच्छा इनसान क्यों बनना चाहेगा?' के एक सरलीकृत उत्तर के रूप में भी देखा जा सकता है। आपको एक अच्छा इनसान बनना चाहिए ताकि अगले जन्म में आपको इससे बेहतर जीवन मिल सके। अगर आप बहुत अच्छे इनसान हैं तो अगले जन्म में

आप कोई राजा–महाराजा या ऋषि–मुनि भी बन सकते हैं; और अगर बहुत बुरे हैं तो लूले–लँगड़े या फिर मच्छर–मक्खी भी। (जैसाकि नोबेल पुरस्कार प्राप्त अमर्त्य सेन ने कहीं लिखा है, "अगर इस जन्म में आप एक अच्छे अर्थशास्त्री हैं तो अगले जन्म में एक भौतिकीविद् (फ़िज़िसिस्ट) बन सकते हैं; अगर इस जन्म में आप एक बुरे अर्थशास्त्री हैं तो फिर अगले जन्म में एक समाजशास्त्री बन सकते हैं।") हँसी–मज़ाक़ अपनी जगह है, पर गम्भीरता की तरफ़ लौटें तो आपका प्रारब्ध कर्म आपकी आत्मा के पिछले जन्मों के अनुभवों पर आधारित होता है। इसलिए एक अच्छा इनसान बनने का सबसे बड़ा प्रलोभन यही है कि आपका जन्म सुधरे, यही जन्म नहीं बल्कि हर जन्म।

जहाँ तक मेरा व्यक्तिगत विचार है, तो इस धारणा के साथ मैं कभी पूरी तरह सामंजस्य नहीं बिठा पाया। ऐसा लगता है कि किन्हीं निजी स्वार्थों के लिए उच्च जातियों द्वारा गढ़ी गयी अवधारणा है, ताकि ऊँच–नीच के बावजूद समाज में शान्ति बनी रहे। अगर आप निर्धन या 'अछूत' पैदा हुए हैं तो क्या आपको विद्रोह करने का अधिकार है? क्या यह आपके पिछले जन्मों के कर्मों या दुष्कर्मों का फल नहीं है? आप हमें दोष मत दीजिए, क्योंकि यदि हम बेहतर जीवन जी रहे हैं तो यह हमारे पिछले जन्मों के सद्कर्मों का फल है। पुनर्जन्म की यह अवधारणा क्या सामाजिक असमानता और अन्याय को ऐसे ही तर्कों से उचित ठहराती हुई प्रतीत नहीं होती?

यह सिद्धान्त एक तरह से यही कहता हुआ प्रतीत होता है कि अपनी स्थिति को स्वीकार करो–शान्त और सन्तुष्ट रहो, और अपने से श्रेष्ठ जीवन जीने वालों की सेवा करो ताकि उनकी तरह आपका भी अगला जन्म सुधर सके। इसे एक तरह से लोगों को सन्तुष्ट रखने और सामाजिक शान्ति बनाये रखने का दर्शन कहा जा सकता है, जो सदियों तक अपने उद्देश्य में सफल भी रहा। (यह मानवीय कष्टों को भी ऐसे ही तर्कों से उचित ठहराता है, जिसकी तुलना शायद ही किसी दूसरे धर्म के साथ की जा सके।) मुझे ये सभी तर्क सन्दिग्ध प्रतीत होते रहे हैं, इसलिए मैं पुनर्जन्म के विचार को भी प्रश्नवाचक दृष्टि से देखता रहा हूँ, जो शायद अपने–आपमें न्यायोचित नहीं है। पुनर्जन्म का सिद्धान्त प्रतिपादित करने वाले हिन्दू ऋषि–मुनियों का सामाजिक–राजनीतिक व्यवस्था की विसंगतियों से कोई सम्बन्ध नहीं था। वे मेरी तरह पुनर्जन्म को सामाजिक

ऊँच–नीच से जोड़कर और इसे सामाजिक–राजनीतिक तर्कशीलता की कसौटी पर कसकर नहीं देख रहे थे। वे मात्र एक आत्मा की संघर्षपूर्ण और उतार–चढ़ाव भरी यात्रा– अर्थात् जन्म–प्रति–जन्म आत्मा की प्रगति–और अन्ततः आत्म बोध द्वारा मोक्ष प्राप्त करने और ब्रह्म में विलीन होकर उसी का अंग बन जाने पर ध्यान दे रहे थे। उनका सिद्धान्त मनुष्य की आत्मा के परिष्करण को लेकर था, न कि उन सामाजिक–आर्थिक परिस्थितियों को लेकर, जिनके बीच कोई मनुष्य जीता है।

अध्याय चार

हिन्दूवाद की महान आत्माएँ

हिन्दूवाद के बारे में मैं जो कुछ जानता हूँ, उसका अधिकांश श्रेय युवावस्था में स्वामी विवेकानन्द के लेखन और व्याख्यान के गहन अध्ययन को जाता है। चुम्बकीय आँखों और भव्य व्यक्तित्व के धनी विवेकानन्द में अद्भुत वाक् कौशल था। उन्नीसवीं सदी के अन्तिम दशकों में हिन्दूवाद को विश्व के मानचित्र पर रखने में उन्होंने जो भूमिका निभाई, उसकी तुलना किसी भी दूसरे हिन्दू गुरु, महात्मा या शिक्षक से नहीं की जा सकती। दरअसल, स्वामी विवेकानन्द लड़कपन से ही मेरे प्रेरणास्रोत बन गये थे। कॉलेज के दिनों में मैं हर तरह की प्रतियोगिता में बढ़–चढ़ कर भाग लेता था और उन दिनों की मेरी एक यादगार उपलब्धि उन्हीं से जुड़ी हुई है। वर्ष 1974 में, लगभग अठारह वर्ष की उम्र में, दिल्ली यूनिवर्सिटी की वार्षिक विवेकानन्द स्मृति भाषण प्रतियोगिता में मुझे भी उन पर कुछ बोलने के लिए कहा गया था। मुझे चुने जाने का कारण उनके विचारों में मेरी दृढ़ आस्था और उन्हें उन्हीं के प्रभावशाली अन्दाज़ में प्रस्तुत करने की मेरी चाह थी। इस महान आत्मा के साथ मेरी समानता या मेरा सम्पर्क बस यहीं ख़त्म हो जाता है।

विवेकानन्द के हिन्दूवाद को समझने के लिए हमें इतिहास में काफी पीछे लौटना होगा। उनके विचार हिन्दू दर्शन की अद्वैत वेदान्त शाखा पर आधारित थे, जिसकी ज़मीन पुराने उपनिषदों ने तैयार की थी और जिसे आठवीं सदी में आदि शंकराचार्य ने स्थापित किया था। जैसाकि हम पीछे देख चुके हैं, यह हिन्दूवाद के दर्शन और ईश्वरवाद की विविध शाखाओं में से सबसे महत्त्वपूर्ण और प्रभावशाली शाखा है।

हिन्दूवाद : आरम्भिक काल

ऐसा कहा जाता है कि हिन्दूवाद की जड़ें 3300 से 1700 ईसा पूर्व में पनपी सिन्धु घाटी सभ्यता में पायी जा सकती हैं (हालाँकि कुछ स्रोत इसे उससे भी पुराना मानते हैं)। क्योंकि उस सभ्यता की लिपि को अब तक ठीक से समझा नहीं जा सका है, इसलिए निश्चित तौर पर कुछ भी कहना सम्भव नहीं है। परन्तु हड़प्पा के अवशेषों से एक पुरोहित शृंखला और पूजा की परम्परा का संकेत मिलता है। सिन्धु घाटी की मोहरों में एक आकृति पालथी की मुद्रा में बैठी दिखाई देती है, जो शिव प्रतीत होते हैं। जो भी हो, परन्तु पुरुष और नारी देवी–देवताओं की पूजा स्पष्ट रूप से अस्तित्व में थी। इसके साथ ही प्रजनन शक्ति का महिमामण्डन और प्रकृति, पशुओं और आत्माओं की पूजा भी सम्भवतः प्रचलन में थे। ऐसा माना जाता है कि हिन्दू धर्म के जिन सिद्धान्तों को हम आज जानते हैं वे 3000 ईसा पूर्व में ऋषि याज्ञवल्क्य द्वारा प्रतिपादित किये गये थे। (कुछ विद्वान इस तिथि की ऐतिहासिकता पर प्रश्न चिह्न लगाते हुए इसमें डेढ़ हज़ार वर्ष का अन्तर मानते हैं और इसे 1500 ईसा पूर्व बताते हैं।) ये सिद्धान्त 1700 से 500 ईसा पूर्व के बीच चार वेदों में ढाले गये थे। इनमें बहुत सारे मन्त्र, शिक्षाएँ, कर्मकाण्ड और संस्कारों से जुड़े निर्देश और इन सब पर टीकाएँ इत्यादि शामिल थे। इसके बाद ऋषि वेदव्यास ने धर्म को संहिताबद्ध करने का दायित्व सँभालते हुए वेदों को नये सिरे से संकलित किया। उन्हें महाकाव्य 'महाभारत' का भी रचयिता माना जाता है।

परन्तु 'महाभारत' और 'रामायण' जैसे भव्य महाकाव्यों के बावजूद बाद के वैदिक युग में हिन्दू धर्म कर्मकाण्ड और धर्माचार्यों की कठोर उत्तराधिकार परम्परा पर आश्रित होता चला गया। इसमें नये विचारों और व्यवहारों का संचार करने की आवश्यकता थी। वेदव्यास के कुछ सदियों बाद, 150 ईसा पूर्व के आसपास, सांख्य दर्शन के महान विद्वान पतंजलि ने 'योग सूत्र' की रचना की। योग के सिद्धान्त और अभ्यास पर केन्द्रित यह ग्रन्थ योग का आधार ग्रन्थ माना जाता है। इस सूत्र में 'अष्टांग योग' के रूप में शारीरिक, मनोवैज्ञानिक और मानसिक आत्म–अनुशासन की आठ मुद्राएँ बतायी गयी थीं। इनका कठोर पालन करने से मनुष्य आत्म–बोध और पूर्ण और विशुद्ध चेतना की तरफ़ बढ़ सकता था। इसके बाद उपनिषदों की रचना हुई, जिनमें वेदों के कई कठिन (या अबूझ) दार्शनिक सिद्धान्तों को व्याख्याओं के माध्यम

से समझाने का प्रयास किया गया। श्रद्धेय वेदों समेत ये सभी हिन्दूवाद के आधारभूत ग्रन्थ थे। पुराणों की रचना ने विविध कथाओं के माध्यम से वैदिक धर्म को जन–जन का यानी लोक धर्म बनाने का काम किया और हिन्दू आपस में एक ऐतिहासिक और सांस्कृतिक जुड़ाव महसूस करने लगे।

इस विकास के साथ–साथ हिन्दूवाद का एक नकारात्मक पक्ष भी उभरने लगा था। रूढ़िवाद, धर्मकाण्ड और औपचारिक तन्त्र पर बहुत ज़्यादा ज़ोर के कारण हिन्दूवाद में अन्तर्निहित लचीलापन कमज़ोर पड़ने लगा था। इसके साथ ही परस्पर विरोधी पन्थों में टकराव की स्थिति पैदा होने लगी थी। समय की माँग थी कि धर्म में पैदा हो रही इन विकृतियों को दूर करने के लिए कुछ नये सुधारक सामने आयें, और ऐसा हुआ भी। इनमें महावीर जैन (599 ईसा पूर्व–527 ईसा पूर्व) और गौतम बुद्ध (563 ईसा पूर्व–483 ईसा पूर्व) प्रमुख थे, जिनके अनुयायियों ने जैन धर्म और बौद्ध धर्म के रूप में दो नये धार्मिक पन्थों की स्थापना की। ये दोनों पन्थ हिन्दुओं के मीमांसा ब्रह्मवाद से अलग थे और कई सदियों तक इनका भरपूर प्रभाव रहा। हिन्दूवाद के लिए वह एक संघर्ष और चुनौतियों का काल था, क्योंकि सांख्य द्वैतवाद और चार्वाक भौतिकवाद के कारण धार्मिक मतभेद और विवाद अपने चरम पर पहुँच गये थे। आख़िर आठवीं सदी में (उपर्युक्त दोनों पन्थों की स्थापना के लगभग 1,200–1,300 वर्ष बाद) आदि शंकराचार्य के रूप में हिन्दू धर्म के एक नये मसीहा सामने आये। इस दक्षिण भारतीय महर्षि ने विकृतियों और विवादों में घिरे हिन्दू धर्म का उद्धार करते हुए मानो उसमें फिर से प्राण फूँक दिये।

आदि शंकराचार्य

आदि शंकराचार्य ने 'अद्वैत वेदान्त' के अपने दर्शन से हिन्दूवाद के सामने आने वाली हर चुनौती को ध्वस्त कर दिया। मतभेदों और विवादों के उस दौर में उन्होंने विविध हिन्दू विचारों और व्यवहारों को वेदों के धर्मवाक्य 'एक सत्य, अनेक उद्‌घाटन' पर आधारित दर्शन से जोड़ते हुए हिन्दूवाद को एक नयी दिशा दी। भले ही 'अद्वैत वेदान्त' हिन्दूवाद के छह प्रमुख दर्शनों में से एक हो, परन्तु यह हिन्दू धर्म के सबसे प्रमुख और चिरस्थायी दर्शन के रूप में स्थापित हो चुका है। शंकराचार्य ने प्रमाण के महत्त्व पर ज़ोर दिया, जो अन्तर्बोधीय अनुभव के साथ मिलकर मनुष्य को उस आध्यात्मिक ज्ञान की तरफ़ ले जाता है जिसका धर्म–ग्रन्थों में उल्लेख है। उन्होंने कुछ

विशेष धर्म–ग्रन्थों को अपना आधार बनाया–भगवद्गीता, ब्रह्मसूत्र और 108 उपनिषदों में से 10 उपनिषद। उन्होंने इन्हें अपने सन्दर्भ ग्रन्थ बताते हुए अपने 'भाष्यों' के माध्यम से इनकी व्याख्याएँ कीं। अद्वैत दर्शन के अनुसार, सत्य को स्पष्ट करने के लिए तर्कशीलता अनिवार्य है। शंकराचार्य स्वयं भी अपने समय में शास्त्रार्थ के महारथी थे। वे विभिन्न दर्शन शाखाओं का नेतृत्व करने वाले विद्वानों के साथ अक्सर शास्त्रार्थ करते रहते थे और अपने सशक्त तर्कों–वितर्कों से उन्हें हरा देते थे। उनके 'भाष्य' काव्यात्मक न होकर गद्य में और बहुत स्पष्ट और पैनी भाषा में रचे गये होते थे। वे उपनिषदों की प्रश्नोत्तर शैली अपनाते थे, जिसे पश्चिम के कुछ विद्वान 'सुकरात शैली' भी कहते हैं।

आदि शंकराचार्य ने 'विवेक चूड़ामणि' नामक ग्रन्थ की भी रचना की, जिसमें 581 छन्दों में वेदान्त के शिष्यों के लिए आवश्यक योग्यताओं का वर्णन किया गया है। इसके अनुसार, शिष्य को वास्तविक और कृत्रिम में भेद करना आना चाहिए; उसे संसार से विरक्ति की भावना महसूस करनी चाहिए; उसे अपनी इन्द्रियों पर नियन्त्रण रखने में सक्षम होना चाहिए; और उसमें आत्म–बोध और मोक्ष–प्राप्ति की प्रबल इच्छा होनी चाहिए। 'विवेक चूड़ामणि' में उपनिषदों से लेकर भगवद्गीता तक हिन्दू दर्शन और तर्क की समीक्षा भी की गयी है। हिन्दू धर्म को सरल बना कर जन–जन तक पहुँचाने के लिए आदि शंकराचार्य ने लगभग एक सौ स्तोत्रों की भी रचना की, जिन्हें भक्तों द्वारा भजनों की तरह गाया जा सकता था। इनमें से कुछ स्तोत्र संक्षिप्त हैं तो कुछ 'भज गोविन्दम' की तरह काफ़ी लम्बे, जो उनका सबसे प्रसिद्ध भजन है। अधिकांश स्तोत्र पौराणिक देवी–देवताओं की स्तुति से जुड़े हुए हैं, जबकि कुछ आध्यात्मिक विषयों या पवित्र नदियों और काशी (वाराणसी) जैसी पवित्र नगरियों की महिमा पर केन्द्रित हैं। आदि शंकराचार्य की दृष्टि में 'भक्ति योग' बहुत महत्त्वपूर्ण था, जो मनुष्य को धीरे–धीरे 'ज्ञान योग' (ज्ञान का विकास) की तरफ़ ले जाता था। वे हिन्दू धर्म के पुनरुत्थान को लेकर बहुत ज़्यादा सचेत थे। 'भज गोविंदम्' के सातवें छन्द में उन्होंने लिखा है कि बालक खेल–कूद में और युवक सुन्दर तरुणियों में खोए हैं, जबकि वृद्ध चिन्ता में डूबे हैं, क्योंकि परमात्मा का ध्यान किसी को नहीं है।

आदि शंकराचार्य एक दार्शनिक विचारक तो थे ही–उन्होंने प्राचीन सिद्धान्तों और परम्पराओं की भविष्य की दृष्टि से सशक्त पुनर्व्याख्या

की। परन्तु इसके साथ ही वे एक व्यावहारिक सुधारक भी थे। उन्होंने देवी–पूजा का शुद्धिकरण किया, जिसे तान्त्रिकों ने अपनी अजीबोग़रीब रस्मों से विवादास्पद बना दिया था। उन्होंने देवी–पूजा की एक नयी समयचर शैली की शुरुआत की, जिसमें स्वयं उनके द्वारा रची गयी 'सौन्दर्य लहरी' के रूप में सौन्दर्य रस के भजन गाये जाते थे। साथ ही, बौद्ध धर्म से अनेक सिद्धान्त और व्यवहार अपना कर उन्होंने दोनों धर्मों का अन्तर इतना कम कर दिया कि हिन्दू धर्म के लिए बौद्ध धर्म को अपने दायरे में समेटना सरल हो गया।

आदि शंकराचार्य की लम्बी यात्राएँ अपने–आपमें एक अनोखी घटना थीं। आठ वर्ष की उम्र से लेकर मात्र बत्तीस वर्ष की उम्र में अपनी मृत्यु तक वे ये यात्राएँ करते रहे और देश के कोने–कोने में अपना धार्मिक सन्देश फैलाते रहे। देश के दक्षिणी छोर रामेश्वरम् से लेकर उत्तर में श्रीनगर तक और पश्चिम में द्वारका से लेकर पूर्व में असम तक की इन यात्राओं के दौरान उन्होंने बीच में पड़ने वाले कई क्षेत्रों का भी विस्तृत भ्रमण किया। वे जहाँ–जहाँ गये, वहाँ–वहाँ उन्होंने मन्दिरों की स्थापना की, जिनमें से अधिकांश आज भी अस्तित्व में हैं। उन्होंने पाँच प्रमुख मठों की भी स्थापना की, जो उनके उत्तराधिकारी शंकराचार्यों की देख–रेख में आज भी चल रहे हैं। ये पाँच मठ बद्रीनाथ (उत्तराखण्ड) के पास स्थित ज्योतिर्मठ, पुरी (ओडिशा) में स्थित गोवर्द्धन मठ, द्वारका (गुजरात) में स्थित कालिका मठ, श्रृंगेरी (कर्नाटक) में स्थित शारदा पीठ, और कांचीपुरम (तमिलनाडु) में स्थित कांची कामकोटि पीठम हैं। अधिकांश हिन्दू शंकराचार्य की विरासत के रूप में पहले चार मठों को ही गिनते हैं, परन्तु बीसवीं सदी में कांची के शंकराचार्यों के बढ़ते महत्त्व के कारण इस पीठ या मठ को भी अन्य चार के समकक्ष (अगर उनसे बढ़कर नहीं तो) माना जाने लगा। इन धर्म पीठों की स्थापना के साथ–साथ आदि शंकराचार्य को 'दसनामी संन्यासी' परम्परा की स्थापना का भी श्रेय प्राप्त है। ये संन्यासी देश भर में घूमते हुए धर्म का सन्देश फैलाते थे। शंकराचार्य तर्क–वितर्क में अत्यन्त कुशल थे, फिर भी अद्वैत दर्शन यह मानता है कि विशुद्ध तर्कशीलता से दार्शनिक सत्य तक नहीं पहुँचा जा सकता। सत्य की खोज के लिए ज्ञान के साथ–साथ अनुभव और अन्तर्दृष्टि भी उतने ही महत्त्वपूर्ण हैं। अद्वैत वेदान्त के पाँच आधार स्तम्भ हैं–शास्त्र, प्रमाण (युक्ति), अनुभव, कर्म (आध्यात्मिक आचरण)

और मस्तिष्क (चित्त) की निर्मलता और स्थिरता। इनमें से मात्र कुछ अपने–आपमें पर्याप्त नहीं हैं। पाँचों का एक साथ होना अनिवार्य है।

शंकराचार्य ने अपने सिद्धान्त के चार महावाक्यों की भी रचना की– 'प्रज्ञान ब्रह्म' (ज्ञान ब्रह्म है); 'अयं आत्मा ब्रह्म' (आत्मा ब्रह्म है); 'तत् त्वमसि' (कि तुम हो); और अहं ब्रह्मास्म' (मैं ब्रह्म हूँ)। ये चार महावाक्य हिन्दू आध्यात्मिक चिन्तन के मार्गदर्शक सिद्धान्त कहे जा सकते हैं और अद्वैत दर्शन के इस सिद्धान्त के प्रतीक हैं कि हमारे भीतर जो अमर आत्मा है, उसमें और महान ब्रह्माण्डीय आत्मा अर्थात् ब्रह्म में कोई अन्तर नहीं है, दोनों एक ही हैं। सांख्य दर्शन 'द्वैतवाद' पर विश्वास करते हुए यह मानता रहा है कि आत्मा और ब्रह्म दो अलग इकाइयाँ या सत्ताएँ हैं, परन्तु आदि शंकराचार्य ने इसका खण्डन करते हुए कहा कि भले ही ये दोनों सांसारिक यथार्थ के धरातल पर अलग–अलग प्रतीत हों, परन्तु यह एक भ्रम मात्र है। ब्रह्म नामक विराट आत्मा पूरे ब्रह्माण्ड को अपने घेरे में समेटे हुए है और यही एकमात्र और परम सत्य है। ब्रह्म के अतिरिक्त और सभी कुछ–सृष्टि, भौतिक वस्तुएँ या मनुष्य–परिवर्तनशील, अस्थायी और मायावी है। (डॉ. राधाकृष्णन की एक व्याख्या के अनुसार 'मायावी' का अर्थ सिर्फ़ 'भ्रमपूर्ण' नहीं है, बल्कि यह शब्द 'सांसारिक यथार्थ को ही अन्तिम यथार्थ मानने वाली धारणा' की अस्वीकृति के रूप में प्रयोग किया जाता है।) ब्रह्म 'परमार्थिक सत्यम्' है, परम सत्य, और मनुष्य की 'आत्मा' या 'स्व' इसी का एक अंश है। इस परम सत्य का बोध ही– जो अपने–आपमें एक पूर्ण चेतना का प्रतीक है–मनुष्य को मोक्ष की तरफ़ ले जाता है। कुछ लोग 'मोक्ष' को 'परम आनन्द की स्थिति' मानते हैं तो कुछ लोग इसे 'कष्टों से मुक्ति' के रूप में देखते हैं, वे सभी कष्ट जो हमें एक सांसारिक जीवन जीते हुए भोगने पड़ते हैं। ब्रह्मरूपी परम सत्य ही 'सत्–चित्–आनन्द' (सत्य–चेतना–आनन्द) है। जैसाकि आदि शंकराचार्य ने 'उपदेशसहस्त्री' में लिखा है–

मैं न नाम हूँ, न रूप हूँ, न क्रिया
प्रकृति से सदैव मुक्त
मैं 'स्व' हूँ, परम, अपार ब्रह्म
मैं निर्मल चेतना हूँ, सदैव अद्वैत।

–'उपदेशसहस्त्री', 11.7[39]

39. माइकल कोमांस, 'द मैथड ऑफ़ अर्ली अद्वैत वेदान्त : ए स्टडी ऑफ़ गौड़पाद, शंकरा, सुरेश्वरा, पद्मपाद', मोतीलाल बनारसीदास, दिल्ली, 2000

जैसाकि मैंने पहले कहा है, मण्डूक उपनिषद् में ओ३म् को धनुष, आत्मा को बाण और ब्रह्म को लक्ष्य बताया गया है। 'अद्वैत' शब्द 'द्वैतवाद' की अस्वीकृति का सूचक है। शंकराचार्य के अनुयायी मुनि आनन्दगिरि के अनुसार, ब्रह्म और आत्मा को अलग मानना एक मुर्गी को दो टुकड़ों में विभाजित करने की तरह है, और यह कहना कि आधा पकाने के लिए है और आधा अंडे देने के लिए।

शंकराचार्य के हिन्दूवाद में ईश्वर सृष्टि से बाहर नहीं है, वह सृष्टि में वास करता है परन्तु वह सृष्टि नहीं है। ईश्वर सृष्टि में भी है और इसके पार भी है। संसार ईश्वर में है और दोनों अविभाज्य हैं। अद्वैत वेदान्त 'जीवन–मुक्ति' पर ज़ोर देता है। इसके अनुसार 'मोक्ष' या 'मुक्ति' के लक्ष्य को इसी जीवन में और इसी संसार में रहते हुए प्राप्त किया जा सकता है। अद्वैत दर्शन के अनुयायी इसी गहन आध्यात्मिक ज्ञान के माध्यम से आध्यात्मिक तृप्ति प्राप्त करने का प्रयास करते हैं और अपनी आत्मा और 'स्व' के 'ब्रह्म' या परम आध्यात्मिक सत्य के साथ एक अविभाज्य मिलन के लक्ष्य को ही अपना प्रमुख लक्ष्य मानते हैं।

शंकराचार्य यह मानते थे कि आत्म–बोध या सच्चा ज्ञान प्राप्त करने के लिए एक सदाचार भरा जीवन जीना अनिवार्य था। इस सदाचार के प्रमुख अंगों या 'यमों' में अहिंसा (भौतिक और मानसिक, दोनों), सत्य (सत्य का सम्मान और असत्य का परित्याग), अस्तेय (किसी भी तरह की चोरी से दूर रहना), अपरिग्रह (सांसारिक वस्तुओं के मोह से दूर रहना) और चिन्तन–मनन शामिल थे। बारह सदियों बाद उनके इन सिद्धान्तों का महात्मा गाँधी पर बहुत गहरा और अमिट प्रभाव पड़ा। (स्वयं गाँधीजी के अनुसार, ''सभी धर्म अहिंसा का उपदेश देते हैं, परन्तु हिन्दू धर्म में इसकी सर्वोच्च अभिव्यक्ति और व्यवहार दिखाई देते हैं।'')

अद्वैत वेदान्त ने प्राचीन ग्रन्थों से पुरुषार्थ के सिद्धान्त को अपनाते हुए मानवीय जीवन के चार लक्ष्यों पर ज़ोर दिया। जैसाकि हम पीछे देख चुके हैं, ये चार लक्ष्य हैं– धर्म (अपने कर्तव्य और दायित्व के अनुसार सद् आचरण करना), अर्थ (स्वयं और अपने आश्रितों के जीवनयापन के लिए धनोपार्जन करना), काम (प्रेम और यौन–सुख की इच्छा को तृप्त रखना), और मोक्ष (सांसारिक मोह–माया से ऊपर उठकर आत्मा और परमात्मा के मिलन के लिए प्रयास करना) जो मनुष्य के जीवन का अन्तिम लक्ष्य है।

आत्मा और ब्रह्म की एकात्मकता ही मोक्ष या मुक्ति है। एक हिन्दू व्यक्ति अपने भीतर ईश्वर का बोध करता है, उसे दूसरे मनुष्यों में भी देखता है, और यह मानता है कि ब्रह्म हर जगह और हर वस्तु में उपस्थित है।

उसका न कोई आदि है न अन्त
अव्यवस्था के बीच एक रचनाकार
असंख्य रूपों और आकारों का निराकार चितेरा
जिसने उस ईश्वर को जान लिया
समझो सब बन्धनों से मुक्त हो गया।

–श्वेताश्वतर उपनिषद्, V, 13.2[40]

भले ही कुछ लोग इन विचारों को ब्राह्मणवादी और विशिष्ट वर्ग से जुड़े मानते रहे हों, परन्तु अद्वैत वेदान्त मूल रूप से 'एकात्मकता' पर ज़ोर देता है, जो सीधे–सीधे सभी मनुष्यों की समानता के विचार को ही प्रतिपादित करता है। 'उपदेशसहस्त्री' में भी आदि शंकराचार्य ने सभी मनुष्यों की समानता की बात करते हुए साफ़–साफ़ लिखा है कि वर्ग, जाति या वंश पर आधारित भेदभाव मिथ्या हैं और ज्ञान के अभाव का परिणाम हैं। उनके अनुयायी भेदभाव की भावना से मुक्त रहते हुए अपने आचरण और व्यवहार में भी इसका पालन करते हैं, क्योंकि वे मानते हैं कि ऊँची या निचली जाति में पैदा होने वालों में एक ही परमात्मा का अंश है। यह विचार इस दृष्टि से भी महत्त्वपूर्ण है क्योंकि उस युग में भी जातिगत भेदभाव हिन्दू धर्म पर एक धब्बा बनता जा रहा था। अद्वैत वेदान्त सभी मनुष्यों में एक ही आत्मा का वास मानते हुए उनकी समानता पर ज़ोर देता है।

जैसाकि हमने देखा है, पूर्ण आत्म–बोध का अर्थ है–'सत्–चित्–आनन्द'। 'आत्म षटकम्' में आदि शंकराचार्य ने इसे इस प्रकार प्रस्तुत किया है–

आत्म षटकम् (स्व का गीत)

मैं न मन हूँ न बुद्धि न अहं न चित्त
मैं न कान हूँ न जिव्हा, न नासिका न नेत्र
मैं न आकाश हूँ न पृथ्वी न अग्नि न वायु
मैं परम अस्तित्व, परम चेतना, परम आनन्द हूँ

40. रेमन पणिक्कर, 'द वैदिक एक्सपीरियंस : मन्त्र मंजरी : एन एन्थोलॉजी ऑफ़ द वेदाज़ फॉर द मॉडर्न मैन', यूनिवर्सिटी ऑफ़ कैलिफोर्निया प्रेस, बर्कले

मैं शिव हूँ, अनादि, अनन्त शिव
शिवोऽहम्, शिवोऽहम् ।।

मैं न प्राण हूँ न पंच वायु हूँ
मैं न सात धातु हूँ न पाँच कोश हूँ
मैं न वाणी हूँ न हस्त न पेद न उत्सर्जन इन्द्रियाँ
मैं परम चेतना हूँ, अनादि अनन्त शिव
शिवोऽहम्, शिवोऽहम् ।।

मुझमें न घृणा है न लगाव न लोभ न मोह
मुझमें न अभिमान है न ईर्ष्या
मैं धर्म, अर्थ, काम और मोक्ष से परे हूँ
मैं परम चेतना हूँ, अनादि अनन्त शिव
शिवोऽहम् शिवोऽहम् ।।

मैं पुण्य, पाप, सुख और दुख से परे हूँ
मैं न मन्त्र हूँ न तीर्थ न ज्ञान न यज्ञ
मैं न भोजन हूँ न भोग–क्रिया न भोक्ता
मैं परम चेतना हूँ अनादि अनन्त शिव
शिवोऽहम् शिवोऽहम् ।।

मुझमें न मृत्यु का भय है न जाति का भेदभाव
मेरा न कोई पिता है न माता न मेरा कोई जन्म हुआ है
मेरा न कोई भाई है न मित्र न गुरु न शिष्य
मैं परम चेतना हूँ अनादि अनन्त शिव
शिवोऽहम् शिवोऽहम् ।।

मैं निर्विकल्प हूँ, निराकार हूँ
मैं चेतना के रूप में सर्वत्र व्याप्त हूँ, सभी इन्द्रियों में हूँ
मुझमें न आसक्ति है न मुक्ति है
मैं परम चेतना हूँ, अनादि अनन्त शिव
शिवोऽहम् शिवोऽहम् ।।

—आदि शंकराचार्य, निर्वाण शतकम्[41]

41. अंग्रेज़ी संस्करण में स्वामी विवेकानन्द, 'द कम्पलीट वर्क्स ऑफ़ स्वामी विवेकानन्द', मनोनमणि पब्लिशर्स, चेन्नई, 2015 से उद्धरित; (हिन्दी संस्करण) : मूल संस्कृत से अनूदित

हो सकता है, कुछ लोगों को यह तब बहुत गूढ़ प्रतीत हो, या फिर हिन्दू ईश्वरवाद की प्राथमिक पुस्तक की तरह लगे। अगर स्वयं हिन्दू ऐसा महसूस करेंगे तो फिर अन्य लोगों का क्या होगा? दरअसल, मैंने जो कुछ संक्षेप में और सरल ढंग से समझाने की कोशिश की है, अद्वैत वेदान्त उससे कहीं अधिक सूक्ष्म और गूढ़ है। केन उपनिषद् की कुछ पंक्तियाँ हैं–

मैं नहीं समझता कि मैं इसे भली–भाँति जानता हूँ
न मैं यह जानता हूँ कि मैं नहीं जानता
हम में से जो जानते हैं कि वे जानते हैं
वे भी नहीं जानते कि वे नहीं जानते।

–केन उपनिषद्, II.2[42]

आने वाली सदियों में आदि शंकराचार्य के अनुयायियों को यह अहसास हुआ कि उनके आध्यात्मिक अन्वेषणों को सरल भाषा में जन–जन तक पहुँचाने की आवश्यकता थी। शंकराचार्य मात्र बत्तीस वर्ष की युवा आयु में केदारनाथ के पहाड़ी मन्दिर में चल बसे थे। इसके साथ ही कई अन्य कारणों से भी हिन्दू धर्म में नये सुधारों और विकास की आवश्यकता महसूस की जाने लगी थी।

हिन्दू पुनर्जागरण

भले ही हिन्दूवाद ने जैन धर्म और बौद्ध धर्म को उनके जन्म के देश में निष्प्रभाव कर दिया हो, या एक तरह से अपने भीतर आत्मसात कर लिया हो, परन्तु स्वयं हिन्दू धर्म भी इन दोनों से प्रभावित हुए बिना नहीं रहा। दरअसल, ये दोनों धर्म हिन्दूवाद में पैदा हुई विकृतियों के विरोध में ही अस्तित्व में आये थे। बौद्ध धर्म के मठों की परम्परा की देखा–देखी धीरे–धीरे हिन्दू धर्म में भी संन्यासियों की परम्परा विकसित होने लगी, जो बौद्ध भिक्षुओं की तरह गेरुए वस्त्र पहनते थे, सिर मुँडवाते थे और आजीवन ब्रह्मचर्य का पालन करते थे। (इससे पहले तक हिन्दू पुजारी–पुरोहित गृहस्थ होते थे और सामान्य जीवन जीते थे।) सम्भवतः बौद्ध मठों या विहारों ने ही आदि शंकराचार्य को मठों की स्थापना करने के लिए प्रेरित किया, जहाँ संन्यासी और उनके शिष्य साथ–साथ रहते थे और एक तरह

42. फ्रेडरिक मैक्स मूलर, 'द उपनिषद्स', क्लेयरण्डन प्रेस, ऑक्सफ़ोर्ड, 1884

से गुरुकुल शिक्षण पद्धति के अनुसार सीखते–सिखाते थे। इसी तरह, जैन धर्म का अहिंसा का सिद्धान्त भी धीरे–धीरे हिन्दू धर्म का एक मूल सिद्धान्त बन गया। हिन्दुओं की एक बड़ी संख्या, ख़ासकर ब्राह्मणों द्वारा शाकाहार अपनाने के पीछे भी जैन धर्म का स्पष्ट प्रभाव दिखाई देता है।

हिन्दूवाद ने बौद्ध धर्म और जैन धर्म की चुनौती को देखते हुए अपने आपको सुदृढ़ किया और धीरे–धीरे इन दोनों धर्मों को एक तरह से अपने में अन्तर्लीन कर लिया। यहाँ तक कि बौद्ध धर्म भारत की सीमाओं से लुप्तप्राय हो गया। (1950 के दशक तक सारनाथ के बुद्ध का वैष्णव नामम् चर्चित था।) जहाँ तक जैन धर्म की बात है, हिन्दूवाद इसे अपने एक पन्थ के रूप में ही देखने लगा–भले ही बहुत–से जैन ऐसा न मानते हों। दसवीं सदी तक हिन्दूवाद ने अपना पुराना वर्चस्व फिर से स्थापित कर लिया था। वैकल्पिक और सुधारवादी पन्थों को आत्मसात करके, लोकप्रिय सिद्धान्तों को नये सिरे से गढ़ कर, बौद्धिकों को प्रभावित करने वाले दार्शनिक चिन्तन की पुनर्व्याख्या करके, मूर्ति–पूजा को प्रोत्साहन देकर और मठों और धर्म का सन्देश फैलाने वाले संन्यासियों की परम्परा को आगे बढ़ा कर हिन्दूवाद ने देश भर में ऐसा दबदबा स्थापित कर लिया कि उसे चुनौती देना कठिन हो गया।

परन्तु 1000 ईसवी के आसपास उपमहाद्वीप में हिन्दुओं के वर्चस्व को एक नयी तरह की चुनौती का सामना करना पड़ा। यह चुनौती बाहरी आक्रमणकारियों के रूप में आयीं यूँ 712 ईसवी में मुहम्मद बिन कासिम सिन्ध पर चढ़ाई कर चुका था, परन्तु इन अतिक्रमणों के गम्भीर परिणाम लगभग तीन सदियों बाद देखने को मिले। महमूद गजनवी ने 1000 ईसवी से 1027 ईसवी के बीच सत्रह बार भारत पर आक्रमण किया। इसी तरह, मुहम्मद गोरी ने 1180 और 1220 के बीच कई बार भारत पर चढ़ाई करके हिंसक लूटपाट की। इन सभी आक्रमणों में असंख्य जानें गयीं, शहर–के–शहर बर्बाद हुए और सम्पत्तियाँ नष्ट हुईं। इस भयंकर मार–काट और विनाश के घाव भरने में बहुत लम्बा समय लगा। हिन्दूवाद जिस तरह के धर्म को जानता था, उसे देखते हुए धर्म के नाम पर यह ख़ून–खराबा और लूटपाट एक अकल्पनीय बात थी। इस्लाम ने हिन्दूवाद के दार्शनिक आधार को चुनौती देते हुए इसके सामाजिक ढाँचे पर प्रश्न किया, इसके पन्थिक विश्वासों को नकारा, इसके बहुलवादी सिद्धान्तों को तिरस्कार से देखा और इसके ख़ज़ानों को लूटने के लोभ का खुल कर प्रदर्शन किया। यह बौद्ध धर्म या जैन धर्म से बिल्कुल

अलग तरह की चुनौती थी। मुस्लिम आक्रमणों के प्रभाव, कुछ मुस्लिम लुटेरों द्वारा मन्दिरों की लूटपाट और उनके विनाश, तथा कुछ पराजित लोगों द्वारा विजेताओं का धर्म अपना लेने की घटनाओं को देखते हुए हिन्दूवाद के लिए पुनर्जागरण और पुनरुत्थान की आवश्यकता और भी विकट हो गयी।

मन्दिरों की लूटपाट और विध्वंस की घटनाएँ–जो गुजरात के तटीय क्षेत्र के पास स्थित ऐतिहासिक सोमनाथ से लेकर मथुरा के अन्दरूनी क्षेत्रों तक बार–बार हो रही थीं–सीधे–सीधे हिन्दुओं और उनकी आस्था पर प्रहार था। यह एक ऐसी चुनौती थी जिसका हिन्दूवाद या तो मुकाबला करता या फिर इसके आगे पस्त हो जाता। मुहम्मद गोरी जैसे आक्रमणकारियों के दो उद्देश्य थे–हिन्दू मन्दिरों की बहुचर्चित सम्पदा को लूटना और मूर्ति–पूजा के स्थापित प्रतीकों को तहस–नहस करना। अब हिन्दुओं के सामने दो ही विकल्प थे–पुनर्जागरण या विनाश।

हिन्दूवाद की प्रतिक्रिया पुनर्जागरण थी। यह पुनर्जागरण अनेक प्रक्रियाओं के माध्यम से हुआ–ब्रह्मवादी आध्यात्मिक सिद्धान्तों का सरलीकरण और प्रसार; बौद्ध और जैन धर्म के कुछ विचारों और व्यवहारों का समावेश; मूल धर्म में लोक संस्कृति, स्थानीय देवी–देवताओं और पूजा–पद्धतियों का समावेश; गीत–संगीत, नृत्य और नाट्यकला के माध्यम से धार्मिक कथाओं का प्रसार; प्रतिदिन घर में पूजा करने की व्यापक परम्परा का चलन, ताकि ईश्वर भक्ति के लिए मन्दिर जाना अनिवार्य न हो; और, जैसाकि हम आगे विस्तार में पढ़ने जा रहे हैं, भक्ति आन्दोलन का जन्म, जिसमें किसी एक देवी–देवता के लिए अद्भुत और अटूट समर्पण भावना हिन्दू धर्म की एक अनूठी और लगभग रहस्यमयी विशिष्टता बन गयी।

इसके साथ ही हिन्दूवाद की अपनी कुछ अन्य विशिष्टताएँ भी थीं। हिन्दू धर्म में किसी केन्द्रीय संगठनात्मक व्यवस्था या ढाँचे का अभाव था; वेदों में निहित ज्ञान सिर्फ़ पीढ़ी–दर–पीढ़ी आगे बढ़ता हुआ ब्राह्मण परिवारों या ऋषि–मुनियों और उनके शिष्यों तक सीमित था। इस तरह की लचीली और स्वतन्त्र धार्मिक व्यवस्था को किसी बाहरी शक्ति द्वारा ध्वस्त करना या उसे अपने धर्म के अनुरूप बनाना कोई आसान काम नहीं था। साथ ही, सामाजिक स्तर पर आध्यात्मिक और राजकीय शक्तियों के बीच हुए एक मूक समझौते या उनकी परस्पर एकता ने भी हिन्दूवाद को एक आन्तरिक दृढ़ता प्रदान की। यह एकता ब्राह्मणों (आध्यात्मिक वर्ग) और क्षत्रियों (योद्धा

और शासक वर्ग) के बीच बौद्ध और जैन धर्म की चुनौतियों को देखते हुए हुई थी, जो मुस्लिम चुनौतियों के दौरान भी प्रभावी सिद्ध हुई।

इन सब प्रक्रियाओं के फलस्वरूप भारत न सिर्फ़ पूरी तरह एक मुस्लिम देश बनने से बचा रहा, जैसाकि एशिया के कई अन्य देशों–मालदीव से लेकर मलाया और इण्डोनेशिया तक–में हुआ था, बल्कि अन्य धर्मों के लम्बे शासनकालों और राजनीतिक दबदबे के दौरान भी भारत में हिन्दू धर्म पहले की तरह ही फलता–फूलता रहा।

देखा जाये तो पूरे इतिहास काल में हिन्दूवाद की आध्यात्मिक अभेद्यता और जिजीविषा अपने–आपमें एक अनूठी बात है। इसने कितने ही आक्रमणों, चढ़ाइयों, प्रहारों और यहाँ तक कि पराधीनता के दुःस्वप्न को भी झेला है, परन्तु हर बार यह दृढ़ता से टिका रहने के बाद और अधिक शक्तिशाली होकर उभरा है। उन्नीसवीं सदी में स्वयं कार्ल मार्क्स ने इस पर अचरज व्यक्त करते हुए इसे एक उल्लेखनीय घटना बताया था। हिन्दूवाद हमेशा से एक अनाक्रामक धर्म रहा है, परन्तु हर आक्रमण को इसने असाधारण दृढ़ता के साथ झेला है। हिन्दूवाद हर प्रहार सहता रहा है और लड़ता रहा है और आक्रमणकारी के पीछे हटते ही उसी भव्यता से फिर–फिर उभरता रहा है। कभी–कभी इसका शरीर भले ही लहूलुहान हो गया हो, पर यह कभी झुका नहीं है।

रामानुज और भक्ति आन्दोलन

हिन्दूवाद की इस जीवटता का कारण इसका खुलापन और लचीलापन ही था। लगभग एक हज़ार वर्ष पहले दक्षिण भारत के एक सन्त रामानुज (ऐसा माना जाता है कि वे 1017–1137 ईसवी के बीच 120 वर्ष की उम्र तक जिए) ने आदि शंकराचार्य के पदचिह्नों पर चलते हुए और अद्वैत दर्शन के ठोस सिद्धान्तों को अपनाते हुए हिन्दू धर्म के पुनर्जागरण का सूत्रपात किया। वे एक महान वैष्णव विचारक थे और श्रीरंगम मठ के प्रमुख थे। शंकराचार्य का अनुसरण करने के बावजूद रामानुज ने 'गीता' और 'ब्रह्मसूत्र' की जो व्याख्याएँ कीं, वे शंकराचार्य की व्याख्याओं से बिल्कुल अलग थीं। उनके अनुसार, कर्म के दायित्वों को ईश्वर के प्रेम और कृपा से ही निभाया जा सकता था, जिसे ईश्वर की सच्ची भक्ति और उसके प्रति अटूट समर्पण के माध्यम से प्राप्त किया जा सकता था। इस प्रकार

उन्होंने आदि शंकराचार्य के दार्शनिक धर्म की बजाय ईश्वर–प्रेम और ईश्वर–भक्ति का रास्ता अपनाया और हिन्दू धर्म को जन–जन का धर्म बनाने में महत्त्वपूर्ण योगदान दिया। उन्होंने ईश्वर–भक्ति को लोकप्रिय बनाते हुए इसे एक संगठनात्मक स्वरूप प्रदान किया और दैनिक पूजा और वार्षिक मन्दिर उत्सवों के माध्यम से लोगों को आपस में जोड़ा। उन्होंने श्रीरंगम मठ और आसपास के क्षेत्रों के मन्दिरों में पूजा–पाठ की लोकप्रिय पद्धतियों की स्थापना की। इन मन्दिरों में स्त्रियों और निचली जातियों के किसानों को भी प्रवेश की अनुमति थी, हालाँकि शूद्रों को यह अनुमति नहीं थी। रामानुज ने मन्दिरों की आधिकारिक भाषा संस्कृत की बजाय स्थानीय भाषा तमिल में भजन गाने की परम्परा भी विकसित की, जिन्हें आलवार या अझवार कहा जाता था। धीरे–धीरे यह परम्परा दक्षिण भारत के अन्य वैष्णव मन्दिरों में भी फैलती चली गयी। स्थानीय भाषाओं में श्लोकों, भजनों और आरतियों ने हिन्दू धर्म में एक नयी ऊर्जा का संचार कर दिया। रामानुज ने आदि शंकराचार्य के गूढ़ सिद्धान्तों को लोकप्रिय बनाने का कठिन काम कर दिखाया था।

हिन्दू दर्शन को सरल भजनों और आरतियों के माध्यम से, जो सुनने वालों के कानों और हृदयों में भक्ति रस घोल देते थे, जन–जन तक पहुँचाने का यह काम अपने–आपमें एक बड़ा आध्यात्मिक आन्दोलन था, जो आगे चल कर 'भक्ति आन्दोलन' के रूप में ख़ूब फला–फूला। एक तरह से रामानुज को इस आन्दोलन का जनक कहा जा सकता है। भक्ति आन्दोलन दक्षिण भारत से शुरू होकर धीरे–धीरे उत्तर भारत की तरफ़ बढ़ा। विभिन्न हिन्दू देवी–देवताओं के प्रति अटूट प्रेम, श्रद्धा और समर्पण से भरे ये भजन हिन्दुओं के आध्यात्मिक पुनर्जागरण के प्रतीक बन गये। बारहवीं सदी से लेकर अठारहवीं सदी तक भक्ति आन्दोलन अपने चरम पर रहा और इसने अनेक भाषाओं और क्षेत्रों में एक–से–एक महान सन्तों को जन्म दिया। तमिलनाडु में बहुत पहले ही शुरू हो चुकी इस परम्परा में अण्डाल जैसी कई भक्ति रस की कवयित्रियाँ भी शामिल थीं। भक्ति रस के ये सभी सन्त कवि शिव और विष्णु की स्तुति में तमिल में भजन रचते थे, जो ख़ूब लोकप्रिय होते थे।

भक्ति आन्दोलन ने स्थानीय भाषाओं में भजन, गीत और आरतियाँ रचकर एक तरह से भक्तों और भगवान के बीच की दूरी कम कर दी, जो

पहले सिर्फ़ संस्कृत के प्रयोग के कारण अनेक भक्तों के लिए बाधा बन जाती थी। जैसाकि स्वाभाविक था, धर्म को सरल बनाकर लोकप्रिय और जन–जन के जीवन का अंग बनाने में भक्ति आन्दोलन ने बहुत महत्त्वपूर्ण ऐतिहासिक भूमिका निभायी, जो बाहरी आक्रमणों और समय की माँग को देखते हुए आवश्यक भी था।

इलाहाबाद के वैष्णव संन्यासी रामानन्द चौदहवीं सदी में आर्यावर्त भूमि अर्थात् गंगा के समूचे मैदानी क्षेत्र में घूमते हुए ईश्वर–भक्ति का सन्देश देते रहे। सांसारिक कष्टों से उबरने के लिए कृपालु ईश्वर से जुड़ने के उनके सन्देश में सभी मनुष्यों की समानता के विचार के साथ–साथ एक मोहक रहस्यवाद भी था, जिसके कारण उनकी प्रसिद्धि दूर–दूर तक फैल गयी। बाद में वाराणसी में बस जाने के बाद वे अपने योग्य शिष्यों के माध्यम से भक्ति का सन्देश देते रहे। उनके शिष्यों में युवक–युवतियाँ सभी शामिल थे, जिनमें से लगभग एक दर्जन अपने समय के प्रमुख सन्त कवियों के रूप में प्रसिद्ध हुए। इनमें एक मुस्लिम जुलाहा भी शामिल था, जिसे आज हम सन्त कबीर के नाम से जानते हैं।

कबीर (1440–1510) के दोहों में हिन्दू दर्शन की गहरी झलक के साथ–साथ मानवतावाद और साम्प्रदायिक सद्भावना भी दिखाई देती है। जिन दिनों वे भारत में प्रेम, भक्ति और मानवतावाद का सन्देश फैला रहे थे, पश्चिमी जगत् चुड़ैलों और अधर्मियों को ज़िन्दा जलाने और अन्य कड़ी सज़ाएँ देने में व्यस्त था। कबीर की तरह कश्मीर की लाला रुख़ (1317–1372) भी भक्ति रस की सन्त कवयित्री के रूप में ख़ूब लोकप्रिय रही थीं। वे भगवान शिव की भक्तिन थीं और दिन–रात उन्हीं के भक्ति रस में डूबी रहती थीं। उन्होंने मुसलमानों और हिन्दुओं में भेद करने से इनकार करते हुए अपनी रचनाओं में खुलकर इन भावनाओं को व्यक्त किया। इसी तरह, भगवान कृष्ण की भक्ति में डूबी गायिका कवयित्री मीराबाई (1498–1597) को कौन नहीं जानता, जिनके प्रेम, अनुराग और भक्ति रस में भीगे मर्मस्पर्शी भजन आज भी श्रोताओं को अलौकिक आनन्द की दुनिया में ले जाते हैं। बारहवीं सदी के कवि जयदेव के 'गीत गोविन्दम्' ने राधा और कृष्ण की भक्ति को नयी ऊँचाइयों पर पहुँचा दिया, तो उन्हीं से प्रेरित दृष्टिहीन सन्त कवि सूरदास (1478–1583) ने कृष्ण भक्ति के गीत और भजन रचने के साथ–साथ वृन्दावन–मथुरा को कृष्ण भूमि के

रूप में एक तीर्थनगरी बनाने में बढ़–चढ़ कर योगदान दिया। इसके बाद सन्त कवि और लेखक तुलसीदास (1532–1623) ने 'रामचरितमानस' और 'हनुमान चालीसा' की रचना करके भगवान राम और उनके निष्ठावान भक्त हनुमान की भक्ति को जन–जन के जीवन का अंग बना दिया। ये दोनों कृतियाँ आज भी सर्वाधिक लोकप्रिय हिन्दू धार्मिक पुस्तकों में शामिल हैं। 'रामचरितमानस' में अवधी भाषा में राम कथा का रोचक और मर्मस्पर्शी वर्णन है तो 'हनुमान चालीसा' में शक्ति के प्रतीक वानर देवता हनुमान की स्तुति में 43 भजन और आरतियाँ हैं। शुरू में संस्कृत में लिखने के बाद तुलसीदास अवधी भाषा में लिखने लगे थे, जिसके कारण उनकी रचनाएँ आम लोगों में ख़ूब लोकप्रिय थीं। कबीर के दोहों को समझने के लिए भी किसी व्याख्या या अनुवाद की ज़रूरत नहीं है। इन सभी सन्त कवियों और इनकी रचनाओं ने अनेक सदियों तक देश भर में भक्ति की लहर के साथ हिन्दुओं का नैतिक और आध्यात्मिक बल बनाये रखा।

मीराबाई के पति उदयपुर के राणा उनकी कृष्ण भक्ति से इतने अप्रसन्न थे कि कहते हैं कि उन्होंने मीराबाई को विष देकर मारने की कोशिश की थी। परन्तु कृष्ण की महिमा से वह विष का प्याला शहद में बदल गया, जिसके बाद मीरा दीवानों की तरह कृष्ण–प्रेम और कृष्ण–भक्ति में डूब कर नाचने लगीं। उनके एक भजन में उनका यही कृष्ण–प्रेम और हर्षोल्लास अभिव्यक्त होता है–

> पग घुँघरू बाँध मीरा नाची रे।
> मैं तो मेरे नारायण की आपहि हो गयी दासी रे
> लोग कहै मीरा भई बावरी न्यात कहै कुलवासी रे।।
> विष का प्याला राणाजी भेज्यत पीबत मीरा हांसी रे
> मीरा के प्रभु गिरिधर नागर सहज मिले अविनासी रे।।[43]

* * *

भक्ति आन्दोलन की रचनात्मक लौ या आभा अद्भुत थी, जिसकी चमक मुग़ल काल (1526 से 1750 के आसपास तक) में अपने चरम पर जा

43. अंग्रेज़ी संस्करण में डॉ. कर्ण सिंह रचित 'ऐस्सेज़ ऑन हिन्दूइज़्म', रत्न सागर, नयी दिल्ली, 1987, पृ. 25 से उद्धरित; हिन्दी संस्करण : मीरा का भजन अपने मूल रूप में।

पहुँची। यह अपने–आपमें आश्चर्यजनक तो था ही, साथ ही यह इस्लाम की चुनौती के आगे हिन्दूवाद की आन्तरिक सुदृढ़ता और उसकी निरन्तर जलती रहने वाली ज्योति का भी संकेत था। भक्ति आन्दोलन ने एक ऐसे समय में हिन्दू समाज को एकजुट और जाग्रत किया जब देश की राजनीतिक बागडोर मुसलमानों के हाथ में थी। इसने एकेश्वरवाद पर ज़ोर देते हुए जातिगत भेदभाव और नियमों को अस्वीकार करने और ईश्वर के प्रति सच्ची लगन और निष्ठा का सन्देश दिया। सिर्फ़ सच्ची और अटूट भक्ति से ही ईश्वर को पाया जा सकता था। कुछ हद तक भक्ति आन्दोलन का दर्शन इस्लाम के एकेश्वरवाद और समतावाद से मिलता–जुलता था, परन्तु इसके सिद्धान्तों की जड़ें उपनिषदों में, इसके देवी–देवता पुराणों में और इसका धार्मिक सन्देश 'भगवद्‌गीता' में भी पाया जा सकता था। भक्ति आन्दोलन ने भक्त और भगवान के बीच जिस अन्तरंग और निजी जुड़ाव पर ज़ोर दिया, वह भक्ति को एक प्रेम भरे भावनात्मक अनुभव में बदल देता था। जैसाकि 'गीता' में भी कहा गया है, भक्त और भगवान के बीच पिता–पुत्र का, दो सच्चे मित्रों का और प्रेयसी–प्रीतम का सम्बन्ध है।

भक्ति आन्दोलन देश भर में सदियों तक प्रवाहित होती रही एक महालहर की तरह था। इसका दायरा इतना व्यापक था कि गुजरात के महान कवि, दार्शनिक और धर्मोपदेशक नरसी मेहता से लेकर मिथिला के विद्यापति और बंगाल के चैतन्य देव तक कितने ही महापुरुष इस महाधारा से जुड़ते रहे। (चैतन्य देव ने कीर्तनों और कृष्ण के भजनों के माध्यम से बंगाल में एक वैष्णव आन्दोलन ही शुरू कर दिया था।) महाराष्ट्र के सन्त ज्ञानेश्वर, सन्त तुकाराम, सन्त एकनाथ और सन्त नामदेव, कर्नाटक के बसवन्ना और तमिलनाडु के त्यागराज इत्यादि सभी इस आन्दोलन का हिस्सा बनकर अपनी–अपनी भूमिका निभाते रहे और भक्ति का सन्देश फैलाते रहे। कृष्णभक्त शंकर देव देश भर का भ्रमण करने के बाद अपने घरेलू प्रदेश असम में बस गये और उपमहाद्वीप के उत्तर–पूर्वी क्षेत्रों में हिन्दू धर्म के पुनर्जागरण का काम करते रहे।

कश्मीर में दसवीं सदी में आचार्य अभिनवगुप्त ने कश्मीरी शैव पन्थ के सिद्धान्त प्रतिपादित करके हिन्दूवाद को एक नया स्वरूप दे दिया था, जिसका प्रभाव आज भी राज्य के हिन्दुओं में देखा जा सकता है। दक्षिण के कुछ महान सन्तों और आचार्यों ने रामानुज की तरह अपने खुद के

पन्थ स्थापित किये। इनमें हिन्दूवाद के मूल तत्त्व ज्यों के त्यों रहते थे, परन्तु धार्मिक रस्मो–रिवाज स्थानीय संस्कृति में ढले होते थे।

बसव, जिन्हें बासवन्ना या बसवेश्वर (1131–1167) के नाम से भी जाना जाता है, ने भी एक नये पन्थ 'लिंगायत' (या वीराशैव) की स्थापना की थी, जो आज एक समुदाय के रूप में कर्नाटक में काफ़ी प्रभावशाली है। बसव जातिवाद के घोर विरोधी थे और मन्दिरों में पूजा–पाठ को भी अनावश्यक मानते थे। वे विशुद्ध शाकाहार के समर्थक थे। जातिवाद का कड़ा विरोध करते हुए वे खुलेआम कहा करते थे, "वेदों के बोझ से लदा ब्राह्मण गधा बनकर रह गया है।"[44] जन्म से वे स्वयं भी ब्राह्मण थे, परन्तु अठारह वर्ष की उम्र में उन्होंने अपना पवित्र माना जाने वाला जनेऊ उतार फेंका था और जातिवाद को मानने से साफ़ इनकार कर दिया था। "ऊँचा मनुष्य वह है जो स्वयं को जानता है," वे कहा करते थे। "क्या देवता का मन्दिर और शूद्र का झोंपड़ा एक ही पृथ्वी पर नहीं खड़े हैं? क्या अनुष्ठान का जल कुल्ला करने वाले जल से अलग होता है?"[45] उनके अनुसार सभी जातियों के लोग एक जैसे थे; ब्राह्मण और शूद्र एक ही तरीक़े से पैदा होते थे। "क्या दुनिया में कोई ऐसा मनुष्य भी है जो कान से पैदा हुआ हो?"[46]

बसव ने एक 'अनुभव मन्तप' की स्थापना की, जहाँ सभी जातियों के स्त्री–पुरुष क्रान्तिकारी विचारों पर चर्चा कर सकते थे। उन्होंने 'अछूतों' के साथ खान–पान और वैवाहिक सम्बन्धों पर लगे परम्परागत प्रतिबन्धों को भी हटा दिया। इससे समाज में खलबली मच गयी और उनके ख़िलाफ़ विद्रोह की चिंगारियाँ भड़क उठीं। उन्हें सत्ता छोड़नी पड़ी, पर वे झुके नहीं। उनके विचार 'वचनों' के रूप में आज भी जीवित हैं। उनके द्वारा मठों जैसी संस्थाओं की स्थापना के पीछे भले ही जैन धर्म का प्रभाव दिखाई देता हो, परन्तु उनके धार्मिक विचार 'विशिष्टद्वैत' पर आधारित थे, ज़िसमें शिव को ब्रह्म के समकक्ष माना गया है और शिव–भक्ति मनुष्य को परम सत्य की ओर ले जाती है।

---

44. करीगौदर ईश्वर, 'स्पीकिंग ऑफ़ बसव : लिंगायत रिलिजन एण्ड कल्चर इन साउथ एशिया', वेस्टव्यू प्रेस कोलारेडो, 1992, पृ. 212; 45
45. मनु एस. पिल्लई, 'बासव एण्ड द अमर्जेंस ऑफ़ लिंगायत आइडेण्टिटी', लाइवमिण्ट, 28 जुलाई, 2017
46. वही।

एक अन्य सुधारक माधवाचार्य (1199–1294) ने द्वैतवाद के सिद्धान्तों को पुनःप्रतिष्ठित करते हुए भगवान कृष्ण के रूप में सगुण ब्रह्म की पूजा पर ज़ोर दिया। ऐसा माना जाता है कि आदि शंकराचार्य के बाद हिन्दू धर्म–ग्रन्थों पर उनकी टिप्पणियाँ सबसे ज़्यादा उल्लेखनीय हैं। द्वैतवाद में विश्वास रखने के कारण वे ऐसा नहीं मानते थे कि मनुष्य की आत्मा परमात्मा (ब्रह्म) में मिल जाती है। उनके अनुसार आत्मा मात्र ब्रह्म के समीप या उसके सान्निध्य में पहुँचती है। उन्होंने नर्क की अवधारणा से मिलते–जुलते विचार भी व्यक्त किये। उनके अनुसार, कुछ आत्माएँ पापों के बोझ से इतनी ज़्यादा दबी रहती हैं कि वे मुक्ति प्राप्त करने में असमर्थ रहती हैं। उन्हें चिरन्तन काल तक अपने पापों का दण्ड भुगतना पड़ता है।

भक्ति आन्दोलन का एक अन्य उल्लेखनीय पहलू यह है कि इससे जुड़े एक सन्त कवि और गायक गुरु नानक (1469–1539) ने एक नये धर्म, सिखवाद की नींव रखी। सिखों के धर्म–ग्रन्थ 'गुरुग्रन्थसाहिब' में भक्ति आन्दोलन के सन्त कवियों की बहुत–सी रचनाएँ हैं, जिनमें कबीर सबसे प्रमुख हैं। एकेश्वरवाद और भाईचारे और समानता के सिद्धान्तों पर ज़ोर देते हुए सिख धर्म ने इस्लाम से बहुत कुछ अपनाया, परन्तु बाद के मुग़ल काल, ख़ासकर औरंगज़ेब के शासन में सिखों पर हुए अत्याचारों के कारण सिख धर्म एक योद्धा धर्म बन गया। इसका लक्ष्य सिखों और हिन्दुओं की मुस्लिम अत्याचारों से रक्षा करना था। सिख धर्म के हृदय प्रदेश पंजाब में हिन्दू परिवार लम्बे समय तक अपने एक बेटे को सिख बनाते रहे।

अगर भक्ति आन्दोलन के माध्यम से हिन्दूवाद ने आम लोगों को भक्ति रस से सराबोर न किया होता तो बहुत सम्भव था कि हिन्दू और बड़ी संख्या में शासकों का धर्म अपना लेते। परन्तु धार्मिक भावनाओं को एक निजी और आत्मीय अनुभव बनाकर और जातिगत भेदभाव को दृढ़ता से नकार कर भक्ति की लहर ने प्राचीन वैदिक धर्म को एक नया जीवन और स्वरूप प्रदान कर दिया। भक्ति ने हिन्दू धर्म को वैदिक कर्मकाण्ड, कठोर ब्रह्मचर्य और गूढ़ आध्यात्मिक ज्ञान से ऊपर उठाकर इसे एक सरल और जन–जन का धर्म बना दिया। भक्त और भगवान के बीच प्रेम भरे सम्बन्धों और सच्ची भक्ति से परम आध्यात्मिक आनन्द प्राप्त किया जा सकता था। इसके लिए किसी औपचारिकता या मध्यस्थ की आवश्यकता नहीं थी। इस प्रकार, हिन्दू धर्म निचले वर्गों, स्त्रियों और धर्म के दायरे से

बाहर जी रहे अछूतों और मुसलमान बन चुके हिन्दुओं के लिए भी आसानी से उपलब्ध हो गया। भक्ति आन्दोलन से जुड़ी धार्मिक सेवाओं, सामूहिक भजन–कीर्तनों, उत्सवों और तीर्थयात्राओं ने हिन्दू समाज को जोड़ने का काम किया। आज हम हिन्दू धर्म के जिस लोकप्रिय रूप को जानते हैं, उसकी जड़ें भक्ति आन्दोलन से ही जुड़ी हुई हैं।

मन्दिरों का वास्तुशिल्प और इनकी सजावट का काम भी धर्म को सुदृढ़ता प्रदान कर रहा था। मन्दिरों की दीवारों, स्तम्भों और द्वारों इत्यादि पर देवी–देवताओं और उनसे जुड़ी कथाओं के आकर्षक चित्रण ने अधिकांश मन्दिरों को हिन्दू धर्म की कला–दीर्घाओं में बदल दिया था। मन्दिरों में जाने वाले श्रद्धालु इन चित्रों से न सिर्फ़ मोहित होते थे, बल्कि विभिन्न धार्मिक कथाओं को याद करके आपस में सुनते–सुनाते थे। इससे धर्म के प्रचार–प्रसार में ख़ूब मदद मिलती थी।

यह बिल्कुल स्पष्ट है कि हिन्दूवाद एक अपरिवर्तनशील धर्म नहीं रहा है। यह कई बड़े सुधारों की प्रक्रिया से गुज़रा है और अन्य धर्मों के कई महत्त्वपूर्ण सिद्धान्तों को अपनाता रहा है। बौद्ध धर्म ने इसे विशेष रूप से प्रभावित किया। स्वामी विवेकानन्द के अनुसार, "शाक्य मुनि (बुद्ध) कुछ नष्ट करने के लिए नहीं आये थे। वे तो एक प्राप्ति थे, एक तर्कपूर्ण निष्कर्ष थे, हिन्दू धर्म के तार्किक विकास के प्रतीक थे। हिन्दू दर्शन और हिन्दू मस्तिष्क के बिना एक बौद्ध का काम नहीं चल सकता; और एक बौद्ध के हृदय के बिना एक हिन्दू का भी काम नहीं चल सकता।" 'मत्स्य पुराण' में बुद्ध को विष्णु का अवतार बताया गया है। कई अन्य धर्म–ग्रन्थ और मन्दिरों के अभिलेख भी ऐसा ही कहते हैं। विवेकानन्द के अनुसार, बौद्ध धर्म और सिख धर्म हिन्दूवाद की ही दो अलग धाराएँ थीं, जिनसे मातृ धर्म को साफ़, शुद्ध और सुदृढ़ करने में मदद मिली।

हिन्दूवाद का ऐतिहासिक विकासक्रम इसकी परिवर्तनशीलता और नये विचारों को अपनाने की इसकी क्षमता का साक्षी रहा है। वेदों ने अत्यधिक कर्मकाण्ड और औपचारिकताओं पर आधारित धर्म को जन्म दिया तो उपनिषदों ने दार्शनिक चिन्तन और आध्यात्मिक आन्दोलन के माध्यम से धर्म को कम बोझिल और अधिक लचीला बनाया। जब धर्म परस्पर मतभेदों और सिद्धान्तों के टकराव का अखाड़ा बनने लगा तो बुद्ध ने सादगी और नैतिकता का सन्देश देकर एक नयी राह दिखाई। इसके

बाद आदि शंकराचार्य ने देश भर का भ्रमण करते हुए और जगह–जगह मन्दिर और चार बड़े मठ स्थापित करते हुए हिन्दू धर्म का पुनरुत्थान और पुनर्जागरण किया। शंकराचार्य और उसके बाद रामानुज के प्रयासों से ही हिन्दू धर्म एक बार फिर से भारत का प्रमुख और सबसे लोकप्रिय धर्म बन पाया। मध्वाचार्य, चैतन्य, रामानन्द और बसव (जिनके लिंगायत अनुयायी आजकल अपने धर्म को एक अलग धर्म माने जाने का आग्रह कर रहे हैं) जैसे सुधारकों के साथ–साथ कबीर, मीराबाई, तुलसीदास और गुरुनानक (जिनके द्वारा सिख धर्म की नींव रखी जाने के बावजूद जिन्हें स्वामी विवेकानन्द की तरह बहुत–से हिन्दू एक हिन्दू सुधारक के रूप में भी देखते हैं) जैसे कितने ही सन्तों–महात्माओं ने हिन्दू धर्म को पुनर्जाग्रत और सुदृढ़ करने का काम किया। गुप्त काल से ही, जब बौद्ध धर्म के रूप में एक नयी चुनौती हिन्दूवाद के सामने आयी थी, हिन्दू धर्म अत्यन्त रचनात्मकता और परिवर्तनशीलता के साथ नये विचारों और सिद्धान्तों को अपना अंग बनाता रहा है। इसमें अवतार की अवधारणा का भी हाथ रहा है। 'भगवद्गीता' में श्रीकृष्ण ने साफ़–साफ़ कहा है, "जब धर्म का पतन होने लगता है और दुष्टों का विनाश आवश्यक हो जाता है तो मैं अलग–अलग युगों में जन्म लेता रहता हूँ।" यूँ पाणिनि के समय से ही अवतार की अवधारणा रही है, परन्तु ईश्वर के मानवीय अवतार के रूप में हमारे सामने सबसे पहले कृष्ण ही आते हैं। यह अवधारणा बुद्ध को हिन्दू धर्म से जोड़ने के भी काम आयी, जिन्हें राम और कृष्ण की तरह विष्णु के ही एक अवतार के रूप में चित्रित किया जाने लगा। कुल मिलाकर कहें तो हिन्दू धर्म मानवीय चेतना के विकास के समावेश की प्रकिया से गुज़रता रहा है।

जैसाकि हमने देखा है, शुरू में इस्लाम हिन्दूवाद के लिए एक ख़तरा और चुनौती था। मुस्लिम आक्रमणकारियों द्वारा मन्दिरों पर हमले और लूटपाट और साथ ही हिन्दू स्त्रियों के बलात्कार और अपहरण की घटनाएँ, जो मुख्यतः 1000 ईसवी से 1500 ईसवी तक जारी रहीं, एक ऐसा बाहरी ख़तरा था जिसका मुकाबला करने के लिए हिन्दू समाज को तब तक अकल्पनीय अंकुश और प्रतिबन्ध लगाने के लिए विवश होना पड़ा। जान–माल, धर्म और स्त्रियों के सतीत्व की रक्षा के लिए उठाये गये इन क़दमों में मन्दिरों में प्रवेश पर नियन्त्रण (ताकि उनका ख़ज़ाना ताक–झाँक करने वालों की नज़रों में न आये), बाल–विवाह (ताकि उनका सतीत्व

सुरक्षित रहे और वे आक्रमणकारियों की हवस का शिकार होने से बची रहें) और सती प्रथा (विधवाओं के सतीत्व की रक्षा के लिए) इत्यादि शामिल थे। इस प्रकार, ये सभी घृणित सामाजिक व्यवहार हिन्दूवाद का अभिन्न अंग न होकर बाहरी आक्रमणों से उपजी परिस्थितियों में विवशतावश उठाये गये क़दम थे, जो समय के साथ धीरे–धीरे विकृतियों का रूप लेते चले गये।

बाद की सदियों में जब मुसलमान आक्रमणों तक सीमित न रहकर यहीं बस गये और शासन की बागडोर सँभालने लगे तो धीरे–धीरे उनके और हिन्दू समाज के बीच शान्ति स्थापित होती चली गयी। हिन्दूवाद के बदलते स्वरूप में इस्लाम धर्म का भी कुछ हाथ रहा है।[47] भक्ति आन्दोलन और सिख धर्म के उद्भव में मुस्लिम भाईचारे और सामाजिक समानता के सिद्धान्त का स्पष्ट प्रभाव देखा जा सकता है। जहाँ तक धर्मान्तरण की बात है, वह स्वेच्छा से हुआ हो या बाध्यतापूर्वक, वह कोई अनहोनी या अनोखी घटना नहीं थी। यह व्यक्तिगत स्तर पर भी हुआ और सामूहिक या सामुदायिक स्तर पर भी। उदाहरण के लिए, उत्तर भारत के कारीगरों का बड़े पैमाने पर धर्म–परिवर्तन, जिन्हें मुस्लिम शासक वर्ग का संरक्षण प्राप्त करने और उन्हें अपना माल बेचने के लिए उनका धर्म अपनाने के लिए बाध्य होना पड़ा। फिर भी, कुछ अपवादों को छोड़कर मुस्लिम शासकों ने हिन्दू प्रजा का धर्म–परिवर्तन करने का कोई गम्भीर प्रयास नहीं किया। (ऐसा ही एक अपवाद कश्मीर भी था, जहाँ सुल्तान सिकन्दर, 1389–1413, के शासनकाल में ब्राह्मणों समेत हिन्दू आबादी का बड़े पैमाने पर धर्मान्तरण हुआ, जो अधिकांशतः बाध्यतापूर्वक था।)[48] जहाँ तक पूरे भारत की बात है, अधिकांश आबादी पहले की तरह ही हिन्दू बनी रही।

ब्रिटिशों के प्रति हिन्दूवाद की प्रतिक्रिया

अंग्रेज़ भारत में आये तो यह देश और यहाँ का धार्मिक–सांस्कृतिक परिवेश–जिसे उन्होंने ख़ुद को भी हैरान करते हुए इतनी आसानी से

47. इसी तरह, मुस्लिम सूफ़ीवाद में हिन्दू रहस्यवाद का प्रभाव दिखाई देता है, पर वह एक अलग कहानी है।

48. उत्तर भारत में धर्मान्तरण के काल में हिन्दुओं के बहुत–से समुदाय दक्षिण भारत की ओर कूच करने लगे थे। इस तरह उनका धर्म और कामकाजी कौशल देश के अन्य हिस्सों में भी फैलता रहा।

अपने राजनीतिक नियन्त्रण में ले लिया था–उनके लिए जितना कौतूहल और जिज्ञासा का विषय था, उतना ही तिरस्कार का भी। हिन्दू धार्मिक मान्यताओं और प्रथाओं को लेकर यह बात ख़ास तौर से सही थी। जहाँ तक हिन्दुओं का प्रश्न था, उन्होंने अपने–आपको एक ऐसे धर्म से साक्षात्कार करते पाया जो एकेश्वरवादी होने के साथ–साथ (इस्लाम के विपरीत) आधुनिकता और प्रगतिशीलता के स्पर्श का भी दावा करता था। अंग्रेज़ों ने हिन्दू धर्म को इस्लामी दबदबे की प्रतिक्रियास्वरूप एक सुरक्षात्मक मुद्रा में सिमटे हुए पाया, एक ऐसे सुरक्षा–कवच में, जो प्रतिकूल प्रतिस्थितियों में अपना अस्तित्व बचाये रखने के लिए आवश्यक प्रतीत होता था। किसी समय दुनिया भर में अपने दूत भेजने, रोम के साम्राज्य के साथ व्यापार करने और समूचे एशिया को अपने धार्मिक विचारों से प्रभावित करने वाली महान सभ्यता इतनी आत्म–रक्षात्मक हो चुकी थी कि समुद्र यात्रा को धर्म के विरुद्ध माना जाने लगा था। ऐसा करने वाले हिन्दुओं को जाति से बाहर कर दिया जाता था या उन्हें शुद्धिकरण की प्रक्रिया से प्रायश्चित्त करना पड़ता था। इस तरह के आदिम और अन्धविश्वासी धर्म पर अंग्रेज़ों का नाक–भौं सिकोड़ना कोई अनोखी बात भी नहीं थी। कुछ अपवाद अवश्य थे, पर एक आम अंग्रेज़ हिन्दूवाद को आशंका और तिरस्कार की दृष्टि से ही देखता था। दोनों सभ्यताओं और धर्मों के इस टकराव का कुछ प्रभाव अवश्यम्भावी था, जो धीरे–धीरे आत्म–निरीक्षण और सुधारों की एक नयी श्रृंखला के रूप में सामने आया।

कुछ हिन्दू वितृष्णा से अंग्रेज़ों से मुँह फेरे रहे और अपने धर्म की जानी–पहचानी रस्मों की सुरक्षित दुनिया में सिमट गये। वे अपने–आपको किसी भी तरह के विदेशी प्रभाव से दूर रखना चाहते थे। दूसरी तरफ़ कुछ ऐसे हिन्दू भी थे जो अपने धर्म को नये दृष्टिकोण से देखने को आतुर थे, और जो दिखाई दे रहा था उससे विचलित थे। अगर वे अपने धर्म को अंग्रेज़ों की दृष्टि से देखते तो यह सचमुच अन्धविश्वासों, कर्मकाण्ड, एक मृतभाषा में मन्त्रोच्चार और तरह–तरह के पाखण्डों से भरा हुआ धर्म प्रतीत होता था। जातिगत ऊँच–नीच और कई घृणित सामाजिक प्रथाएँ भी कोई गर्व करने की बात नहीं थी। उन्हें लगता था कि एक संशोधित हिन्दूवाद न सिर्फ़ पश्चिमी ईसाईवाद का मुकाबला कर सकता था, बल्कि अंग्रेज़ों का सम्मान भी प्राप्त कर सकता था।

इस तरह के विचार रखने वालों में सबसे उल्लेखनीय नाम राजा राममोहन राय (1772–1833) का था। वे एक सम्भ्रान्त और धनवान बंगाली परिवार से सम्बन्ध रखते थे और इंग्लैण्ड में उच्च शिक्षा प्राप्त करने से पहले अपनी मातृभाषा में स्कूल की शिक्षा पूरी कर चुके थे। वे संस्कृत, फ़ारसी और अरबी भाषाएँ भी सीख चुके थे। उनके विचार सीधे–सीधे शुरुआती ब्रिटिश राज में हिन्दुओं की कमज़ोर राजनीतिज्ञ स्थिति से जुड़े हुए थे। उनके अनुसार, "हिन्दुओं की वर्तमान व्यवस्था उनके राजनीतिक हितों का ध्यान रखने में सक्षम नहीं है। धर्म में कुछ बदलाव करने अत्यन्त आवश्यक हैं ताकि कम–से–कम वे राजनीतिक लाभों और सामाजिक सुविधाओं को प्राप्त कर सकें।"[49]

इसलिए राजा राममोहन राय ने हिन्दूवाद को एक तर्कपूर्ण, नैतिक और आधुनिक स्वरूप देने का प्रयास किया, जिसमें तत्कालीन सामाजिक कुरीतियों को त्यागने का आग्रह भी शामिल था। उन्होंने 'ब्रह्म समाज' के रूप में एक नये सुधार आन्दोलन की स्थापना की। यह नया पन्थ अद्वैत वेदान्त और आरम्भिक विक्टोरिया कालीन ईसाईवाद के सिद्धान्तों की आधुनिक व्याख्या पर आधारित था। ब्रह्म समाज ने मूर्ति–पूजा को अस्वीकार करते हुए एक निराकार ईश्वर में विश्वास पर ज़ोर दिया, जो उपनिषदों और अद्वैत वेदान्त के एकेश्वरवादी सिद्धान्तों के साथ भी मेल खाता था। यह एक तरह से हिन्दू धर्म–ग्रन्थों की 'आधुनिक' व्याख्या थी। ब्रह्म समाज ने एक सर्वोच्च ईश्वर या परमात्मा के अस्तित्व पर ज़ोर देते हुए उसके व्यक्तित्व और गुणों को 'एक स्रष्टा और संरक्षक' के अनुरूप बताया। ब्रह्म समाज के अनुयायी सिर्फ़ इस ईश्वर की पूजा करते थे और मन्दिरों में जाना या किन्हीं धार्मिक दिनों के अनुसार पूजा–पाठ करना आवश्यक नहीं मानते थे। "हम कभी भी और कहीं भी ईश्वर को पूज सकते हैं, सिर्फ़ वह समय और जगह ऐसे होने चाहिए कि हम अपने पूरे चित्त और ध्यान के साथ ईश्वर से जुड़ सकें।"

ब्रह्म समाज की रचना करते समय राजा राममोहन राय यूनीटेरियनवाद से अत्यधिक प्रभावित थे, जिसमें 'एक ही ईश्वर' के अस्तित्व पर बहुत ज़्यादा ज़ोर था। (यह 'ट्रिनिटी ऑफ़ द फादर, द सन एण्ड द होली घोस्ट'

---

49. गौरीशंकर भट्ट, 'ब्रह्म समाज, आर्य समाज, एण्ड द चर्च–सेक्ट टाइपोलॉजी', रिव्यू ऑफ़ रिलीजियस रिसर्च, 10, 1968, पृ. 24

अर्थात् 'त्रिदेव' की अवधारणा से एकदम उलट था।) हिन्दूवाद के प्रति उनका दृष्टिकोण वैसा ही था जैसाकि ईसाइयत के प्रति यूनीटेरियनवाद का दृष्टिकोण था। यह धर्म को आवश्यक मान्यताओं और पाखण्डों से मुक्त करके उसे एक आधारभूत ईश्वरवाद में बदलने की तरह था। (आज अगर उपनिषदों के मूल सार–तत्त्वों को ध्यान में रखते हुए यूनीटेरियन विश्ववादियों के सिद्धान्तों का अध्ययन किया जाये तो दोनों की समानताओं पर चकित न होना असम्भव है।) कुछ हिन्दू विद्वानों ने राजा राममोहन राय को हिन्दू मानने से इनकार करते हुए उनके ब्रह्म समाज को भारतीय वस्त्रों में लिपटा ईसाईवाद बताया। परन्तु कई अन्य हिन्दू विद्वान उन्हें हिन्दू धर्म के ही एक सुधारक के रूप में देखते थे। वे आजीवन अपना पवित्र जनेऊ भी धारण किये रहे। फिर भी, हिन्दूवाद को एक सुदृढ़, आधुनिकतावादी और सार्वभौमिक धर्म के रूप में विश्व मंच पर स्थापित करने का काम राजा राममोहन की बजाय सत्तर वर्ष बाद स्वामी विवेकानन्द के हाथों होने वाला था। एक ऐसा धर्म, जो न सिर्फ़ विश्व के अन्य धर्मों से आँख मिला सके बल्कि उन्हें आँख झपकने पर भी विवश कर सके।

राजा राममोहन राय के सुधार आन्दोलन के पीछे काफ़ी हद तक अपने अंग्रेज़ परिचितों को यह दिखाने की इच्छा भी थी कि हिन्दू धर्म वैसा नहीं था जैसाकि वे समझते थे। ख़ुद उन्हीं के शब्दों में, वे यह प्रमाणित करना चाहते थे कि "हिन्दू धर्म को विकृत करने वाली अन्धविश्वासी प्रथाओं का धर्म के मूल सिद्धान्तों से कोई सम्बन्ध नहीं था।" इसलिए उन्होंने सिद्धान्तों को व्यवहार में लाकर दिखाने का प्रयास किया। उनकी दृष्टि में सामाजिक सुधार अत्यन्त आवश्यक थे। उन्होंने उन हिन्दू प्रथाओं को अस्वीकार कर दिया जिनके साथ उनका शिक्षित मस्तिष्क कोई तालमेल नहीं बिठा पा रहा था, और जो ग़लत या अन्यायपूर्ण प्रतीत होती थीं। जातिगत भेदभाव, स्त्रियों को समान अधिकार देने पर आपत्ति, सती प्रथा, बहुविवाह और बाल विवाह ऐसी ही कुछ सामाजिक बुराइयाँ थीं। उन्होंने ठोस तर्क देकर यह प्रमाणित करने का प्रयास किया कि इन सामाजिक बुराइयों का हिन्दू धर्म–ग्रन्थों से कोई सम्बन्ध नहीं था।

राय यह मानते थे कि ब्रिटिश शैली की आधुनिक शिक्षा के माध्यम से हिन्दू समाज को बदला जा सकता था। भारत पर राज करने वाली ईस्ट इण्डिया कम्पनी की दिलचस्पी सिर्फ़ इस बात में थी कि भारत से अधिक

से अधिक पूँजी और माल इंग्लैण्ड भेजा जा सके। उसे भारतीयों के लिए शैक्षणिक संस्थानों की स्थापना पर धन ख़र्च करने की कोई चाह नहीं थी। राजा राममोहन राय को जल्दी ही यह अहसास हो गया कि यह काम ख़ुद भारतीयों को करना होगा। 1877 में उन्होंने कलकत्ता में हिन्दू कॉलेज की स्थापना की। इस काम में एक स्कॉटवासी डेविड हेयर ने उनका हाथ बँटाया जो ईस्ट इण्डिया कम्पनी से जुड़े हुए नहीं थे। 1822 में उन्होंने एंग्लो–हिन्दू स्कूल और 1826 में वेदान्त कॉलेज की स्थापना थी। वेदान्त महाविद्यालय की स्थापना के पीछे उनका यह लक्ष्य था कि वहाँ सामयिक पश्चिमी पाठ्यक्रम के साथ–साथ हिन्दू धर्म का एकेश्वरवादी सिद्धान्त भी पढ़ाया जा सके, और इस प्रकार हिन्दू युवा पीढ़ी भारतीय और पश्चिमी दोनों दृष्टिकोणों को समझ सके। राय शैक्षणिक संस्थानों की स्थापना के लिए इतने उत्साहित थे कि 1830 में उन्होंने एलेक्जेण्डर डफ द्वारा जनरल असेम्बली इंस्टीट्यूशन की स्थापना में भी हाथ बँटाया (जिसे अब स्कॉटिश चर्च कॉलेज के नाम से जाना जाता है)। उन्होंने न सिर्फ़ इस संस्थान की स्थापना के लिए ज़मीन उपलब्ध करवाई, बल्कि उन्होंने वहाँ पढ़ने वाले विद्यार्थियों के पहले बैच का चयन भी ख़ुद ही किया। उन्होंने प्रेस की स्वतन्त्रता के लिए भी अभियान छेड़ा, जो तब तक कई अंकुशों और नियन्त्रणों का सामना कर रही थी।

राजा राममोहन राय का इकसठ वर्ष की उम्र में निधन हो गया। वे तब इंग्लैण्ड के दौरे पर थे। इस दौरे का उद्देश्य ब्रिटिशों द्वारा मुग़ल बादशाह को दिये जाने वाले भत्ते में बढ़ोतरी करवाना और साथ ही इंग्लैण्ड में अपने देश की एक बेहतर छवि प्रस्तुत करना था। उन्हें ब्रिस्टल में ही दफ़ना दिया गया, उन लोगों के बीच जिन्हें वे प्रभावित करने के इच्छुक थे, लेकिन उस देश से दूर जिसका कायाकल्प करने के लिए वे वर्षों से जूझ रहे थे। उनके जाने के बाद भी उनका प्रभाव बना रहा, हालाँकि ब्रह्म समाज कभी उतना महत्त्वपूर्ण या लोकप्रिय नहीं बन पाया जितना वे चाहते थे। शायद वे और अधिक जी पाते तो ऐसा हो पाता।

उनके बाद ब्रह्म समाज से जुड़े प्रमुख विचारकों में देवेन्द्रनाथ टैगोर शामिल थे, जिन्होंने महत्त्वपूर्ण हिन्दू सिद्धान्तों पर प्रश्न उठाये, वेदों की महत्ता को चुनौती दी और पुनर्जन्म और कर्म की धारणाओं में अविश्वास व्यक्त किया। समाज के एक अन्य विचारक केशव चन्द्र सेन ने सिद्धान्तों

की बजाय व्यक्तिगत धार्मिक अनुभव पर ज़ोर दिया और अध्यात्म को आम लोगों से जोड़ने के प्रयास किये। स्वामी विवेकानन्द अपनी किशोर उम्र में इन विचारकों के सम्पर्क में आये और इनके और ब्रह्म समाज के विचारों से काफ़ी प्रभावित रहे। (परन्तु, जैसाकि हम देखेंगे, रामकृष्ण परमहंस के सम्पर्क में आने के बाद वे ब्रह्म समाज के प्रभाव से दूर होते चले गये।)

औपनिवेशिक काल में ब्रिटिश ईसाईवाद के जवाब में कई अन्य हिन्दू प्रतिक्रियाएँ भी सामने आती रहीं। बंगाल में साहसी और दृढ़ संकल्प ईश्वरचन्द्र विद्यासागर ने विधवाओं के पुनर्विवाह के लिए एक सशक्त सामाजिक आन्दोलन चलाया। उन्होंने ख़ुद भी एक उदाहरण प्रस्तुत करते हुए एक विधवा से विवाह किया। उन्होंने सभी जातियों के लिए संस्कृत की शिक्षा का भी अभियान चलाया। इसी तरह, संस्कृत के विद्वान आर.सी. भण्डारकर ने एम.जी. रानाडे के साथ मिलकर बम्बई में जातिगत असमानता के ख़िलाफ़ एक अभियान चलाया और 'प्रार्थना समाज' की स्थापना की। राजा राममोहन राय द्वारा 'ब्रह्म समाज' की स्थापना के लगभग आधी सदी बाद एक महान हिन्दू संन्यासी, चिन्तक और समाज सुधारक स्वामी दयानन्द सरस्वती (1824–1883) ने हिन्दू धर्म के एक और सुधारवादी पन्थ 'आर्य समाज' की स्थापना की, जो एक शुद्ध और संशोधित हिन्दूवाद में विश्वास रखता था।

राजा राममोहन राय के विपरीत दयानन्द सरस्वती वेदों को अत्यन्त श्रद्धेय और अभेद्य मानते थे, परन्तु साथ ही वे 'ब्रह्म समाज' की तरह एकेश्वरवाद में विश्वास रखते हुए मूर्ति–पूजा का विरोध करते थे। वे पुराणों का भी अत्यन्त सम्मान करते थे। उनका कहना था कि ईसाई मिशनरियों को अखरने वाली मूर्ति–पूजा और बहुईश्वरवाद का वेदों में कोई उल्लेख नहीं था। वे हिन्दुओं से इनका त्याग करके शुद्ध और सच्चा हिन्दूवाद अपनाने के लिए कहते थे। (फिर भी, वे गो–वध के ख़िलाफ़ थे, भले ही वेदों में पशु बलि का भरपूर उल्लेख मिलता हो और कम–से–कम एक जगह गो–वध का भी वर्णन हो।)[50]

दयानन्द सरस्वती ने बहुत–से गुरुकुलों की भी स्थापना की, ताकि अंग्रेज़ी स्कूलों के एक विकल्प के रूप में विद्यार्थी वैदिक मूल्यों और संस्कृति का ज्ञान प्राप्त कर सकें और सत्य के अन्वेषण को अपने जीवन का ध्येय

---

50. देखें पाद–टिप्पणियाँ 155–157

बना सकें। 'आर्य समाज' अपने धर्म को एक सनातन धर्म के रूप में देखते हुए परमेश्वर को मूल ध्वनि 'ओ३म' से परिभाषित करता था, जैसाकि 'यजुर्वेद' में वर्णित है। वह पौराणिक युग के ईश्वर या देवी–देवताओं को नहीं मानता था। कई अन्य हिन्दुओं की तरह आर्य समाजी भी वेदों को दैवी ग्रन्थों की तरह देखते थे और उनके श्लोकों के उच्चारण को पूजा के लिए पर्याप्त मानते थे।

परन्तु 'आर्य समाज' की धार्मिक मान्यताएँ विशुद्ध प्राचीन सिद्धान्तों पर ही आधारित नहीं थीं। इन पर ईसाईवाद का भी प्रभाव था, जैसाकि मूर्ति–पूजा के विरोध और वेदों को 'दैवी' या 'उद्घाटित' ग्रन्थ (बाइबल की तरह) मानने से पता चलता है। आर्य समाजियों की दृष्टि में अन्य हिन्दू धर्म–ग्रन्थ– पुराण, रामायण, महाभारत और गीता– उतने श्रद्धेय और महत्त्वपूर्ण नहीं थे जितने कि वेद। ईसाइयत के अप्रत्यक्ष प्रभाव के बावजूद 'आर्य समाज' अन्य धर्मों के श्रद्धेय ग्रन्थों, बाइबल और कुरान इत्यादि को कोई महत्त्व नहीं देता था। इस दृष्टि से दयानन्द सरस्वती के विचार स्वामी विवेकानन्द से भिन्न थे, जो अन्य धर्मों के सिद्धान्तों को भी उतने ही वैध मानते हुए उनका सम्मान करते थे, और जो हिन्दूवाद का भी एक विशिष्ट और उल्लेखनीय पहलू रहा था।

एक सुधारवादी आन्दोलन के रूप में 'आर्य समाज' ने सभी मनुष्यों की समानता और नारी शक्ति पर ज़ोर दिया। सभी जातियों के लोग आर्य समाज से जुड़ सकते थे। आर्य समाज ने 'यजुर्वेद' में वर्णित ब्रह्म के निर्देशों के अनुरूप हिन्दू विवाहों को सादगी से सम्पन्न करने पर भी ज़ोर दिया। ऐसे विवाहों को 'आर्य समाजी विवाह' कहा जाता था। आर्य समाज ने ग़ैर–हिन्दुओं को हिन्दू धर्म से जोड़ने के लिए शुद्धीकरण की परम्परा भी शुरू की। इस प्रक्रिया को 'शुद्धि' कहा जाता था, जिसके बाद सम्बन्धित व्यक्ति को एक प्रमाण–पत्र भी दिया जाता था। यह परम्परा भी ईसाइयों के 'बैपटिज्म' के जवाब में शुरू की गयी प्रतीत होती है। पण्डित जवाहरलाल नेहरू ने 'द डिस्कवरी ऑफ़ इण्डिया' में आर्य समाज का उल्लेख करते हुए लिखा है कि उसे हिन्दू धर्म में धर्मान्तरण की स्वीकृति का श्रेय प्राप्त है (हिन्दुओं से विवाह करने वाले ग़ैर–हिन्दुओं का यह अनुभव रहा है कि यदि वे अपने जीवन–साथी का धर्म अपनाना चाहें तो आर्य समाजी धर्मान्तरण ही एकमात्र उपाय है।)

इन धार्मिक गतिविधियों के कारण आर्य समाज ऐसे लोगों के लिए एक अधिक जाना–पहचाना धर्म बन गया जो सभी धर्मों के बीच पले–बढ़े हैं। इसलिए कोई आश्चर्य की बात नहीं है कि विदेशों में बसे हिन्दू समुदायों में आर्य समाज विशेष रूप से लोकप्रिय रहा है। अमेरिका के उपनगरों में बसे हिन्दू ईसाइयों के 'संडे मास' की तरह ही आर्य समाजी मन्दिरों में सामूहिक धार्मिक गतिविधियों का आयोजन करते हैं। परन्तु स्वयं भारत में आर्य समाज एक धार्मिक पन्थ से आगे नहीं बढ़ पाया है, जिसे अल्पसंख्यक हिन्दुओं का ही समर्थन प्राप्त है।

स्थानीय स्तर पर दक्षिण भारत के तीन समकालीन सुधारक श्री नारायण गुरु (1856–1928), महात्मा अय्यंकली (1863–1944) और चट्टाम्पी स्वामी (1853–1924) अधिक सफल रहे, जो लगभग एक ही समय में प्रकाश में आये। चट्टाम्पी स्वामी एक उच्च जाति के हिन्दू महर्षि थे और जातिगत दमन के सख़्त विरोधी थे। वे स्त्रियों की स्वाधीनता की बात भी करते थे। महात्मा अय्यंकली एक 'अछूत' समुदाय से सम्बन्ध रखते थे। उन्होंने जातिगत भेदभाव और विशेष सड़कों और सार्वजनिक स्थलों पर शूद्रों के आने–जाने के ख़िलाफ़ त्रावणकोर में एक सफल अभियान चलाया। परन्तु सबसे ज़्यादा प्रभाव श्री नारायण गुरु ने छोड़ा, जो पिछड़ी जाति के होने के बावजूद सभी बन्धनों को तोड़ते हुए एक महात्मा पुरुष के रूप में उभरे। उन्होंने प्रेम, समानता और सार्वभौमिकता के सिद्धान्तों वाले हिन्दूवाद की शिक्षा दी। उनका धर्म वाक्य था–'सभी मनुष्यों के लिए एक धर्म, एक जाति और एक ईश्वर'। उनके अनुसार, "मनुष्य की जाति कुछ भी हो, उसे एक अच्छा मनुष्य होना चाहिए।" उन्होंने पूरे दक्षिण भारत में बहुत–से शैक्षणिक संस्थानों की स्थापना की। अपने विचारों को आगे बढ़ाने के लिए उन्होंने कई आश्रम भी स्थापित किये, जहाँ आध्यात्मिक शिक्षा दी जाती थी। 1925 में स्वयं महात्मा गाँधी भी उनसे मिलने आये थे, उनकी मृत्यु से लगभग तीन वर्ष पहले। दोनों के बीच बातचीत का कोई माध्यम नहीं था। गुरु अंग्रेज़ी नहीं जानते थे और गाँधीजी को संस्कृत नहीं आती थी। दोनों ने ख़ामोशी के माध्यम से ही एक–दूसरे को जाना–समझा; और एक दुभाषिए के माध्यम से थोड़ी–बहुत बातचीत की। परन्तु इस भेंट का गाँधीजी पर बहुत गहरा प्रभाव पड़ा। 1999 में जब मलयालम भाषा की सर्वाधिक लोकप्रिय पत्रिका ने अपने पाठकों से बीसवीं सदी का सबसे

महान केरलवासी चुनने के लिए कहा तो उन्होंने एक स्वर में श्रीनारायण गुरु का नाम लिया।

दक्षिण के एक सन्त रमण महर्षि (1879–1950) और एक क्रान्तिकारी से आध्यात्मिक गुरु बने श्री अरविन्दो (1872–1950) हिन्दू धर्म के दो अन्य महत्त्वपूर्ण समकालीन शिक्षक थे। रमण महर्षि की गहरी आध्यात्मिक लगन, आत्म–बोध की तड़प, और अद्वैत और भक्ति के उनके असीम ज्ञान के कारण उन्हें 'जीवनमुक्ता' के रूप में जाना जाने लगा था। अगर हम रामकृष्ण परमहंस को 'भक्ति योग' के प्रतीक के रूप में देखें और स्वामी विवेकानन्द को 'कर्म योग' के प्रतीक के रूप में, तो हम रमण महर्षि को 'ज्ञान योग' के प्रतीक के रूप में देख सकते हैं। उनके आत्म–बोध की कुंजी यह प्रश्न था–'मैं कौन हूँ?–क्या मैं शरीर हूँ, मस्तिष्क हूँ, इन्द्रियाँ हूँ?' रमण महर्षि ने अपने विचारों के प्रचार के लिए न तो यात्राएँ कीं और न आश्रम स्थापित किये, परन्तु आध्यात्मिकता के उनके सरल उदाहरणों ने उन्हें अत्यन्त लोकप्रिय और श्रद्धेय बना दिया। ऐसा कहा जाता है कि उनके निधन की रात अरुणाचल के उनके पहाड़ी धाम के पीछे एक धूमकेतु आकाश में उठता दिखाई दिया था।

कैम्ब्रिज में शिक्षित श्री अरविन्दो ने एक चरमपन्थी राजनीतिक क्रान्तिकारी के रूप में अपने जीवन की शुरुआत की थी। परन्तु अपने राजनीतिक चरण (1905–1910) में भी वे एक आध्यात्मिक राष्ट्रवाद के सिद्धान्त का विकास करते रहे और मातृभूमि की दिव्यता पर बहुत भावभीने और हृदयस्पर्शी लेख लिखते रहे। वे मातृभूमि को एक देवी 'भवानी भारती' के रूप में देखते थे (जिसे आगे चलकर हिन्दुत्व आन्दोलन ने 'भारत माता' का नाम दिया)। एक बम षड्यन्त्र के मामले में गिरफ़्तारी के बाद उन्हें जेल में यह अहसास हुआ कि उन्हें राजनीति की बजाय अध्यात्म में ज़्यादा दिलचस्पी थी। इसके बाद श्री अरविन्दो फ्रांस शासित पाण्डिचेरी चले गये और अपने जीवन के अन्तिम चार दशक उन्होंने आध्यात्मिक चिन्तन–मनन के बीच वहीं गुज़ारे। वे हिन्दू धर्म के विभिन्न पहलुओं पर बहुत प्रभावशाली और विद्वत्तापूर्ण लेख लिखते रहे। उन्होंने 'गीता' पर एक भव्य व्याख्यान भी लिखा। जल्दी ही उन्होंने अपना एक आश्रम भी स्थापित कर लिया जो आज भी श्रद्धालुओं में ख़ूब लोकप्रिय है। श्री अरविन्दो व्यक्तिगत मुक्ति की बजाय समूची मानवता के आध्यात्मिक विकास की बात करते थे।

उन्होंने एक त्रिस्तरीय 'साधना पद्धति' विकसित की, जिसके तीन अंगों में ईश्वर के सम्मुख सम्पूर्ण समर्पण, मानवीय चेतना का विकास और अन्ततः मानवीय नस्ल का सम्पूर्ण कायाकल्प शामिल है।

श्री अरविन्दो के बारे में ऐसा कहा जाता था कि वे किसी भी आधुनिक विचार को प्राचीन हिन्दू ग्रन्थों से जोड़ देते थे और उसका कोई–न–कोई सन्दर्भ ढूँढ़ निकालते थे। यदि सन्दर्भ का शाब्दिक अर्थ कुछ और निकलता हो तो भी वे उसका गूढ़ और वास्तविक अर्थ निकालने का आग्रह करते थे। इस भारतीय रवैये पर कई पश्चिमी समीक्षक कटाक्ष भी करते रहे हैं। फ्रांस की राजनीतिक वैज्ञानिक (और आधुनिक हिन्दू राजनीति की छात्रा) क्रिस्तोफ़ ज़फ़रेलो ने भारतीय योगियों–संन्यासियों द्वारा पश्चिमी विचारों, मान्यताओं और मूल्यों को अपनाने और साथ ही यह दावा करने कि वे प्राचीन हिन्दू ग्रन्थों में मौजूद हैं, 'स्ट्रैटेजिक सिंकरीटिज़्म' (रणनीतिक समन्वयता) का नाम दिया है।[51] इसे हम जो भी कहें या समझें, परन्तु पश्चिमी उपनिवेशीय वर्चस्व के आगे यह हिन्दूवाद के लचीलेपन और टिकाऊपन का एक और उदाहरण था। इससे यही उजागर होता था कि हिन्दूवाद आधुनिक युग की माँग के अनुरूप अपने–आपको ढालने में कितना तत्पर और सक्षम था।

स्वामी विवेकानन्द

रमण महर्षि और श्री अरविन्दो की प्रसिद्धि स्वामी विवेकानन्द (1863–1902) के निधन के बाद के युग की देन थी। स्वामी विवेकानन्द स्वयं भी हिन्दूवाद के विकास के एक महत्त्वपूर्ण चरण के प्रतिनिधि थे। वे हिन्दूवाद की भव्य और विविधतापूर्ण परम्पराओं के उत्तराधिकारी भी थे और इसके विकास के चरमोत्कर्ष के प्रतीक भी। उन्हें हिन्दू धर्म में मौजूद विविधता और चयनशीलता इसकी सबसे बड़ी शक्ति प्रतीत होती थी। जैसाकि उन्होंने कहा भी था, "भारत में एक के बाद एक कितने ही पन्थ उभरते रहे और वेदों के धर्म की चूलें हिला देने के संकेत देते रहे। परन्तु अन्त में वे सब–के–सब मूल धर्म में अन्तर्लीन होते चले गये। इसे मिटाने की बजाय वे ख़ुद ही इसकी विराट काया में समाते चले गये। वेदान्त दर्शन की

51. क्रिस्तोफ़ ज़फ़रेलो, 'हिन्दू नेशनलिज़्म : स्ट्रैटेजिक सिंकरीटिज़्म इन आइडियोलॉजी बिल्डिंग', इकोनॉमिक एण्ड पॉलिटिकल वीकली, 20–27 मार्च, 1993

ऊँची आध्यात्मिक उड़ानें हों–जिनके प्रतिबिम्ब नवीनतम वैज्ञानिक खोजों में दिखाई देते रहते हैं–या मूर्ति–पूजा और पौराणिक कथाओं का सांसारिक स्वरूप, बौद्धों का अज्ञेयवाद हो या जैनियों का अनीश्वरवाद, एक हिन्दू के धर्म में सभी के लिए पर्याप्त स्थान है।''

स्वामी विवेकानन्द पर शुरू में ब्रह्म समाज का प्रभाव रहा, जो एक निराकार ईश्वर में विश्वास रखता था और मूर्ति–पूजा का विरोधी था। यह दर्शन मूलतः उपनिषदों और अद्वैत वेदान्त के सिद्धान्तों पर आधारित था। परन्तु ब्रह्म समाज के प्रभाव के बावजूद विवेकानन्द पूरी तरह इससे आश्वस्त नहीं हो सके। बाद में अपने गुरु रामकृष्ण परमहंस (1836–1886) के सम्पर्क में आने के बाद वे ब्रह्म समाज के प्रभाव से दूर होते चले गये। रामकृष्ण परमहंस एक महान सन्त और योगी थे और कठोर साधना से प्राप्त अपनी अनेक सिद्धियों के लिए प्रसिद्ध थे। वे काली माता के साक्षात् दर्शनों, लम्बी समाधियों और 'आध्यात्मिक आनन्द–मग्नता' के लिए भी जाने जाते थे। कई बार वे नाचते–झूमते हुए आध्यात्मिक मस्ती की ऐसी अवस्था में पहुँच जाते कि देखने वाले चकित रह जाते। (डॉ. कर्ण सिंह ने इसे 'इंटेंस स्पिरिच्युल रैपसोडी' का नाम दिया है)। रामकृष्ण परमहंस धार्मिक वैश्विकता की सीख देते थे और अपने अनुयायियों को धर्म के नाम पर लड़ना–झगड़ना छोड़कर निर्मल और पवित्र मन से ईश्वर का ध्यान करने के लिए कहते थे। वे कथाओं और लघुकथाओं के माध्यम से अपना धार्मिक सन्देश देकर श्रोताओं को मन्त्रमुग्ध कर देते थे। उनके भक्तों में आम जनता से लेकर आभिजात्य वर्ग तक के लोग शामिल थे। अपने सबसे बड़े भक्त और प्रिय शिष्य विवेकानन्द को उन्होंने सच्चे अध्यात्म के दर्शन करवाये, जो हिन्दू धर्म–ग्रन्थों के अनुसार ईश्वर के साथ एकाकार होकर– अर्थात् आत्मा और परमात्मा (ब्रह्म) के मिलन से ही सम्भव था। विवेकानन्द ने अध्यात्म के विभिन्न पहलुओं, आत्म–बोध, मुक्ति और मोक्ष के बारे में उनसे बहुत कुछ सीखा।

कुछ वर्ष बाद उन्होंने शिकागो में आयोजित विश्व धर्म संसद को सम्बोधित करते हुए हिन्दू धर्म–ग्रन्थों की इस प्रकार व्याख्या की कि पश्चिम के श्रोता इसे आसानी से समझ सकें। अपने इस प्रसिद्ध और ऐतिहासिक भाषण में उन्होंने कहा था, ''हिन्दुओं ने अपना धर्म वेदों से जाना है। उनका मानना है कि वेदों का न कोई आदि है न अन्त। सुनने

वालों को यह विचित्र प्रतीत हो सकता है कि कोई पुस्तक आरम्भ या अन्त के बिना कैसे हो सकती है। परन्तु वेदों का अर्थ पुस्तकें नहीं हैं। वे आध्यात्मिक नियमों का एक ऐसा कोश हैं जिन्हें अलग–अलग महापुरुषों ने अलग–अलग समय में खोजा। जिस तरह गुरुत्वाकर्षण का नियम इसकी खोज होने से पहले से मौजूद था, और अगर समूची मानवता इस नियम को भूल भी जाये तो भी यह मौजूद रहेगा, उसी तरह आध्यात्मिक जगत् के नियम भी हमेशा से मौजूद हैं और रहेंगे। आत्मा और आत्मा के बीच जो नैतिक और आध्यात्मिक सम्बन्ध हैं, और आत्मा और सभी आत्माओं के पिता अर्थात् परमात्मा या परमेश्वर के बीच जो नैतिक और आध्यात्मिक सम्बन्ध हैं, वे उनकी खोज से पहले भी मौजूद थे, और अगर हम उन्हें भूल भी जाते हैं तो भी वे मौजूद रहेंगे।''

इसके बाद स्वामी विवेकानन्द ने पश्चिमी श्रोताओं को आश्चर्य में डालते हुए यह घोषणा की कि जहाँ पश्चिम के लोग ऐसा मानते हैं कि हम एक शरीर हैं जिसके भीतर एक आत्मा है, वहीं वेद यह कहते हैं कि मैं एक शरीर में वास करने वाली आत्मा हूँ, मैं शरीर नहीं हूँ। शरीर नष्ट हो जायेगा, परन्तु मैं नष्ट नहीं होऊँगी। ईश्वर के अस्तित्व को लेकर भी उन्होंने पश्चिम की समझ में आने वाली भाषा का प्रयोग करते हुए कहा, ''इन सभी नियमों के ऊपर, और सृष्टि के हर कण–कण में केवल और केवल वह 'एक' विद्यमान है जिसके आदेश से वायु बहती है, अग्नि जलती है, बादल बरसता है और मृत्यु पृथ्वी पर मँडराती है।'' (उन्होंने बहुत सोच–विचार कर 'एक' शब्द का प्रयोग किया था, क्योंकि जहाँ यह आत्मा और ब्रह्म या आत्मा और ब्रह्माण्डीय आत्मा की एकात्मकता का प्रतीक था, वहीं पश्चिम के 'एकेश्वरवादी' सभी धर्मों के मूल विचार का भी प्रतीक था।)

''और उस ईश्वर की प्रकृति क्या है?'' स्वामी विवेकानन्द ने मन्त्रमुग्ध विदेशी श्रोताओं को सम्बोधित करते हुए आगे कहा, ''वह सर्वव्यापी है, निर्मल और निराकार, एकमेव, परमेश्वर, दया का सागर, दाता। जैसाकि वेदों के रचयिता ऋषि–मुनियों ने लिखा है–'तुम्हीं हमारे पिता हो, तुम्हीं हमारी माता हो, तुम्हीं हमारे प्रिय सखा हो, तुम्हीं हमारी समूची शक्तियों के स्रोत हो, हमें शक्ति दो, तात। तुम्हीं हो समूची सृष्टि का बोझ वहन करने वाले, हमें अपने जीवन का बोझ सहन करने की शक्ति दो, दाता।' ''

जैसाकि उनके श्रोताओं को अपेक्षा थी, उनके सन्देश में रहस्यवाद का

भी हल्का–सा पुट था–"हिन्दू यह मानता है कि वह एक आत्मा है, जिसे न खड्ग काट सकती है, न अग्नि जला सकती है, न जल पिघला सकता है, न वायु सुखा सकती है। हिन्दू यह मानता है कि हर आत्मा एक वृत्त है, जिसकी कोई परिधि नहीं है, परन्तु जिसका केन्द्र शरीर में स्थित है। मृत्यु का अर्थ है, इस केन्द्र का एक शरीर से दूसरे शरीर में स्थानान्तरण। वेद हमें बताते हैं कि आत्मा दिव्य है, जो शरीर रूपी पदार्थ के बन्धन में जकड़ी रहती है। जब मनुष्य अपने आध्यात्मिक चरम पर पहुँच जाता है तो यह बन्धन खुल जाता है, इसीलिए इसे 'मुक्ति' का नाम दिया गया है–दोषों और त्रुटियों से मुक्ति, मृत्यु और कष्टों से मुक्ति।"

यहाँ स्वामी विवेकानन्द ने अपने श्रोताओं को चकित और भाव–विभोर करते हुए–ख़ासकर ऐसे श्रोताओं को, जो ईश्वर को बादलों के पार दूर–दराज स्थित किसी सफ़ेद दाढ़ी वाले वृद्ध के रूप में देखते थे–आगे कहा, "और हम कैसे उसकी पूजा करें? प्रेम के माध्यम से–उसी तरह जैसे कोई अपनी प्रेयसी को चाहता है–क्योंकि ईश्वर हमारे इस जीवन की और हमारे अगले जीवन की सबसे अनमोल वस्तु है। हमारे वेद हमें प्रेम का यही सिद्धान्त सिखाते हैं। यह प्रेम सिद्धान्त कृष्ण के हाथों और विकसित हुआ, जिन्हें हिन्दू ईश्वर के एक अवतार के रूप में देखते हैं। उन्होंने हमें सिखाया कि मनुष्य को कमल के पत्ते की तरह अपना जीवन जीना चाहिए, जो जल में खिलने के बाद भी जल में भीगता नहीं है। एक मनुष्य को भी इस संसार में रहते हुए अपना हृदय ईश्वर से और अपने हाथ अपने कर्म से जोड़े रखने चाहिए।" स्वामी विवेकानन्द के लिए 'भगवद्‌गीता' की शिक्षा के अनुरूप ईश्वर के प्रति निःस्वार्थ प्रेम ही सच्ची ईश्वर भक्ति थी। जैसाकि उन्होंने कहा था, "ईश्वर से इस जन्म में या अगले जन्म में कुछ पाने की इच्छा से प्रेम करना अच्छा है; परन्तु ईश्वर से निःस्वार्थ भाव से प्रेम करना और भी अच्छा है। जैसाकि इस प्रार्थना में कहा गया है, 'हे जगत्‌पिता, मुझे धन, सन्तान या ज्ञान की चाह नहीं है। यदि तुम्हारी इच्छा होगी तो मैं एक जन्म से दूसरे जन्म में प्रवेश करता रहूँगा। मुझे आज यह वरदान दो कि मैं किसी फल की इच्छा के बिना तुमसे प्रेम कर सकूँ; मैं तुम्हें सिर्फ़ प्रेम के लिए निःस्वार्थ भाव से प्रेम कर सकूँ।' "

स्वामी विवेकानन्द की दृष्टि में 'हिन्दूवाद क्या है?' प्रश्न को आत्म–बोध के विचार में समेटा जा सकता था, अद्वैत वेदान्त द्वारा परिभाषित आत्मा

और ब्रह्म के मिलन या मोक्ष के विचार में। उनके अनुसार, "हिन्दू धर्म का समूचा लक्ष्य मनुष्य के परिपूर्णता पर पहुँचने का सतत संघर्ष है, दिव्यता प्राप्त करने, ईश्वर तक पहुँचने और ईश्वर के दर्शन करने का संघर्ष; और इस तरह ईश्वर तक पहुँच कर, ईश्वर के दर्शन करके स्वर्गलोक के उस पिता समान परिपूर्ण बनने का संघर्ष ही हिन्दुओं के धर्म का सार या मूल है।" श्रोताओं को मन्त्रमुग्ध करते हुए उन्होंने आगे कहा, "इस सुन्दर–सजीले शरीर से आगे भी कुछ है, जो मनुष्य की आत्मा है, जिसका न कोई आदि है न अन्त, जिसको मृत्यु का कुछ भी ज्ञान नहीं है...। मैं पहले से ही एक अनादि–अनन्त जीवन से जुड़ा हुआ हूँ, अपने जन्म से ही और अपने जीवन के अस्तित्व से ही मैं उस अनादि–अनन्त जीवन के साथ योग (जुड़ाव) में हूँ।"

पश्चिमी श्रोताओं को उन्हीं की शब्दावली में 'हिन्दूवाद' का अर्थ समझा देने के बाद विवेकानन्द उनकी मूल धारणाओं से अलग हटते हुए बोले कि हिन्दू धर्म आत्म–बोध से कम कुछ भी नहीं है। "हमें यह कभी नहीं सिखाया जा सकता कि इन सिद्धान्तों पर विश्वास करो तो तुम सुरक्षित रहोगे। हम इसमें विश्वास नहीं रखते। आप वही हो जो आप स्वयं को बना लेते हो। धर्म एक बोध है, यह श्रवण नहीं है, यह सुनने की चीज़ नहीं है; न ही यह तोते की तरह (किसी सिद्धान्त को) रटने की चीज़ है।"

पश्चिमी धार्मिक मान्यताओं को सिरे से नकार देने के बाद स्वामी विवेकानन्द ने बहुत सशक्त तर्क देते हुए अद्वैत को दर्शन की बजाय विज्ञान बताया। यही कारण था कि हिन्दूवाद को अन्य धर्मों की तरह कभी भी 'विज्ञान बनाम धर्म' की बहस में नहीं उलझना पड़ा। उन्होंने कहा कि आधुनिक वैज्ञानिक अद्वैत से बहुत ज़्यादा प्रभावित थे, "मुझे दृढ़ शब्दों में यह कहना पड़ेगा कि विज्ञान के साथ सहमत होने वाला और आधुनिक शोधकर्त्ताओं से भी एक क़दम आगे रहने वाला एकमात्र धर्म अद्वैत है, भौतिक और नैतिक, दोनों दृष्टियों से। यही कारण है कि आधुनिक वैज्ञानिक इससे इतने मोहित हैं। उन्हें लगता है कि पुराने द्वैतवादी सिद्धान्त उनके लिए काफ़ी नहीं हैं और उनकी ज़रूरत को पूरा नहीं करते। मनुष्य को न सिर्फ़ धर्म चाहिए, बल्कि एक बौद्धिक धर्म चाहिए।"

हमें यह बात ध्यान में रखनी चाहिए कि स्वामी विवेकानन्द यह सब 1896 में कह रहे थे। उन्होंने यह भी कहा कि 'भारत में बहुईश्वरवाद'

को लेकर पश्चिम में प्रचलित धारणाएँ सही नहीं थीं। भारत के मन्दिरों में दिखाई देने वाली मूर्ति–पूजा को सतही अर्थों में लेने की ज़रूरत नहीं थी। "जुड़ाव का नियम (लॉ ऑफ़ एसोसिएशन) यह कहता है कि भौतिक छवि एक मानसिक विचार की प्रतीक होती है और इसका उलटा भी उतना ही सही है। यही कारण है कि हिन्दू पूजा करते समय अपने सामने एक भौतिक प्रतीक रखना पसन्द करते हैं। इससे उन्हें एकचित्तता और एकाग्रता बनाये रखने में मदद मिलती है। आपकी तरह वे भी जानते हैं कि वह भौतिक छवि ईश्वर नहीं है, कि वह ईश्वर की तरह सर्वव्यापी नहीं है...। एक हिन्दू की दृष्टि में मनुष्य असत्य से सत्य की ओर यात्रा नहीं करता, वह सत्य से सत्य की ओर, निचले सत्य से ऊँचे सत्य की ओर यात्रा करता है। उसके लिए निचले स्तर के 'फ़ेटिशिज़्म' (किसी भौतिक वस्तु के प्रति असामान्य आकर्षण) से लेकर उच्चतम स्तर के 'एब्सोल्यूटिज़्म' (पूर्णतावाद या परमेश्वरवाद) तक मनुष्य की आत्मा के आत्म–बोध के संघर्ष के ही असंख्य रूप हैं। संघर्ष का रूप मनुष्य के जन्म और संगति की स्थितियों पर निर्भर करता है और इनमें से हर रूप मनुष्य के संघर्ष के विकास का एक चरण है।" उन्होंने यह भी कहा कि तथाकथित 'एकेश्वरवादी' धर्मों की स्थिति भी कुछ ख़ास अलग नहीं है, क्योंकि इनमें भी छवियों, क्रॉस और ताबीज़ों इत्यादि का चलन है। ये सभी धार्मिक प्रतीक भी आध्यात्मिक भावनाएँ जगाते हैं। हर मनुष्य को इस तरह की मदद की ज़रूरत नहीं होती, परन्तु जिन्हें इसकी ज़रूरत नहीं है, उन्हें इसे ग़लत ठहराने का अधिकार भी नहीं है। भारत में मूर्ति–पूजा कम विकसित मस्तिष्कों को ऊँचे आध्यात्मिक सत्यों का अनुभव करवाने का उपाय मात्र है।

स्वामी विवेकानन्द अपने धर्म का बचाव मात्र नहीं कर रहे थे। वे बड़े गर्व के साथ 'दुनिया की प्राचीनतम संन्यासी परम्परा' और 'सभी धर्मों की जननी' का प्रतिनिधित्व करने का दावा कर रहे थे। वे हिन्दू धर्म को एक 'किचन रिलिजन' (रसोई का धर्म) के रूप में परिभाषित करने पर अत्यन्त क्रुद्ध थे, जैसाकि हिन्दूवाद कुछ लोगों की नज़र में बनकर रह गया है। आहार और आचरण को लेकर तरह–तरह के निषेध और प्रतिबन्ध हिन्दू धर्म की ऐसी ही छवि प्रस्तुत करते थे। परन्तु उन्होंने मनुष्यों के रूप में हिन्दुओं के व्यवहार (अन्य धर्मों के दमन के शिकार व्यक्तियों का शरणागत के रूप में स्वागत करना) और एक धार्मिक समुदाय के रूप में हिन्दुओं के

व्यवहार (अन्य धर्मों के प्रति सहिष्णुता) में कोई भेद नहीं किया। उन्होंने बड़े गर्व के साथ विदेशी श्रोताओं को बताया कि हिन्दू भारत ने रोम के अत्याचारों से जान बचा कर भारत पहुँचे यहूदी शरणार्थियों का और फ़ारस के मुस्लिम शासन से भागे पारसियों का अपने देश में कितनी सहानुभूति और उदारता के साथ स्वागत किया था। ''मुझे एक ऐसे देश का वासी होने पर गर्व है जिसने दमन के शिकार सभी धर्मों और सभी देशों के शरणार्थियों को हमेशा शरण दी है।'' उनकी दृष्टि में कोई दूसरा धर्म अपनाने वाले हिन्दुओं में और अन्य धर्मों के शरणार्थियों को शरण देने वाले हिन्दुओं में कोई मूलभूत अन्तर नहीं था, क्योंकि हिन्दूवाद धार्मिक मान्यताओं का प्रतीक होने के साथ–साथ अपने–आपमें एक सभ्यता भी था।

शिकागो के इसी सम्मेलन में एक अन्य भाषण में स्वामी विवेकानन्द ने अपने दर्शन को सरल शब्दों में प्रस्तुत करते हुए कहा, '' 'विविधता में एकता' प्रकृति की स्वाभाविक योजना है और हिन्दू ने इसे समझ लिया है। हर दूसरा धर्म कुछ निश्चित सिद्धान्त और निर्देश निर्धारित करता है और समाज को इन्हें अपनाने के लिए बाध्य करता है। वह समाज के सामने सिर्फ़ एक कोट रखता है और चाहता है कि यह जैक को भी फ़िट हो, जॉन को भी और हेनरी को भी। अगर यह जॉन या हेनरी को फ़िट नहीं बैठता तो उसे बिना कोट के ही गुज़ारा करना पड़ेगा। हिन्दुओं ने यह जान लिया है कि परम सत्य का सिर्फ़ बोध किया जा सकता है, उस पर चिन्तन किया जा सकता है, और किसी सापेक्ष के माध्यम से उसे व्यक्त किया जा सकता है।''

स्वामी विवेकानन्द अपने युग को देखते हुए इसलिए भी असाधारण थे क्योंकि वे लैंगिक समानता में विश्वास रखते थे। वे स्त्रियों से सहज भाव से मिलते थे, जिनमें से कई उनकी निकटतम शिष्याएँ भी थीं। वे विश्व भर में अपना सन्देश पहुँचाने के लिए उनके साथ मिलकर काम करते थे। इसलिए कोई आश्चर्य की बात नहीं है कि उन्होंने शिकागो की धर्म संसद में अपने ऐतिहासिक भाषण की शुरुआत 'माय सिस्टर्स एण्ड ब्रदर्स ऑफ़ अमेरिका' शब्दों से की थी। कहते हैं कि जब पहली बार उन्होंने इन शब्दों का प्रयोग किया था तो इन शब्दों और उनकी प्रभावशाली आवाज़ से पूरी सभा स्तब्ध रह गयी थी और फिर तालियों की गड़गड़ाहट से पूरा सभागृह गूँज उठा था।

अपनी पुस्तक 'राज योग' में स्वामी विवेकानन्द ने उन 'चार योगों' का वर्णन किया है जिनके माध्यम से हर मनुष्य अपने भीतर विद्यमान दिव्यशक्ति के बोध की तरफ़ बढ़ सकता है। यह पतंजलि के 'योग शास्त्र' की ही पुनर्व्याख्या है। इन चार योगों में राज योग (मनोवैज्ञानिक और आध्यात्मिक अभ्यास), कर्म योग (ईश्वरीयता की खोज के लिए कर्म और समाज सेवा), भक्ति योग (ईश्वर के लिए प्रेम और समर्पण की अभिव्यक्ति) और ज्ञान योग (आत्म–बोध के लिए ज्ञान और तकशीलता की प्राप्ति) शामिल हैं। ये चार अलग–अलग मार्ग होते हुए भी एक साथ या एक–दूसरे के समानान्तर पार किये जा सकते हैं। विवेकानन्द ने स्वयं अपने भीतर इन सभी को एक साथ जोड़ने का प्रयास किया। उन्होंने अनुशासन और प्रयास, गहन अध्ययन, चिन्तन और मनन और साथ ही भव्य पैमाने पर शारीरिक प्रयास के माध्यम से आत्म–बोध प्राप्त किया। इस शारीरिक प्रयास में मात्र एक लाठी और पानी का लोटा लेकर पूरे भारत की पदयात्रा शामिल थी।

स्वामी विवेकानन्द एक सच्चे योगी और उच्चतम नैतिक आचरण के प्रतीक थे। उन्हें कोई ऐसी बुराई छू भी नहीं गयी थी जो आजकल के तथाकथित 'स्वामियों' और 'बाबाओं' में दिखाई देती रहती हैं। आदि शंकराचार्य की शिक्षा के अनुरूप वे सत्य, पवित्रता, ब्रह्मचर्य और निःस्वार्थ भावना की आचार–संहिता का दृढ़ता से पालन करते थे। उनके समर्पित अनुयायियों में बहुत–सी स्त्रियाँ भी शामिल थीं, परन्तु वे उनकी उम्र की परवाह न करते हुए उनके साथ बहनों और बेटियों की तरह ही व्यवहार करते थे। वे एक पक्के ब्रह्मचारी का जीवन जीते थे और यौन–सम्बन्धों को अपने आध्यात्मिक अभियान में एक रुकावट की तरह देखते थे। इस दृष्टि से वे एक सच्चे संन्यासी थे। परन्तु अपने गुरु रामकृष्ण परमहंस की तरह वे कोई अलौकिक व्यक्ति नहीं थे। वे एक प्रभावशाली वक्ता और चमत्कारिक व्यक्तित्व के स्वामी थे और अपने आसपास के सांसारिक समाज के साथ घुल–मिलकर काम करते थे। उनका मानना था कि एक खाली पेट व्यक्ति को धर्म का उपदेश देना ईश्वर का अपमान था और भारत में बहुत–से लोगों को ईश्वर रोटी के टुकड़े में ही दिखाई देता था।

वेदान्त की सरल और सामयिक व्याख्या विवेकानन्द के प्रवचनों और व्याख्यानों का प्रमुख स्रोत बनी रही। उनके अनुसार, "प्रत्येक आत्मा में परमात्मा की झलक है। मनुष्य का लक्ष्य मात्र अपनी बाहरी और आन्तरिक

प्रकृति को नियन्त्रित करके इस ईश्वरीयता को उजागर करना है। यह कर्म, भक्ति, मानसिक अनुशासन या दर्शन के माध्यम से या एक साथ इन सभी के माध्यम से प्राप्त किया जा सकता है। इसके बाद आप मुक्त हो जाते हैं; यही धर्म का कुल सार है। सिद्धान्त, निर्देश, कर्मकाण्ड, ग्रन्थ, मन्दिर और प्रतीक–चिह्न सब इसके बाद आते हैं।''

विवेकानन्द स्वयं भी इसी अवधारणा के अनुसार जीते थे। उन्होंने कर्म, भक्ति, मानसिक अनुशासन और दर्शन सभी में सिद्धहस्तता अर्जित की। उनका मानना था कि आध्यात्मिक आत्म–बोध के लिए मनुष्य की इच्छा को जाग्रत करने की आवश्यकता थी। इसके लिए सेवा के माध्यम से आध्यात्मिक मार्ग की तरफ़ बढ़ना एक अच्छा व्यावहारिक उपाय था। सांसारिक सफलता का अपना महत्त्व था, परन्तु यह एकाग्र विचार और कर्म का परिणाम होना चाहिए था। यह बात ध्यान में रखनी चाहिए कि एक आध्यात्मिक गुरु और रामकृष्ण परमहंस के शिष्य होने के बावजूद, और एक योगी और संन्यासी के रूप में पूरे देश का भ्रमण करने और वेदान्त और गीता का सरल भाषा में सन्देश फैलाने के बावजूद, स्वामी विवेकानन्द भारत और इसकी जनता की तत्कालीन और भविष्य की व्यावहारिक ज़रूरतों से भली–भाँति परिचित थे और उन्हें ध्यान में रखकर चलते थे।

भारत की सामाजिक समस्याओं को कई दृष्टिकोणों से समझा और विश्लेषित किया जा सकता था, जिनमें से एक धार्मिक और आध्यात्मिक दृष्टिकोण भी था। स्वामी विवेकानन्द ने इसी दृष्टिकोण से इनका विश्लेषण किया और अपने गुरु के नाम पर 'रामकृष्ण मठ' की स्थापना की। इसके दोहरे उद्देश्यों में आत्म–बोध के आदर्श के साथ–साथ जनसेवा भी शामिल थी। परन्तु यह देखते हुए कि एक मठ का मूल लक्ष्य आध्यात्मिक चिन्तन–मनन होता है, उन्होंने अपने गुरु के नाम पर ही 'रामकृष्ण मिशन' की भी स्थापना की। यह एक परोपकारी और स्वयंसेवी संस्था थी, जिसका एक उद्देश्य 'रामकृष्ण मठ' के साथ मिलकर उनके विचारों और शिक्षाओं को विश्व भर में फैलाना था। मिशन उनके कर्म योग, निःस्वार्थ भावना और परोपकार के सिद्धान्तों के अनुसार काम करता था। कर्मयोग का सिद्धान्त मात्र ध्यान और चिन्तन–मनन से अलग हटकर कर्म और आचरण के माध्यम से आध्यात्मिक अनुभव प्राप्त करने का सिद्धान्त था। रामकृष्ण मिशन अपनी स्थापना से लेकर आज तक अपने जीवन मन्त्र 'आत्मनो

मोक्षार्थम् जगद् हिताय च' (अपने मोक्ष और संसार के हित के लिए) पर दृढ़ता से टिका रहा है।

इसमें कोई सन्देह नहीं कि स्वामी विवेकानन्द ने एक हिन्दू संन्यासी की परम्परागत छवि में क्रान्तिकारी बदलाव लाते हुए, और स्वयं अपना उदाहरण प्रस्तुत करते हुए, समाज सेवा को एक संन्यासी के जीवन का अभिन्न अंग बना दिया। अपने गुरु श्री रामकृष्ण परमहंस की मृत्यु के बाद वे कुछ समय तक वाराणसी, अयोध्या, वृन्दावन और हिमालय में स्थित योगियों के आश्रमों की तीर्थयात्राओं पर जाते रहे थे। परन्तु दो वर्ष बाद ही उन्हें यह अहसास हो गया कि आम लोगों के रोज़ी–रोटी के संघर्ष से मुँह मोड़ कर आध्यात्मिक जागृति के उद्‌देश्य को पूरा नहीं किया जा सकता।

जब 1892 की क्रिसमस के आसपास वे भारत के दक्षिणी छोर कन्याकुमारी की पदयात्रा पर गये तो उन्होंने तट की आख़िरी चट्‌टान पर ध्यान की मुद्रा में बैठकर चिन्तन–मनन किया। (इस चट्‌टान पर अब 'विवेकानन्द रॉक मेमोरियल' स्थित है)। यही वह स्थल था जहाँ उन्होंने देश भर की यात्राओं के दौरान आँखों देखी ग़रीबी और लाखों–करोड़ों लोगों के जीवन संघर्ष पर चिन्तन–मनन किया, जो उनके एक भारत के सपने या 'विज़न ऑफ़ वन इण्डिया' के रूप में सामने आया। इसे अब '1892 का कन्याकुमारी संकल्प' के नाम से जाना जाता है। कुछ समय बाद उन्होंने इस यात्रा के सम्बन्ध में लिखा था–

"केप कोमोरिन में कन्याकुमारी मन्दिर में बैठे–बैठे मुझे एक विचार सूझा। हम इतने सारे संन्यासी इधर–उधर भटकते फिर रहे हैं और लोगों को अध्यात्म की शिक्षा दे रहे हैं। यह सब पागलपन है। क्या हमारे गुरुदेव ने नहीं कहा था–'ख़ाली पेट भजन न होई'? ये ग़रीब लोग सिर्फ़ अज्ञान के कारण जंगलियों जैसा जीवन जी रहे हैं। मान लो कि दूसरों की भलाई के लिए कटिबद्ध कुछ संन्यासी गाँव–गाँव जाकर शिक्षा दें और चण्डालों समेत सभी ग़रीबों का जीवन–स्तर सुधारने के उपाय सोचें तो क्या समय के साथ इसका अच्छा परिणाम सामने नहीं आयेगा?... हम एक राष्ट्र के रूप में अपनी वैयक्तिकता खो चुके हैं और भारत में सभी कुकर्मों का यही कारण है। हमें राष्ट्र को इसकी खोई हुई वैयक्तिकता लौटानी होगी और जनता जनार्दन का जीवन–स्तर सुधारना होगा।..." विवेकानन्द एक ऐसा

तन्त्र स्थापित करना चाहते थे जिसके माध्यम से ग़रीब से ग़रीब और नीच से नीच व्यक्ति भी सद्विचारों से परिचित हो सके।

एक ऐसे देश में, जिसका बहुसंख्यक वर्ग लम्बे समय से अत्याचारों और दमन का शिकार हो रहा था, उनके इन विचारों ने उनके अनुयायियों को प्रेरणा से भर दिया। इस प्रकार उनके जीवन का एक नया अध्याय शुरू हो गया–राष्ट्रवाद का अध्याय। परन्तु विवेकानन्द का राष्ट्रवाद एक विदेशी शासन को उखाड़ फेंकने तक सीमित नहीं था, यह राष्ट्रीय जागरण से जुड़ा हुआ राष्ट्रवाद था। जल्दी ही यह उनकी विचार–प्रक्रिया का एक प्रमुख बिन्दु बन गया। उनका मानना था कि देश का भविष्य इसके लोगों पर निर्भर करता था, इसलिए उनकी शिक्षा इसी विषय पर केन्द्रित होती चली गयी। इसे आज हम मानव विकास के रूप में जानते हैं। हमारी आधुनिक शासन प्रणाली उनकी शिक्षाओं से बहुत कुछ सीख सकती है। भारतीय समस्या को लेकर उनका आकलन सैद्धान्तिक न होकर यथार्थवादी था। इसका एक कारण यह भी था कि वर्षों से देश भर की पदयात्राओं के दौरान वे आम लोगों की समस्याओं से नज़दीक से परिचित हो चुके थे। वे अपने बहुत–से अनुयायियों के साथ एक दान–पात्र साथ में लेकर चलते थे। आम जनता के साथ उनका जुड़ाव इतना गहरा था कि आज के किसी भी राजनीतिक नेता को उनसे ईर्ष्या हो सकती थी।

स्वामी विवेकानन्द देश की ग़रीबी से ज़्यादा ग़रीब और अमीर, छोटी जाति और ऊँची जाति के बीच के अन्तर और बलवानों द्वारा निर्बलों के नियमित दमन से व्यथित थे। वे अक्सर कहा करते थे, "यह हमारी मातृभूमि है, जहाँ झोंपड़ियाँ और महल साथ–साथ बसे हुए हैं।" उन्हें लगता था कि ऐसी परिस्थितियों में समाज में एकता और भाईचारे की वह भावना पैदा करना सम्भव नहीं था जो एक महान राष्ट्र की पहचान होती है। उनके अनुसार, यह 'बँटी हुई भीड़' जब तक एकजुट नहीं होगी, 'एक महान राष्ट्र का हमारा सपना' साकार नहीं हो सकता था।

इसके लिए सिर्फ़ अंग्रेज़ों से ही नहीं, स्वयं से भी मुक्त होने की आवश्यकता थी। स्वामी विवेकानन्द पूरी ईमानदारी से उन सामाजिक बुराइयों की आलोचना करते थे जो भारत को पिछड़ा रखे हुए थीं। वे जातिगत भेदभाव समेत ऐसी सभी सामाजिक प्रथाओं के कटु विरोधी थे जो आम जनता के दमन का माध्यम बनी हुई थीं। उन्होंने इस विचार को

ज़ोर–शोर से आगे बढ़ाया कि 'सभी मनुष्यों में किसी तरह के सामाजिक भेदभाव के बिना' ईश्वरीय शक्ति समान रूप से विद्यमान थी। उन्होंने स्त्रियों की दशा और पुरुषों पर उनकी पराधीनता को लेकर भी प्रश्न उठाये। उन्होंने कहा कि इस तरह की गुलामी भरी निर्भरता स्त्रियों को कमज़ोर बनाये हुए थी, जो 'किसी भी दुर्घटना या ख़तरे का सामना होने पर' सिर्फ़ रोना जानती थीं। उन्होंने समाज को बदलने वाले मूल्यों का खुलकर प्रचार किया। वे बाल विवाह जैसी सामाजिक बुराइयों को धर्म से जोड़ने के भी ख़िलाफ़ थे। वे सिर्फ़ एक धार्मिक सुधारक ही नहीं बल्कि समाज सुधारक भी थे। राजा राममोहन राय के अथक प्रयासों के बावजूद बाल–विवाह अब भी हिन्दू समाज को त्रस्त किये हुए थे, क्योंकि ब्रिटिश सरकार इस पर लगाम लगाने की इच्छुक नहीं थी। विवेकानन्द ने इस प्रथा का कड़ा विरोध करते हुए कहा था, "आठ साल की एक बालिका का तीस साल के पुरुष से विवाह कर दिया जाता है और माता–पिता इस पर ख़ुशी मनाते हैं। अगर कोई विरोध करता है तो यह तर्क दिया जाता है कि हमारे धर्म में हस्तक्षेप किया जा रहा है।" उनकी एक ब्रिटिश श्रद्धालु मारग्रेट नोबल, जो सिस्टर निवेदिता के नाम से प्रसिद्ध हुईं, कलकत्ता में लड़कियों का एक स्कूल चलाती थीं जहाँ स्त्रियों को लेकर उनके प्रगतिशील विचारों का प्रचार–प्रसार किया जाता था। विवेकानन्द एक पूर्णतः शिक्षित भारत का सपना देखते थे, जिसे 125 वर्ष बाद भी हम पूरा नहीं कर पाये हैं।

सामाजिक कुरीतियाँ और हिन्दू समाज को विभाजित करने वाली परम्पराएँ स्वामी विवेकानन्द को इस कारण से और भी व्यथित कर रही थीं क्योंकि यह सब धर्म के नाम पर हो रहा था। वे यह शिक्षा देते थे कि 'दूसरों में ईश्वर की झलक देखने से परस्पर प्रेमभाव और सद्भावना उत्पन्न होगी'। परन्तु उन्हें इस दृष्टिकोण के व्यावहारिक चलन को लेकर किसी तरह का भ्रम नहीं था। वे उन लोगों से चिढ़ते थे जो स्वयं को दूसरों से अधिक धर्मपरायण और श्रेष्ठ मानते थे। उन्होंने एक बार कहा था, "धर्म के नाम पर झगड़ा करने वाले से पूछो कि क्या तुमने ईश्वर को देखा है? क्या तुमने आत्मा को देखा है? अगर नहीं तो तुम्हें ईश्वर के नाम पर मुझे सीख देने का क्या अधिकार है? तुम स्वयं अँधेरे में भटक रहे हो और मुझे भी उसी अँधेरे में भटक रहे हो। एक अन्धा दूसरे अन्धे को क्या राह दिखाएगा? क्या दोनों ही किसी खड्डे में नहीं गिर पड़ेंगे?"

स्वामी विवेकानन्द ने अपने संक्षिप्त जीवनकाल में ही स्वयंसेवियों का एक ऐसा दल तैयार कर लिया था जो निर्धन, दुःखी और उपेक्षित वर्गों के बीच जाकर उनके उद्धार के लिए काम करता था। इनमें से बहुत–से युवाओं में अपने गुरु विवेकानन्द जैसे ही उत्साह ऊर्जा की झलक दिखाई देती थी, जिन्होंने बहुत–से अन्य युवाओं में भी सत्य के मार्ग पर चलने की चाह पैदा की। 'राज योग' से सम्बन्धित अपने व्याख्यानों में देश की युवा पीढ़ी को सम्बोधित करते हुए विवेकानन्द अत्यन्त उत्साहवर्द्धक और प्रेरणादायक भाषा का प्रयोग करते थे। ऐसे ही एक व्याख्यान में उन्होंने कहा था–"कोई एक विचार चुन लो और उसे अपना जीवनमन्त्र बना लो। उसी पर विचार करो, उसी के सपने देखो और उसी को जीयो। अपने मस्तिष्क, मांसपेशियों, नसों और शरीर के हर अंग को उस विचार से भर जाने दो। हर दूसरे विचार को अपने ध्यान से हटा दो। यही सफलता का मार्ग है, यही आध्यात्मिक महापुरुषों के उत्पन्न होने का मार्ग है।"

वे स्वयं भी एक आध्यात्मिक महापुरुष थे। वे अपने आध्यात्मिक अभियान को बहुत सरल शब्दों में व्यक्त करते हुए कहते थे, "मैं एक ऐसा धर्म प्रस्तुत करना चाहता हूँ जो सभी मस्तिष्कों को समान रूप से स्वीकार्य हो। यह समान रूप से दार्शनिक, समान रूप से भावनात्मक, समान रूप से रहस्यवादी और समान रूप से कर्म–प्रेरक होना चाहिए।" उनकी अपनी शिक्षाओं और उनके निधन के बाद रामकृष्ण मठ और मिशन द्वारा किये गये कार्यों ने स्वामी विवेकानन्द को आधुनिक युग का मसीहा बना दिया है। एक आधुनिक हिन्दू जिस दृष्टि से विश्व को और इस विश्व में अपने स्थान को देखता है, वह स्वामी विवेकानन्द के ही प्रयासों का परिणाम है।

इसके साथ ही यह भी उतना ही सत्य है कि उन्होंने स्वयं को लोक या संसार से कभी अलग नहीं समझा। उनका अध्यात्म सांसारिकता से गहराई से जुड़ा हुआ था। उन्होंने हमें सिखाया था कि सच्चा राष्ट्रवाद एक आध्यात्मिक तड़प और समाज सेवा की सच्ची भावना दोनों से जुड़ा हुआ था। उनका जीवन मन्त्र था–उठो, जागो और लक्ष्य तक पहुँचने से पहले रुको नहीं। वे 'कठोपनिषद्' के एक श्लोक को उद्धरित किया करते थे। मेरे विचार में हम सार्वजनिक जीवन जीने वालों के लिए उनकी यह बहुत बड़ी सीख थी कि हमारे कुछ मूल्य होने चाहिए; कि हमें ईश्वरीयता

के कुछ ज्ञान के लिए प्रयास करना चाहिए–आख़िर समूचे अध्यात्म का कुल मिलाकर यही तो अर्थ है। परन्तु यह अध्यात्म निरर्थक है अगर हमें देश की आम जनता की भलाई से कोई सरोकार नहीं है, और हमारे अन्दर इसके लिए कुछ करने की इच्छाशक्ति नहीं है।

विश्व भर में और भारत में स्वामी विवेकानन्द के सैकड़ों व्याख्यानों में एक ही मूल सन्देश झलकता था–कि हिन्दू एक परम आत्मा में विश्वास करता है जो पूरी सृष्टि को अपने भीतर समेटे हुए है। वह एक ही ईश्वर की पूजा करता है, परन्तु यह मानता है कि दूसरे लोग उसे अलग रूपों में देख सकते हैं और अलग–अलग नाम दे सकते हैं। एकं सद् विप्रा बहुधा वदन्ति–सत्य एक ही है परन्तु ऋषि–मुनि उसे अलग–अलग नामों से बुलाते हैं।

स्वामी के बाद, महात्मा की ओर

मात्र उनतालीस वर्ष की उम्र में स्वामी विवेकानन्द की असामयिक मृत्यु के लगभग दो दशक बाद एक बिल्कुल अलग तरह के सन्त पुरुष ने–जो भगवे या गेरुए रंग के चोगे की बजाय ऑक्सफ़ोर्ड शैली की टोपी और पोशाक पहनते थे– हिन्दू धर्म की आधुनिक व्याख्या की कमान सँभाली। डॉ. सर्वपल्ली राधाकृष्णन, जो तब अड़तीस वर्ष की उम्र में 'ऑल सोल्स कॉलेज' के सबसे युवा फ़ेलो थे, ने प्रतिष्ठित अप्ट्रॉन व्याख्यानों में भाग लेते हुए आधुनिक शब्दावली में 'हिन्दू जीवन–दृष्टि' की व्याख्या की। उन्होंने शिक्षाविदों और सिद्धान्तशास्त्रियों की इस सभा में जादुई शब्दों में कहा–''ईश्वर संसार में है, परन्तु ईश्वर संसार नहीं है, और न संसार ईश्वर है। वह एक स्रष्टा से अधिक है, वह संरक्षण करता है, रक्षा करता है, ध्वस्त करता है, पुनर्निर्मित करता है और मनुष्यों के साथ मिलकर निरन्तर संघर्ष करता है।'' 'बृहदारण्यक उपनिषद्' में इस विचार को बहुत सुन्दर ढंग से व्यक्त किया गया है, हालाँकि डॉ. राधाकृष्णन ने इसका सन्दर्भ नहीं दिया–

> वह जो पृथ्वी में विद्यमान है
> परन्तु जो पृथ्वी से भिन्न है
> वह जो जल में विद्यमान है
> परन्तु जो जल से भिन्न है

वह जो वायु में विद्यमान है
परन्तु जो वायु से भिन्न है...
—बृहदारण्यक उपनिषद्, III, 7.3-7[52]

दोनों जगह मूल संस्कृत में 'अन्तर' शब्द प्रयुक्त हुआ है, जिसका अर्थ 'अन्तर्निहित' या 'भीतर' भी है और 'भिन्नता' भी। प्राकृतिक (वह सब जो हमें आसपास दिखाई देता है) और अलौकिक (ब्रह्माण्डीय आत्मा) में कोई 'द्वैत' या भेद नहीं है, दोनों एक–दूसरे में विद्यमान हैं। जैसाकि डॉ. राधाकृष्णन ने बहुत ख़ूबसूरत शब्दों में कहा था–''हिन्दू भावना जीवन के प्रति एक ऐसा दृष्टिकोण है जो दृश्य और नश्वर जगत् की अनन्त विविधता को एक अदृश्य और शाश्वत आत्मा द्वारा संचालित और संरक्षित मानता है।''[53]

जैसाकि स्वामी विवेकानन्द ने शिकागो में किया था, डॉ. राधाकृष्णन ने भी पश्चिमी श्रोताओं को चौंकाते हुए कहा था कि हिन्दू 'बुरा' और 'भला' की शब्दावली में नहीं सोचता। ''बुराई वह दूरी है जिसे भलाई को पार करना पड़ता है। कुरूपता रूपता की तरफ़ आधा क़दम है। असत्य सत्य के मार्ग का एक पड़ाव है।'' इसके बाद उन्होंने कहा, ''क्योंकि जगत् में हर आत्मा अन्य सभी आत्माओं से भिन्न है, इसलिए सबसे दुष्ट आत्मा को नष्ट करने से भी ईश्वर की योजना में एक रिक्त स्थान पैदा हो जायेगा।''[54]

उनके अनुसार, हिन्दू दर्शन में पाप की कोई धारणा नहीं थी, न स्वर्ग या नर्क की। (फिर भी, पाप के विचार को वेदों में पूरी तरह अनुपस्थित नहीं कहा जा सकता। 'ऋग्वेद' में भी यह धारणा देखी जा सकती है कि पवित्र जल में सभी पाप धुल जाते हैं।) डॉ. राधाकृष्णन के अनुसार, पापी को नर्क की आग में झोंकना ईश्वर का तरीक़ा नहीं हो सकता था, क्योंकि एक पापी की आत्मा में भी ईश्वर का एक अंश होता है। भला नर्क का अस्तित्व कैसे हो सकता है जब कोई ऐसा स्थान है ही नहीं जहाँ ईश्वर उपस्थित न हो? स्वामी विवेकानन्द ने भी वर्षों पहले कहा था कि हिन्दू 'भय' और 'पाप' के विचार को स्वीकार नहीं करते–'आर्यों ने इस विचार को एक आदिम विचार कहकर ठुकरा दिया था और एक अधिक दार्शनिक और उदात्त विचार की ओर बढ़ते जा रहे थे। इसी विचार को कुछ–कुछ

---

52. रेमन पणिक्कर, 'द वैदिक एक्सपीरियंस : मन्त्र मंजरी : एन एन्थोलॉजी ऑफ़ द वेदाज़ फ़ॉर मॉडर्न मैन', यूनिवर्सिटी ऑफ़ कैलिफोर्निया प्रेस, बर्कले, 1977

53. एस. राधाकृष्णन, 'द हिन्दू व्यू ऑफ़ लाइफ़', एलेन एण्ड एल्विन, लन्दन, 1926

54. वही।

काव्यात्मक अन्दाज़ में प्रस्तुत करते हुए डॉ. राधाकृष्णन ने कहा था, ''ग़लती का इलाज सूली या लाठी, बल प्रयोग या दण्ड नहीं होता; इसका इलाज चुपचाप प्रकाश फैलाना होता है।''[55]

राधाकृष्णन दर्शनशास्त्र के प्रोफ़ेसर की तरह बोलते थे और विवेकानन्द एक धर्मोपदेशक की तरह, परन्तु उनका सन्देश एक ही था–अद्वैत वेदान्त के हिन्दूवाद को आधुनिक पश्चिमी मस्तिष्कों के लिए सुलभ बनाना। स्वामी विवेकानन्द के असाधारण और जादुई व्यक्तित्व के कारण उनका प्रभाव अधिक गहरा और अमिट रहा। अन्य पन्थों और धर्मों के प्रति विवेकानन्द का सम्मान उनके व्याख्यानों का अभिन्न अंग था। उनके प्रभाव का एक कारण यह भी था कि वे प्राचीन ज्ञान को आधुनिक अन्तर्दृष्टियों से जोड़ देते थे। तर्क पर आधारित अन्तर्धर्मीय सद्भावना और आध्यात्मिकता उनके सन्देश को एक अनूठी गहराई प्रदान कर देते थे।

विवेकानन्द ने 'भगवद्गीता' को उद्धरित करते हुए कहा था–''जो भी मेरे पास जिस रूप में भी आता है मैं उस तक पहुँचता हूँ; सभी मनुष्य अलग–अलग जीवन के मार्गों पर संघर्षरत हैं जो सब अन्त में मुझ तक पहुँचते हैं।'' उन्होंने बहुत दृढ़ शब्दों में धार्मिक कट्टरवाद और हिंसा पर प्रहार करते हुए कहा था, ''सम्प्रदायवाद, कट्टर पन्थ और इसका सबसे घिनौना रूप धर्मोन्माद लम्बे समय से इस सुन्दर पृथ्वी को जकड़े हुए हैं। इन्होंने पृथ्वी को हिंसा से भर दिया है और अक्सर इसे मानव रक्त से रंग कर सभ्यताओं को नष्ट किया है और समूचे राष्ट्रों को दुखों में धकेल दिया है।''

उनका यह विश्वास कि इन नकारात्मक शक्तियों के ख़ात्मे का समय आ चुका था, दुर्भाग्यवश, सही साबित नहीं हुआ है। परन्तु उनका धार्मिक दृष्टिकोण–जिसे संस्कृत में 'सर्व धर्म समभाव' अर्थात् 'सभी धर्म एक समान सम्मान के पात्र हैं' कहा जाता है–आज हिन्दुओं की विशाल बहुसंख्या का दृष्टिकोण बन चुका है। हिन्दुओं द्वारा अन्य धर्मों और पूजा–पाठ की विविध विधियों की सहज स्वीकृति भारतीयता का एक विशिष्ट गुण मानी जाने लगी है। यह स्वीकृति एक संकुचित धार्मिक दायरे तक सीमित न रहकर एक बृहत् सांस्कृतिक और आध्यात्मिक दृष्टिकोण से जुड़ी हुई है।

स्वामी विवेकानन्द और अन्य हिन्दू सुधारकों और चिन्तकों के प्रयासों के कारण उपनिवेशीय शासन द्वारा ईसाईवाद को एक श्रेष्ठतर धर्म सिद्ध

55. वही।

करने की नस्लवादी सोच सफल नहीं हो पायी। इन सबने यह प्रमाणित कर दिया कि साम्राज्यवादियों द्वारा 'अन्धविश्वासी मूर्ति पूजकों के धर्म' के रूप में प्रचारित हिन्दूवाद वास्तव में कितना उच्च कोटि का, उदात्त, एकेश्वरवादी और समावेशी धर्म था। यह एक ऐसा धर्म था जो कितने ही सुधारों और संशोधनों की प्रक्रिया से गुज़रकर निखर चुका था, परिष्कृत हो चुका था, और जिसने स्वयं बुद्ध और बौद्ध धर्म को भी आत्मसात् करके अपना अंग बना लिया था। बहुत–से पश्चिमी विद्वान बौद्ध धर्म को सम्मान की दृष्टि से देखते थे। हिन्दूवाद सभी तरह की चुनौतियों से सफलतापूर्वक उबरा था और ईसाईवाद की नयी चुनौती भी उसके प्रभाव और शक्ति के आगे टिक नहीं सकती थी।

फिर भी–यह अपने आपमें एक आश्चर्यजनक बात भी है–वेदान्त दर्शन की लचीली प्रकृति और ठोस आधार ने जहाँ उपनिवेशीय शासन–काल में हिन्दुओं का आत्मविश्वास बनाये रखा, वहीं यह एक संकुचित राष्ट्रवाद की भावना पैदा करने में निष्प्रभावी रहा। क्योंकि अद्वैत वेदान्त एक समावेशी धर्म की सीख देता था, इसलिए इसके द्वारा प्रेरित किया जाने वाला राष्ट्रवाद भी समावेशी प्रकृति का था। हिन्दुओं ने उपनिवेशीय दमन का विरोध तो किया, परन्तु वे अन्य भारतीय धार्मिक समुदायों के साथ मिलकर स्वराज का लक्ष्य प्राप्त करने के विचार से पूरी तरह सन्तुष्ट थे।

महात्मा गाँधी

महात्मा गाँधी इसी दृष्टिकोण की प्रतिमूर्ति थे और अपने–आपको अद्वैत वेदान्त के एक सच्चे अनुयायी के रूप में देखते थे। स्वामी विवेकानन्द ने अद्वैत वेदान्त को एक समावेशी विश्व धर्म के रूप में प्रस्तुत किया था। महात्मा गाँधी ने भी हिन्दू धर्म में अपनी दृढ़ आस्था को छिपाने का प्रयास नहीं किया, परन्तु इसे उन्हीं की तरह अन्य धर्मों का सम्मान करने और उन्हें गले से लगाने वाले धर्म के रूप में प्रस्तुत किया। वे हिन्दू मान्यताओं और प्रथाओं से बहुत गहराई से जुड़े हुए थे और आदि शंकराचार्य के नियमों का दृढ़ता से पालन करते थे। अहिंसा और सत्य के सिद्धान्तों को तो उन्होंने राष्ट्रीय संघर्ष का माध्यम ही बना लिया। परन्तु गाँधीजी की प्रार्थना सभाओं में हिन्दू भजनों के साथ–साथ अन्य धर्मों की श्रद्धेय वाणियों और आयतों इत्यादि को भी शामिल किया जाता था। उन्होंने

सभी धर्मों की समन्वयता पर ज़ोर देते हुए 'रघुपति राघव राजा राम...ईश्वर अल्लाह तेरो नाम' जैसी पंक्तियों को प्रोत्साहित किया। यह सब वेदों की इस अवधारणा पर आधारित था कि ईश्वर और सभी मनुष्यों में एकात्मक जुड़ाव था। सभी मनुष्यों में एक ही आत्मा वास करती थी इसलिए सभी मनुष्य समान थे। उनका यह विश्वास था कि ईश्वर से जुड़ने के सभी रास्ते समान रूप से वैध थे और एक जैसे सम्मान के पात्र थे, उस समय एक कड़ी परीक्षा पर खरा साबित हुआ जब उन्होंने गो–हत्या पर प्रतिबन्ध लगाने का मामला उठाने से इनकार कर दिया, क्योंकि इससे अन्य धार्मिक समुदाय प्रभावित होते थे।

उनका यह व्यवहार हर हिन्दू के गले नहीं उतर पाता था। उनकी हत्या करने वाले नाथूराम गोडसे ने अदालत में अपना बचाव करते हुए उन पर हिन्दुओं के साथ विश्वासघात करने का आरोप लगाया था। यह अपने–आपमें एक अटपटा आरोप था, क्योंकि बहुत–से लोग गाँधीजी को भारतीय राजनीति में एक निर्विवाद हिन्दू नेता के रूप में देखते थे। यह सच है कि उनका हिन्दूवाद परम्परागत धार्मिक आचरण से अलग था, परन्तु मरते समय उनके होंठों पर राम का ही नाम था। फिर भी ऐसा कोई प्रमाण नहीं मिलता कि उनका अपना कोई इष्टदेव था, जिसे वे विशेष रूप से मानते और पूजते थे। (उन्होंने एक सर्वोच्च शक्ति में विश्वास प्रकट करते हुए लिखा था–'एक ऐसी अवर्णनीय शक्ति है जो हर चीज़ को नियन्त्रित करती है'...'मैं ईश्वर को एक व्यक्ति के रूप में नहीं देखता'।) गाँधीजी ने अपने धर्म को परिभाषित करते हुए कहा था कि जो कुछ भी हिन्दू धर्म–ग्रन्थों में था, वही उनका धर्म था। परन्तु, जैसाकि विद्वान लेखक के.पी. शंकरन ने लिखा है, "उन्होंने तुरन्त ही इसमें सुधार करते हुए आगे जोड़ा था कि वे इसी तरह अन्य धर्मों के श्रद्धेय ग्रन्थों में भी विश्वास रखते थे।"[56]

उन्होंने हिन्दू धर्म में अन्तर्निहित चयनशीलता और इसके ग्रन्थों और मान्यताओं की विविधता को ध्यान में रखते हुए यह भी स्पष्ट कर दिया था कि उन्हें इन धर्म–ग्रन्थों में मौजूद सिद्धान्तों को चुनने, उनकी अपनी दृष्टि से व्याख्या करने, और किसी सिद्धान्त से अहसमत होने पर उसे

---

56. के.पी. शंकरन, 'इन गुड फेथ : गाँधीज रेडिकल हिन्दूइज़्म', इण्डियन एक्सप्रेस, 4 दिसम्बर, 2017

ठुकराने का पूरा अधिकार था। सत्य और अहिंसा को हिन्दूवाद के लगभग अन्य सभी सिद्धान्तों से ऊपर रखते हुए उन्होंने इन्हें अपना जीवन मन्त्र बना लिया। जैसाकि वे कहा करते थे, "मेरे लिए सत्य ही ईश्वर है।"

गाँधीजी हिन्दूवाद के सुधारक न होकर इसके व्याख्याकार थे। उन्होंने अपने विचारों और उद्देश्यों से मेल खाने वाले धर्म सिद्धान्तों की नये सिरे से व्याख्या की और इन पर दृढ़ता से टिके रहे। उन्होंने अपने समकालीन अम्बेडकर की तरह हिन्दू धर्म को दोष न देकर सिर्फ़ इसकी घृणित प्रथाओं को कोसा और उन्हें मिटाने का प्रयास किया। भीमराव अम्बेडकर हिन्दूवाद की विकृतियों और क्रूरताओं पर कड़े प्रहार करने के बाद अन्ततः बौद्ध धर्म की शरण में चले गये, परन्तु गाँधीजी ने भीतर से ही इन विकृतियों के ख़िलाफ़ लड़ने का प्रयास किया। प्रो. शंकरन के अनुसार, गाँधीजी यूरोपीय मुक्ति और आधुनिकता की शब्दावली और परिभाषा को पचा नहीं पा रहे थे (जिसके कारण उन्होंने 1909 की अपनी पुस्तक 'हिन्द स्वराज' में बताये हैं), इसलिए वे हिन्दू धर्म की जानी–पहचानी शब्दावली की शरण में जाने के लिए बाध्य हो गये, जो उनके माता–पिता की वैष्णव परम्पराओं पर आधारित थी। गाँधीजी अद्वैत दर्शन के 'सत्य' और 'अहिंसा' के सिद्धान्तों पर आधारित 'एक नैतिक भारतीय राज्य' की स्थापना का सपना देख रहे थे। स्वाधीन भारत का राष्ट्रीय मन्त्र 'सत्यमेव जयते' अर्थात् 'सत्य की ही विजय होती है' गाँधीजी की ही देन है, जिसे उन्होंने 'मुण्डकोंउपनिषद्' से चुना था। 'भगवद्गीता' का उनका अपना अनुवाद अनासक्ति योग के दर्शन के रूप में अहिंसा पर ज़ोर देता है। गाँधीजी ने आमतौर से युद्ध और कर्म से जोड़े जाने वाली 'गीता' को अहिंसा और सत्य की सन्देशवाहिका बना दिया। यह अपने–आपमें एक चमत्कार था (जिसे कुछ लोगों ने पाठ का रचनात्मक परन्तु 'ग़लत अध्ययन' भी कहा है)।[57] जहाँ उनका हिन्दूवाद अहिंसा और सत्य का मंच बन गया, वहीं हिन्दू जनता की धार्मिक आस्था उनकी राजनीतिक रणनीति का आधार बन गयी।

यह सब करते हुए भी गाँधीजी ने अन्य धर्मों के भारतीयों को भी अपने उदार और समावेशी हिन्दूवाद से जोड़ने का ध्यान रखा। उनका मानना था कि आस्तिक और नास्तिक दोनों तरह की धार्मिक परम्पराओं में पर्याप्त मात्रा में ऐसा साहित्य उपलब्ध था जो धार्मिक और सांस्कृतिक

---

57. वही।

विविधता को लेकर एक बहुलवादी दृष्टिकोण को प्रोत्साहित करता हो। उन्हें अपने अद्वैतवादी विचारों के लिए वेदान्त के साथ–साथ जैन धर्म की 'अनेकान्तवाद' की अवधारणा से भी मदद मिली। इस अवधारणा के अनुसार, सत्य और यथार्थ को अलग–अलग लोग अलग–अलग दृष्टि से देखते हैं, इसलिए सत्य का कोई भी रूप 'सम्पूर्ण सत्य' नहीं हो सकता। गाँधीजी ने इसी आधार पर 'सत्य की बहुपक्षता और सापेक्षता' पर ज़ोर दिया। वे अक्सर कहा करते थे कि समन्वयता की भावना भारतीय सभ्यता का एक विशिष्ट और अभिन्न अंग है। एक बार एक हिन्दू के रूप में परिभाषित किये जाने पर उन्होंने घोषणा की थी–"मैं हिन्दू हूँ, मुसलमान हूँ, ईसाई हूँ, पारसी हूँ, यहूदी हूँ।" (इस पर मुस्लिम लीग के नेता मुहम्मद अली जिन्ना ने कटाक्ष करते हुए कहा था–"सिर्फ़ एक हिन्दू ही इस तरह की बात कह सकता है!")

एक हिन्दू के रूप में मैं बड़े गर्व के साथ विचार और कर्म की उस परम्परा का वारिस होने का दावा करता हूँ जो वेदों से शुरू हुई, आदि शंकराचार्य के हाथों विकसित हुई, भक्ति काल के दौरान फली–फूली, राजा राममोहन राय और श्री नारायण गुरु जैसे सुधारकों के स्पर्श से कुछ और निखरी, और स्वामी विवेकानन्द और महात्मा गाँधी जैसे दो महान प्रकाश–स्तम्भों के माध्यम से विश्व मंच पर प्रतिष्ठित हुई।

दूसरा खण्ड

राजनीतिक हिन्दूवाद

अध्याय पाँच

हिन्दूवाद बनाम हिन्दुत्व की राजनीति

जिन दिनों 'द हिन्दू' अख़बार में मैं नियमित कॉलम लिखा करता था—जो अपने नाम के बावजूद अपनी स्थापना के समय से ही एक धर्मनिरपेक्ष और कुछ—कुछ वामपन्थी झुकाव वाला अख़बार रहा है—मुझे हिन्दू नैतिक मूल्यों और धर्म के बारे में अपने लेखों पर पाठकों के ढेरों पत्र मिला करते थे। इन पत्रों में त्रिपुरा राज्य के सेवानिवृत्त पुलिस महानिदेशक श्री बी.जे.के. ताम्पी का एक पत्र भी शामिल था, जिसमें एक चुनौतीपूर्ण प्रश्न उठाया गया था। उन्होंने यह तर्क देते हुए कि 'धर्म' शब्द का 'पूरी तरह से धर्मनिरपेक्ष अर्थ है, जो व्यक्ति के कानून सम्मत आचरण और सामाजिक नैतिकताओं के पालन से जुड़ा हुआ है', इस बात पर ज़ोर दिया था कि एक हिन्दू व्यक्ति के जीवन में धर्म को महत्त्वपूर्ण स्थान देने की आवश्यकता थी। उन्होंने आगे लिखा था—"धर्म, अर्थ, काम और मोक्ष को हमेशा इसी क्रम में वर्णित किया जाता है। इसका अर्थ है कि धन—सम्पत्ति और सांसारिक सुख धर्म और मोक्ष की परिधि के भीतर ही रहने चाहिए।" उन्होंने रामकृष्ण मिशन के तेरहवें और सबसे प्रसिद्ध प्रमुख स्वामी रंगनाथानन्द का सन्दर्भ देते हुए लिखा था—"पुनर्जन्म के अत्यधिक भय के कारण हम दूसरे लोक के मोक्ष की ख़ातिर इस जन्म के सच्चे सांसारिक धर्म की अवहेलना करते रहते हैं। परिणामस्वरूप, मनुष्य न इस लोक के योग्य रह जाता है न आध्यात्मिक लोक के।"

मैं श्री ताम्पी से कभी मिला तो नहीं हूँ, परन्तु उनके विश्लेषण ने मेरे धर्मनिरपेक्ष हृदय को गद्‌गद कर दिया—ख़ासकर यह देखते हुए कि एक पुलिसकर्मी के व्यावहारिक पेशे से जुड़े होने के बावजूद उनका आध्यात्मिक

ज्ञान कितना गहरा था। हिन्दुत्व ब्रिगेड की लांछना को निमन्त्रण देने वाली अपनी तमाम हरक़तों के बावजूद मेरा यह मानना है कि धर्म का प्रचार करके–और समाज में सभी स्तरों पर अपने धर्म के अनुरूप जीवनयापन करने की भावना का संचार करके–हम धर्म और सेक्युलर भारत के बीच पैदा हो चुकी गहरी खाई को पाटने का काम कर सकते हैं।

समाजशास्त्र के वैज्ञानिक टी.एन. मदान के अनुसार, आधुनिक भारत का बढ़ता हुआ धर्मनिरपेक्षवाद ही धार्मिक कट्टरवाद के पनपने का प्रमुख कारण है। ''धर्मनिरपेक्षता का कुल मिलाकर यह अर्थ है कि धर्म को हाशिए पर धकेल दिया जाये। इससे धर्म के दुरुपयोग को प्रोत्साहन मिलता है। एक परम्परागत समाज में कट्टरवादियों और पुनरुत्थानवादियों का कोई अस्तित्व नहीं होता।''[58] दूसरे शब्दों में कहें तो धर्मनिरपेक्षता ने भारतीयों को नैतिक शिक्षा और इससे जुड़ी चारित्रिक दृढ़ता से वंचित कर दिया है–उन मूल्यों से और उस सार्थकता से जो धर्म हमारे जीवन को देता है। परिणामस्वरूप, हमारे सेक्युलर प्रोजेक्ट के जवाब में धार्मिक चरमपन्थ उभर आया है, जो लगभग एक अपरिहार्य प्रतिक्रिया प्रतीत होती है। इस दुविधा से बाहर निकलने का एक ही रास्ता है कि हिन्दू स्वामी विवेकानन्द द्वारा सिखाये गये हिन्दू धर्म की तरफ़ लौटें–जो एक सहिष्णु, समग्र, न्यायप्रिय और बहुलवादी धर्म है, और सांसारिक और आध्यात्मिक दोनों तरह के मानवीय कर्तव्यों से जुड़ा हुआ है।

जैसाकि श्री ताम्पी का मानना है, एक हिन्दू के लिए भौतिक सुख–सुविधाओं की प्राप्ति उसके धर्म के नैतिक निर्देशों के विरुद्ध या उनसे कटी हुई नहीं होनी चाहिए। दरअसल 'धार्मिक' और 'धर्मनिरपेक्ष' का भेद मिथ्या है, क्योंकि हिन्दूवाद में इस तरह के विभाजन नहीं हैं। जब आप अपना जीवन अपने कर्तव्यों का धर्म–सम्मत पालन करते हुए जीते हैं, तो आप 'सेक्युलर' या 'धर्मनिरपेक्ष' हैं (क्योंकि आप एक नैतिक आचार–संहिता का पालन करते हुए ही अपने धर्म का पालन कर सकते हैं)। दूसरे शब्दों में कहें तो 'सेक्युलर' या 'एक अच्छा हिन्दू' होना एक ही बात मानी जानी चाहिए।

परन्तु यहाँ शब्दावली की समस्या भी आड़े आ जाती है। जैसाकि

---

58. टी.एन. मदान, 'सेक्युलरिज़्म इन इट्स प्लेस', द जर्नल ऑफ़ एशियन स्टडीज़, खण्ड 46, अंक 4, नवम्बर 1987, पृ. 747–759

बनारस हिन्दू विश्वविद्यालय के प्रो. आर.एस. मिश्र कहते हैं, ''भारतीय सरकारें जिस 'सेक्युलरिज़्म' का पालन करती रही हैं, वह धर्मनिरपेक्षता (धर्म को अलग रखना) के सिद्धान्त पर आधारित है–जिसका पालन करना किसी भी 'अच्छे हिन्दू' के लिए असम्भव है।'' राजनाथ सिंह और योगी आदित्यनाथ जैसे भाजपाई नेता यह तर्क देते रहे हैं कि भारतीय सरकारों को 'धर्मनिरपेक्षता' की बजाय 'पन्थनिरपेक्षता' का पालन करना चाहिए (जिसका अर्थ है, किसी विशिष्ट समुदाय या धर्म के साथ पक्षपात न करना)। इस दृष्टि से मेरा तर्क उनसे कुछ ख़ास अलग नहीं है–जिसे मैं भारतीय राजनीति में प्रवेश करने से पहले वर्षों तक विभिन्न मंचों पर अभिव्यक्त करता रहा हूँ। भारत जैसे प्रचुर धार्मिकता वाले देश में 'सेक्युलरिज़्म' एक बेमेल नाम है। हमें इसकी बजाय 'बहुलवाद' या 'प्लुरलिज़्म' की बात करनी चाहिए। भारत के बहुलवाद की जड़ें हिन्दुओं द्वारा भिन्नता की स्वीकृति में ढूँढ़ी जा सकती हैं, जो आज भारतीय समाज के अधिकांश हिस्से के लिए निष्ठा का प्रश्न बन चुकी हैं। परन्तु 'धर्मनिरपेक्षता' के आलोचक 'बहुलवाद' को लेकर भी कुछ विशेष उत्साहित नहीं हैं। उदाहरण के लिए, प्रो. मिश्रा की दृष्टि में 'धर्मनिरपेक्षता' के साथ समस्या यह है कि कोई भी भारतीय आचार–संहिता धार्मिकता का रंग लिए होगी, इसलिए सेक्युलर लक्ष्यों को धार्मिक स्पर्श से अनछुआ रखना असम्भव है।

मुझे यह विचार समझ में आने के बावजूद अधूरा और अपर्याप्त लगता है। यह सच है कि भौतिक सुख–सुविधाएँ जुटाने में, सामाजिक व्यवहार और एक अच्छे प्रयास में धर्म का पालन करना आवश्यक है, परन्तु इसका अर्थ यह नहीं है कि सार्वजनिक नीतियों को साधु–सन्तों को सौंप दिया जाये, या भारतीय समाज के किसी भी वर्ग (उदाहरण के लिए, धर्म को लेकर हिन्दू दृष्टिकोण को स्वीकार न करने वाले अल्पसंख्यक वर्गों) को भारत के संचालन में उनकी न्यायोचित भागीदारी से वंचित रखा जाये। अगर हगें धर्म को अपने राष्ट्रीय जीवन से जोड़ना है तो यह हमारे बहुलवादी समाज को ध्यान में रखते हुए होना चाहिए, न कि उसकी कीमत पर।

हिन्दूवाद ने हमेशा से ही परस्पर विरोधी पक्षों को स्वीकार किया है और उनके साथ तालमेल बिठाया है। दुख और सुख, सफलता और विफलता, सृजन और विध्वंस, जीवन और मृत्यु–ये सब–के–सब मनुष्य के अस्तित्व के दोहरेपन के प्रतीक हैं। ये एक–दूसरे के विरोधी न होकर एक–दूसरे

के पूरक हैं। ये एक ही यथार्थ के दो अलग पहलू हैं। इसलिए एक हिन्दू के जीवन में सेक्युलर और श्रद्धेय दोनों ही होने चाहिए–धर्मनिरपेक्ष और धार्मिक। अगर यह बात समझ में आ जाये तो हिन्दुत्व के उभार से जुड़े अशोभनीय पहलू अपने–आप अप्रासंगिक हो जाएँगे।

आर.एस.एस. और सावरकर

भारत की वर्तमान सत्ताधारी पार्टी भारतीय जनता पार्टी ने 1989 में हिन्दुत्व को अपने परिभाषिक सिद्धान्त के रूप में अपनाया था। यह सिद्धान्त 1925 में स्थापित हिन्दू राष्ट्रवादी संस्था 'राष्ट्रीय स्वयंसेवक संघ' (आर.एस.एस.) और इससे जुड़ी और 'संघ परिवार' के नाम से जाने जानी वाली कुछ अन्य संस्थाओं, ख़ासकर 'विश्व हिन्दू परिषद्' द्वारा ज़ोर–शोर से प्रचारित किया जाता रहा है। 1964 में स्थापित विश्व हिन्दू परिषद् (वी.एच.पी.) का उद्देश्य हिन्दू धर्म की रक्षा और प्रचार–प्रसार करना है। ये सभी संस्थाएँ 'हिदुत्व' शब्द का बढ़–चढ़ कर प्रयोग करती रही हैं। परन्तु इस शब्द का वास्तविक अर्थ क्या है?

'हिन्दुत्व', जिसे हम अंग्रेज़ी में हिन्दूइज़्म (हिन्दूवाद) की बजाय 'हिन्दूनेस' कह सकते हैं, की अवधारणा का श्रेय आमतौर से विनायक दामोदर सावरकर (1883–1966) को दिया जाता है। उनकी पुस्तक 'इसेंशियल्स ऑफ़ हिन्दुत्व' (वीर सावरकर प्रकाशन, बम्बई, 1923) में ही सबसे पहले इस अवधारणा को प्रस्तुत किया गया था। पाँच वर्ष बाद 1928 में यही पुस्तक 'हिन्दुत्व : हू इज़ ए हिन्दू?' के नाम से पुनःप्रकाशित हुई। कई अर्थों में यह पुस्तक हिन्दू राष्ट्रवादियों का आधार ग्रन्थ है।

सावरकर ने 'हिन्दुत्व' शब्द का प्रयोग नैतिक, सांस्कृतिक और राजनीतिक स्तर पर 'एक हिन्दू होने के गुणों' को परिभाषित करने के लिए किया था। उनके अनुसार, हिन्दू वह व्यक्ति है जो भारत को अपनी मातृभूमि, पितृभूमि (अपने पूर्वजों की भूमि) और पुण्यभूमि मानता है। भारत हिन्दुओं की भूमि है क्योंकि उनकी नस्ल या जाति भारतीय है और क्योंकि हिन्दू धर्म भारत में ही उत्पन्न हुआ है। (उनके अनुसार, भारत में जन्मे अन्य धर्म–सिख, बौद्ध और जैन धर्म–भी इस कसौटी पर खरे उतरते थे और हिन्दूवाद के ही विस्तार थे, जबकि भारत से बाहर पैदा हुए ईसाई और इस्लाम धर्म इस श्रेणी में शामिल नहीं थे।) इस तरह, हिन्दू वह व्यक्ति

है जो हिन्दू माता–पिता से पैदा हुआ है और भारत को–सिन्धु से लेकर महासागरों तक फैली भारतवर्ष की भूमि को–अपनी मातृभूमि और पुण्यभूमि और 'अपने धर्म की पालना भूमि' के रूप में देखता है।

उस युग के नस्ली सिद्धान्तों के अनुरूप सावरकर ने हिन्दुत्व को एक ऐसी परिभाषित न की जा सकने वाली गुणवत्ता के रूप में परिभाषित किया जो हिन्दू 'नस्ल' में जन्मजात अन्तर्निहित थी, और जिसे हिन्दू धर्म के कुछ विशिष्ट सिद्धान्तों से जोड़कर नहीं पहचाना जा सकता था। उनके अनुसार, हिन्दुत्व 'इतना विविध और इतना समृद्ध, इतना सबल और इतना कोमल, इतना अबूझ और इतना उज्ज्वल' था कि इसे परिभाषित नहीं किया जा सकता था।[59] फिर भी, हिन्दुत्व की अवधारणा को हिन्दू धर्म से जोड़े बिना इसकी कोई सार्थकता दिखाई नहीं देती थी। इसलिए सावरकर ने घोषणा की कि 'हिन्दू धर्म हिन्दुत्व की एक उपधारा, एक अंश, एक अंग मात्र है'।[60]

सावरकर के लिए धर्म एक राजनीतिक विचार का विषय था, न कि इसका समानार्थी, जैसाकि हिन्दुत्व के आजकल के कई प्रवक्ता समझते हैं। सावरकर के अनुसार, "हिन्दुत्व और हिन्दू धर्म में भेद न कर पाने से बहुत–सी ग़लतफ़हमियाँ पैदा होती हैं और हिन्दू सभ्यता की साझी धरोहर वाले समुदायों के बीच परस्पर सन्देह का वातावरण बनता है। यहाँ यह स्पष्ट कर देना पर्याप्त है कि हिन्दुत्व का अर्थ 'हिन्दूइज़्म' और इसका आमतौर से समझा जाने वाला अर्थ नहीं है। 'इज़्म' (वाद) का आशय आमतौर से किसी सिद्धान्त या संहिता से होता है, जो किसी आध्यात्मिक या धार्मिक पन्थ या व्यवस्था से जुड़े होते हैं। परन्तु जब हम 'हिन्दुत्व' के महत्त्व की जाँच–पड़ताल करने का प्रयास करते हैं तो हम मूलतः–और मुख्यतः तो कदापि नहीं– किसी विशिष्ट धर्मशासित या धार्मिक सिद्धान्त या पन्थ की बात नहीं कर रहे होते।"[61]

दूसरे शब्दों में कहें तो हिन्दुत्व सिर्फ़ हिन्दू धर्म तक सीमित नहीं है, बल्कि इससे बढ़कर कुछ है। एक राजनीतिक दर्शन के रूप में यह सिर्फ़ हिन्दू धर्म के अनुयायियों तक सीमित नहीं है। इस भेद के बावजूद

59. वी.डी. सावरकर, 'हिन्दुत्व', पृ. 3

60. वही।

61. वही, पृ. 3–4

उन्हें हिन्दुत्व के माध्यम से हिन्दुओं की राजनीतिक एकजुटता की अपेक्षा थी। उनका तर्क था कि भारत में जन्मे मुसलमान और ईसाई भी हिन्दुत्व की कसौटी की तीन शर्तों पर खरे नहीं उतरते थे–साझा राष्ट्र, साझी जाति और साझी संस्कृति। ये तीन समानताएँ मूलतः साझे इतिहास, साझे नायकों, साझे साहित्य, साझी कला, साझे कानून और न्यायपालिका, साझे मेले–त्योहारों, रीति–रिवाजों, संस्कारों और पवित्र प्रतीकों इत्यादि पर आधारित थीं।

हिन्दुओं की यह परिभाषा उन्हें भारतीय राष्ट्र का पर्याय बना देती थी–वह राष्ट्र जो युगों–युगों से अस्तित्व में था। इस तरह, सावरकर ने चर्चिल द्वारा अभिव्यक्त इस ब्रिटिश दृष्टिकोण को सिरे से नकार दिया था कि भारत 'एक भौगोलिक अभिव्यक्ति मात्र था...और भूमध्य रेखा की तरह कोई एक देश' नहीं था। इन कुख्यात पंक्तियों के विपरीत सावरकर हिन्दुत्व को ही हिन्दू राष्ट्र की पहचान के रूप में देख रहे थे, जो पूरे भारतीय उपमहाद्वीप में फैला हुआ था। उनका हिन्दुत्व एक अखण्ड भारत की अवधारणा के साथ जुड़ा हुआ था, जो प्राचीन मौर्य वंश (320–180 ईसा पूर्व) के राजाओं, चन्द्रगुप्त और अशोक द्वारा लगभग पूरे उपमहाद्वीप पर अपना शासन स्थापित करने के सफल अभियानों पर आधारित थी। बाद के दिनों के एक संघ प्रकाशन 'श्री गुरुजी', द मैन एण्ड हिज मिशन' की पंक्तियों के अनुसार, ''यह स्पष्ट हो गया कि भारत में हिन्दू ही एक राष्ट्र (के प्रतीक) थे और हिन्दुत्व ही राष्ट्रीयता थी।''[62]

सावरकर के लिए हिन्दुत्व ही भारतीयता का पर्याय था, अगर इसे ठीक से समझा जाये। सावरकर की हिन्दुत्व की अवधारणा इतनी विस्तृत थी कि इसमें लगभग आज का पूरा भारत समा सकता है। उन्हीं के शब्दों में, ''हिन्दुत्व एक शब्द न होकर एक पूरा इतिहास है। यह केवल हमारे देशवासियों का आध्यात्मिक या धार्मिक इतिहास ही नहीं है, जैसाकि इस शब्द को 'हिन्दूइज़्म' (हिन्दूवाद या हिन्दू धर्म) से जोड़कर देखने से अक्सर ग़लतफ़हमी हो जाती है, बल्कि यह उनका समूचा इतिहास है।... हिन्दुत्व में हमारी हिन्दू नस्ल के चिन्तन और क्रिया से जुड़े सभी विभाग समा जाते हैं।''[63]

---

62. एम.जे. अकबर की पुस्तक 'द सीज़ विद इन : चैलेंजिज़ टू ए नेशंज़ यूनिटी', यू.बी.एस. पी.डी., नयी दिल्ली, 1996 में उद्धरित

63. वी.डी. सावरकर, 'हिन्दुत्व', पृ. 3

हिन्दू 'नस्ल' की यह धारणा राष्ट्र के विचार के साथ पूरी तरह घुली–मिली हुई थी। जैसाकि सावरकर ने समझाया था, ''हम हिन्दू सिर्फ़ एक साझी पितृभूमि के प्रेम भरे सूत्र में बँधे होने के कारण, और हमारी रगों में दौड़ते और हमारे हृदय की धड़कनों को झंकृत करते एक साझे रक्त के कारण ही आपस में जुड़े हुए नहीं हैं, बल्कि हम अपनी महान सभ्यता और हिन्दू संस्कृति के प्रति अपनी साझी श्रद्धांजलि के अटूट सूत्र से भी आपस में जुड़े हुए हैं।'' परन्तु अपनी परिभाषा से उन्होंने हिन्दुत्व के दायरे से उन लोगों को बाहर कर दिया था जिनके पूर्वज कहीं और से आकर भारत में बसे थे या जिनकी पितृभूमि भारत से बाहर थी–अर्थात् देश के दो सबसे महत्त्वपूर्ण अल्पसंख्यक समुदायों, मुस्लिमों और ईसाइयों को। यह स्पष्ट नहीं किया गया था कि सावरकर के हिन्दू राष्ट्र में उनका क्या स्थान होगा? शायद वे यही उम्मीद कर सकते थे कि उन्हें एक तरह से दूसरे दर्जे की नागरिकता मिल जाये और वे भारत में इतने में ही सन्तुष्ट महसूस करते हुए रह सकें।

1939 में सावरकर ने एक पुस्तक की प्रस्तावना लिखी थी। यह पुस्तक एक नाजी समर्थक और यूरोप में पैदा हुई हिन्दू पुनरुत्थानवादी महिला ने लिखी थी जो अपने–आपको सावित्री देवी कहती थी। सावित्री देवी (1905–1982) का मूल नाम मैक्सी मियानी पोरतास था और वह ग्रीक, फ्रेंच और अंग्रेज़ी के मिश्रित रक्त की पैदाइश थी। वह अपने कई अन्य सिरफिरे विचारों के साथ–साथ एडोल्फ हिटलर को विष्णु के अवतार के रूप में देखती थी। उसकी पुस्तक 'ए वार्निंग टू द हिन्दूज़' हिन्दुओं के पुनरुत्थान की ज़ोरदार वकालत करती है। इसके अनुसार, ''हिन्दू धर्म भारत का राष्ट्रीय धर्म है। अगर कोई असली भारत है तो वह सिर्फ़ हिन्दू भारत है।'' सावरकर ने लेखिका के तर्कों का समर्थन करते हुए अपनी प्रस्तावना में लिखा–''एक लम्बे समय से जीवन के सभी क्षेत्रों में हिन्दुओं को निष्क्रियता पैदा करने वाले विचार पिलाए जाते रहे हैं, जिसके कारण वे मोक्ष के अलावा और कुछ प्राप्त करने की क्षमता और ऊर्जा खो बैठे हैं। मोक्ष अर्थात् इस संसार से पलायन–लेकिन कहाँ, यह ईश्वर ही जानता है। हमारे हिन्दू राष्ट्र के सदियों से गुलाम होने का यह भी एक बहुत बड़ा कारण है।''[64] सावरकर की अद्वैत के गूढ़ अध्यात्म में कोई दिलचस्पी

64. www.savitridevi.org/hindus-forward.html

नहीं थी। वे और सावित्री देवी राजनीतिक शक्ति चाहते थे, अब और इसी समय। सावित्री देवी के लिए राजनीतिक शक्ति का अर्थ था 'एक संगठित सैन्य बल के साथ कानून की शक्ति', जो 'इस दुनिया में सब कुछ' थी।... ''हम चाहते हैं कि हिन्दू इस बात को याद रखें और किसी भी मूल्य पर राजनीतिक शक्ति प्राप्त करने का प्रयास करें। सामाजिक सुधार आवश्यक हैं, इसलिए नहीं कि वे हिन्दुओं में अधिक 'मानवीयता' लाएँगे, जैसाकि बहुत–से लोग सोचते हैं, बल्कि इसलिए कि वे एकजुटता लाएँगे, जिसका अर्थ है–शक्ति।''[65]

राष्ट्र की परिभाषा : गोलवलकर

इस तर्क को एम.एस. गोलवलकर (1906–1973) ने और आगे बढ़ाया, जो तीन दशकों (1940–1973) तक राष्ट्रीय स्वयंसेवक संघ के सरसंघचालक रहे। वे सावरकर को पीछे छोड़ते हुए हिन्दू राष्ट्रवाद के प्रमुख विचारक बन गये, ख़ासकर 1939 में प्रकाशित अपनी पुस्तक 'वी, ऑर अवर नेशनहुड डिफ़ाइण्ड' (तीसरा संस्करण, नागपुर, भारत प्रकाशन, 1945) के बाद। उनके लेखनों और भाषणों के संकलन 'बंच ऑफ़ थॉट्स' (चौथी आवृत्ति, बैंगलोर, विक्रम प्रकाशन, 1968) ने उनकी स्थिति को और भी सुदृढ़ कर दिया। गोलवलकर ने अपने लेखनों में यह स्पष्ट कर दिया कि भारत हिन्दुओं की पवित्र भूमि थी। उनके अनुसार, ''हिन्दुस्तान हिन्दुओं की भूमि और बपौती है और केवल हिन्दू राष्ट्र के फलने–फूलने के लिए है।''[66] उन्होंने आगे लिखा, ''प्राचीन समय में भारत एक विशुद्ध हिन्दू देश था– एक अप्रतिम कीर्ति वाला देश, जिसे एक के बाद एक विदेशी आक्रमणों ने बर्बाद कर दिया।''[67] उनका मानना था कि एक राष्ट्रीय पुनर्जागरण की घोर आवश्यकता थी। वे अपने लेखनों में लगातार यह विचार व्यक्त करते रहे कि केवल हिन्दुत्व के माध्यम से ही 'हिन्दू राष्ट्र' (वह मातृभूमि जिसके लिए हिन्दुओं ने अपना रक्त बहाया था) के लिए राष्ट्रीय पुनर्जागरण के उद्देश्य को साकार किया जा सकता था।[68] उन्होंने 'क्षेत्रीय राष्ट्रवाद' की

65. www.savitridevi.org/hindus.06.html
66. गोलवलकर, 'वी, ऑर अवर नेशनहुड डिफ़ाइण्ड', पृ. 52–53
67. वही, पृ. 42
68. गोलवलकर, 'बंच ऑफ़ थॉट्स', पृ. 123

अवधारणा को सिरे से ख़ारिज कर दिया, जिसके अनुसार एक राष्ट्र की सीमाएँ ही उसकी पहचान थीं, जिसके भीतर रहने वाले सभी व्यक्तियों को समान अधिकार प्राप्त थे। गोलवलकर का मानना था कि कोई क्षेत्र राष्ट्र नहीं हो सकता था, क्योंकि राष्ट्र लोगों से बनता था। ये लोग कौन थे? जहाँ तक भारत की बात है, ये लोग हिन्दू थे।[69] गोलवलकर और राष्ट्रीय स्वयंसेववक संघ 'सांस्कृतिक राष्ट्रवाद' पर ज़ोर देने लगे।[70] यह स्वाभाविक रूप से भारतीय संविधान में परिभाषित नागरिक राष्ट्रवाद से पूरी तरह उलट था।

गोलवलकर का मानना था कि 1947 में उपनिवेशीय शासन से भारत की स्वतन्त्रता वास्तविक स्वतन्त्रता नहीं थी, क्योंकि नये नेता 'राष्ट्रवाद की उसी विकृत धारणा' के शिकार थे जिसके अनुसार भारत के सीमा क्षेत्र के भीतर रहने वाले सभी व्यक्ति समान रूप से राष्ट्र के अंग थे। उन्होंने लिखा, "क्षेत्रीय (टेरिटोरियल) राष्ट्रवाद की धारणा ने हमारे राष्ट्र को पुंसत्वहीन बना दिया है और अपनी जीवन–शक्ति से वंचित एक देह से आप क्या उम्मीद कर सकते हैं? यही कारण है कि आज भ्रष्टाचार, विघटन और अपव्ययता के दीमक ने राष्ट्र को भीतर से खोखला कर दिया है। हम एक जीते–जागते और स्वाभाविक राष्ट्रवाद की बजाय एक अस्वाभाविक, अवैज्ञानिक और जीवनरहित क्षेत्रीय राष्ट्रवाद की धारणा से चिपके बैठे हैं।"[71]

गोलवलकर ने अपनी पुस्तक 'बंच ऑफ़ थॉट्स' में लिखा है कि क्षेत्रीय राष्ट्रवाद एक तरह का बर्बरतावाद है, क्योंकि एक राष्ट्र मात्र राजनीतिक और आर्थिक अधिकारों का गट्ठर नहीं होता; यह एक राष्ट्रीय संस्कृति का प्रतीक होता है, जो भारत के मामले में 'प्राचीन और भव्य हिन्दूवाद' है। उन्होंने इस पुस्तक में प्रजातन्त्र पर भी व्यंग्य करते हुए इसे हिन्दू संस्कृति के प्रतिकूल बताया है। इसी तरह, उन्होंने मनु का गुणगान करते हुए उन्हें एक 'महान आत्मा' कहा है और उनकी कीर्ति के उदाहरण के रूप में फिलिपींस में स्थित उनके संगमरमर के एक बुत का वर्णन किया है। इस बुत के नीचे ये पंक्तियाँ अंकित हैं–'विश्व के प्रथम, महानतम और

69. वही, पृ. 142–42

70. वही, पृ. 22 (हिन्दू राष्ट्र की हमारी धारणा मात्र राजनीतिक और आर्थिक अधिकारों का पुलिन्दा नहीं है, यह मूलतः सांस्कृतिक है।

71. वही, पृ. 156

सबसे बुद्धिमान विधि–निर्माता'। (गोलवलकर ने इस बात पर बिल्कुल भी ध्यान नहीं दिया है कि अपने ब्राह्मणवादी, जातिवादी स्त्री विरोधी और एकाधिकावादी विचारों के कारण मनु बहुत–से लोगों की कटु आलोचना के पात्र भी हैं)। दरअसल वे नीत्शे की भावनाओं को ही दोहरा रहे थे, जिन्होंने 'मनु स्मृति' के बारे में लिखा था–"यह विशुद्ध आर्य साक्ष्य, वेदों पर आधारित नैतिक संहिता, जो जाति और प्राचीन व्यवस्था का मूल स्त्रोत है और पुरोहितनुमा होने के बावजूद निराशाजनक नहीं है, धर्म के बारे में मेरी धारणाओं को उल्लेखनीय ढंग से सम्पूर्ण करता है।"[72] इसलिए गोलवलकर के लिए मुक्ति का रास्ता भारतीय प्रजातन्त्र न होकर, मनु एस. पिल्लई के शब्दों में, "हिन्दू धर्म तन्त्र" था।[73]

पिल्लई ने यह शब्दावली मात्र चुटकी लेने के लिए प्रयोग नहीं की है। गोलवलकर अपने हिन्दू राष्ट्र में परम्परागत हिन्दू प्रथाओं को जारी रखना चाहते थे। उन्होंने लिखा था–"इतिहास हमें बताता है कि उत्तर–पश्चिम और उत्तर–पूर्व के हमारे क्षेत्र, जहाँ बौद्ध धर्म के प्रभाव से जाति–व्यवस्था कमज़ोर पड़ गयी मुसलमानों के प्रहार के सबसे ज़्यादा आसान शिकार बने।... परन्तु दिल्ली और उत्तर प्रदेश के क्षेत्र, जिन्हें जाति–प्रतिबन्धों के मामले में रूढ़िवादी और कट्टर माना जाता था, मुस्लिम सत्ता और धर्मोन्माद के केन्द्र बने रहने के बावजूद बढ़–चढ़ कर हिन्दू क्षेत्र बने रहे।"[74] इस तरह गोलवलकर की दृष्टि में, जातिवाद से ग्रस्त समाज विदेशी प्रभाव को झेलने में अधिक सक्षम था। जैसाकि उन्होंने लिखा भी था–"तथाकथित 'जातिग्रस्त' हिन्दू समाज अमर और अजेय रहा है... (जबकि) जातिविहीन समाज राख में मिल गये हैं।"[75]

गोलवलकर के अनुसार, क्षेत्रीय राष्ट्रवाद का विकल्प नस्ल पर आधारित राष्ट्रवाद था। हिटलर के उत्थान के चरम काल में उन्होंने लिखा था–"नस्ल और संस्कृति की शुद्धता बनाये रखने के लिए जर्मनी ने अपने

72. कोनराद ईस्ट द्वारा 'मनु एज ए वेपन अगेंस्ट इगेलिटेरियनिज़्म : नीत्शे एण्ड हिन्दू पॉलिटिकल फ़िलॉसफी' में उद्धरित नीत्शे का पत्र, जो उन्होंने अपने मित्र पीटर गास्त को लिखा था; फ्रेडरिक नीत्शे सोसायटी की वार्षिक कॉन्फ्रेंस में प्रस्तुत दस्तावेज़, लेदन, 2006

73. मनु एस. पिल्लई, 'डीकोडिंग आर.एस.एस. आइडियोलॉग एम.एस. गोलवलकर'ज नेशनलिज़्म', लाइवमिंट, 15 जुलाई, 2017

74. वही।

75. वही।

देश से सामी नस्लों, यहूदियों को साफ़ करके विश्व को चौंका दिया। वहाँ अपनी नस्ल को लेकर गर्व की भावना अपने शिखर पर थी। जर्मनी ने यह भी दिखा दिया है कि अलग–अलग जड़ों से उपजी नस्लों और संस्कृतियों को एक–दूसरे से जोड़कर रखना कितना असम्भव था। यह हिन्दुस्तान में हम सबके लिए एक अच्छा सबक है।''[76]

यह हिन्दू धर्म को लेकर सावरकर की धारणा से कुछ क़दम आगे की सोच थी, जो हिन्दुत्व को मूलतः एक सांस्कृतिक पहचान के रूप में देखते थे और हिन्दू धर्म को इसी विराट राष्ट्रीय हिन्दू संस्कृति का एक अंग मानते थे। एक महत्त्वपूर्ण पहलू से गोलवलकर का दृष्टिकोण सावरकर के दृष्टिकोण से बिल्कुल उलट था। उनके अनुसार, ''हमारे लिए संस्कृति हमारे सर्वग्राही और व्यापक धर्म का ही एक उत्पाद है, इसी की देह का एक अंग, जिसे इससे अलग करके नहीं देखा जा सकता।''[77] गोलवलकर के बाद हिन्दुत्व को एक ऐसी विचारधारा के रूप में देखा जाने लगा जो हिन्दुओं का वर्चस्व स्थापित करने की इच्छुक थी–भारत की राजनीतिक व्यवस्था में हिन्दू मूल्यों और हिन्दू जीवन–शैली की स्थापना के लक्ष्य से जुड़ी एक विचारधारा। गोलवलकर ने सावरकर की ही तरह गाँधीवादी 'सार्वभौमिकता' और 'अहिंसा' के विचारों को भ्रामक नींद की गोलियाँ कह कर ठुकरा दिया था। गाँधी की शान्तिप्रिय और नैतिक सीख की बजाय सावरकर ने हिन्दुत्व के 'राजनीतिक पुंसत्व' की बात की थी।[78] गोलवलकर ने इसी विचार को ज़ोर–शोर से आगे बढ़ाया।

गोलवलकर ने नस्ली घृणा से जुड़े अपने मूल लक्ष्यों को छिपाने का कोई प्रयास नहीं किया। उनके अनुसार, ''उस अशुभ दिन से जब मुसलमानों ने हिन्दुस्तान में क़दम रखा था, हिन्दू राष्ट्र आज तक इन लुटेरों से पीछा छुड़ाने के लिए शौर्यपूर्वक लड़ता रहा है।''[79] हिन्दुत्व के मुस्लिम–विरोधी एजेण्डे की जड़ें गोलवलकर के ऐसे ही वक्तव्यों में ढूँढ़ी जा सकती हैं। नाजी विचारधारा को देखते हुए 1930 के दशक में 'नस्ल' शब्द भले ही बहुत फ़ैशनबल रहा हो, परन्तु यह शब्द भारतीय मुसलमानों के सन्दर्भ में सही नहीं बैठता था। अधिकांश भारतीय मुसलमानों के पूर्वज हिन्दू ही थे,

---

76. गोलवलकर, 'वी, ऑर अवर नेशनहुड डिफ़ाइण्ड', पृ. 22
77. वही।
78. सावरकर, 'हिन्दुत्व', पृ. 20
79. गोलवलकर 'वी, ऑर अवर नेशनहुड डिफ़ाइण्ड', पृ. 15, 16

इसलिए उनकी भी वही नस्ल थी जो देश के अन्य हिन्दुओं की थी और जिनका गोलवलकर प्रतिनिधित्व कर रहे थे।

हिन्दुत्व के समर्थकों के अनुसार; एक साझे वंश के बावजूद मुसलमान स्वयं को हिन्दू संस्कृति से काट चुके थे। वे भारत भूमि पर जन्मी संस्कृत की बजाय अरबी में इबादत करते थे और एक विदेशी शहर मक्का को अपना पवित्र स्थान मानते थे। वे एक ऐसे धर्म–ग्रन्थ में विश्वास रखते थे जिसका भारत की भूमि और संस्कृति से कोई सम्बन्ध नहीं था। नायपॉल ने अपनी पुस्तक 'अमंग द बिलीवर्स' में लिखा है, "अब ऐसा लगता है कि अरब पूरे इतिहास में सबसे सफल उपनिवेशवादी थे; क्योंकि (मुस्लिम) श्रद्धालु यह मानते हैं कि उनके द्वारा फ़तेह किया जाना और फिर उन्हीं की तरह बन जाना मुक्ति के समान है।"[80]

गोलवलकर का समाधान यह था कि मुस्लिमों और अन्य अल्पसंख्यकों को हिन्दू राष्ट्रवादी मुख्यधारा में शामिल करने के लिए उन्हें बाहर के धार्मिक प्रतीकों के प्रति अपनी निष्ठा का त्याग करने के लिए बाध्य किया जाना चाहिए। (साढ़े चार सदियों पहले स्पेन में यहूदियों को इसी तरह ईसाई धर्म के प्रतीक पहनने के लिए बाध्य किया गया था) 'नस्ली भावना' की जर्मन धारणा–जिसे हर देशवासी के लिए महसूस और प्रदर्शित करना अनिवार्य था–गोलवलकर को बहुत आकर्षक प्रतीत होती थी। भारत में रहने के लिए मुस्लिमों को हिन्दुओं के अनुसार चलना होगा। मुहम्मद के पहाड़ पर जाने की कहावत का सन्दर्भ देते हुए गोलवलकर ने लिखा था–"भारत के मामले में हिन्दू पहाड़ है और मुस्लिम आबादी मुहम्मद है। मुझे कुछ और कहने की आवश्यकता नहीं है।"[81] पहले के एक पैरे में मैंने नस्ल के नाजी सिद्धान्तों को उनके खुले समर्थन की बात की है। उनके लेखन में इससे भी ज़्यादा रोंगटे खड़े कर देने वाली बातें दिखाई देती हैं।

ग़ैर–हिन्दुओं के प्रति गोलवलकर की घृणा मुस्लिमों और ईसाइयों के मामले में बहुत तीखा रूप धारण कर लेती थी। वे भारत के यहूदियों और पारसियों को आदर्श अल्पसंख्यकों के रूप में देखते थे। उन्हें अपनी स्थिति का अहसास था और वे हिन्दुओं की भावनाओं का ख़याल रखते थे। गोलवलकर ने तीखे शब्दों में लिखा था–"भारत पहले से ही हिन्दुओं

80. वी.एस. नायपॉल, 'अमंग द बिलीवर्स : एन इस्लामिक जर्नी', पेंगुइन बुक्स, लन्दन, 1982

81. 'ऑर्गेनाइज़र', 3 जून, 1979

का एक समूचा और प्राचीन राष्ट्र था, जहाँ अन्य समुदाय या तो यहूदियों और पारसियों की तरह अतिथियों के रूप में आये या फिर मुस्लिमों और ईसाइयों की तरह आक्रमणकारियों के रूप में।"[82] उन्होंने आगे लिखा था, "उन्होंने कभी भी इस प्रश्न का सामना नहीं किया कि इन विविध समूहों को भूमिपुत्र कैसे कहा जा सकता था? क्या सिर्फ़ इसलिए कि वे एक साझे शत्रु के अधीन साथ–साथ रह रहे थे?"

गोलवलकर एक धर्मनिरपेक्ष भारत के विचार के कड़े विरोधी थे। जैसाकि उन्होंने 'वी, ऑर अवर नेशनहुड डिफ़ाइण्ड' में लिखा था–"इन विदेशी तत्त्वों के सामने दो ही रास्ते थे–या तो वे राष्ट्रीय नस्ल के साथ घुल–मिल जाएँ और इसकी संस्कृति को अपना लें, या फिर इसकी कृपा पर तब तक इस देश में रहते रहें जब तक कि उन्हें यह देश छोड़ कर जाने के लिए नहीं कहा जाता। अल्पसंख्यकों की समस्या को लेकर यह एकमात्र ठोस विचार है।... हिन्दुस्तान में रहने वाली विदेशी नस्लों को या तो हिन्दू संस्कृति और भाषा को अपना लेना चाहिए, हिन्दू धर्म को सम्मान और श्रद्धा की दृष्टि से देखना चाहिए, और हिन्दू नस्ल और संस्कृति को गौरवान्वित करने वाले विचार के अलावा कोई और विचार मन में नहीं रखना चाहिए। उन्हें अपनी अलग पहचान को त्याग कर हिन्दू नस्ल में घुल–मिल जाना चाहिए या फिर हिन्दू राष्ट्र की अधीनता को स्वीकार करके इस देश में रहना चाहिए और विशेषाधिकारों या किसी भी तरह के अधिकारों की बात भूल जाना चाहिए, नागरिक अधिकारों की बात भी।"[83]

गोलवलकर ने यह तो माना कि हिन्दुओं के भीतर भी बहुत–सी विविधता थी, परन्तु साथ ही यह भी कहा कि वे 'एक ही जीवन दर्शन', 'एक ही लक्ष्य' और 'एक ही तरह के पवित्र संस्कारों', में विश्वास रखते थे, जो एक राष्ट्र का ठोस सांस्कृतिक और सभ्यतात्मक आधार थे।[84] उनके अनुसार, मुस्लिम और ईसाई इन मूल्यों, आकांक्षाओं और इनसे जुड़े दर्शन में विश्वास नहीं रखते थे। भले ही हिन्दुत्ववादी इस तुलना को पसन्द न करें, परन्तु गोलवलकर की एक हिन्दू भारत की परिकल्पना आज के मुस्लिम पाकिस्तान की विचारधारा से कुछ ख़ास अलग नहीं थी।

82. गोलवलकर, 'बंच ऑफ़ थॉट्स', पृ. 142
83. गोलवलकर, 'वी, ऑर अवर नेशनहुड डिफ़ाइण्ड', पृ. 104–105
84. गोलवलकर, 'बंच ऑफ़ थॉट्स', पृ. 102

हिन्दुत्व की विचारधारा मुसलमानों के मामले में सबसे अधिक तीखी दिखाई देती है, परन्तु गोलवलकर ईसाइयों को भी उतने ही सन्देह की दृष्टि से देखते थे। उन्होंने 'बंच ऑफ़ थॉट्स' में लिखा था कि भले ही ईसाई पहली नज़र में शान्त और निरापद दिखाई देते हों,[85] परन्तु अपने मिशनों, स्कूलों और कॉलेजों के माध्यम से वे हिन्दुओं के लिए और भी ज़्यादा ख़तरनाक बने हुए थे। ''जब तक वे स्वयं को ईसाई धर्म फैलाने वाले अन्तर्राष्ट्रीय अभियान के दूत के रूप में देखते रहेंगे, अपनी जन्मभूमि के प्रति पहली निष्ठा के प्रदर्शन से इनकार करते रहेंगे, और अपने पूर्वजों की संस्कृति और धरोहर के सच्चे वारिसों की तरह व्यवहार नहीं करेंगे, तब तक वे यहाँ परायों की तरह ही रहते रहेंगे और उनके साथ वैसा ही व्यवहार किया जायेगा।''[86]

गोलवलकर ने अपनी पिछली पुस्तक से एक क़दम आगे जाते हुए 'बंच ऑफ़ थॉट्स' में इन अल्पसंख्यक समुदायों के बारे में लिखा था– ''हम संघ के लोग गहरी हिन्दू जड़ों वाले लोग हैं।'' यही कारण है कि हम सभी धर्मों और धार्मिक मान्यताओं का सम्मान करते हैं।... परन्तु अब हमारे सामने प्रश्न यह है कि इस्लाम या ईसाई धर्म अपना लेने वाले इन लोगों का रवैया क्या है? इसमें कोई सन्देह नहीं कि वे इसी भूमि पर जन्मे हैं, परन्तु क्या वे अपने नमक के प्रति निष्ठावान हैं, क्या वे नमकहलाल हैं? क्या वे अपना पालन–पोषण करने वाली धरती के प्रति कृतज्ञता महसूस करते हैं? क्या वे ऐसा महसूस करते हैं कि वे इस धरती और इसकी परम्पराओं की सन्तानें हैं और इसकी सेवा करना उनके लिए सौभाग्य की बात है? क्या वे इसकी सेवा करने के अपने कर्तव्य को महसूस करते हैं? नहीं! धर्म परिवर्तन के साथ ही वे इस राष्ट्र के प्रति अपने प्रेम और समर्पण की भावना को भी भूल जाते हैं।''[87]

यह घोर सामान्यीकरण है जिसका गोलवलकर को कोई अपवाद दिखाई नहीं देता। ''हम जिस चीज़ में भी विश्वास रखते थे, मुसलमान ने उसके प्रति वैर भावना दिखाई। अगर हम मन्दिर में पूजा करते हैं तो वह उसका अनादर करेगा। अगर हम भजन गाते हैं या रथयात्रा निकालते हैं तो मुसलमान को खीज होगी। अगर हम गाय को पूजते हैं तो वह उसे

85. वही, पृ. 179

86. वही, पृ. 186

87. गोलवलकर, 'बंच ऑफ़ थॉटस,' पृ. 156

खायेगा। अगर हम स्त्री को मातृत्व के प्रतीक के रूप में महिमामण्डित करते हैं तो वह उसके साथ छेड़–छाड़ करना चाहेगा।'' स्वतन्त्रता प्राप्ति के चार महीने बाद दिसम्बर 1947 में गोलवलकर ने मुसलमानों के बारे में कहा था, 'दुनिया की कोई भी ताकत' मुसलमानों को हिन्दुस्तान में नहीं रख सकती। उन्हें यह देश छोड़ना पड़ेगा। ''अगर उन्हें यहाँ रहने दिया जाता है तो इसकी ज़िम्मेदारी सरकार पर होगी, न कि हिन्दू समुदाय पर। महात्मा गाँधी अब उन्हें और गुमराह नहीं कर सकते। हमारे पास ऐसे साधन हैं कि हम विरोधियों को तुरन्त चुप करवा सकते हैं।''[88]

गोलवलकर की दृष्टि में इस समस्या का वैकल्पिक समाधान पुनर्धर्मान्तरण था। उन्होंने लिखा था, ''यह हमारा कर्तव्य है कि हम अपने इन बिछुड़े हुए भाइयों को, जो सदियों से धार्मिक गुलामी में जी रहे हैं, उनके पैतृक घर में वापस बुला लें। उन्हें ईमानदार और आज़ादी पसन्द इनसानों की तरह गुलामी और अधीनता के सभी प्रतीकों को उतार फेंकना चाहिए और ईश्वरभक्ति और राष्ट्रीय जीवन के अपने पैतृक तौर–तरीक़े अपना लेने चाहिए।''[89] इस पर तीखा कटाक्ष करते हुए मनु एस. पिल्लई ने लिखा है, ''दूसरे शब्दों में कहें तो एक अच्छे धर्मतन्त्र की स्थापना के लिए 'घर वापसी' एक ऐसा नुस्ख़ा है जिससे हर समस्या का समाधान सम्भव है।''[90]

हिन्दुत्व के बारे में आर.एस.एस. का आधिकारिक दृष्टिकोण आज भी गोलवलकर की धारणा से मेल खाता है। 1993 में जब ग़ैर–कानूनी गतिविधियाँ (रोकथाम) कानून 1967 के अन्तर्गत गठित एक ट्रिब्यूनल में आर.एस.एस. के एक मामले की सुनवाई हुई तो आर.एस.एस. ने निम्नलिखित आधिकारिक वक्तव्य दिया था–

''राष्ट्रीय स्वयंसेवक संघ की दृढ़ मान्यता और इसके संविधान की दृष्टि से 'हिन्दू' शब्द एक सांस्कृतिक और सभ्यता से जुड़ी धारणा है, न कि एक राजनीतिक या धार्मिक शब्द। एक सांस्कृतिक धारणा के रूप में इस शब्द में सिख, बौद्ध और जैन सभी शामिल रहे हैं और हमेशा रहेंगे।

---

88. रामचंद्र गुहा, 'दे टू रोट अवर हिस्ट्री', आउटलुक, 22 अगस्त, 2005
89. गोलवलकर, 'बंच ऑफ़ थॉट्स', पृ. 131
90. मन एस. पिल्लई, 'डीकोडिंग आर.एस.एस. आइडियोलॉग एम.एस. गोलवलकर'ज़ नेशनेलिज़्म', लाइवमिण्ट, 15 जुलाई, 2017

आर.एस.एस. की दृढ़ मान्यता के अनुसार, भारत की सांस्कृतिक राष्ट्रीयता हिन्दू है और इसमें मुसलमानों, ईसाइयों और पारसियों समेत वे सभी शामिल हैं जिन्होंने यहाँ जन्म लिया है और जो भारत को अपनी मातृभूमि मानते हैं।... यह मात्र आर.एस.एस. की दृढ़ मान्यता का मामला नहीं है, अपितु एक ऐतिहासिक तथ्य है कि संस्कृति की दृष्टि से मुस्लिम, ईसाई और पारसी भी हिन्दू हैं, भले ही (दूसरे धर्मों के अनुयायी होते हुए) वे धार्मिक दृष्टि से हिन्दू न हों।''[91]

इस वक्तव्य में 'पवित्र भूमि' से जुड़ी समस्या ढक गयी है, जिसके बारे में सावरकर का प्रसिद्ध त्रिपक्षीय फॉर्मूला था–अगर आप मुस्लिम, ईसाई या पारसी हैं, भले ही सांस्कृतिक रूप से आप कितने भी हिन्दू हों, तो भारत आपकी 'पवित्र भूमि' नहीं है। हिन्दुत्व के समर्थक इस विरोधाभास को लेकर यह सुझाव देते हैं कि अल्पसंख्यकों को अपने हिन्दू मूल को स्वीकार करना चाहिए। अगर वे अपने–आपको 'मुहम्मदी हिन्दू', 'ईसाई हिन्दू' या 'पारसी हिन्दू' के रूप में देखते हैं तो भारत उन्हें स्वीकार कर सकता है। क्योंकि दूसरे धर्मों के इन अनुयायियों में से शायद ही कुछ लोग, अगर हों भी, यह बात मानने को तैयार होंगे, इसलिए यह सोचना स्वाभाविक और तर्कसंगत है कि हिन्दुत्व के नेतृत्व तले भारत में वे 'अनचाहे' नागरिक ही रहेंगे।

यह भी एक चौंकाने वाला तथ्य है कि हिन्दुत्ववादियों की सोच बीसवीं सदी के दक्षिण एशिया और मध्य पूर्व (मिडिल ईस्ट) के मुस्लिम आधुनिकवादियों से कितनी मिलती–जुलती है। दोनों ही एक गौरवशाली अतीत और इसके काल्पनिक पतन (आज की सांस्कृतिक पथभ्रष्टता और बाहरी शक्तियों के दुष्टतापूर्ण इरादों के कारण) की बात करते हैं। संस्कृति और सांस्कृतिक भेदों को लेकर और 'पश्चिम' और 'पश्चिमीकरण' के प्रति नकारात्मक रवैये को लेकर भी दोनों की सोच एक ही है। इसी तरह, राष्ट्रीय गौरव की पुनर्स्थापना के लिए धार्मिक समुदाय की राजनीतिक एकजुटता की अनिवार्यता को लेकर भी दोनों के विचार मिलते–जुलते हैं–भले ही इस लक्ष्य को प्राप्त करने का उनका तरीक़ा एक–दूसरे से अलग हो। गोलवलकर के निधन के पचास वर्ष बाद भी राष्ट्रवाद को लेकर उनके विचार उनके राजनीतिक अनुयायियों के लिए प्रेरणा–स्रोत बने हुए हैं–फ़र्क़

91. मुराद अली बेग, 'हिन्दुत्व', फ्रण्टियर, 6 जून, 2017

सिर्फ़ यह है कि ऐसे विचारों में विश्वास रखने वाले आज सचमुच सत्ता में हैं और इनके व्यावहारिक प्रयोग को लेकर कुछ करने की स्थिति में हैं।

भारतीय जनसंघ का उद्‌भव और दीनदयाल उपाध्याय

इस स्थिति तक पहुँचने में कुछ समय लगा। 1920 और 1930 के दशक में सावरकर और गोलवलकर के विचारों ने काफ़ी हलचल मचाई थी, परन्तु शायद ही कोई प्रमुख राजनीतिक पार्टी उन्हें गम्भीरता से लेने की इच्छुक थी। इसका एकमात्र अपवाद थी 'अखिल भारतीय हिन्दू महासभा', जो हाशिये में सिमटी हुई एक छोटी–सी पार्टी थी और 1937 में स्वयं सावरकर ने जिसका अध्यक्ष पद सँभाला था। हिन्दू महासभा स्वयं को मुस्लिम लीग के हिन्दू संस्करण की तरह देखती थी, भले ही इसे उस तरह का जन समर्थन कभी प्राप्त नहीं हुआ। हिन्दुओं का प्रचण्ड बहुमत धर्मनिरपेक्ष भारतीय राष्ट्रीय कांग्रेस पार्टी के साथ था। जब मुस्लिम लीग की विभाजन की माँग साम्प्रदायिक स्तर पर देश के टुकड़े करने पर तुली हुई थी तो हिन्दू महासभा भी खुल कर 'हिन्दुत्व' और 'हिन्दू राष्ट्र' की बात कर रही थी। महासभा के सबसे जाने–माने नेता श्यामा प्रसाद मुखर्जी थे, जो 1944 में इसके अध्यक्ष बने। वे एक राजनीतिक मंच के रूप में हिन्दू राष्ट्रवाद की सीमाओं को समझते थे, इसलिए उन्होंने सभी समुदायों के लोगों को इसका सदस्य बनाने की घोषणा की। जैसाकि स्वाभाविक था, इससे हिन्दू महासभा के गठन का उद्‌देश्य ही समाप्त हो जाता था, इसलिए पार्टी में इस घोषणा की बड़ी आलोचना हुई और मुखर्जी को अपने पद से त्याग–पत्र देना पड़ा। इसके बाद उन्होंने राष्ट्रीय स्वयंसेवक संघ के सहयोग से एक नयी राजनीतिक पार्टी की स्थापना की। इस नयी पार्टी का नाम 'भारतीय जनसंघ' था।

पार्टी के नाम का चयन मुखर्जी ने ख़ूब सोच–समझकर किया था। 'जन' अर्थात् भारत की जनता और 'संघ' अर्थात् राष्ट्रीय स्वयंसेवक संघ। इसलिए यह पार्टी देश की जनता और संघ (आर.एस.एस.) के बीच एक पुल की तरह थी। 'जनसंघ' को खुले तौर पर राष्ट्रीय स्वयंसेवक संघ के ही राजनीतिक अवतार या विस्तार के रूप में देखा जाता था, जिस पर 1948 में महात्मा गाँधी की हत्या के बाद प्रतिबन्ध लगा दिया गया था। बाद में सिर्फ़ एक सामाजिक–सांस्कृतिक मंच के रूप में ही काम करने

की अनुमति दी गयी थी, इसलिए यह खुलकर राजनीतिक गतिविधियों में भाग नहीं ले सकती थी। आर.एस.एस. 'हिन्दू समाज' की बात तो कर सकता था, परन्तु 'हिन्दू राष्ट्र' की नहीं, जो कि एक राजनीतिक विषय था। इस तरह एक नयी राजनीतिक पार्टी का जन्म हुआ। ऐसा माना जाता था कि भारतीय जनसंघ और राष्ट्रीय स्वयंसेवक संघ के बीच एक नाभिकीय सम्बन्ध था। दूसरे शब्दों में कहें तो जनसंघ अपनी पैतृक संस्था राष्ट्रीय स्वयंसेवक संघ की राजनीतिक भुजा था, जिसके माध्यम से संघ एक राष्ट्रीय फ्रेमवर्क के अन्तर्गत (न कि अपने साम्प्रदायिक फ्रेमवर्क के अन्तर्गत) हिन्दू हितों की बात कर सकता था। श्यामा प्रसाद मुखर्जी भी सावरकर की तरह सभी भारतीयों को हिन्दू संस्कृति की उपज मानते थे, इसलिए जनसंघ और संघ के लक्ष्यों में कोई बड़ा विरोधाभास नहीं था। मुखर्जी और उनके समर्थक 'हिन्दुत्व' को एक साम्प्रदायिक पहचान की बजाय एक राष्ट्रीय पहचान मानते थे, इसलिए भारतीय जनसंघ हिन्दुत्व के एजेण्डे के साथ ज़ोर–शोर से आगे बढ़ सकती थी।

अपने ढाई दशकों के अस्तित्व के दौरान भारतीय जनसंघ देश की जनता में एक सुगठित और प्रभावशाली विपक्षी पार्टी के रूप में अपनी एक अलग पहचान बनाने में सफल रही। इसके कुछ नेता योग्य और कुशल विपक्षी नेताओं के रूप में काफ़ी लोकप्रिय रहे। परन्तु सत्ता में आने का इसका सपना साकार नहीं हो पाया। इसका सर्वश्रेष्ठ चुनावी प्रदर्शन 1967 में रहा, जब इसने खुली और स्वतन्त्र व्यावसायिक नीतियों की वकालत करने वाली 'स्वतन्त्र पार्टी' के साथ गठबन्धन करके 35 सीटें जीतीं। खुद स्वतन्त्र पार्टी को 44 सीटें प्राप्त हुई थीं। दोनों पार्टियों की सीटों का कुल योग कांग्रेस द्वारा जीती गयी 283 सीटों की तुलना में कुछ भी नहीं था। फिर भी, पार्टी अध्यक्ष दीनदयाल उपाध्याय के कुशल नेतृत्व में जनसंघ के हिन्दुत्व के एजेण्डे को भरपूर प्रचार और प्रोत्साहन मिला। मैं उनके विचारों और ख़ासकर एकात्म हिन्दूवाद को लेकर उनके दर्शन पर विस्तार से चर्चा करूँगा।

* * *

इसमें कोई सन्देह नहीं कि पण्डित दीनदयाल उपाध्याय समसामयिक हिन्दुत्व आन्दोलन के सबसे महत्त्वपूर्ण हस्ताक्षर और विचारक हैं। उन्होंने

मात्र एक वर्ष (1967–1968) के लिए भारतीय जनसंघ का अध्यक्ष पद सँभाला, जो आज की भारतीय जनता पार्टी का पूर्ववर्ती रूप थी। परन्तु अपने असामयिक निधन से पहले उन्होंने अपने व्यक्तित्व और विचारों से पार्टी पर इतनी अमिट छाप छोड़ी कि वे पार्टी के इतिहास में हमेशा के लिए अमर हो गये। पण्डित दीनदयाल उपाध्याय (1916–1968) आजकल एक तरह के रेनेसां के दौर से गुज़र रहे हैं। 2014 से केन्द्र में शासन कर रही नरेन्द्र मोदी सरकार ने उनके जीवन और कार्यों को अपना जीवन मन्त्र बना लिया है। एकात्म हिन्दूवाद के उनके दर्शन पर कितने ही सेमिनारों और चर्चाओं का आयोजन किया जा रहा है। बहुत–से महत्त्वपूर्ण संस्थानों का नाम उनके नाम पर रखा जा रहा है। इनमें राजस्थान के पण्डित दीनदयाल उपाध्याय शेखावाटी विश्वविद्यालय से लेकर दिल्ली का दीनदयाल उपाध्याय अस्पताल और गाँधीनगर, गुजरात का पण्डित दीनदयाल पेट्रोलियम विश्वविद्यालय शामिल हैं। उनके नाम पर शुरू की गयी बहुत–सी सरकारी स्कीमों और योजनाओं पर करोड़ों रुपये ख़र्च किये जा रहे हैं।[92] कई मेडिकल कॉलेजों, अस्पतालों और पार्कों के साथ–साथ बेंगलुरु का एक फ़्लाइओवर भी उन्हीं के नाम से जाना जाता है। जनकपुरी, दिल्ली की पण्डित दीनदयाल उपाध्याय राष्ट्रीय सामाजिक सुरक्षा अकादमी के साथ–साथ अति–निर्धनों के लिए अन्त्योदय योजना के पीछे भी उन्हीं की प्रेरणा बतायी गयी है। इसी तरह, 'मेक इन इण्डिया' योजना भी उन्हीं के नाम या यूँ कहें कि उनके चरणों में समर्पित' है।[93] मुग़लसराय रेलवे स्टेशन, जहाँ मात्र 52 वर्ष की उम्र में उनका रहस्यमय परिस्थितियों में निधन हो गया था, का नाम बदलकर उन्हीं के नाम पर रख दिया गया है। दीनदयाल शोध संस्थान के बारे में यह सुनने में आ रहा है कि वह नयी हलचलों और गतिविधियों का केन्द्र बना हुआ है। विभिन्न सरकारी

92. देवप्रिय मोंदल, बजट 2017 : वित्तमन्त्री जेटली द्वारा दीनदयाल उपाध्याय ग्राम ज्योति योजना के लिए 4,814 करोड़ रुपये की राशि की घोषणा, इकोनॉमिक्स टाइम्स, 1 फ़रवरी, 2017; बजट 2016 : दीनदयाल उपाध्याय कार्यक्रमों पर 200 करोड़ रुपये व्यय करने की घोषणा, टाइम्स ऑफ़ इण्डिया, 29 फ़रवरी, 2016; दीप्तिमान तिवारी, 'दीनदयाल उपाध्याय की विरासत को पुनर्जीवित करने के लिए भाजपा द्वारा हर सम्भव प्रयास', टाइम्स ऑफ़ इण्डिया, 3 अक्टूबर, 2014
93. ज्योति मल्होत्रा, 'एक भगवा पथ–प्रदर्शक के लिए एक नयी मूर्ति–चौकी', इण्डिया टुडे, 14 अक्टूबर, 2015

विभाग पण्डित दीनदयाल के विचारों और कार्यों के बारे में संस्थान से तरह–तरह की जानकारी माँगते रहते हैं, ताकि उनसे प्रेरणा लेकर अपने विभाग में नये प्राण फूँक सकें।[94]

भारतीय जनसंघ के सिद्धान्तों और नीतियों को लेकर पण्डित दीनदयाल के लेख और भाषण, 'एकात्म मानववाद' को लेकर उनका दर्शन और एक आधुनिक भारत के उत्थान को लेकर उनकी दूरदृष्टि को एक तरह से भारतीय जनता पार्टी की विचारधारा की सबसे स्पष्ट और समुचित अभिव्यक्ति कहा जा सकता है। आज सत्ताधारी पार्टी द्वारा उन्हें जितनी श्रद्धा और सम्मान की भावना से देखा जा रहा है, और जितने उत्साह से उनका महिमामण्डन किया जा रहा है, उसे देखते हुए यह कहा जा सकता है कि हिन्दुत्व आन्दोलन में उनका बौद्धिक दर्जा किसी से भी कम या नीचे नहीं है।

पण्डित दीनदयाल अपने विचारों पर अपने गुरु गोलवलकर का प्रभाव मानते थे, जो लम्बे समय तक राष्ट्रीय स्वयंसेवक संघ के सरसंघचालक रहे और जिनके साथ पण्डित दीनदयाल ने बहुत घनिष्ठता से काम किया। स्वयं गोलवलकर विनायक (वीर) सावरकर की हिन्दुत्व की विचारधारा से प्रभावित थे। परन्तु जहाँ नाज़ियों के प्रति झुकाव के कारण गोलवलकर को मुख्यधारा के समीक्षक एक चरमपन्थी के रूप में देखते थे, वहीं मर्यादित भाषा का प्रयोग करने वाले दीनदयाल उपाध्याय को एक सन्तुलित नेता के रूप में देखा जाता था। वे मात्र एक विचारक ही नहीं थे बल्कि एक विकासशील राजनीतिक पार्टी के नेता और इसके प्रमुख संगठनकर्त्ता भी थे। इससे एक विचित्र विरोधाभास भी पैदा हो जाता था। एक राजनीतिक नेता के रूप में उनके लिए पार्टी की रोज़मर्रा की समस्याओं से निपटना, सरकारी नीतियों की आलोचना करना, पार्टी का प्रचार अभियान चलाना, विरोध प्रदर्शनों का नेतृत्व करना, पार्टी की चुनावी रणनीति तैयार करना और अन्य पार्टियों के साथ गठबन्धन के लिए बातचीत करना अनिवार्य था। इस तरह उनका दर्शन और चिन्तन सीधे–सीधे व्यावहारिक प्रयोगों से जुड़ा हुआ था। उनकी राजनीतिक भूमिका और मूल्य उनके दर्शन की देन थे, जो उनकी व्यावहारिक गतिविधियों की प्रेरणा भी था और कसौटी भी।

---

94. भवदीप कांग, 'हू इज़ दिस मैन हू फ़ीचर्स इन एवरी मोदी स्पीच?', ग्रिस्ट मीडिया, 6 अक्टूबर, 2014

इसके साथ ही उपाध्याय के दिनों की जनसंघ सत्ता में आने की दृष्टि से कोई गम्भीर दावेदार नहीं थी। इसलिए उपाध्याय दूर की सोचने में विश्वास करते थे। जैसाकि उनके किसी प्रशंसक ने कहा है, एक विचारक के रूप में वे अपनी यह भूमिका देखते थे कि राजनीतिक सत्ता के लक्ष्य से ऊपर उठकर देश की राजनीति में एक राष्ट्रवादी दृष्टिकोण प्रस्तुत किया जाये। हम चाहें तो इसे इस तरह भी देख सकते हैं कि अगर उन्हें पार्टी के सत्ता में आने की उम्मीद होती तो वे अपना समय और ऊर्जा अधिक व्यावहारिक उद्देश्यों पर ख़र्च करते। परन्तु वे दर्शन और विचारों पर अधिक ध्यान देते रहे। ऐसा भी कहा जा सकता है कि उपाध्याय का दर्शन एक ऐसे व्यक्ति का दर्शन था जिसे यह अपेक्षा नहीं थी कि उसके जीवनकाल में इसे व्यवहार में लाने का दिन भी आ सकता था।

परन्तु एक तरह से यह स्थिति उनके अनुकूल भी थी, क्योंकि इसका अर्थ था कि उनके भीतर के दार्शनिक को अपने विचार सामयिक राजनीतिक अनिवार्यताओं के अनुसार ढालने की बाध्यता नहीं थी। तात्कालिक परिस्थितियों को देखते हुए दीनदयाल उपाध्याय को यह सुविधा उपलब्ध थी (जो आज की सत्ताधारी पार्टी में किसी भी नेता को उपलब्ध नहीं है) कि अपने सैद्धान्तिक विचारों को शुद्ध रूप में और बिना किसी तरह के समझौते के विकसित कर सकें। इसलिए उनके प्रशंसक यह कहते नहीं थकते कि उनके लिए उनकी पार्टी राष्ट्र के निर्माण का एक साधन मात्र थी। यही कारण है कि उनका अधिकांश दार्शनिक चिन्तन भारतीय राष्ट्र और एक शक्तिशाली और एकजुट भारत का सपना पूरा न हो जाने पर केन्द्रित था। उपाध्याय इस विफलता को नैतिक विफलता के रूप में देखते थे–राजनीतिक भ्रष्टाचार, भारत को एक समृद्ध और शक्तिशाली राष्ट्र बनाने में आम जनता में उत्साह और उमंग का अभाव, सामाजिक पतनशीलता और आज़ादी की लड़ाई के दौरान दिखाई देने वाली प्रेरणा और आदर्शवाद की भावना का कमज़ोर पड़ना। भारतीयों ने मात्र एक विदेशी सत्ता को उखाड़ फेंकने को स्वतन्त्रता समझ लिया था, जबकि इस स्वतन्त्रता को एक सकारात्मक दृष्टिकोण से और अपनी मातृभूमि के प्रति प्रेम और देशभक्ति की सच्ची भावना से देखने की आवश्यकता थी।

सावरकर और गोलवलकर की तरह उपाध्याय भी क्षेत्रीय राष्ट्रवाद की धारणा के कड़े आलोचक थे, जिसके अनुसार देश में रहने वाले सभी

लोग भारतीय राष्ट्र थे। उनकी दृष्टि में राष्ट्र के विचार को क्षेत्रीयता तक सीमित रखने और इसमें सभी को शामिल करने से कुछ आधारभूत प्रश्न उठते थे–

यह किसका राष्ट्र है?
स्वतन्त्रता किसलिए है?
यहाँ हम किस तरह का जीवन विकसित करना चाहते हैं?
हम किस तरह के मूल्य अपनाना चाहते हैं?
आख़िर राष्ट्रीयता की धारणा का क्या अर्थ है?

एक क्षेत्र और उसमें बसने वाले लोग–जैसाकि पश्चिमी विचारों से प्रभावित भारतीय समझते है, तो फिर इसमें हिन्दू, मुस्लिम, ईसाई और वे सभी आ जाते हैं जो एक राष्ट्र के रूप में मिल–जुल कर एक विदेशी सत्ता के ख़िलाफ़ संघर्ष कर रहे थे। परन्तु उपाध्याय की दृष्टि में यह एक भ्रम मात्र था। ''एक राष्ट्र मात्र एक भौगोलिक इकाई नहीं होता। राष्ट्रवाद की सबसे पहली अनिवार्यता अपनी मातृभूमि के लिए असीम समर्पण की भावना है। हमारे हृदय में अपनी मातृभूमि के लिए जो भावना होती है उसका एक आधार होता है–एक ही भूमि पर लम्बे समय तक निरन्तर रहते–रहते हमारे भीतर एक 'अपनत्व' की भावना पैदा हो जाती है।''[95]

उपाध्याय के अनुसार, विदेशी सत्ता की विदाई के बाद एक शून्य पैदा हो गया था, क्योंकि लोगों को एक उपनिवेश विरोधी 'नकारात्मक देशभक्ति' की आदत थी। परन्तु राष्ट्रवाद की धारणा मात्र एक विदेशी सत्ता की अस्वीकृति तक सीमित नहीं थी। उपाध्याय राष्ट्रवाद को 'एक राजनीतिक शक्ति' के रूप में देखे जाने के पश्चिमी विचार को फ्रांसीसी क्रान्ति और इससे पैदा हुई स्थितियों की देन मानते थे। इसके अनुसार एक राष्ट्र बहुत–से तत्त्वों से मिलकर बनता था, जिनमें एक साझी नस्ल, धर्म, धरती, परम्पराएँ, आपदाओं का साझा अनुभव, परिवहन के साधन, साझा राजनीतिक प्रशासन इत्यादि शामिल थे। परन्तु उपाध्याय का मानना था कि इसमें राष्ट्रवाद के सबसे महत्त्वपूर्ण तत्त्व अर्थात् अपनी मातृभूमि के लिए प्रेम–भावना को नज़रअन्दाज़ कर दिया गया था।

स्वाधीनता के बाद देशवासियों में मातृभूमि के प्रति प्रेम की भावना का

---

95. के.एस. भारती, 'द पॉलिटिकल थॉट ऑफ़ पण्डित दीनदयाल उपाध्याय', कंसेप्ट पब्लिशिंग कम्पनी, नयी दिल्ली, 1998, पृ. 86

संचार ही नहीं किया गया था, इसलिए स्वाधीन भारत में देशवासियों का जीवन धन और लोभ–अर्थात् 'अर्थ' और 'काम' पर केन्द्रित होकर रह गया था। पुरुषार्थ के अन्य दो महत्त्वपूर्ण अंगों, 'धर्म' और 'मोक्ष' को बिल्कुल भुला दिया गया था। उपाध्याय की दृष्टि में यह आधुनिक भौतिकवाद एक बड़ा 'सामाजिक दोष' था और सभी बुराइयों की जड़ था। उन्होंने अपनी पुस्तक 'राष्ट्र जीवन की दिशा' (लोकहित प्रकाशन, लखनऊ, 1971) में ऐसे ही विचार व्यक्त किये थे–

"आज के हमारे राजनीतिक जीवन के सभी दोषों की जड़ें हमारे लोभ से जुड़ी हैं। अधिकारों के लिए होड़ ने सेवा की पवित्र भावना को भुला दिया है। जीवन के आर्थिक पक्ष पर ज़रूरत से ज़्यादा ज़ोर ने बहुत–सी बुराइयाँ पैदा कर दी हैं। चरित्र, गुण और योग्यता की बजाय सिर्फ़ पैसा व्यक्ति की प्रतिष्ठा का मापदण्ड बन गया है। यह बहुत विकराल स्थिति है।... हमारा दृष्टिकोण यह होना चाहिए कि पैसा हमारी रोज़ाना की ज़रूरतों को पूरा करने का एक साधन मात्र है; यह अपने–आपमें कोई लक्ष्य नहीं है।... हमारे रवैये में यह बदलाव तभी आ सकता है जब हम भारतीय संस्कृति के आदर्शों को अपने जीवन का आधार बनाएँ।"[96]

उपाध्याय का मानना था कि तथाकथित विकसित देशों के भौतिक विकास से अभिभूत होकर भारत भी पंचवर्षीय योजनाओं और विकास परियोजनाओं के माध्यम से उन्हीं के रास्ते पर चल पड़ा था। भारत ने अपना संविधान भी पश्चिम की नकल करके बनाया था, जिसमें भारतीयता के स्पर्श और व्यक्ति और समाज के सम्बन्धों को लेकर भारतीय विचारों का अभाव था। (इस मामले में वे एक तरह से गोलवलकर की बात को दोहरा रहे थे, जिन्होंने भारत के दुष्कर और भारी–भरकम संविधान पर अफ़सोस व्यक्त करते हुए 'मनुस्मृति' से कुछ भी न लिए जाने की शिकायत की थी)।[97]

उपाध्याय को ऐसा लगता था कि भारत जैसे प्राचीन राष्ट्र को एक हिन्दू राजनीतिक दर्शन की आवश्यकता थी। यह दर्शन देशभक्ति की सकारात्मक धारणा और एक समग्र राष्ट्रीय दूरदृष्टि पर आधारित होना

96. सी.पी. बिष्कर, 'पं. दीनदयाल उपाध्याय आइडियोलॉजी एण्ड परसेप्शन'–भाग 5 : 'कंसेप्ट ऑफ़ द राष्ट्र', सुरुचि प्रकाशन, नयी दिल्ली, 2014, पृ. 4

97. गोलवलकर, 'बंच ऑफ़ थॉट्स', पृ. 227

चाहिए था। इसमें देश की सुरक्षा, एकता, विकास, जन कल्याण और प्रत्येक नागरिक के समुचित विकास का ध्यान रखना जाना चाहिए था। साथ ही, यह राष्ट्र के स्वाभाविक चरित्र, आध्यात्मिक रुझान और कसौटी पर खरे उतर चुके मूल्यों के साथ मेल खाता हुआ भी होना चाहिए था।

उपाध्याय का मानना था कि हमारा राष्ट्र एक प्राचीन राष्ट्र होने के कारण एक विशिष्ट व्यक्तित्व रखता था और अन्य राष्ट्रों से अलग था। इसकी अपनी एक विशिष्ट प्रकृति थी। इसे प्रतिबिम्बित करने वाला राष्ट्रीय दर्शन ही सफल हो सकता था। सिर्फ़ एक प्रामाणिक भारतीय दृष्टिकोण ही भारतीयों को सुखी बना सकता था। उपाध्याय का दृढ़ विश्वास था कि व्यक्तिवाद, प्रजातन्त्र समाजवाद, साम्यवाद या पूँजीवाद जैसी पश्चिमी धारणाएँ एक स्वाधीन भारत के लिए काफ़ी नहीं थीं। हमें इन पश्चिमी धारणाओं को ठुकराकर अपना ख़ुद का फॉर्मूला विकसित करना होगा। दुर्भाग्यवश, स्वाधीनता के बाद भारत इन्हीं सतही और क्षीण पश्चिमी नींवों पर अपनी नीति निर्माण करता रहा है—बजाय एक प्रामाणिक हिन्दू धारणा को अपना आधार बनाने के।

उपाध्याय के अनुसार, पश्चिमी चिन्तन द्वन्द्व पर आधारित था—व्यक्ति और समाज के बीच, शासक और शासित के बीच, धार्मिक और राजनीतिक सत्ता के बीच, निर्धनों और धनवानों के बीच द्वन्द्व। दूसरी तरफ़, भारतीय चिन्तन द्वन्द्व की बजाय सहयोग और समन्वय पर आधारित था। उपाध्याय का मानना था कि पश्चिम की मानसिकता अधिकारों की लड़ाई पर केन्द्रित थी—हर व्यक्ति के अपने और अपने समूह के अधिकारों के लिए लड़ाई। हिन्दूवाद एक बिल्कुल अलग विचारधारा थी, जिसमें अधिकारों की बजाय कर्तव्यों पर ज़ोर दिया गया था। यह टकराव और घृणा की बजाय परस्पर सहयोग और समन्वय पर केन्द्रित था। उपाध्याय के अनुसार, भारत को सिर्फ़ अपने भीतर झाँकने और अपने चिन्तन को 'आत्मबोध' पर केन्द्रित करने की आवश्यकता थी। भारतीय राजनीति को पश्चिमी धारणाओं की बजाय हिन्दू संस्कृति की प्राचीन और महान परम्पराओं पर आधारित होना चाहिए था।

जैसाकि हमने देखा है, उपाध्याय को राष्ट्र की धारणा को मात्र एक क्षेत्र और उसमें बसने वाले लोगों तक सीमित रखना ग़लत लगता था। उनके विचार में इसी तरह की मानसिकता ने राष्ट्रवादी आन्दोलन को

ख़िलाफ़त के बाद अल्पसंख्यकों के सन्तुष्टिकरण की नीति में बदल दिया था। इसे यह कहकर तर्कसंगत ठहराने की कोशिश होती रही थी कि ब्रिटिश सत्ता के ख़िलाफ़ एकजुट रहना ज़रूरी था। राष्ट्रीय स्वयंसेवक संघ के संस्थापक डॉ. के. बी. हेडगेवार (जिनकी मराठी जीवनी का हिन्दी अनुवाद स्वयं उपाध्याय ने किया था) ने इस रवैये से पैदा होने वाली सैद्धान्तिक दुविधा को रेखांकित किया था। उनकी और उपाध्याय की दृष्टि में मुस्लिम साम्प्रदायिकता और अधिक प्रखर और आक्रामक हो गयी थी, जबकि कांग्रेस नेता उनके साथ समझौता करने के लिए और अधिक झुकते चले गये थे।

1947 का विभाजन निस्सन्देह उन लोगों की हार थी जो एक अखण्ड भारत का सपना देख रहे थे। परन्तु यह भारत की एकता की उतनी विफलता नहीं थी जितनी कि ग़ैर–हिन्दुओं को राष्ट्रीय एकता के नाम पर गले लगाने के मृगतृष्णा भरे विचार की। उपाध्याय के अनुसार, हमारा उद्‌देश्य ग़लत नहीं था, परन्तु मुस्लिमों के सन्तुष्टिकरण के माध्यम से एकता को कायम रखने का हमारा तरीक़ा ग़लत था।

उपाध्याय का मानना था कि "प्रत्येक राष्ट्र अपनी प्रकृति के अनुसार एक सुखी और समृद्ध जीवन जीना चाहता है और स्वतन्त्रता की तीव्र चाह के पीछे यही उद्‌देश्य होता है। जो राष्ट्र अपनी प्रकृति के विपरीत विचारों और कृत्यों वाले रास्ते पर चलने की कोशिश करता है वह बर्बाद हो जाता है। यही कारण है कि आज हमारा राष्ट्र कठिनाइयों के भँवर में फँसा हुआ है।" भारत को 'अपनी संस्कृति और परम्पराओं के अनुसार ही' विश्व में अपना योगदान करना चाहिए।[98]

यह संस्कृति स्वाभाविक तौर पर हिन्दू संस्कृति थी। उन्हीं के शब्दों में, भारत में 'मात्र एक संस्कृति है...यहाँ मुसलमानों और ईसाइयों की कोई अलग संस्कृति नहीं है'। इसलिए, मुस्लिमों और ईसाइयों समेत यहाँ प्रत्येक समुदाय को अपनी पहचान 'युगों पुरानी राष्ट्रीय सांस्कृतिक धारा के साथ जोड़कर देखनी चाहिए, जो हिन्दू संस्कृति है'। उनका तर्क था कि जब तक सभी लोग एक ही सांस्कृतिक धारा से जुड़े हुए नहीं होंगे तब तक राष्ट्रीय एकता असम्भव थी। भारतीय राष्ट्रवाद को बचाये रखने का यही

98. वी.वी. नेने, 'पण्डित दीनदयाल उपाध्याय : आइडियोलॉजी एण्ड परसेप्शन', अनुवाद एम.के. परांजपे और डॉ. आर. कुलकर्णी, सुरुचि प्रकाशन, नयी दिल्ली, 1988, पृ. 10–11

एकमात्र रास्ता था। उनके अनुसार, ''राष्ट्रीय सांस्कृतिक धारा सदैव एक ही धारा रहेगी और जो लोग इसके साथ अपनी पहचान नहीं जोड़ पाएँगे, उन्हें राष्ट्रीय नहीं माना जायेगा।''

उपाध्याय की दृष्टि में यह राष्ट्रीय संस्कृति केवल हिन्दू संस्कृति थी; यह मुस्लिम संस्कृति नहीं हो सकती थी। जैसाकि उन्होंने लिखा था, ''मक्का, मदीना, हसन और हुसैन, सोहराब और रुस्तम और बुलबुल अपने–आपमें भले ही बहुत महत्त्वपूर्ण हों, परन्तु वे भारत के राष्ट्रीय जीवन और राष्ट्र की सांस्कृतिक धारा का अंग नहीं हैं। जो लोग स्वयं को इनके साथ भावनात्मक रूप से जोड़कर देखते हैं और राम और कृष्ण की परम्परा को पराया समझते हैं, उन्हें राष्ट्रीय कैसे माना जा सकता है? हम देखते हैं कि जैसे ही कोई इस्लाम धर्म अपना लेता है, उसे इस देश की समूची परम्पराओं से काट कर एक विदेशी परम्परा से जोड़ने की कोशिशें शुरू हो जाती हैं।''[99]

उपाध्याय का कहना था कि भारत के अतीत को लेकर भी मुसलमानों की सोच अलग थी। ''कुछ घटनाएँ हमारी विजय से जुड़ी हुई हैं तो कुछ पराजय से। हमारे गौरवशाली कृत्यों की स्मृतियाँ हमें गर्व से भर देती हैं, जबकि पराजय के क्षणों को याद करके हमारा सिर शर्म से झुक जाता है।''[100] हिन्दू इन ऐतिहासिक घटनाओं को मुसलमानों से अलग नज़र से देखते थे। ''मुहम्मद गोरी या महमूद गज़नवी के आक्रमणों की स्मृतियाँ हमें पीड़ा पहुँचाती हैं, जबकि पृथ्वीराज चौहान और अन्य देशभक्तों के साथ हम एक भावनात्मक जुड़ाव महसूस करते हैं। यदि कोई व्यक्ति आक्रमणकारी के प्रति गर्व की भावना महसूस करता है और अपनी मातृभूमि के लिए उसके मन में कोई लगाव नहीं है तो वह देशभक्ति का दावा नहीं कर सकता। राणा प्रताप, छत्रपति शिवाजी या गुरु गोविन्द सिंह को याद करके हमारा सिर सम्मान और श्रद्धा से झुक जाता है। दूसरी तरफ़ औरंगज़ेब, अलाउद्दीन, क्लाइव या डलहौजी के नाम हमें क्रोध से भर देते हैं जो विदेशी आक्रमणकारियों के प्रति स्वाभाविक भी है।''[101] सिर्फ़ हिन्दू समाज ही अपने नायकों के प्रति इस तरह की भावना महसूस करता है, जैसेकि

---

99. सी.पी. बिष्कर, 'पं. दीनदयाल उपाध्याय : आइडियोलॉजी एण्ड परसेप्शन'–भाग 5 : 'कंसेप्ट ऑफ़ द राष्ट्र', सुरुचि प्रकाशन, नयी दिल्ली, 2014, पृ. 156

100. वही।

101. वही।

राणा प्रताप को अकबर से बढ़कर मानना और उसका पक्ष लेना। इसलिए इस बात पर सन्देह करने का कोई कारण नहीं है कि हिन्दू राष्ट्रवाद ही भारतीय राष्ट्रवाद है।

उपाध्याय का निष्कर्ष बिल्कुल बेधड़क था। मुसलमान 'भारतीय संस्कृति के मूल्यों और आदर्शों, राष्ट्रीय नायकों और परम्पराओं, श्रद्धा और पूजा के स्थलों' को ध्वस्त करना चाहते हैं, इसलिए 'वे कभी भी इस देश का अभिन्न अंग नहीं बन सकते'। उनके अनुसार परस्पर एकता की अन्तर्निहित चेतना, इतिहास और परम्परा के एक समान सूत्र, लोगों और भूमि के बीच आत्मीय सम्बन्ध, और एक जैसी कामनाएँ और आकांक्षाएँ हिन्दुस्तान को एक हिन्दू राष्ट्र बना देती थीं। ''हमें यह बात स्वीकार करनी होगी कि हमारी राष्ट्रीयता एक हिन्दू राष्ट्रीयता के अतिरिक्त और कुछ भी नहीं है। यदि कोई बाहरी व्यक्ति भारत में आकर बसता है तो उसे इस हिन्दू राष्ट्रीयता के साथ अपना तालमेल बिठाने का प्रयास करना होगा।''

परन्तु उपाध्याय अपने गुरु गोलवलकर की तरह भारतीय मुसलमानों के साथ वैसा व्यवहार करने के पक्ष में नहीं थे, जैसा हिटलर ने यहूदियों के साथ किया था। उन्होंने अपने एक चर्चित लेख 'अखण्ड भारत : लक्ष्य और साधन' में लिखा था कि ''कोई भी समझदार व्यक्ति भारत के छह करोड़ मुसलमानों को ख़त्म करने या देश से बाहर खदेड़ने की बात नहीं करेगा।''[102] परन्तु उन्हें अपनी पहचान भारतीय जीवन के साथ जोड़नी होगी। मुसलमानों को भारतीय यथार्थ के अनुसार अपने–आपको ढालना होगा। परन्तु यह किस तरह होगा? ''केवल समरस संस्कृतियों में एकता पैदा की जा सकती है, न कि परस्पर विरोधी संस्कृतियों में। हम बहुत–सी दालों का मिश्रण तैयार कर सकते हैं, परन्तु इसमें अगर रेत के कण भी मिला दिये जायें तो पूरी दाल बेकार हो जायेगी।''[103] रेत के कणों से बचने का एकमात्र उपाय था–मुसलमानों का 'शुद्धिकरण' या 'राष्ट्रीयकरण'–उन्हें सही अर्थों में 'भारतीय' बनाना। कांग्रेस ने अंग्रेज़ों के ख़िलाफ़ हिन्दू–मुस्लिम एकता कायम करने का विफल प्रयास किया था। ''जब तक सभी लोग एक ही सांस्कृतिक धारा से न जुड़ जाएँ, राष्ट्रीय एकता असम्भव है। एक ऐसी स्थिति तैयार करनी होगी जिसमें भारत के भीतर इस्लाम की

102. वही।
103. वही।

राजनीतिक आकांक्षाएँ ख़त्म हो जाएँ। इसके बाद ही सांस्कृतिक एकता की चाह पैदा हो सकती है।''[104]

मुस्लिमों और अन्य अल्पसंख्यक समुदायों से इस तरह की अधीनता और एक हिन्दू राष्ट्र के साथ अपनी पहचान स्थापित करने की अपेक्षा करते हुए उपाध्याय सावरकर और गोलवलकर के निष्कर्ष पर ही पहुँच रहे थे– भले ही उनके तर्क और उनका दृष्टिकोण इन दोनों से अलग थे। उन्होंने एक क़दम आगे बढ़ाते हुए एक हिन्दू राष्ट्र की अवधारणा का भी विस्तार से विकास किया।

एक हिन्दू राष्ट्र की बात करते हुए उपाध्याय देश के संविधान पर जम कर प्रहार करते थे (इसलिए आज की स्थितियाँ तब और भी दिलचस्प प्रतीत होती हैं, जब हम प्रधानमन्त्री मोदी समेत भाजपा नेताओं को संविधान का नाम जपते और इसकी प्रशंसा के पुल बाँधते देखते हैं)। जैसाकि उपाध्याय ने 'राष्ट्र जीवन की दिशा' में लिखा था–''हम 1947 में स्वतन्त्र हुए। अंग्रेज़ भारत छोड़कर चले गये। हमने ऐसा महसूस किया कि राष्ट्र–निर्माण के रास्ते में आने वाली सबसे बड़ी बाधा दूर हो गयी थी। परन्तु तभी हमारे सामने अचानक यह समस्या खड़ी हो गयी कि इतनी कठिनाई से अर्जित की गयी स्वाधीनता का आख़िर क्या महत्त्व था?''

भारतीय नेताओं ने एक संविधान तैयार करके इस समस्या के समाधान का प्रयास किया, परन्तु उपाध्याय के अनुसार, राष्ट्र की धारणा को सही रूप में न समझ पाने के कारण वे इसमें भारी चूक कर बैठे। हम विदेशियों की इस सीमा तक नकल करने में जुट गये कि यह ध्यान नहीं रख पाये कि हमारे संविधान में हमारे अन्तर्निहित राष्ट्रीय आदर्श और परम्पराएँ झलकनी चाहिए। हमने विदेशी राष्ट्रों की थ्योरियों और सिद्धान्तों के पैबन्द लगाकर जैसे–तैसे एक संविधान तैयार कर लिया।... परिणाम यह हुआ कि इसमें हमारी राष्ट्रीय संस्कृति और परम्पराओं का स्पर्श तक नहीं आ पाया और यह हमारे राष्ट्रीय जीवन की धड़कनों को झंकृत करने में विफल रहा।''

संविधान की मूल भावना को इस तरह सिरे से ख़ारिज कर देने के बाद उपाध्याय ने आगे लिखा–''राष्ट्र कोई क्लब नहीं होता जिसे कभी भी शुरू या भंग किया जा सकता हो। सिर्फ़ एक प्रस्ताव पारित कर देने और सार्वजनिक व्यवहार की एक आचार संहिता को परिभाषित कर देने

---

104. वही, पृ. 157

से एक राष्ट्र नहीं बन जाता। राष्ट्र एक अन्तर्निहित आकांक्षा से उत्प्रेरित जनसमूह का परिणाम होता है—उसी तरह, जैसे कोई आत्मा शरीर रूपी चोले में प्रवेश करती है।"[105]

शास्त्रीय हिन्दू सूत्र के अनुसार, राजा को अपने राजधर्म का पालन करना चाहिए। इस राजधर्म की संहिता राजा स्वयं नहीं बनाता, बल्कि इसे निःस्वार्थ और निर्लिप्त ऋषि—मुनि बनाते हैं। उपाध्याय एक हिन्दू राजा को लगभग एक प्रमुख प्रभारी की तरह देखते थे, जो अपनी अधिकार—शक्ति शेयर धारकों (अर्थात् देश की जनता) से प्राप्त करता है और निर्देशक मण्डल (अर्थात् ऋषि—मुनियों) की दृष्टि के अनुसार चलता है। यह देखते हुए कि यह एक संवैधानिक अनिवार्यता है कि सत्ता में कोई पद सँभालने वाला व्यक्ति संविधान में अपनी निष्ठा व्यक्त करे, उपाध्याय ने तीन प्रश्न पूछे। क्या संविधान की रचना करने वाले व्यक्ति निःस्वार्थता, जनसेवा की भावना और राजधर्मों के नियमों के ज्ञान जैसे उन गुणों से सम्पन्न थे जो ऋषि—मुनियों में हुआ करते थे? या उन्होंने नये भारत की स्मृति की रचना उस समय की अस्थिर परिस्थितियों के प्रभाव में बहकर कर दी थी? क्या इन लोगों के पास कोई मौलिक चिन्तन था या उन्हें मात्र दूसरों की नकल भर करने की आदत थी?

उपाध्याय की दृष्टि में इन सभी प्रश्नों के उत्तर नकारात्मक थे। संविधान निर्माताओं में निःस्वार्थ भावना और धर्म के ज्ञान जैसे गुणों का अभाव था। वे उस समय की राजनीति में कण्ठ तक डूबे हुए थे और उनके मस्तिष्क पश्चिमी उपनिवेशवाद से प्रभावित थे। भारतीय गणतन्त्र के संस्थापक पश्चिमी शिक्षा पद्धति में पले—बढ़े और मानसिक रूप से एंग्लो—इण्डियन भारतीय थे। उनकी सोच और कार्यशैली में भारतीयता का कोई स्पर्श नहीं था। इसलिए भारत का संविधान एक त्रुटिपूर्ण संविधान बनकर रह गया था जो भारतीयों को राजधर्म के मार्ग पर चलने की प्रेरणा देने में अक्षम था। सच्चाई यह थी कि इसने हिन्दुओं को हमेशा के लिए गुलामी की ज़ंजीरों में जकड़ दिया था। स्वराज और स्वाधीनता को एक—दूसरे के पर्याय माना जाता था। यदि हम गहराई से सोचें तो हमें अहसास होगा कि एक स्वतन्त्र देश में भी एक राष्ट्र दासता में जकड़ा रह सकता था। अन्धाधुन्ध पश्चिमीकरण ने हिन्दुओं को ऐसी ही दासता में जकड़ दिया था।

---

105. वही।

उपाध्याय को संविधान की भाषा पर भी आपत्ति थी, जो इन दोषों को और भी मुखरित कर देती थी। "अगर हमारे संविधान का मूल प्रारूप हिन्दी या किसी अन्य भारतीय भाषा में तैयार किया गया होता तो इसमें भारतीयता का इतना अभाव दिखाई न देता।" अगर भाषा के प्रश्न को छोड़ भी दें तो भी, उनके अनुसार, इसमें परिभाषित राष्ट्र की मूल धारणा किसी भी सिरे से भारतीय नहीं थी। "हमारे संविधान में भारतीयों की बजाय अंग्रेज़ों की भावना अधिक झलकती है।" इस तरह, उन्होंने निष्कर्ष पर पहुँचते हुए लिखा, "हमारा संविधान भारत में जन्मे उस अंग्रेज़ बच्चे की तरह है जिसका चरित्र एंग्लो–इण्डियन है, न कि विशुद्ध भारतीय।"[106]

उपाध्याय न सिर्फ़ संविधान निर्माण की प्रक्रिया पर बल्कि स्वयं संविधान की ही वैधता पर प्रश्नचिह्न लगाते हैं। उनकी दृष्टि में, संविधान में हिन्दू राष्ट्र के विचार की अनुपस्थिति को स्वीकार नहीं किया जा सकता। शासन और राष्ट्र निर्माण में धर्म को केन्द्रीय विषय–वस्तु में रखना आवश्यक है। वे इस सेक्युलर दृष्टिकोण को सिरे से ख़ारिज करते हैं कि धर्म एक विशुद्ध निजी मामला है और इसका समाज या राष्ट्र से कोई सम्बन्ध नहीं है। इसकी बजाय उपाध्याय यह तर्क देते हैं कि जीवन का एक सर्वोच्च उद्देश्य है जो जाति, धर्म या भाषा की सीमाओं से ऊपर है। यह कोई लौकिक या सांसारिक उद्देश्य नहीं है और किसी राजनीतिक साम्राज्य की स्थापना या विश्व पर सैन्य वर्चस्व की महत्वाकांक्षा से जुड़ा हुआ नहीं है। हिन्दुओं ने कभी भी अपने राज्य के विस्तार के लिए या दूसरों के क्षेत्रों को हड़पने के लिए रक्त नहीं बहाया था। न ही उन्होंने सिकन्दर, चंगेज़ खान, या महमूद गजनवी की तरह अन्य देशों पर चढ़ाई करके उन पर अत्याचार किये थे। इसकी बजाय हिन्दुओं ने शरणागतों का हमेशा स्वागत किया था और दूसरों के अत्याचारों के शिकार पारसियों और यहूदियों को अपने देश में शरण दी थी।

विदेशी धारणाओं और शब्दावली के प्रति वितृष्णा के कारण उपाध्याय अपनी मान्यताओं की अभिव्यक्ति के लिए संस्कृत शब्दों का चुनाव करते थे और उन्हें एक विशिष्ट सामयिक अर्थ दे देते थे। उनका एक प्रिय शब्द था 'चिति', जिसे वे एक राष्ट्र की 'आत्मा की शक्ति' मानते थे। उन्होंने इस शक्ति का वर्णन करने के लिए एक सरल कथा का सहारा लिया

106. वही, पृ. 179

था—एक नाई ने अपने ग्राहक से कहा कि उसका उस्तरा साठ वर्ष पुराना था और उसके पिता भी इसका प्रयोग करते थे। आगे पूछने पर ग्राहक को पता चला कि उस उस्तरे की मूठ और ब्लेड कई बार बदले जा चुके थे, फिर भी नाई की नज़र में वह उस्तरा साठ वर्ष पुराना था और उसे उस पर गर्व था। ऊपरी बदलाव के बावजूद उस्तरे की 'चिति' नहीं बदली थी। यही बात एक राष्ट्र पर भी लागू होती थी। प्रत्येक देश की एक ऐसी पहचान थी जो परिस्थितियों और भौतिक स्वरूप में बदलावों के बावजूद नहीं बदलती थी। पर, दुर्भाग्यवश, आधुनिक भारत—नये संविधान के बाद उभरा, प्रजातान्त्रिक गणतन्त्र—अपनी मूल आत्मा, अपनी 'चिति' खो चुका था।

देश का संगठनात्मक ढाँचा भी इसी का एक उदाहरण था। संविधान में 'प्रान्तों' को 'राज्यों' का नाम देने में उपाध्याय को विभाजन के बीज दिखाई देते थे। उनका कहना था कि भारत में अमेरिका की तरह प्रत्येक प्रान्त का अपना अलग संविधान नहीं था और समूचे देश की एक ही नागरिकता थी। इसलिए 'प्रान्त' को 'राज्य' कहना ग़लत था और एक अखण्ड भारत की धारणा के लिए ख़तरे का संकेत था। संविधान में भारत को राज्यों के संघ की बजाय एक संघीय राज्य के रूप में परिभाषित किया जाना चाहिए था। परन्तु ऐसा नहीं किया गया था जिसके कारण भारत अपनी 'चिति' खो बैठा था। वे इस तथ्य पर ध्यान ही नहीं दे पाये कि इन राज्यों के गठन और उनके भाषीय आधार के कारण ही देश में एकता स्थापित की जा सकी थी। इस तरह भारत विविधता में एकता की अपनी धारणा को कार्यान्वित कर पाया था और विविध समूहों को राजनीतिक अभिव्यक्ति मिल जाने के कारण देश की एकता और भी सुदृढ़ हो गयी थी। परिणामस्वरूप, भारत की 'चिति' लुप्त नहीं हुई थी बल्कि सुरक्षित हो गयी थी।

'चिति' की ही तरह उपाध्याय 'विराट शक्ति' शब्द का भी भरपूर प्रयोग करते थे। वे इसे एक 'वैज्ञानिक शब्द' कहते थे जिसका एक विशिष्ट अर्थ था। "जब तक चिति प्रफुल्लित और निर्मल रहती है, राष्ट्र फलता—फूलता रहता है।" चिति की आत्मा से ही विराट शक्ति निर्मित पैदा होती है जो एक सुव्यवस्थित और संघटित योद्धा शक्ति के रूप में आक्रमणों और विद्रोहों से राष्ट्र की रक्षा करती है। यदि चिति राष्ट्र की आत्मा है तो विराट शक्ति इसकी जीवन—शक्ति है। उपाध्याय की दृष्टि

में, ये दोनों विचार परोक्ष रूप में भी भारत के संविधान में शामिल नहीं थे और इसी कारण इसमें इतना गहरा दोष था।

उपाध्याय को यह चिन्ता थी कि भारत की संवैधानिक व्यवस्था इसकी सच्ची और जन्मजात राष्ट्रीय प्रकृति के अनुकूल नहीं थी और इसकी पूरी तरह अवहेलना करती थी। यदि आधुनिक भारत इसी तरह रहा तो हिन्दू सभ्यता का अन्त हो जायेगा। यूनान और मिस्त्र के साथ ऐसा ही हुआ था, जिनके आधुनिक रूप का उनकी प्राचीन सभ्यता के साथ कुछ भी सम्बन्ध नहीं था। भले ही इन देशों के वासी उसी पुरानी सभ्यता के वंशज थे, परन्तु उनमें अपने भव्य और गौरवशाली अतीत की ज़रा भी झलक नहीं थी। उनके समाज की मूल प्रकृति और उनकी पहचान पूरी तरह बदल चुकी थी। उपाध्याय को डर था कि कहीं भारत के साथ भी ऐसा न हो जाये। यदि भारत इसी तरह धर्मनिरपेक्ष और पश्चिमी शैली की राह पर चलता रहा, जैसाकि इसके संविधान में निर्दिष्ट है, तो भारत अपनी मूल पहचान (जो इसकी चिति के रूप में मौजूद है) खो बैठेगा और एक युगों पुरानी और महान भारतीय सभ्यता के आधुनिक संस्करण की बजाय कुछ और ही बन जायेगा।

जैसाकि हमने देखा है, सावरकर और गोलवलकर के विपरीत दीनदयाल उपाध्याय यह स्वीकार करते थे कि जिस भारत की वे बात कर रहे थे उसमें मुसलमान भी होंगे और ईसाई भी। वे इस धारणा का खण्डन करते थे कि हिन्दू राष्ट्र का अर्थ 'हिन्दू धर्म का प्रचार–प्रसार करने वाली धर्मतान्त्रिक व्यवस्था' है। उन्हें इस बात का बोध था कि उनके आलोचक हिन्दू राष्ट्र की धारणा को हिन्दू धर्म से जुड़े कर्मकाण्ड, कुप्रथाओं और जातिगत भेदभाव की वापसी से जोड़कर देखते थे। इसलिए वे इस बात पर ज़ोर देना नहीं भूले थे कि हिन्दू राष्ट्र किसी समुदाय के ख़िलाफ़ घृणा पर आधारित नहीं होगा और न ही यह प्रतिक्रियावादी होगा। उनका हिन्दू राष्ट्र एक समावेशी राष्ट्र होगा।

उपाध्याय ने स्पष्ट किया कि वे मुस्लिम या ईसाई धार्मिक पद्धतियों के ख़िलाफ़ नहीं थे। उन्होंने कभी भी किसी पैग़म्बर के ख़िलाफ़ कोई बुरा शब्द नहीं कहा था। उनका मानना था कि कोई व्यक्ति परमात्मा की किस तरह या किस रूप में पूजा करता है, यह पूरी तरह उसका निजी मामला है। इसमें राज्य का कोई दख़ल नहीं है। उनका झगड़ा किसी पन्थ या पद्धति से न होकर विशुद्ध रूप से राजनीतिक था।

उपाध्याय ने कहा कि वे अन्य धर्मों का सम्मान करते थे, परन्तु मुस्लिमों या ईसाइयों की समस्या उनके धर्म से जुड़ी हुई नहीं थी। गाँधीजी ने दोनों धर्मों में समन्वय स्थापित करने का प्रयास किया था और 'ईश्वर अल्लाह तेरो नाम' जैसे भजन बनाकर दोनों समुदायों को जोड़ने का प्रयास किया था। परन्तु राजनीतिक स्तर पर ऐसी एकता स्थापित नहीं हो पायी। इसलिए प्रश्न धार्मिक आस्था या अच्छे या बुरे मनुष्य का न होकर देश और इसके मूल्यों के प्रति राजनीतिक आस्था का था।

हर समाज में अच्छे–बुरे लोग होते हैं। शिवाजी और पेशवाओं की सेनाओं में मुस्लिम सिपाही और सेनापति भी थे और हिन्दुओं के साथ कन्धे से कन्धा मिलाकर लड़े थे। आज भी देशभक्त मुसलमानों की कमी नहीं थी। उपाध्याय ने सम्भ्रान्त और धर्मनिरपेक्ष न्यायाधीश और राजनयिक मुहम्मद करीम चागला, मुस्लिम समुदाय में सुधार आन्दोलन चलाने वाले हमीद दलवई और क्रान्तिकारी अशफ़ाकुल्ला खान का विशेष रूप से उल्लेख किया था। परन्तु ऐसे उदाहरणों से आम मुस्लिम जनता के रवैये और मानसिकता का ख़ाका तैयार नहीं किया जा सकता था। अगर सभी मुस्लिम उनके जैसे होते तो फिर कोई समस्या ही नहीं थी। परन्तु कुछ अच्छे उदाहरणों से समस्याओं का समाधान नहीं हो सकता था।

भारत के मुसलमानों के बारे में उपाध्याय की धारणा में 'कुछ अच्छे मुसलमानों' और 'आम मुस्लिम समुदाय' का यह भेद स्पष्ट दिखाई देता था। वे आम मुसलमानों को एक ही लाठी से हाँक रहे थे, जबकि देश भर में मुस्लिम मानसिकता और रीति–रिवाजों में बहुत विविधता दिखाई देती थी। उनकी धारणा जिस 'अखिल भारतीय मुस्लिम पहचान' पर केन्द्रित थी उसका कहीं कोई अस्तित्व ही नहीं था। फिर भी, इस तरह के तर्क देते हुए, भले ही प्रतीकात्मक रूप में, उपाध्याय निस्सन्देह अपने पूर्ववर्ती विचारकों की 'हिन्दू राष्ट्र' की धारणा से अलग हटते हुए एक समावेशी दृष्टिकोण प्रस्तुत कर रहे थे। वे यह स्वीकार करने को तैयार थे कि 'इस देश के वासियों में हिन्दू, मुस्लिम, ईसाई, पारसी और अन्य सभी शामिल हैं'। परन्तु उन्हें विभिन्न समुदायों की कुछ विशेष भौगोलिक क्षेत्रों में अपना राजनीतिक वर्चस्व स्थापित करने की आकांक्षा से पैदा होने वाली साम्प्रदायिक अशान्ति की चिन्ता थी। जिन्ना ने इसी कारण से पाकिस्तान के रूप में एक अलग देश बना डाला था जो अपने जन्म

से ही भारत का शत्रु बना हुआ था। अपनी राजनीतिक शक्ति बढ़ाने के लिए हर समुदाय अपनी जनसंख्या बढ़ाने में लगा हुआ था। यही कारण था कि मुसलमानों ने परिवार नियोजन और एक विवाह को स्वीकार करने से इनकार कर दिया था, जबकि ईसाई विदेशी एजेंसियों और अख़बारों की मदद से योजनाबद्ध धर्मान्तरण अभियानों में जुटे हुए थे। उपाध्याय के अनुसार, ब्रिटिश उपनिवेशवादी सरकार के संरक्षण में ईसाई मिशनरियों ने हिन्दुओं को राष्ट्रीय संस्कृति से काटने पर पूरा ज़ोर लगा दिया था, भले ही उनके ये प्रयास मुसलमानों की तरह धर्मोन्माद और हिंसा से भरे हुए नहीं थे। फिर भी, इस तरह की गतिविधियों की रोकथाम ज़रूरी थी।

अगर एक हिन्दू राष्ट्र की स्थापना हो जाये तो ये सभी समस्याएँ दूर हो सकती थीं।

उपाध्याय का मानना था कि हिन्दू राष्ट्र के आलोचकों को यह विचार इसलिए अखर रहा था क्योंकि देश की प्रतियोगितावादी राजनीति में उन्हें लाखों ईसाइयों और मुसलमानों के वोट खो देने का डर था। उनके मन में यह ग़लत धारणा थी कि 'हिन्दू राष्ट्र' शब्दावली में मुसलमानों और ईसाइयों का समावेश नहीं है। अगर ये दोनों समुदाय राष्ट्रीय संस्कृति की मुख्यधारा में मिल जायें– जिसके लिए उन्हें अपना धर्म त्यागने या अपनी पूजा–पद्धतियों में कोई बदलाव करने की ज़रूरत नहीं है–तो नये भारत में उनका स्वागत है। उन्हें इतना भर करना है कि भारत की प्राचीन परम्पराओं के साथ अपने जुड़ाव को स्वीकार करें, हिन्दू राष्ट्रनायकों को अपने नायकों के रूप में देखें और भारत माता के प्रति समर्पण की भावना विकसित करें। इसके बाद उन्हें हिन्दू राष्ट्र के राष्ट्रीय नागरिकों के रूप में पूर्णतया स्वीकार कर लिया जायेगा।

भारतीय राजनीतिक पहचान के इस विचार पर ज़ोर देते हुए उपाध्याय एक बार फिर सावरकर–गोलवलकर के दृष्टिकोण की तरफ़ लौट रहे थे। इसलिए समावेशी राजनीति की बात मात्र एक भ्रम थी, क्योंकि अन्य धर्मों के प्रति खुलेपन और उदारता के दावे के बावजूद व्यवहार में उनसे हिन्दू वर्चस्व को स्वीकार करने की अपेक्षा की जा रही थी। फिर भी, यह स्वीकार करना होगा कि उपेक्षित वर्गों की आर्थिक ज़रूरतों के मामले में वे सभी का ध्यान रखने की बात कर रहे थे।

उपाध्याय गाँधीजी की ही तरह 'स्वराज' की बात करते थे, जिसके

अन्तर्गत एक विकेन्द्रीकृत नीति अपनाते हुए गाँवों में आत्मनिर्भर आर्थिक व्यवस्था स्थापित करने पर ज़ोर दिया गया था। उनके इस दृष्टिकोण का व्यावहारिक परिणाम भी देखने को मिला। भले ही उपाध्याय 'समाजवाद' के छापे से परहेज़ करते थे, परन्तु उन्होंने राजस्थान में जनसंघ पार्टी के उन नौ विधायकों को पार्टी से निकालने में कोई झिझक नहीं दिखाई जिन्होंने कांग्रेस के ज़मींदारी उन्मूलन कानून का विरोध किया था। उनका मानना था कि भले ही व्यक्तिगत स्वतन्त्रता एक प्रजातान्त्रिक अधिकार थी, परन्तु इससे धनवानों को उत्पादन पर एकाधिकार स्थापित करके आर्थिक व्यवस्था और सरकारी तन्त्र को प्रभावित करने का अनुचित अवसर मिलता था। उन्होंने बड़े–बड़े कारखानों के कारण भारतीय गाँवों के काम–धन्धे चौपट हो जाने पर चिन्ता जताई। उनके अनुसार, औद्योगिक युग में जनता को आर्थिक शोषण से बचाने के लिए समाजवाद की बात समझ में आती थी।

फिर भी, वे स्वयं को सोशलिस्टों के राजनीतिक विरोधी के रूप में देखते थे। उनका कहना था कि पूँजीवाद और समाजवाद, दोनों ही मनुष्य की भौतिक आकांक्षाओं पर आधारित थे। दोनों ही आधुनिक विज्ञान और तकनीकी विकास में आस्था रखते थे। परन्तु उत्पादन की प्रकृति मनुष्य की आवश्यकता या भलाई पर केन्द्रित न रहकर मशीनों की प्रकृति और माँग पर केन्द्रित होकर रह गयी थी। उपाध्याय चाहते थे कि टेक्नोलॉजी को भारत की ज़रूरतों के अनुसार ढाल कर ही प्रयोग में लाया जाये। उत्पादन की केन्द्रीय व्यवस्था में–वह पूँजीवादी हो या समाजवादी, व्यक्तिगत नियन्त्रण में हो या सरकारी नियन्त्रण में–मनुष्य की वैयक्तिकता खो जाती थी और वह मशीन का एक पुर्ज़ा मात्र बनकर रह जाता था। मनुष्य की भौतिक और आध्यामिक आवश्यकताओं में एक सन्तुलन स्थापित करने की बजाय पूँजीवाद और समाजवाद दोनों ने भौतिक और आध्यात्मिक के बीच एक द्वन्द्व या टकराव पैदा कर दिया था। इसका सही समाधान था मनुष्य के समग्र व्यक्तित्व को समझकर एक ऐसी व्यवस्था स्थापित करना जिसमें प्रतियोगिता और सहयोग के बीच तथा भौतिक विकास और आध्यात्मिक विकास के बीच एक मधुर सन्तुलन बना रहे। इसे उपाध्याय 'एकात्म मानववाद' कहते थे। (इस सिद्धान्त की भूतपूर्व कम्युनिस्ट नेता एम.एन. राय के 'क्रान्तिकारी मानववादी' / 'रेडिकल ह्यूमैनिज़्म' और श्री अरविन्दो के 'एकात्म योग' / 'इण्टेगरल योगा' के साथ दिलचस्प तुलना की जा सकती है।)

'एकात्म मानववाद' का दर्शन प्रत्येक मनुष्य के शरीर, मस्तिष्क, बुद्धि और आत्मा के एक साथ और समुचित विकास पर ज़ोर देता है। इसमें भौतिक और आध्यात्मिक तथा व्यक्ति और समूह के बीच एक समन्वय स्थापित करने का प्रयास दिखाई देता है। उपाध्याय की दृष्टि में यह दर्शन हवा के एक ताज़ा झोंके की तरह भारत की सबसे विकट और महत्त्वपूर्ण आवश्यकता को पूरा कर सकता था।

पण्डित दीनदयाल उपाध्याय ने 1964 में जनसंघ के लगभग 500 कार्यकर्त्ताओं को इस दर्शन की दीक्षा दी, और अगले वर्ष 1965 में पार्टी के विस्तृत सत्र में इसे आगे विकसित किया। इसके बाद उन्होंने इसका कुछ और विस्तार करके इसे चार व्याख्यानों के रूप में बम्बई में प्रस्तुत किया और इसे 'एकात्म मानववाद' का नाम दिया। इसका बहुत गहरा और अमिट प्रभाव पड़ा। जनसंघ ने उपाध्याय के एकात्म मानववाद को पार्टी के आधिकारिक सिद्धान्त के रूप में अपना लिया, जिसे बाद में भारतीय जनता पार्टी ने भी वही मान दिया। पार्टी के नेता आज भी इस दर्शन को केथड्रल द्वार की तरह अत्यन्त श्रद्धा और सम्मान की भावना से देखते हैं।

उपाध्याय का मानना था कि तमाम विविधताओं के बावजूद मानवता की एक साझी प्रकृति या आत्मा थी, जिसे प्राचीन हिन्दू ग्रन्थों में 'आत्मन' के रूप में परिभाषित किया गया है। मनुष्यों में जो विविधता दिखाई देती है, वह मात्र एक सतही वस्तु है, जबकि उनका एकात्म गहरा, अटूट और स्थायी है। एकात्मता के विचार के पीछे यही मूल भावना है।

मनुष्य शरीर, मस्तिष्क, बुद्धि और आत्मा का संयोग या मिश्रण है। समाज की प्रगति के लिए इन चारों का विकास और समृद्धि अनिवार्य है। अगर भौतिक विकास परम आवश्यक है, तो आध्यात्मिक विकास भी उतना ही महत्त्वपूर्ण है। यही कारण है कि भारतीय संस्कृति में पुरुषार्थ के चारों अंगों पर ज़ोर दिया गया है। जीवन के ये चारों लक्ष्य समाज में रहते हुए ही प्राप्त किये जाते हैं, क्योंकि 'एकात्मता' के कारण मनुष्य और समाज में कोई भेद नहीं है और दोनों एक–दूसरे के पूरक हैं। मानवता की भलाई की भावना भी इसी 'एकात्मता' के कारण उत्पन्न होती है, क्योंकि चेतना के स्तर पर व्यक्ति और समाज एक ही हैं। जब कोई व्यक्ति स्वयं और समाज में कोई भेद न देखते हुए आचरण करता है तो वह हमेशा सभी की भलाई करने वाला होता है।

उपाध्याय के अनुसार, मनुष्य को आत्म–केन्द्रित मानने वाली व्यवस्थाएँ सुरक्षात्मक थीं, क्योंकि वे व्यक्ति और समाज की 'एकात्मता' को ध्यान में नहीं रखती थीं। उनका मानना था कि एक आदर्श मनुष्य जीवन को पुरुषार्थ के चार लक्ष्यों के रूप में देखता है और इसी के अनुसार आचरण करता है। यह भारत का अद्वैत दर्शन है, जिसमें मनुष्य और समाज की भलाई में कोई अन्तर नहीं माना जाता। यह दर्शन मनुष्य के अन्तर्द्वन्द्व की बजाय जीवन के चारों लक्ष्यों में परस्पर समन्वय पर आधारित है। इसलिए मनुष्य और समाज में कोई अन्तर्विरोध या टकराव नहीं है, जैसाकि अन्य व्यवस्थाएँ मान कर चलती हैं। (परन्तु व्यावहारिक दृष्टि से यह विचार उतना ठोस प्रतीत नहीं होता। उदाहरण के लिए, 'अर्थ' अर्थात् धन–सम्पदा के लक्ष्य की तरफ़ बढ़ने वाले व्यक्ति की भलाई हमेशा समाज की भलाई से जुड़ी हुई नहीं होती–जिसके लिए उपाध्याय को 'समाजवाद' के सुरक्षात्मक उपायों की ज़रूरत महसूस होती थी।) उपाध्याय का मानना था कि व्यक्ति का दोषपूर्ण आचरण दोषपूर्ण व्यवस्थाओं का परिणाम था, जबकि भारतीय संस्कृति का 'एकात्म मानववाद' इन दोषों से मुक्त था और व्यक्ति और विश्व की एकात्मता पर केन्द्रित था। पुरुषार्थ के चारों लक्ष्यों पर ध्यान देने वाला व्यक्ति लोभ या मात्र इन्द्रिय सुख का शिकार होने की बजाय बौद्धिक और आध्यात्मिक विकास पर भी उतना ही ध्यान देगा। उपाध्याय के अनुसार, आत्मा का सुख या आनन्द ही सबसे बड़ा आनन्द था और अन्य सभी सुख इसी आनन्द पर निर्भर करते थे।

मात्र भौतिक समृद्धि को ही जीवन का एकमात्र लक्ष्य मानने वालों की उपाध्याय कड़ी निन्दा करते थे। भोग–विलास या ऐश्वर्य का अतिरेकपूर्ण मोह मनुष्य को शैतान का पुजारी (दानव–पूजक) बना देता था और वह समाज, देश और धर्म के प्रति अपनी कर्तव्य भावना को भूल जाता था। इसी तरह 'काम' के प्रति ज़रूरत से ज़्यादा आसक्ति भी मनुष्य को अपने अन्य लक्ष्यों से च्युत कर सकती थी। मनुष्य के विकास के लिए धर्म अत्यन्त महत्त्वपूर्ण था और यह मात्र एक पन्थ या हिन्दुओं तक सीमित नहीं था। मन्दिर, मस्जिद, चर्च सभी मनुष्यों में धर्मसम्मत आचरण का संचार कर सकते थे।

पुरुषार्थ के चारों लक्ष्य एक–दूसरे पर निर्भर थे और मिल–जुल कर मनुष्य के लिए मोक्ष का रास्ता बनाते थे। अगर हर व्यक्ति अपने चारों पुरुषार्थों का ध्यान रखे तो समाज अपने–आप सही रास्ते पर चल सकता था। पुरुषार्थ

मनुष्य को दूसरों के साथ तालमेल स्थापित करना और आपसी सम्बन्धों में सद्भावना और समझ पैदा करना सिखाता था। परिवार, समाज और राष्ट्र व्यक्ति से ही निर्मित होते थे। परन्तु पूँजीवादी पश्चिमी देशों के अतिरेकपूर्ण 'व्यक्तिवाद' और साम्यवादी पूर्व के 'समूहीकरण' ने मनुष्य की चेतना को अस्त–व्यस्त कर दिया था और यह ख़तरा अब भारत पर भी मँडरा रहा था।

उपाध्याय इस पश्चिमी धारणा को सिरे से नकारते थे। किसी व्यक्ति के सामाजिक सम्बन्ध एक तरह का अनुबन्ध थे और वह किसी क्लब की तरह समाज का सदस्य बन सकता था। उपाध्याय के लिए (राष्ट्र की धारणा की तरह) समाज कुछ व्यक्तियों का समूह मात्र नहीं था। समाज और व्यक्ति में वैसा ही सम्बन्ध था जैसा शरीर और इसके विभिन्न अंगों में, या एक वृक्ष और इसकी शाखाओं, पत्तियों और फूलों में। यह प्रश्न निरर्थक था कि दोनों में से कौन ज़्यादा महत्त्वपूर्ण था–व्यक्ति या समाज? भारतीय संस्कृति में न तो व्यक्ति की उपेक्षा की जा सकती थी और न समाज के हितों को नकारा जा सकता था।[107]

समाज एक जीवन्त तत्त्व था, जिसका अपना मस्तिष्क, बुद्धि और आत्मा थी। इसके अपने पुरुषार्थ थे। समष्टि धर्म व्यक्ति और समाज के सम्बन्धों को सन्तुलित और समरस रखता था। अपनी मातृभूमि की तरह अपने समाज के साथ भी व्यक्ति के साझे इतिहास, संस्कृति, रहन–सहन, पहनावे और सार्वजनिक हित के सम्बन्ध थे। समाज का 'अर्थ' पुरुषार्थ 'प्रभाव' (धनवानों के लिए ऊँचा दर्जा) और 'अभाव' (निर्धनों की क्षीण आर्थिक शक्ति) दोनों के विरुद्ध होना चाहिए। समाज का 'काम' पुरुषार्थ राष्ट्र की आकांक्षाओं का प्रतीक था, जैसेकि अखण्ड भारत की स्थापना या चीनी अतिक्रमण को भारत की धरती से पीछे धकेलना या भारतीय संस्कृति का संरक्षण और प्रसार। समाज के 'मोक्ष' पुरुषार्थ का अर्थ था विदेशी दबदबे से स्वतन्त्रता और सांस्कृतिक, आर्थिक और राजनीतिक स्वतन्त्रता। इस सबसे भारतीय राष्ट्र एक सुगठित, सशक्त और समृद्ध हिन्दू राष्ट्र बन सकता था, जो अहिंसा, साहित्य और संस्कृति के हिन्दू मूल्यों पर आधारित हो।

ये पुरुषार्थ मात्र लक्ष्य न होकर व्यक्ति और समाज के बीच एक सेतु

---

107. दत्तोपंत बापूराव थेंगडी, 'पण्डित दीनदयाल उपाध्याय : आइडियोलॉजी एण्ड परसेप्शन खण्ड 2, सुरुचि प्रकाशन, नयी दिल्ली, 1988, पृ. 50

थे, जो शिक्षा, रोज़गार, विनोद–विलास और त्याग–भावना के सूत्रों से आपस में जुड़े हुए थे। एक मनुष्य के लिए 'यज्ञ' या त्याग का अर्थ था–स्वयं और समाज के लिए परिश्रम और संघर्ष करना। उदाहरण के लिए, एक किसान सिर्फ़ अपने लिए नहीं बल्कि समाज के लिए भी खेत जोतता था। दूसरे शब्दों में कहें तो कर्तव्य और सेवा की भावना से अपना काम करना, जिसमें समाज की भलाई का उद्देश्य भी शामिल हो।

समाज के भी एक व्यक्ति के प्रति कुछ कर्तव्य हैं। यदि समाज व्यक्ति को अच्छी शिक्षा अर्जित करने का अवसर नहीं देता है और व्यक्ति अपनी आजीविका चलाने में असफल रहता है तो यह समाज की विफलता है, परन्तु यदि शिक्षा अर्जित करने के बाद व्यक्ति समाज की भलाई के लिए काम नहीं करता है तो वह अपना समष्टि धर्म निभाने से चूक जाता है, जो नैतिक भ्रष्टता है। इसलिए व्यक्ति और समाज एक–दूसरे के पूरक हैं और अपने–अपने धर्म का पालन करके एक–दूसरे से जुड़े रहते हैं। ऐसा न होने पर व्यक्ति और समाज के बीच का सूत्र टूट जाता है और टकराव पैदा होता है। यह टकराव धनवानों और निर्धनों तथा उद्योगपतियों और श्रमिकों के बीच संघर्ष के रूप में उभरता है।

उपाध्याय की दृष्टि में हमारे राजनीतिज्ञों की सबसे बड़ी भूल उनकी यह ग़लत धारणा थी कि लोग सामाजिक, राजनीतिक और भाषाई स्तर पर भिन्न–भिन्न वर्गों में बँटे हुए थे और उनके अलग–अलग हित थे। सच्चाई यह थी कि भारत एक देश था, जिसमें प्रजा भी एक थी और उनके हित एक–दूसरे से जुड़े हुए थे। अन्त्योदय के रूप में निर्धनों और वंचितों का उद्धार करना हिन्दुओं का कर्तव्य था। इसमें अल्पसंख्यकों के तुष्टिकरण (और वर्गीय मतभेदों) के लिए कोई जगह नहीं थी।

उपाध्याय वर्ण–व्यवस्था की चुनौती का सामना करने से भी पीछे नहीं हटे, जिसे वे जाति–व्यवस्था की बजाय वर्ग–व्यवस्था मानते थे। वे इस धारणा का कड़ा विरोध करते थे कि वर्ण–व्यवस्था ईश्वर की देन थी और लोग अपने पिछले जन्मों के कर्मों के कारण ऊँची या नीची जातियों में जन्म लेते थे। इसी तरह वे उन लोगों के भी कड़े विरोधी थे जो जाति–व्यवस्था के सैद्धान्तिक विरोध के नाम पर राजनीति करते थे। उपाध्याय के अनुसार, जाति–व्यवस्था समाज की आवश्यकताओं को देखते हुए स्थापित की गयी थी, ताकि लोग अपने विशिष्ट गुणों और रुझान के

अनुरूप काम–धन्धे कर सकें और उनका और समाज का विकास हो सके। पराक्रमी स्वभाव के लोग सेना में शामिल होते थे जबकि अध्ययन में रुचि रखने वाले ज्ञान अर्जित करते थे। अपने कार्यक्षेत्र के कारण किसी को भी न तो ऊँचा माना जाता था और न नीचा। वर्ण–व्यवस्था मात्र कार्य–क्षमता की पहचान के लिए थी और एक संगठित और समरस समाज के भौतिक और आध्यात्मिक विकास के लिए भी।

उपाध्याय का दर्शन व्यक्ति से लेकर 'समष्टि' (समाज) और 'परमेशष्टि' (ईश्वर) तक एक बृहत् दायरे से जुड़ा हुआ था। भारतीय संस्कृति सिर्फ़ मानवता तक सीमित नहीं थीं, बल्कि जीव–जन्तुओं, पशु–पक्षियों, वायु, जल, धूप, नदियों और ग्रहों तक सभी को अपने भीतर समेटे हुए थी। भारतीय अद्वैत दर्शन परिवार से शुरू होकर समूची मानवता, पशु जगत्, वनस्पति जगत् और सम्पूर्ण सृष्टि तक फैला हुआ था। उपाध्याय का 'एकात्म मानववाद' उनके एक प्रशंसक के शब्दों में 'मानवीय चेतना का निर्मल विस्तार' था।

उपाध्याय का आग्रह था कि पश्चिम के राजनीतिक और सामाजिक सिद्धान्तों के विपरीत 'एकात्म मानववाद' किन्हीं विशेष परिस्थितियों की प्रतिक्रिया की उपज न होकर सकारात्मक चिन्तन पर आधारित था। "यदि किसी व्यक्ति की यह प्रकृति है कि वह दूसरों से लड़ने–झगड़ने और उनके मूल्य पर धनवान बनने में कोई संकोच नहीं करता, तो उसे दूसरों से प्रेम करना और उनके लिए जीना सिखाना असम्भव है।"[108] परन्तु भारतीय अद्वैत दर्शन की दृष्टि से आगे बढ़ने का एकमात्र रास्ता एकात्म मानववाद था। उपाध्याय इस दर्शन के आधार पर राष्ट्रीय पुनर्निर्माण पर ज़ोर देते थे। उनका मानना था कि भारतीयों का कर्तव्य मात्र अपनी संस्कृति की रक्षा करना ही नहीं था, अपितु इसे ऊर्जाशील और सक्षम बनाना भी था। "यदि हम सही दिशा में आगे बढ़ते रहे तो हम विश्व के सामने भारतीय संस्कृति के अजर–अमर मूल्यों के साथ–साथ राष्ट्रवाद, प्रजातन्त्र, समानता और विश्व बन्धुत्व के भारतीय आदर्श भी एक सन्तुलित और एकीकृत रूप में प्रस्तुत कर सकेंगे।"

जिन दिनों दीनदयाल उपाध्याय अपने राजनीतिक दर्शन पर काम कर रहे थे तो उन्होंने शायद यह कल्पना नहीं की होगी कि एक दिन उनके

108. वी.वी. नेने, 'पं. दीनदयाल उपाध्याय : आइडियोलॉजी एण्ड परसेप्शन', भाग–2 'इण्टेगरेल ह्यूमेनिज़्म', सुरुचि प्रकाशन, नयी दिल्ली, 2014, पृ. 77

नाम पर काम करने वाली एक राजनीतिक पार्टी प्रचण्ड बहुमत के साथ देश पर शासन कर रही होगी। क्या हम बता सकते हैं कि उनके विचारों पर अमल करने में पार्टी किस सीमा तक सफल रही है?

दीनदयाल उपाध्याय संस्थानों और योजनाओं की बढ़ती संख्या मात्र एक छलावा प्रतीत होता है। अब तक भाजपा के इस मसीहा का सिर्फ़ नाम ही जपा जाता रहा है, उनके दर्शन और उनके विचारों पर कोई अमल होता दिखाई नहीं देता।

देखा जाये तो आज के भाजपा नेता उपाध्याय की बजाय सावरकर और गोलवलकर के हिन्दू राष्ट्र में ज़्यादा विश्वास रखते प्रतीत होते हैं, विचार और भावना दोनों दृष्टियों से। इस देश में मुस्लिमों और ईसाइयों के स्थान और भूमिका को लेकर उपाध्याय की कुछ–कुछ उदारतावादी सोच कहाँ दिखाई देती है? उलटे पुरुष और महिला नेताओं द्वारा असहिष्णुता का खुलकर प्रदर्शन किया जा रहा है। (मोदी सरकार की एक महिला मन्त्री देश को 'रामजादे' और 'हरामजादे' के नाम से दो हिस्सों में बाँट चुकी है)।[109] उपाध्याय ने भारत की प्राचीन उदारहृदयता का गुणगान करते हुए पारसी और यहूदी शरणार्थियों का उदाहरण दिया था।[110] परन्तु आज भाजपा सरकार रोहिंग्या शरणार्थियों को देश से बाहर धकेलने पर तुली हुई है, क्योंकि वे मुस्लिम हैं और राष्ट्रीय सुरक्षा के लिए ख़तरा बन सकते हैं।[111]

उपाध्याय ने भौतिकवाद की भर्त्सना करते हुए गाँवों के सादगी भरे जीवन को एक आदर्श के रूप में सामने रखा था। वे स्वयं भी 'सादा जीवन उच्च विचार' में विश्वास रखते थे। इसी तरह वे ज़मींदारी के उन्मूलन की बात करते हुए निर्धन किसानों का पक्ष लेते थे। परन्तु आज के भाजपा नेता 'जी.डी.पी. ग्रोथ' और 'फिस्कल बैलेंस' का नाम जपते नहीं थकते और चुनिन्दा पूँजीपतियों को अरबों रुपये की परियोजना में भारी रियायतें देने में ज़रा भी संकोच नहीं करते। वे आयातित डिज़ाइनर धूप के चश्मे पहनते हैं, मोण्ट ब्लांक पेन इस्तेमाल करते हैं और ऊँची–से–ऊँची क्वालिटी के

---

109. इण्डियन एक्सप्रेस 2 दिसम्बर 2014
110. सी.पी. बिष्कर, 'पण्डित दीनदयाल उपाध्याय : आइडियोलॉजी एण्ड परसेप्शन', भाग–5, 'कंसेप्ट ऑफ़ द राष्ट्र', सुरुचि प्रकाशन, नयी दिल्ली, 2014, पृ. 93
111. सुचित्रा मोहन्ती, लाइवमिण्ट, 14 सितम्बर, 2017

महँगे–से–महँगे वस्त्र सिलवाते हैं। उनके नारे न तो भारतीय गाँवों की ग़रीब जनता के बारे में हैं और न प्राचीन भारतीय सभ्यता की 'आत्मा की शक्ति' के बारे में; उनके नारे 'ईज़ ऑफ़ डूइंग बिज़नेस' और 'स्टार्ट–अप इण्डिया' के बारे में हैं। उपाध्याय आर्थिक आत्मनिर्भरता की बात करते थे, परन्तु आज दिन–रात विदेशी निवेश का राग अलापा जा रहा है। उपाध्याय की इस चेतावनी को नज़रअन्दाज़ करते हुए कि राजनीति को धनवानों के 'प्रभाव' से मुक्त रखना चाहिए, आज भाजपा नेता चुनिन्दा पूँजीपतियों से दोस्तियाँ गाँठने में लगे हुए हैं।

उपाध्याय का मानना था कि स्वाधीनता के बाद भारत अपना आदर्शवाद खो बैठा, क्योंकि यह एक हिन्दू राष्ट्र बनने में विफल रहा। यह एक ऐसी महान शक्ति थी जो हमें एकजुट रख सकती थी, परन्तु एकता के इन दावों के बावजूद आज यह देखने में आ रहा है कि हिन्दुत्व की शक्तियों ने अंग्रेज़ों के ख़िलाफ़ नफ़रत को एक अल्पसंख्यक समुदाय के ख़िलाफ़ नफ़रत में बदल दिया है, जो सिर्फ़ विभाजन और विनाश का रास्ता है, न कि एकता का। मैं अक्सर यह कहता रहा हूँ कि भारत में हम सभी अल्पसंख्यक हैं और भाषा, क्षेत्र, जाति और सांस्कृतिक रीति–रिवाजों के आधार पर अलग–अलग समूहों में बँटे हुए हैं। इस विविधता को पहचानना और इसके साथ तालमेल बिठाना ही एकता का एकमात्र रास्ता है, न कि एक ख़ास विचारधारा को अन्य सभी पर थोपना। इस तरह का रवैया हमें किसी सुनहरे युग की तरफ़ नहीं, सिर्फ़ विनाश की तरफ़ ले जायेगा।

भारतीय जनता पार्टी और हिन्दुत्व

दीनदयाल उपाध्याय के निधन और फिर 1971 के संसदीय चुनाव में (इन्दिरा लहर के दौर में) बहुत कम सीटें जीतने के बाद भारतीय जनसंघ कुछ वर्ष शिथिल रहने के बाद 1977 में एक नयी पार्टी 'जनता पार्टी' में विलय हो गयी। यह नयी पार्टी इन्दिरा गाँधी की इमरजेंसी के ख़िलाफ़ बहुत–सी विरोधी पार्टियों का एक साझा मंच थी। 1977 के चुनावों में जनता पार्टी की अप्रत्याशित जीत के बाद जनसंघ से जुड़े नेता भी मोरारजी देसाई की नयी सरकार में शामिल हो गये। परन्तु जल्दी ही जनता पार्टी के आन्तरिक विरोधाभास खुलकर सामने आने लगे। इनमें से एक बड़ा मुद्दा जनसंघ से आये नेताओं की 'दोहरी सदस्यता' अर्थात् जनता पार्टी में रहते हुए भी

राष्ट्रीय स्वयंसेवक संघ (आर.एस.एस.) के साथ उनके सम्बन्धों का था। जनता पाटी अपने अन्तर्विरोधों के कारण जल्दी ही टूट गयी और जनसंघ से जुड़े नेताओं ने 1980 में 'भारतीय जनता पार्टी' (भाजपा) के रूप में एक नयी पार्टी गठित की। पार्टी ने 'गाँधीवादी समाजवाद' में अपनी निष्ठा व्यक्त की, ताकि जनता के एक बड़े वर्ग को साथ में लेकर चला जा सके।

1984 के लोकसभा चुनावों में (जो इन्दिरा गाँधी की हत्या के बाद उनके बेटे राजीव गाँधी के लिए सहानुभूति की प्रचण्ड लहर का दौर था) भारतीय जनता पार्टी का जनसंघ से भी बुरा हाल हुआ और 545 सदस्यों वाली संसद में उसे सिर्फ़ दो सीटें प्राप्त हुईं। इसके बाद पार्टी को ऐसा महसूस हुआ कि मुख्यधारा के साथ चलने की इसकी नीति सफल नहीं हो पायी थी, इसलिए अपने–आपको 'जनसंघ' की तरह हिन्दुओं के हितों की बात करने वाली एक हिन्दू पार्टी के रूप में ही उभारना बेहतर था।

1980 का दशक भारतीय राजनीति में ज़बर्दस्त उथल–पुथल का दशक था। पंजाब में ख़ालिस्तान के नाम पर सिख अलगाववादी आन्दोलन अपने चरम पर था; असम के छात्र बांग्लादेश के ग़ैर–कानूनी प्रवासियों के ख़िलाफ़ उग्र प्रदर्शन कर रहे थे, जिन्होंने राज्य की आबादी के अनुपात को बिगाड़कर रख दिया था; पड़ोस के श्रीलंका में तमिल अलगाववादियों ने भयंकर आतंक मचा रखा था, जिसकी आँच से भारत भी अछूता नहीं रहा था। देश के युवा परन्तु पश्चिमी विचारों में ढले प्रधानमन्त्री राजीव गाँधी मानो देश को किसी भव्य ऊँचाई से चला रहे थे, आसमान में विमान उड़ाने वाले किसी पायलट की तरह (जो इससे पहले उनका पेशा रहा था)। भारतीय जनता पार्टी को स्वयं को हिन्दू हितों की रक्षक के रूप में प्रस्तुत करने और भारतीय राजनीति में अपनी एक विशिष्ट जगह बनाने का यह एक सुनहरा अवसर प्रतीत हुआ। 1989 में पालमपुर में एक प्रस्ताव पारित करके इसने अधिकृत रूप से 'हिन्दुत्व' को अपनी विचारधारा के रूप में अपना लिया। इसके साथ ही पार्टी ने यह दावा भी किया कि हिन्दुत्व 'सांस्कृतिक राष्ट्रवाद' का प्रतिनिधित्व करता था और 'भारतीय राष्ट्रीयता' का प्रतीक था; यह कोई धार्मिक या ईश्वर सम्बन्धी धारणा नहीं थी। आने वाले वर्षों में भाजपा ने हिन्दुत्व को बढ़–चढ़ कर अपना राजनीतिक एजेण्डा बनाया। कुछ मामलों में यह सीधे धर्म से जुड़ा नहीं था, जैसेकि इस्लामी आतंकवादियों द्वारा डराये–धमकाये और कश्मीर घाटी से खदेड़े

जाने वाले कश्मीरी पण्डितों के अधिकारों का मुद्दा, जो अपनी ही धरती पर शरणार्थी बनने के लिए मजबूर हो गये थे। कुछ मामले सीधे धर्म से जुड़े हुए थे और दूसरे धर्मों को चुनौती देते हुए प्रतीत होते थे, जैसे समान नागरिक कानून का मुद्दा या धार्मिक अल्पसंख्यकों के निजी कानूनों को निरस्त करने का मुद्दा।

'मुस्लिम ख़तरा' कई रूपों में उभरता हुआ प्रतीत हो रहा था। एक तरफ़ असम में बांग्लादेश के मुसलमानों की घुसपैठ का मामला था तो दूसरी तरफ़ शाहबानो मामले में सुप्रीम कोर्ट के फ़ैसले को लेकर मुसलमानों का विरोध। (इस फ़ैसले में एक मुस्लिम विधवा को भरण–पोषण की हकदार बताया गया था, जिसे बाद में सरकार ने एक कानून बना कर निरस्त कर दिया और उक्त महिला को वक्फ़ बोर्ड से मदद माँगने के लिए कहा।) इसके साथ ही सलमान रुश्दी की 'सेटेनिक वर्सेस' को लेकर भी मुसलमान बहुत ज़्यादा भड़के हुए थे, जिसमें उनके पैग़म्बर का अपमान किया गया था। इन सभी घटनाओं के जवाब में भारतीय जनता पार्टी ने राम जन्मभूमि का मुद्दा उठाकर हिन्दुओं के हृदय के तार छेड़ दिये। यह मुद्दा अयोध्या में भगवान राम के एक प्राचीन मन्दिर की पुनर्स्थापना का मुद्दा था; जिसकी जगह सोलहवीं सदी से एक मस्जिद, बाबरी मस्जिद खड़ी हुई थी। यह विवादास्पद मस्जिद वर्षों से उपयोग में नहीं आ रही थी और अयोध्या में ठीक उसी जगह स्थित थी जहाँ भगवान राम का जन्म हुआ माना जाता था। इसलिए यह मुद्दा 'राम जन्मभूमि मुक्ति अभियान' के रूप में भाजपा का एक बड़ा राजनीतिक शस्त्र बनने की क्षमता रखता था।

यह एक विवादास्पद विषय था कि अयोध्या में ठीक बाबरी मस्जिद की जगह पर कोई प्राचीन हिन्दू मन्दिर था या नहीं। यह मामला अब सुप्रीम कोर्ट में है, परन्तु इसमें कोई सन्देह नहीं है कि वहाँ कोई–न–कोई मन्दिर ज़रूर था, क्योंकि वर्षों पहले 1975 में किये गये एक पुरातत्त्वीय सर्वेक्षण में खुदाई के दौरान कसोटी पत्थर की ऐसी चौदह स्तम्भ शिलाएँ मिली थीं जिन पर हिन्दू चिह्न और आकृतियाँ अंकित थीं। फिर भी, इस बात का कोई प्रमाण नहीं मिला है कि सचमुच ही किसी मन्दिर को ध्वस्त करके उसकी जगह पर बाबरी मस्जिद निर्मित की गयी थी। जो भी हो, हिन्दुओं की एक बड़ी संख्या के लिए यह आस्था का मामला है और वे सचमुच ऐसा मानते हैं कि भगवान राम का जन्म ठीक उसी जगह पर

हुआ था जहाँ यह मस्जिद खड़ी थी। यदि मन्दिर निर्माण का यह लक्ष्य भारतीय मुसलमानों को पीड़ा पहुँचाए बिना पूरा हो सकता है और बाबरी मस्जिद के बर्बर विध्वंस की क्षतिपूर्ति का कोई रास्ता निकाला जा सकता है तो पूरा देश चैन की साँस लेगा। परन्तु मस्जिद के विध्वंस के एक चौथाई सदी बाद भी मामला अदालत में है और मन्दिर नहीं बन पाया है। इसकी अनुपस्थिति हिन्दुत्व आन्दोलन को गतिशील बनाये रखने के लिए और वोट बटोरने के लिए एक बड़ा मुद्दा है।

राम जन्मभूमि अभियान आग से खेलने वाली राजनीति का प्रतीक था। एक मस्जिद की जगह मन्दिर बनाने की बात एक ऐसी साम्प्रदायिक चिंगारी थी जिसके भयंकर परिणाम हो सकते थे। परन्तु भारतीय जनता पार्टी के लिए यह तुरुप का पत्ता साबित हुआ। पार्टी के दिग्गज नेता लालकृष्ण आडवाणी प्राचीन विजय रथ की शक्ल में ढले एक ट्रक पर सवार होकर पूरे उत्तर भारत में घूमे। हर गाँव–कस्बे में वे लोगों को मन्दिर निर्माण के संकल्प की याद दिलाते हुए उनसे राम शिला–पूजन के लिए ईंटें पकाने और उनके साथ अयोध्या पहुँचने का आह्वान करते रहे। भक्तों को अयोध्या पहुँचाने के लिए विशाल तीर्थयात्राएँ आयोजित की गयीं, ताकि वे अपनी आँखों से पावन जन्मभूमि पर खड़ी उस मस्जिद को देख सकें जो सदियों से हिन्दुओं के अपमान की प्रतीक बनी हुई थी। आख़िर भावनाओं का ज्वार अपने चरम पर पहुँच गया और दिसम्बर 1992 में धर्मोन्माद से भड़की भीड़ ने 470 वर्ष पुरानी उस मस्जिद को गिरा कर मिट्टी में मिला दिया। वहाँ मौजूद पुलिस उन्हें रोकने की बजाय चुपचाप तमाशा देखती रही।[112] भाजपा ने अपना पत्ता चल दिया था और अपने घोर समर्थकों पर और भारतीय राजनीति में अपनी एक अमिट छाप छोड़ दी थी।

ये शर्मनाक घटनाएँ जहाँ हिन्दुत्व के विकृत चेहरे की प्रतीक हैं, वहीं हिन्दुत्व की शक्तियाँ धर्म के नाम पर बहुत–से हिन्दुओं को भी अपना शिकार बनाने से बाज़ नहीं आयीं। मुसलमानों के प्रति सहानुभूति दिखाने के कारण 30 जनवरी, 1948 को राष्ट्रपिता महात्मा गाँधी की हत्या से लेकर हाल ही में (सितम्बर 2017) संघ परिवार की आलोचना करने के कारण एक निर्भीक पत्रकार गौरी लंकेश की हत्या तक कितने ही नरमपन्थी,

---

112. दिलीप अवस्थी, 'अयोध्या, दिसम्बर 6, 1992 : ए नेशंस शेम', इण्डिया टुडे, 31 दिसम्बर, 1992

उदारवादी और तर्कशील हिन्दू संघ परिवार के हिंसक चेहरे के शिकार हो चुके हैं। यह सोच कर ही शर्म आती है कि भाजपा में कुछ नेता ऐसे भी हैं जो खुलेआम गाँधीजी की मूर्तियों की जगह उनके हत्यारे नाथूराम गोडसे की मूर्तियाँ स्थापित करने की बात करते हैं।

हिन्दुत्व की शक्तियों द्वारा साम्प्रदायिक हिंसा भड़काने की घटनाओं की काफ़ी लम्बी श्रृंखला है। इनमें 1964, 1965 और 1967 में राउरकेला, जमशेदपुर और राँची में भड़के दंगे ख़ासतौर से उल्लेखनीय हैं, जहाँ पूर्वी पाकिस्तान (अब बांग्लादेश) से आकर बसे हिन्दू शरणार्थियों की काफ़ी घनी आबादी है। हिन्दू संगठनों ने विभाजन के दौरान हिन्दुओं की मार–काट और उन पर हुए अत्याचारों की कथाएँ सुना कर साम्प्रदायिक भावनाएँ भड़काने का काम किया। इसी तरह, 1969 में इलाहाबाद में भड़के हिन्दू–मुस्लिम दंगों में भारतीय जनसंघ के 'भारतीय मुसलमानों के भारतीयकरण' के आह्वान की बड़ी भूमिका थी। 1970 में भिवण्डी और जलगाँव के दंगों में वहाँ शिवसेना के साम्प्रदायिक एजेण्डे का हाथ था, वहीं 1980 के दशक में मुरादाबाद से लेकर बिहार शरीफ़, मेरठ, भिवण्डी और बड़ौदा में समय–समय पर भड़कने वाले दंगों में भी हिन्दुत्व की शक्तियों की भूमिका से इनकार नहीं किया जा सकता। इसके बाद 'राम शिला पूजन' के नाम पर होने वाले आन्दोलनों ने भी कितने ही छोटे–बड़े दंगों को जन्म दिया। 1990 के दशक में बाबरी मस्जिद के विध्वंस के बाद देश भर में बड़े पैमाने पर जो दंगे भड़के, उन्होंने विभाजन के दिनों की साम्प्रदायिक हिंसा की याद दिला दी। मुम्बई से लेकर सूरत, अहमदाबाद, दिल्ली और कानपुर तक कितने ही शहर कई दिनों तक साम्प्रदायिक आग में झुलसते रहे। (यहाँ मैं उस साम्प्रदायिक हिंसा की याद दिलाना नहीं भूलूँगा जिसमें हिन्दुत्व की शक्तियों का कोई हाथ नहीं था। मैं 1984 के सिख विरोधी दंगों की बात कर रहा हूँ, जो तत्कालीन प्रधानमन्त्री इन्दिरा गाँधी की उन्हीं के दो सिख अंगरक्षकों द्वारा हत्या के बाद दिल्ली और उत्तर–भारत के कई अन्य शहरों में बड़े पैमाने पर भड़के। सत्ताधारी कांग्रेस के कुछ नेताओं द्वारा प्रोत्साहित किये गये इन दंगों में लगभग 2,800 निर्दोष सिख मारे गये, जिनमें से 2,100 सिर्फ़ दिल्ली में ही साम्प्रदायिक हिंसा के ताण्डव के शिकार हुए।)

भारतीय जनता पार्टी के सत्ता में आने के बाद से हिन्दुत्व के वर्चस्व

से प्रोत्साहित शक्तियों ने बहुत–सी हिंसक घटनाओं को जन्म दिया है। मई 2014 से लेकर ये पंक्तियाँ लिखने तक अल्पसंख्यक विरोधी हिंसा में पचास से भी अधिक जानें जा चुकी हैं और दर्जनों लोग बर्बर मार–पीट और सार्वजनिक अपमान और उत्पीड़न के शिकार हो चुके हैं। 15 वर्ष के जुनेद खान की कहानी सबसे ज़्यादा दर्दनाक है जो ईद के लिए नये कपड़े ख़रीद कर एक भीड़ भरी ट्रेन में घर लौट रहा था। उसे सिर्फ़ मुस्लिम होने के कारण छुरे घोंप–घोंप कर घायल कर दिया गया और लहुलूहान अवस्था में ट्रेन से नीचे फेंक दिया गया। (गो–रक्षकों से सम्बन्धित हिंसा का हम आगे ज़िक्र करेंगे)। आये दिन अख़बारों में किसी–न–किसी दंगे या हत्या, हिन्दू–मुस्लिम तनाव और माथे के किसी चिह्न या ख़तने के कारण भीड़ द्वारा जान से मार डाले जाने की ख़बरें पढ़ने को मिलती रही हैं।

विभाजन की राजनीति

हमारे देश में मूलतः दो तरह की राजनीति है–विभाजन की राजनीति और एकता की राजनीति। दूसरी तरह की राजनीति को दिनोदिन ईश्वर के वरदान की तरह देखा जाने लगा है, इसलिए पहली तरह की राजनीति कहीं ज़्यादा मुखर है। राजनीतिज्ञ वोट बटोरने के चक्कर में मतदाताओं को दिनोदिन और छोटे समूहों में बाँटते जा रहे हैं–जाति, भाषा, धर्म और किसी विशिष्ट सांस्कृतिक या सामाजिक पहचान के नाम पर। परन्तु इसके लिए हिंसा का रास्ता चुनना हमारी राजनीति में एक नयी गिरावट का प्रतीक है। मुस्लिम या ईसाई परिवारों पर हमले, उनके पूजा स्थलों का अनादर, घरों और आजीविका के साधनों का विनाश, और सबसे बढ़कर बलात्कार, अंग–भंग और ज़िन्दा जलाने की घटनाओं का धार्मिक मान्यताओं से कुछ भी सम्बन्ध नहीं है–न पीड़ितों की और न हमलावरों की। यह मात्र एक वितृष्णापूर्ण राजनीतिक परियोजना का हिस्सा हैं, जिसकी निकटतम तुलना सिर्फ़ इस्लामी आतंकवाद से की जा सकती है–धर्मोन्माद के शिकार उन आतंकियों से जिनकी हिन्दुत्ववादी दिन–रात भर्त्सना करते हैं और जो सही भी है। जनवरी 1993 में मुम्बई में बम धमाकों की शृंखला हो या दिल्ली, जयपुर और अहमदाबाद के अस्पतालों, बाज़ारों और खेल के मैदानों में 'इण्डियन मुजाहिदीन' के आतंकियों द्वारा किये गये बम विस्फोट, हर भारतीय इस तरह की अमानवीय हिंसा की कड़ी आलोचना करेगा।

परन्तु भारत के मुस्लिम आतंकवादी हों या हिन्दुत्व के नाम पर हिंसा करने वाले तथाकथित 'राष्ट्रवादी', दोनों के कृत्य राष्ट्रविरोधी हैं; दोनों ही देश को बाँट कर धार्मिक पहचान के नाम पर साम्प्रदायिक ध्रुवीकरण करने में लगे हैं; और दोनों ही इस ध्रुवीकरण का राजनीतिक लाभ उठाने की अपेक्षा रखते हैं।[113]

* * *

1996 तक भारतीय जनता पार्टी राष्ट्रीय चुनावों में सबसे बड़ी पार्टी के रूप में उभरकर सामने आ चुकी थी। परन्तु 'सेक्युलर' पार्टियों द्वारा इससे हाथ मिलाने से इनकार के कारण केन्द्र में सरकार बनाने का इसका पहला प्रयास तेरह दिन में ही धराशायी हो गया। दो वर्ष बाद यह फिर लौटी और इस बार इसके विनम्र स्वभाव के और व्यवहार–कुशल नेता अटल बिहारी वाजपेयी अन्य पार्टियों को अपनी तरफ़ खींचने और सरकार बनाने में सफल रहे। इस तरह, 1998 में, भाजपा पहली बार सत्ता में आयी। बीच में एक और चुनाव के बावजूद अटल बिहारी वाजपेयी लगातार छह वर्ष तक देश के प्रधानमन्त्री रहे। केन्द्र में इन छह वर्षों के शासन के दौरान, एक गठबन्धन सरकार का नेतृत्व करने के बावजूद, भारतीय जनता पार्टी ने अपनी विचारधारा को लेकर सन्देह की कोई गुंजाइश नहीं छोड़ी। इसका एक उदाहरण अण्डमान की सेण्ट्रल जेल में सावरकर के सम्मान में एक फलक की स्थापना की। उन्हें इस जेल में बन्दी बनाकर रखा गया था। फलक में दी गयी जानकारी में ब्रिटिश सरकार के नाम उनके क्षमा–याचना के पत्र का कोई उल्लेख नहीं था, जिसके कारण उन्हें रिहा कर दिया गया था। अपने–आपको एक 'बागी पुत्र' के रूप में परिभाषित करते हुए उन्होंने 'सरकार के माँ–बाप के घर' में लौटने की तीव्र इच्छा व्यक्त की थी। वे 1911 में भी दया–याचना करते हुए क्षमा के लिए प्रार्थना कर चुके थे। 14 नवम्बर, 1913 को उन्होंने एक और पत्र लिखकर कहा–"(अगर) सरकार अपनी महान कृपालु प्रकृति और दया दिखाते हुए मुझे रिहा कर

---

113. कश्मीर में जारी चरमपन्थी हिंसा और 26/11 को मुम्बई पर आतंकी हमला सीमा पार से पाकिस्तान द्वारा आयोजित और निर्देशित होने के कारण इस पुस्तक के दायरे से बाहर के विषय हैं।

देती है तो मैं संवैधानिक प्रगति और अंग्रेज़ सरकार में निष्ठा का प्रबल समर्थक और पैरोकार बन जाऊँगा, जो इस प्रगति की सबसे पहली शर्त है। जब तक हम जेल में हैं, हिज़ मैजेस्टी की भारतीय प्रजा के सैकड़ों और हज़ारों घरों में सच्ची ख़ुशी नहीं आ सकती, क्योंकि ख़ून पानी से गाढ़ा होता है, परन्तु अगर हमें रिहा कर दिया गया तो लोग अपनी ख़ुशी और उस सरकार के प्रति अपनी कृतज्ञता की भावना को ज़ोर–शोर से व्यक्त करेंगे जो सज़ा देने और बदला लेने की बजाय माफ़ करना और सुधारना ज़्यादा जानती है।''[114]

सावरकर ने पत्र में आगे लिखा था–''और फिर मेरा संविधान की राह पर लौटना भारत और विश्व के उन सभी गुमराह नौजवानों को भी वापस ले आयेगा जो मुझे अपने मार्गदर्शक के रूप में देखते रहे हैं। मैं सरकार की इच्छानुसार किसी भी रूप में सेवा करने के लिए तैयार हूँ, क्योंकि मेरा बदलाव आत्मा की पुकार है और मुझे उम्मीद है कि भविष्य में भी मेरा आचरण इसी के अनुरूप होगा। मुझे जेल में रखने से उसकी तुलना में कुछ भी हासिल नहीं होगा जो मुझे रिहा कर देने पर होगा। सिर्फ़ सर्वशक्तिमान ही दयालु हो सकता है, इसलिए एक बेटा सरकार के अभिभावकीय द्वार पर लौटने की बजाय और कहाँ जा सकता है?'' ...भाजपा सरकार के अभिभावकीय द्वार भी सावरकर के लिए खोल दिये गये और ब्रिटिश शासकों के प्रति उनके व्यवहार को उनकी आधिकारिक जीवनी से ग़ायब कर दिया गया। यह जीवनी 2001 में जारी की गयी और संसद के सेण्ट्रल हॉल में उनका एक चित्र भी लगा दिया गया, शायद जान–बूझकर ही महात्मा गाँधी के चित्र के ठीक सामने।

केन्द्र में भाजपा के नेतृत्व वाली गठबन्धन सरकार के शासनकाल के दौरान गुजरात में एक विशुद्ध भाजपा सरकार का नेतृत्व एक जोशीले और वाक्पटु विचारक नरेन्द्र मोदी कर रहे थे। उनकी सरकार के कार्यकाल के दौरान ही वर्ष 2002 में 1,000 से 2,000 निर्दोष लोगों को, जिनमें से अधिकांश मुस्लिम थे, मौत के घाट उतार दिया गया। आमतौर से शान्त रहने वाली राजधानी अहमदाबाद समेत प्रदेश के कई शहरों में हुए इस नरसंहार ने गाँधी की घरेलू भूमि पर हमेशा के लिए एक धब्बा लगा दिया। मुख्यमन्त्री नरेन्द्र मोदी पर इस नरसंहार को संरक्षण देने–या कम–से–कम

114. अक्षय मुकुल, 'सावरकर हैड बेग्ड फॉर मर्सी', टाइम्स ऑफ़ इण्डिया, 3 मई, 2002

इसकी रोकथाम के लिए तेज़ी से कार्रवाई न करने का–आरोप लगा। खुलेआम और व्यापक हिंसा का यह ताण्डव तीन दिन बाद सेना को बुलाये जाने के बाद ही रुका। ऐसा कहा जाता है कि प्रधानमन्त्री अटल बिहारी वाजपेयी नरेन्द्र मोदी को हटाना चाहते थे, परन्तु उनके प्रशासन से जुड़े हिन्दुत्ववादियों ने उन्हें ऐसा न करने की सलाह दी।[115]

भारतीय जनता पार्टी के वरिष्ठ नेता वेंकटेंया नायडू ने इस सूचना की अधिकृत पुष्टि करते हुए इसे पार्टी की प्रजातान्त्रिक निर्णय–प्रक्रिया का उदाहरण बताया। प्रधानमन्त्री वाजपेयी वर्ष 2002 के दंगों के बाद नरेन्द्र मोदी को गुजरात के मुख्यमन्त्री के पद से इस्तीफ़ा देने के लिए कहना चाहते थे, परन्तु उन्हें पार्टी के 'सामूहिक निर्णय' के आगे झुकना पड़ा।

जो भी हो, गुजरात की जनता पूरी ताक़त से मोदी के पीछे खड़ी रही। उसी वर्ष कुछ महीने बाद हुए चुनावों में विजय के बाद वे फिर से मुख्यमन्त्री चुने गये और वर्ष 2007 और 2012 में और भी बड़े बहुमत के साथ जीते। उनके भाषणों में हिन्दुत्व का रंग तो रहता ही था, साथ ही वे एक कुशल प्रशासन और अभूतपूर्व आर्थिक विकास का दावा भी करते थे। उनका यह सन्देश देश भर में पहुँचता रहा और वे एक तेज़ी से निर्णय लेने में सक्षम और प्रभावी नेता के रूप में अपनी राष्ट्रीय छवि बनाने में सफल रहे। यह वर्ष 2014 के संसदीय चुनावों में भारतीय जनता पार्टी के प्रधानमन्त्री पद के दावेदार के रूप में उभरने की पूर्व भूमिका थी। उस वर्ष हुए चुनावों में देश भर में भारतीय जनता पार्टी की भारी विजय ने देश के प्रधानमन्त्री के रूप में उनकी एक नयी पारी की शुरुआत कर दी।

प्रधानमन्त्री मोदी के नेतृत्व में भारतीय जनता पार्टी का संसद में अपने बल पर ही अच्छा–ख़ासा बहुमत है, जैसा पहले कभी नहीं हुआ था, इसलिए इसे अपने ग़ैर–हिन्दुत्ववादी सहयोगियों के साथ समझौता करके अपने एजेण्डे में फेर–बदल करने की ज़रूरत नहीं है, जैसाकि अटल बिहारी वाजपेयी के ज़माने में था। स्वाधीन भारत के इतिहास में भारतीय जनता पार्टी सत्ता में आने वाली ऐसी पहली पार्टी है जिसका लोकसभा में एक भी चुना हुआ मुस्लिम सदस्य नहीं है। मन्त्रि परिषद् में शामिल सभी

115. वाजपेयी गुजरात दंगों के कारण मोदी को इस्तीफ़ा देने के लिए कहना चाहते थे, परन्तु पार्टी ने उनका समर्थन नहीं किया' : वेंकटैया नायडू, इण्डिया टुडे, 9 मार्च 2014

मुस्लिम मन्त्री राज्यसभा के सदस्य हैं। इसी तरह, भारतीय प्रजातन्त्र में ऐसा पहली बार हुआ है कि तीनों सर्वोच्च संवैधानिक पदों पर विराजमान व्यक्ति–अर्थात् राष्ट्रपति, उप–राष्ट्रपति और प्रधानमन्त्री–राष्ट्रीय स्वयंसेवक संघ से जुड़े रहे एक ही विचारधारा के व्यक्ति हैं।

इसलिए इस निष्कर्ष से बचना मुश्किल है कि यह भारत को एक हिन्दू राष्ट्र बनाने की हिन्दुत्व परियोजना में एक महत्त्वपूर्ण मोड़ है, या कम–से–कम भारत को एक विशिष्ट हिन्दू पहचान देने की दिशा में एक महत्त्वपूर्ण क़दम। बहुत–से हिन्दुत्व विचारक इस तथ्य पर खेद प्रकट करते रहे हैं कि भारत में हिन्दू धर्म के लिए प्रेम एक ऐसा प्रेम है जिसे प्रकट नहीं किया जा सकता। उनके अनुसार, धर्मनिरपेक्षता की सरकारी नीति ने भारत को एक ऐसा देश बना दिया है जहाँ एक मुस्लिम अपने मुस्लिम होने पर गर्व कर सकता है, एक ईसाई अपने ईसाई होने पर गर्व कर सकता है, और एक सिख अपने सिख होने पर गर्व कर सकता है, परन्तु एक हिन्दू सिर्फ़ अपने 'सेक्युलर' होने पर गर्व कर सकता है। इस धारणा से जुड़े व्यापक आक्रोश के पीछे बहुत–से कारण हैं–भारतीय व्यवस्था द्वारा मुस्लिम समुदाय की रूढ़िवादी प्रथाओं की सहज स्वीकृति जबकि हिन्दुओं से प्रगतिशील व्यवहार की अपेक्षा; अल्पसंख्यकों की शिक्षा के लिए सरकारी मदद जबकि हिन्दुओं को इस मदद से वंचित रखना; हिन्दुओं में परिवार नियोजन कार्यक्रम चलाना जबकि मुस्लिमों को इससे दूर रखना; और कट्टरवादी मुस्लिम नेताओं द्वारा 'वोट बैंक' की राजनीति को अनदेखा करना जबकि हिन्दू नेताओं द्वारा ऐसी राजनीति की आलोचना करना इत्यादि। परिणाम यह हुआ है कि मुस्लिमों के 'तुष्टिकरण' को लेकर व्यापक असन्तोष है। हालाँकि यह भी सच है कि इस तुष्टिकरण के बावजूद ज़मीनी सच्चाई कुछ और ही कहती है। आँकड़े बताते हैं कि सामाजिक–आर्थिक स्तर पर मुस्लिम बहुत ज़्यादा पिछड़े हुए हैं और उन्हें आवास से लेकर रोज़गार तक अक्सर भेदभाव का सामना करना पड़ता है। पुलिस में मुसलमानों का प्रतिशत जितना कम है, जेलों में उतना ही ज़्यादा। फिर भी, हिन्दुत्व नेता यह धारणा फैलाने में सफल रहे हैं कि ग़ैर–भाजपा सरकारों का झुकाव मुसलमानों के पक्ष में ज़्यादा रहा है, इसलिए हिन्दू हितों की बात करना न्यायोचित है। परिणामस्वरूप, उनके द्वारा हिन्दुत्व के वर्चस्व की बेझिझक स्वीकृति और देश की सत्ता पर दिनोदिन बढ़ते उनके

नियन्त्रण को देखते हुए भारत की राजनीतिक संस्कृति में एक नाटकीय बदलाव आता दिखाई दे रहा है। इसके समुचित प्रभावों और परिणामों को समझने में अभी कुछ समय लग सकता है।

बहुत–से भारतीय समाजशास्त्री हिन्दुत्व आन्दोलन को अपने शास्त्रीय रूप में एक फ़ासिस्ट आन्दोलन मानते रहे हैं। मार्क्सवादी समाजशास्त्री प्रभात पटनायक के अनुसार, हिन्दुत्व आन्दोलन "अपने वर्गीय समर्थन, तौर–तरीक़ों और कार्यक्रम की दृष्टि से शास्त्रीय फ़ासीवाद है।"[116] पटनायक और अन्य लोग हिन्दुत्व आन्दोलन में निम्नलिखित फ़ासी तत्त्व देखते हैं–एक एकीकृत समाज की रचना करके उसे 'हिन्दू' के रूप में परिभाषित करना; अतीत के अन्यायों, ख़ासकर मुस्लिम शासकों को लेकर इसकी शिकायतें; इसकी तुलनात्मक सांस्कृतिक श्रेष्ठता की भावना; अतीत के दमनकारियों को लेकर इसकी इतिहास की पुनर्व्याख्या और इस पुनर्व्याख्या की किसी भी तरह की आलोचना की अस्वीकृति; और एक नस्ल के रूप में एक धार्मिक और सांस्कृतिक हिन्दू बहुसंख्यक समुदाय का समर्थन जुटाने के दूसरे प्रयास। (वे इस सूची में असहाय अल्पसंख्यकों के प्रति भीड़ द्वारा हिंसा की दिनोदिन बढ़ती घटनाओं के रूप में 'बहुसंख्यकवाद' को भी जोड़ सकते थे।) नरेन्द्र मोदी के प्रधानमन्त्री बनने से बहुत पहले समाजशास्त्री आशिस नन्दी उन्हें एक ठेठ फ़ासिस्ट ('ए क्लासिक, क्लीनिकल केस ऑफ़ ए फासिस्ट') के रूप में परिभाषित कर चुके थे।[117]

परन्तु यह स्वीकार करना होगा कि नरेन्द्र मोदी ने अपने पद पर रहते हुए वैसा आचरण नहीं किया है जैसा आशिस नन्दी कल्पना कर रहे थे। वे बार–बार यह कहते रहे हैं कि वे सभी भारतीयों के प्रधानमन्त्री हैं। उनका 'सबका साथ सबका विकास' का नारा भी यही सन्देश देता है।

इस बात से भी इनकार नहीं किया जा सकता कि हिन्दुत्ववादी पूरी तरह से एक प्रजातान्त्रिक और कानूनी तरीक़े से और भारत के धर्मनिरपेक्ष संविधान के अन्तर्गत ही सत्ता के शिखर पदों पर पहुँचे हैं। अब हमारे सामने एक महान प्रश्न यह है कि क्या भारत का संविधान हिन्दुत्व पर लगाम लगाने में सफल रहेगा या हिन्दुत्व संविधान के काम–काज के तरीक़े को बदल देगा?

---

116. प्रभात पटनायक, 'द फ़ासिज़्म ऑफ़ अवर टाइम्स', सोशल साइण्टिस्ट, खण्ड–21, संख्या 3/4, 1993

117. आशिस नन्दी, 'क्वालिटी ऑफ़ ए कल्चर', सेमिनार, 2002

11 दिसम्बर, 1995 को उच्चतम न्यायालय के तीन न्यायाधीशों की एक पीठ ने विख्यात उदारवादी मुख्य न्यायाधीश जे.एस. वर्मा के नेतृत्व में यह घोषणा की थी कि 'हिन्दुत्व एक जीवन–शैली है, न कि कोई धर्म'। न्यायालय ने आगे कहा था–"आमतौर से, हिन्दुत्व को जीने का एक तरीक़ा या एक मानसिक अवस्था समझा जाता है। इसे धार्मिक हिन्दू कट्टरवाद नहीं समझना चाहिए या इससे जोड़कर नहीं देखना चाहिए। यह एक मिथ्या धारणा या कानूनी त्रुटि है कि 'हिन्दुत्व' या 'हिन्दूइज़्म' शब्दों का प्रयोग एक ऐसे रवैये का प्रतीक है जो अन्य धर्मों का पालन करने वालों को वैमनस्य की भावना से देखता है। ...इन शब्दों का प्रयोग धर्मनिरपेक्षता के प्रचार के लिए या भारतीयों की जीवन–शैली और उनकी संस्कृति या प्रकृति का वर्णन करने के लिए; या किसी राजनीतिक पार्टी की भेदभावपूर्ण या असहिष्णु नीति की आलोचना करने के लिए भी किया जा सकता है।"[118]

कोई आश्चर्य की बात नहीं है कि उच्चतम न्यायालय की यह घोषणा अगले वर्ष 1996 में हुए आम चुनावों में भारतीय जनता पार्टी के घोषणा–पत्र का अंग बन गयी। पार्टी का दावा था कि उच्चतम न्यायालय ने 'हिन्दुत्व' के वास्तविक अर्थ की पुष्टि कर दी थी जो धर्मनिरपेक्षता के अर्थ और परिभाषा सें पूरी तरह मेल खाता था। इसे हम हिन्दुत्व की धारणा की संवैधानिक स्वीकार्यता के रूप में भी देख सकते हैं। यह प्रश्न अब किसी तरह की शंका से परे है, क्योंकि 3 जनवरी, 2017 को उच्चतम न्यायालय ने वर्ष 1995 के अपने निर्णय पर पुनर्विचार करने से इनकार कर दिया।

इस तरह संविधान और इसके संरक्षक हिन्दुत्व के साथ अपना तालमेल बिठा चुके हैं। परन्तु क्या हिन्दुत्व भी संविधान के साथ अपना तालमेल बिठाएगा?

भारत के दो भाजपाई प्रधानमन्त्रियों में से अधिक परम्परावादी अटल बिहारी वाजपेयी (कार्यकाल : 1998–2004) ने संवैधानिक बदलावों को लेकर नरमपन्थी रवैया अपनाया। उनका कहना था कि "मज़बूत से मज़बूत क़िले की प्राचीर की भी समय–समय पर मरम्मत करवानी पड़ती है।" (जबकि

---

118. डॉ. रमेश यशवन्त प्रभु वर्सेस श्री प्रभाकर काशीनाथ कुन्ते और अन्य, 1996, एस.सी. सी. (1), 130

वी.पी. सिंह ने चेतावनी देते हुए कहा था कि 'किरायेदार' को 'मरम्मत' के नाम पर 'पुनर्निर्माण' की कोशिश नहीं करनी चाहिए)।[119] उनके कार्यकाल में संविधान में कोई बड़ा बदलाव दिखाई नहीं दिया। उन्होंने संविधान पर एक पुनर्विचार अवश्य करवाया था, जिसकी 1,979 पृष्ठों की विस्तृत रिपोर्ट शायद किसी ने नहीं पढ़ी है। भाजपा के दूसरे प्रधानमन्त्री नरेन्द्र मोदी के अधीन भी अब तक संविधान में कोई बड़ा बदलाव दिखाई नहीं दिया है, परन्तु यह कहना मुश्किल है कि आगे भी ऐसा ही होगा।

भारत के संविधान को इसके स्वरूप और तत्त्व समेत सिरे से अस्वीकृत करने वाले दीनदयाल उपाध्याय आज यह देखकर हैरान रह जाते कि उनके तथाकथित अनुयायी आज किस उत्साह से संविधान का नाम जप रहे हैं और राष्ट्र द्वारा इसे अपनाये जाने की वर्षगाँठ को ही नहीं (जो स्वाभाविक रूप से हमारा गणतन्त्र दिवस है) बल्कि संविधान परिषद् द्वारा इसे पारित किये जाने के दिन को भी 'संविधान दिवस' के रूप में धूमधाम से मनाना चाहते हैं। वे अपना गुणगान करने वाले उस प्रधानमन्त्री के बारे में क्या कहते जो 'चिति' और 'विराट शक्ति' से दूर एक पश्चिम प्रेमी व्यक्ति हैं और भारत के संविधान को अपना 'पवित्र ग्रन्थ' मानता हैं?

परन्तु यह कहना भी मुश्किल है कि हमारे पश्चिम से प्रभावित, धर्मनिरपेक्ष और उदारवादी संविधान के बारे में हिन्दुत्ववादियों की प्रशंसा की भावना कितनी गम्भीर और ईमानदार है? क्या यह प्रशंसा दीनदयाल उपाध्याय के प्रति उनकी समर्पण भावना की ही तरह है? क्या मोदी और उनका कुनबा लोकसभा और राज्यसभा में अपनी स्थिति और मज़बूत कर लेने और अधिकांश राज्यों में भी अपनी सत्ता स्थापित कर लेने के बाद उसी संविधान को छिन्न–भिन्न करने का प्रयास नहीं करेंगे जिसके प्रति वे आज अपनी निष्ठा व्यक्त करते नहीं थकते?

ऐसे संकेत मिलने भी शुरू हो चुके हैं कि संविधान अपने वर्तमान स्वरूप को ज़्यादा देर तक छेड़–छाड़ से नहीं बचा पायेगा। हिन्दुत्व विचारक के.एम. गोविन्दाचार्य संविधान में कायाकल्प की घोषणा कर चुके हैं। उनके अनुसार, ''संशोधन एक लघुकालीन लक्ष्य है जबकि पुनर्लेखन

---

119. मनु एस. पिल्लई, 'व्हाय द बीजेपी वोंट हैड राइजन द वे इट डिड विद वाजपेयी', लाइवमिण्ट, 28 जनवरी, 2017

एक दीर्घकालीन लक्ष्य है''।[120] 2017 में कुछ प्रमुख भारतीय अख़बारों को दिये गये उनके साक्षात्कारों में उनके मूल विचार पचास वर्ष पहले के उपाध्याय के विचारों से काफ़ी मिलते–जुलते प्रतीत होते हैं। गोविन्दाचार्य के अनुसार, ''हमारा संविधान व्यक्तिवाद के विचार पर आधारित है। यह व्यक्तिवाद को प्रोत्साहन देता है जो भारतीय मूल्यों के विरुद्ध है...जबकि भारतीय सभ्यता पारिवारिक व्यवस्था और सामूहिकता पर आधारित है। हमारे समाज के अन्य महत्त्वपूर्ण अवयव जैसेकि वर्ण–व्यवस्था और पंचायती राज संविधान में प्रतिबिम्बित नहीं होते। व्यक्तिवाद एक पश्चिमी विचार है। यह भारतीय संविधान का आधार नहीं हो सकता। एक नया संविधान लिखा जाना चाहिए जो 'सर्व' की बात करे, न कि 'एक' (व्यक्ति) की।'' जाति को हिन्दुत्व राजनीतिक व्यवस्था में एक सम्मानजनक स्थान देने के साथ–साथ ''हमारा मानना है कि भारतीय समाज और इसका सांस्कृतिक यथार्थ संविधान में शामिल होना चाहिए। उदाहरण के लिए, भारतीय समाज में परिवार समाज की मूल आधारशिला है, और जैसाकि क्यूबा के संविधान में है, व्यक्ति की बजाय पारिवारिक मूल्य अधिक महत्त्वपूर्ण हैं।''

एक दक्षिणपन्थी आन्दोलन के लिए क्यूबा को अपने मॉडल के रूप में देखना शायद एक सुखद स्पर्श है परन्तु जैसाकि अधिकांश साम्यवादी व्यवस्थाओं में होता है, संसद का अपने वर्तमान स्वरूप में कोई अस्तित्व नहीं रहेगा। ''नया संविधान सामूहिकता के सिद्धान्त पर आधारित होगा। राजनीतिक शब्दावली में हम इसे गिल्ड सिस्टम कह सकते हैं। विभिन्न जातियों, व्यवसायों और समुदायों के प्रतिनिधि एक राष्ट्रीय गिल्ड में शामिल होंगे। राज्यसभा और लोकसभा की बजाय सिर्फ़ एक राष्ट्रीय गिल्ड होगी जिसमें देश के सभी भागों के 1,000 प्रतिनिधि भारत की समस्याओं पर चर्चा करेंगे। इस राष्ट्रीय गिल्ड में 500 सदस्य विभिन्न पेशों से जुड़े प्रतिनिधि होंगे।''

गोविन्दाचार्य के अनुसार, भारतीय संविधान के पश्चिमीकरण का एक और उदाहरण मानवाधिकार से जुड़े कानून हैं। ''अंकुशों और सन्तुलनों के बिना कोई अधिकार नहीं हो सकते। यदि संविधान ने हमें कुछ मूलभूत अधिकार दिये हैं तो साथ में कुछ मूलभूत कर्तव्य भी जोड़े हैं। परन्तु किसी

---

120. विश्वदीपक, 'वी शुड रिमूव सेक्युलरिज़्म, सोशलिज़्म फ्रॉम द कांस्टीट्यूशन : गोविन्दाचार्य', नेशनल हेरॉल्ड, अपडेटिड ऑन www.nationalheraldindia.com, 2 अक्टूबर, 2017

को भी इनकी परवाह नहीं है। अधिकार और कर्तव्य एक–दूसरे से जोड़कर देखे जाने चाहिए। अपने अधिकारों के उपयोग के लिए आपको अपने कर्तव्यों का भी निर्वाह करना चाहिए। किसी को भी निरंकुश स्वतन्त्रता का अधिकार नहीं है।'' जैसाकि दीनदयाल उपाध्याय ने भी कहा था, ''मूलभूत कर्तव्यों का भी संविधान में उल्लेख आवश्यक है, न कि सिर्फ़ अधिकारों का।'' धर्मनिरपेक्षता का मानवाधिकारों की तरह संविधान में कोई स्थान नहीं है, इसलिए इसे हटा दिया जाना चाहिए। धर्मनिरपेक्षता का अर्थ है–हिन्दुओं का विरोध और मुसलमानों और अन्य अल्पसंख्यकों का तुष्टिकरण। हमें जल्दी–से–जल्दी इस शब्द से छुटकारा पा लेना चाहिए। भारतीय सन्दर्भ में यह पूरी तरह अप्रासंगिक है।''

भारतीय संविधान की प्रस्तावना में पश्चिमी शब्द 'सोशलिज़्म' को लेकर हिन्दुत्व की आपत्ति एक बार फिर दीनदयाल उपाध्याय की याद दिला देती है। ''हमारे पास इसके लिए भारतीय परम्परा के अनुरूप एक बेहतर शब्द है–'अन्त्योदय' (उपाध्याय द्वारा गढ़ा गया शब्द)। इसमें सोशलिज़्म अर्थात् समाजवाद की ही भावना है। 'अन्त्योदय' का अर्थ है अन्तिम व्यक्ति का भी उद्धार।'' इसी तरह 'डेमोक्रेसी' (प्रजातन्त्र) शब्द में भी राजनीति का स्पर्श है। ''इसकी बजाय प्रतियोगिता, सर्वसम्मति और सामूहिकता को प्रजातन्त्र की सच्ची भावना के रूप में देखा जाना चाहिए।''[121] गोविन्दाचार्य के इन विचारों में क्यूबा की स्पष्ट झलक दिखाई देती है।

इस तरह की हिन्दू धारणाओं को संविधान में शामिल करने की प्रक्रिया शुरू हो चुकी प्रतीत होती है। ''हम बहुत ख़ामोशी से यह काम कर रहे हैं। समय–समय पर इस पर चर्चा और बहस होती रहती है। मैंने जो कुछ आपको बताया है, वे इन चर्चाओं के शुरुआती निष्कर्ष हैं।'' गोविन्दाचार्य हमारे सन्देहों की पुष्टि करते हुए आगे जोड़ते हैं, ''इनमें कुछ कमियाँ हो सकती हैं जिन्हें दूर करने के लिए और आधे–अधूरे निष्कर्षों को अन्तिम रूप देने के लिए अभी और चर्चाओं की ज़रूरत है। ऐसी चर्चाओं के लिए एक शान्त, विवेकपूर्ण और सही वातावरण की ज़रूरत है, जो मीडिया के सामने कतई सम्भव नहीं है।''

क्या संविधान के हिन्दुत्व प्रेरित संशोधित प्रारूप में, उदाहरण के लिए, गो–हत्या को निर्देशक सिद्धान्तों की सूची से हटाकर, जिसमें इसे दुधारू

121. वही।

पशुओं के संरक्षण और पशुपालन के वैज्ञानिक सिद्धान्तों से जोड़कर रखा गया है, अधिक बाध्यतापूर्ण और धार्मिक प्रकृति के निर्देशों और प्रतिबन्धों की सूची में शामिल कर दिया जायेगा? गोविन्दाचार्य का दृष्टिकोण बिल्कुल स्पष्ट है–"हिन्दुत्व प्रेरित संविधान एन्थ्रोपोसेण्ट्रिक विकास की बजाय इको–सेण्ट्रिक विकास पर ज़ोर देगा। मेरा मतलब है कि यह सिर्फ़ गाय के अधिकारों का प्रश्न नहीं है, यह ज़मीन, जल, जानवर और जंगल को लेकर एक समग्र दृष्टिकोण है, क्योंकि इस तरह के संरक्षण में ही मनुष्य की भलाई निहित है। इन पाँचों के अधिकार हमारे लिए श्रद्धेय होने चाहिए; और यह अधिकार–आधारित न होकर कर्तव्य–आधारित होना चाहिए। यह सब सिर्फ़ राज्य की शक्ति पर निर्भर नहीं करता। गाय हमारी सभ्यता के इतिहास का अंग है और यह उन मूल्यों की प्रतीक है। संविधान की प्रस्तावना में सभ्यता की यह निरन्तरता झलकनी चाहिए। गाय का मामला हो या पर्यावरण का, ऐसे सभी मामलों को संवैधानिक संरक्षण की ज़रूरत है। यह हिन्दू प्रकृति और संस्कृति का हिस्सा है–जैसेकि बिश्नोई समुदाय पेड़ों से चिपककर मृत्यु का आलिंगन करता है। यह सब भारतीय संस्कृति है। मनुष्य को प्रकृति का विजेता मानने की बजाय हमारा यह कर्तव्य है कि हम प्रकृति की रक्षा करें। यह सब संविधान में शामिल होना चाहिए।"

यह सब सुनकर पर्यावरणवादियों को सचमुच ख़ुशी होगी, परन्तु अहम प्रश्न यह है कि क्या हिन्दुत्व संशोधित संविधान में–बशर्ते कि ऐसा कभी सचमुच होता है–एक स्वतन्त्र भारत का मूल सिद्धान्त सुरक्षित रह पायेगा, जिसके अनुसार सभी वयस्क भारतीय एक समान हैं, उनका धर्म चाहे जो भी हो? या इसकी केन्द्रीय विषय–वस्तु हिन्दुत्व पर आधारित होगी और ग़ैर–हिन्दुओं के साथ भेदभाव किया जायेगा? अगर ऐसा होता है तो यह सावरकर, गोलवलकर और उपाध्याय के हिन्दुत्व के अनुरूप होगा, परन्तु स्वामी विवेकानन्द या महात्मा गाँधी के हिन्दूवाद के विपरीत, जिनके अनुसार नागरिकता या भारतीयता का इस बात से कुछ भी सम्बन्ध नहीं था कि कोई व्यक्ति किस ईश्वर की पूजा करता है, क्या पहनता है या तीर्थयात्रा के लिए कहाँ जाता है? परन्तु अगर हिन्दुत्व शक्तियाँ संविधान में ऐसे बदलाव लाने में सफल नहीं हो पातीं तो यह हिन्दूवाद और इसके सच्चे और टिकाऊ राजनीतिक दर्शन की विजय होगी, और 'स्यूडो सेक्युलर' कही जाने वाली राष्ट्रीय मुख्यधारा की भी।

हिन्दुत्व विचारकों के लिए यह बड़ी दुविधा की घड़ी होगी। क्या उन्हें अपने प्रबल राजनीतिक बहुमत के अवसर का लाभ उठाते हुए, जो शायद अधिक प्रतीक्षा करते रहने पर उनके हाथ से निकल जाये, संविधान को अपने प्रमुख विचारकों की धारणाओं के अनुरूप ढाल लेना चाहिए? या वे इस सच्चाई को स्वीकार कर लेते हैं कि एक बहुजातीय, बहुभाषी और बहुधर्मी देश पर शासन करना 'हिन्दू, हिन्दी और हिन्दुत्व' के लक्ष्य को दुर्गम और असम्भव बना देता है?

एक अन्य अग्नि–परीक्षा यह होगी कि क्या संशोधित हिन्दुत्व संविधान देश के सभी नागरिकों के लिए एक समान नागरिक कानून घोषित कर सकता है? हिन्दुत्ववादी नेता वर्षों से यह दलील देते रहे हैं कि धर्म पर आधारित अलग–अलग व्यक्तिगत कानून–विवाह, उत्तराधिकार और तलाक़ से सम्बन्धित कानून–भारतीय संविधान की 44वीं धारा का उल्लंघन करते हैं और विभिन्न समुदायों में विभाजन के बीज बोते हैं। यदि हम सभी हिन्दू हैं (भले ही हिन्दू मुहम्मदी, हिन्दू ईसाई इत्यादि) तो फिर हम सब एक ही नागरिक कानून का पालन क्यों न करें? जवाहरलाल नेहरू समेत सेक्युलर कांग्रेस के नेता यह कहते रहे हैं कि सभी के लिए एक जैसा नागरिक कानून एक आदर्श लक्ष्य होगा, बशर्ते कि इसे प्रभावित समुदायों की सहमति से अपनाया जा सके। इसे दबाव डालकर या कानूनी ज़ोर–जबर्दस्ती से लागू नहीं किया जा सकता। इसे सिर्फ़ आपसी समझ और सहमति से ही अपनाया जा सकता है। अल्पसंख्यक नेताओं, ख़ासकर मुस्लिम नेताओं ने इस तरह की आपसी सहमति में कोई दिलचस्पी नहीं दिखाई है, क्योंकि उन्हें यह बहुसंख्यक हिन्दुओं की संवेदनाओं को दूसरों पर थोपने जैसा लगता है, इसलिए इस विचार को सही समय आने तक अनिश्चित काल के लिए टाल दिया गया है। हिन्दुत्व नेता लम्बे समय से इस रवैये की कड़ी आलोचना करते रहे हैं और इसे अल्पसंख्यक पूर्वाग्रहों के सामने घुटने टेकने के समान मानते रहे हैं। उनका कहना है कि शरियत कानून लैंगिक समानता के मानवाधिकार का उल्लंघन करता है क्योंकि इसमें स्त्रियों के साथ भेदभाव किया जाता है। इसके साथ ही यह बिना चुने और कुछ मामलों में स्व–नियुक्त धार्मिक नेताओं को फ़तवे जारी करने और कानूनों की अपने ढंग से व्याख्या करने के लिए प्रोत्साहित करता है। क्या अब हिन्दुत्ववादी व्यक्तिगत धार्मिक कानूनों

को जारी रखकर अपनी बात से पीछे हटने और अपनी साख खोने का जोखिम उठा सकते हैं?

क्या हिन्दुत्व संविधान धारा 370 की विसंगति को जारी रखेगा, जिसके अन्तर्गत जम्मू और कश्मीर को एक विशेष राज्य का दर्जा दिया गया है– यहाँ तक कि भारतीय संसद द्वारा पारित कोई भी कानून तब तक जम्मू और कश्मीर पर लागू नहीं हो सकता जब तक कि वहाँ की विधानसभा भी इसे पास नहीं कर देती? क्या हिन्दुत्व की वकालत करने वाले राज्य में भू–सम्पत्ति के अधिकार को सिर्फ़ राज्य के नागरिकों तक सीमित रहने देंगे, जिसके अनुसार राज्य से बाहर विवाह करने वाली कोई भी स्त्री यह अधिकार खो बैठती है?

भारत के संविधान–शास्त्री वर्षों से यह तर्क देते रहे हैं कि भारत का संविधान एक जीवन्त दस्तावेज़ है और बदलते समय की माँग के अनुरूप अपने में बदलाव करने में सक्षम है। परन्तु ये बदलाव न्यायिक व्याख्या पर निर्भर करते हैं, जिसके अनुसार संविधान के मूल ढाँचे के साथ कोई छेड़छाड़ नहीं की जा सकती। क्या एक समतावादी और धर्मनिरपेक्ष संविधान को बदल कर उसे हिन्दुत्व के सिद्धान्तों से ओतप्रोत दस्तावेज़ बनाना संविधान के मूल ढाँचे के साथ छेड़छाड़ नहीं होगी? पर फिर भी, क्या हिन्दुत्व के पैरोकार–सावरकर, गोलवलकर और उपाध्याय के बौद्धिक वारिस–इस प्रयास के मोह से बच पाएँगे?

हिन्दूवाद का प्रहसनीकरण

मैंने दीनदयाल उपाध्याय के दर्शन का जो सार–संक्षेप प्रस्तुत किया है, उसमें सब कुछ आपत्तिजनक नहीं है। बहुत–सी सराहनीय बातें भी हैं जैसेकि उनका मानवतावादी चिन्तन–पर बहुत कुछ ऐसा भी है जो चिन्ताजनक है। जब वे राष्ट्र के क्षेत्रीय विचार को ठुकराते हुए एक अमूर्त देशभक्ति की बात करते हैं तो इसमें ऐसे बहुत–से लोग छूट जाते हैं जो आधुनिक भारत की भूमि से सम्बन्ध रखते हैं और निष्ठावान नागरिक हैं, परन्तु भारत माता के बारे में अलग तरह से सोचते हैं। सांस्कृतिक प्रामाणिकता और प्राचीन भारतीय परम्पराओं और मान्यताओं में निष्ठा पर ज़ोर देने से ऐसे सभी लोगों के साथ अलगाव का ख़तरा पैदा हो जाता है जो इन धारणाओं में विश्वास नहीं करते। सद्भावना और सहयोग का शोर

मचाने के बावजूद इससे और भी गहरे विभाजन के बीज पनपने लगते हैं–इन धारणाओं को मानने वालों और न मानने वालों के बीच (धार्मिक, राजनीतिक या बौद्धिक कारणों से)। अल्पसंख्यक तुष्टिकरण की शिकायत करते हुए वे यह भी चाहते हैं कि ये अल्पसंख्यक हिन्दू जीवन–शैली को अपनी जीवन–शैली की तरह अपना लें। वे इस अकाट्य सत्य का कोई ठोस समाधान ढूँढ़ना नहीं चाहते कि भारत की 20% आबादी ग़ैर–हिन्दू आबादी है। वे इन 25 करोड़ लोगों से यह उम्मीद नहीं कर सकते कि वे हिन्दू विचारों के अनुसार अपना जीवन जीएँ या सोचें।

यह हिन्दुत्ववादी दृष्टिकोण स्वयं हिन्दू धर्म में मौजूद विविधता को पूरी तरह नज़रअन्दाज़ कर देता है। देश के विभिन्न भागों के हिन्दू अपने–अपने ढंग से हिन्दू धर्म का पालन करते हैं। वे ईश्वर के अलग–अलग रूपों को पूजते हैं या हिन्दू धर्म के अलग–अलग पन्थों में विश्वास रखते हैं। देश भर में फैले ब्राह्मण भी सभी जगह शिक्षा, पुरोहितगिरी और धार्मिक ज्ञान के लिए जाने जाने के बावजूद अपनी सामाजिक प्रथाओं में एक–दूसरे से बहुत अलग हैं। मलयाली ब्राह्मण अपनी चोटी आगे की तरफ़ रखते हैं जबकि रूढ़िवादी तमिल ब्राह्मण इसे पीछे रखते हैं। अय्यंगर ब्राह्मण स्त्रियाँ सफ़ेद रंग को वैधव्य से जोड़कर देखती हैं, जबकि नम्बूदिरी ब्राह्मण दुल्हनें विवाह के अवसर पर सफ़ेद पोशाक पहनती हैं। जैसाकि हम पीछे देख चुके हैं, हिन्दू धर्म का कोई एक निश्चित रूप नहीं है। प्रत्येक हिन्दू अपने धर्म को अपने तरीक़े से देखता है। यह सही है कि एकात्म मानववाद का आधार अद्वैत दर्शन है, परन्तु उपाध्याय का रास्ता हिन्दू धर्म का एकमात्र रास्ता नहीं है। दूसरे ऋषि–मुनि इन्हीं परिस्थितियों में कोई दूसरा रास्ता सुझा सकते हैं। उपाध्याय के दर्शन में निश्चितता के आग्रह का दोष है। यह असहमति की स्वतन्त्रता नहीं देना चाहता।

कुछ लोग उपाध्याय के चिन्तन को इस्लाम के आक्रामक रवैये की प्रतिक्रिया के रूप में भी देखते हैं। इस टिप्पणी के जवाब में कि हिन्दू इस्लामियों की तरह व्यवहार कर रहे हैं, प्रसिद्ध पत्रकार और भाजपा सरकार के पूर्व मन्त्री अरुण शौरी ने तीखे स्वर में कहा था, "दो टूक शब्दों में कहें तो तीन बातें हिन्दुओं को इस्लामियों जैसा बना रही हैं–सेक्युलरों और राज्य के दोहरे मापदण्ड, ज़ोर–जबर्दस्ती से राज्य और सेक्युलरों को अपने पक्ष में झुकाने में मुसलमानों की निरन्तर सफलता, और यह

तथ्य कि राज्य और सेक्युलर हिन्दू भावनाओं पर तभी ध्यान देते हैं जब वे थोड़ा–बहुत इस्लामियों जैसा व्यवहार करते हैं। ...मेरी भविष्यवाणी : सेक्युलर दोहरे मापदण्डों पर जितने ज़्यादा अड़े रहेंगे, हिन्दू उतने ही इस्लामियों जैसे बनते रहेंगे।"

संघ परिवार का यह 'इस्लामीकृत हिन्दूवाद' दरअसल है क्या? सावरकर, गोलवलकर और उपाध्याय द्वारा रखी गयी वैचारिक नींव ने राष्ट्रीय स्वयंसेवक संघ को काफ़ी हद तक एक ठोस सिद्धान्त दे दिया है। यह सिद्धान्त इस विश्वास पर आधारित है कि प्राचीन समय से भारत हिन्दुओं का देश रहा है और इस देश और हिन्दुओं की पहचान को एक–दूसरे से अलग नहीं किया जा सकता। युगों–युगों से हिन्दू संस्कृति और सभ्यता भारतीय जीवन का सार–तत्त्व रहे हैं। इसलिए हिन्दू राष्ट्रवाद ही भारतीय राष्ट्रवाद है। भारत का इतिहास हिन्दुओं के संघर्ष की गाथा है, जो इस प्राचीन भूमि के स्वामी और संरक्षक हैं। वे अपने धर्म और संस्कृति को बाहरी शत्रुओं के आक्रमण से बचाने के लिए निरन्तर संघर्ष करते रहे हैं। यह सच है कि भारत के सीमा क्षेत्र के भीतर ग़ैर–हिन्दू भी बसते हैं, परन्तु वे बाहर से आए घुसैपठिए/आक्रमणकारी (मुस्लिम और ईसाई) या अतिथि (यहूदी, पारसी) हैं। उन्हें यहाँ रहने दिया जा सकता है, बशर्ते कि वे इस भूमि के प्रति निष्ठा की भावना महसूस करें। परन्तु उन्हें हिन्दुओं के बराबर नहीं माना जा सकता, जब तक कि वे भारत में हिन्दुओं की श्रेष्ठता को स्वीकार नहीं करते और हिन्दू परम्पराओं और संस्कृति को नहीं अपनाते। ग़ैर–हिन्दुओं को अपने हिन्दू पूर्वजों को स्वीकार करना चाहिए। अच्छा तो यह रहेगा कि वे फिर से हिन्दू धर्म अपनाकर अपनी सच्ची सांस्कृतिक जड़ों की तरफ़ लौट आएँ।

इस सिद्धान्त के अनुसार, संघ की विचारधारा का विरोध करने वाली भारतीय राजनीतिक पार्टियाँ ग़लतफ़हमी की शिकार हैं। वे 'राष्ट्रीय एकता' को भारत की क्षेत्रीय सीमाओं के भीतर रहने वाले सभी लोगों से जोड़कर देखने की भारी भूल कर रही हैं, भले ही ये लोग किसी भी धर्म या राष्ट्रीय मूल के हों। वास्तव में ये लोग राष्ट्र विरोधी हैं, क्योंकि उनका असली उद्देश्य चुनावों में अल्पसंख्यकों के वोट बटोरने की स्वार्थ भावना से जुड़ा हुआ है। उन्हें देश के बहुसंख्यक समुदाय के हितों की कोई चिन्ता नहीं है। इसलिए हिन्दुओं की एकता और एकजुटता परम आवश्यक है।

क्योंकि हिन्दू समुदाय शत्रुओं से घिरा हुआ है, इसलिए हिन्दूं बनाम अन्य सभी का ध्रुवीकरण अनिवार्य है। इसके लिए हिन्दुओं का एकजुट रहना आवश्यक है। उनमें एकता का अभाव ही उनकी सभी समस्याओं की जड़ है। संघ परिवार का प्रमुख अभियान इस एकता को स्थापित करके हिन्दू राष्ट्र को कीर्ति के शिखर पर ले जाना है।

इस सिद्धान्त के साथ समस्या यह है कि यह ठोस और स्पष्ट होने के बावजूद हिन्दूवाद की सच्चाई को नज़रअन्दाज़ करता है। यह सत्य से आँखें मूँदे रहने जैसी बात है। स्वामी विवेकानन्द को हिन्दूवाद की जो विशिष्टताएँ इसकी शक्तियाँ दिखाई देती थीं–इसकी अद्‌भुत चयनशीलता और विविधता, किसी इकलौते धर्म–ग्रन्थ को अपना मार्गदर्शक मानने से इसका इनकार, मान्यताओं और प्रथाओं की व्यापक विविधता की इसकी सहर्ष स्वीकृति, इसका लचीलापन और इसे सभी धर्मों की तरह परिभाषित कर पाने में आने वाली कठिनाइयाँ–इत्यादि हिन्दुत्व विचारकों को वही विशिष्टताएँ हिन्दू धर्म की कमज़ोरियाँ प्रतीत होती हैं। संघवादियों द्वारा हिन्दू धर्म के ध्रुवीकरण और एकजुटता के प्रयासों के पीछे हिन्दूवाद को इसकी प्रकृति के विपरीत एक सामी धर्म बनाने की चाह भी है–घुसपैठियों के धर्म की तरह! वे इसे उन्हीं के धर्म की तरह निश्चित सिद्धान्तों और निर्देशों वाला धर्म बनाना चाहते हैं, जिसमें एक विशेष ईश्वर (भगवान राम) और एक विशेष धर्म–ग्रन्थ (गीता) को इसके प्रतीक के रूप में देखा जा सके। इसके साथ ही वे इसके अनुयायियों को भी एक एकजुट समुदाय के रूप में देखना चाहते हैं। परन्तु यह भारत के बहुसंख्यक हिन्दुओं का जीता–जागता हिन्दूवाद नहीं है। इसलिए एक सीधा–सा प्रश्न उठना स्वाभाविक है–क्या हर धर्मपरायण हिन्दू के बारे में यह मान लिया जाये कि वह हिन्दुत्व की विचारधारा में विश्वास रखता है? परन्तु जैसाकि स्पष्ट है, अधिकांश हिन्दुओं के साथ ऐसा नहीं है। तो फिर क्या किया जाये? क्या सभी हिन्दुओं को ज़बर्दस्ती एक ख़ास साँचे में ढालने का अभियान चलाया जाये?

हिन्दूवाद एक अन्तर–निर्देशित या अन्तर–उन्मुख धर्म है जो आत्म–बोध पर और आत्मा और ब्रह्म (परमात्मा) के मिलन या एकात्मता पर ज़ोर देता है। दूसरी तरफ़, हिन्दुत्व एक बाह्य–उन्मुख धारणा है, जो एक राजनीतिक उद्‌देश्य के लिए सामाजिक–सांस्कृतिक पहचान पर केन्द्रित

है। इसलिए 'हिन्दुत्व' हिन्दूवाद के केन्द्रीय सिद्धान्तों और मान्यताओं से पूरी तरह कटी हुई धारणा है। फिर भी यह हिन्दूवाद की पीठ पर सवार होकर और इसका प्रतिनिधित्व करने का दावा करके अपने लक्ष्य को प्राप्त करना चाहती है। हिन्दूवाद से हिन्दुत्व का जुड़ाव धार्मिक या आध्यात्मिक न होकर मात्र सांस्कृतिक है। यह हिन्दू धर्म को ईश्वर के साथ जुड़ने के माध्यम की बजाय एक सांसारिक राजनीतिक पहचान के बिल्ले के रूप में देखती है। इसका स्वामी विवेकानन्द या आदि शंकराचार्य के हिन्दूवाद से कुछ भी सम्बन्ध नहीं है। यह एक बीसवीं सदी का विचार है और इस सदी के राजनीतिक चिन्तन की देन है। इस तरह का राजनीतिक चिन्तन विश्व के अन्य हिस्सों में बहुत पहले ही बासी या 'आउटडेटेड' हो चुका है। एक समूची प्रजा या 'वोल्क' के प्रतिनिधित्व का दावा करने वाली सभी राजनीतिक पार्टियाँ विश्व में सभी जगह 1945 में ही तिरस्कृत और ध्वस्त हो गयी थीं। सात दशक बाद आज भारत में यही विचार ख़ूब फल–फूल रहा है–'हिन्दुत्व' के नाम से।

अपनी बात करूँ तो मेरे हिन्दूवाद को–जो भारतीयता की नेहरूवादी धारणा के बिल्कुल अनुकूल बैठता है–हिन्दुत्व की एक साम्प्रदायिक धारणा तक सीमित करना सच्चे हिन्दूवाद का मज़ाक़ या तमाशा बनाने वाली बात है। यह एक तरह का प्रहसनीकरण है। मैं भी, एक हिन्दू के रूप में, बड़े गर्व से कह सकता हूँ कि मैं एक हिन्दू हूँ। परन्तु मुझे किस बात पर गर्व है? मुझे अपने धर्म के खुलेपन, इसकी विविधता, इसकी विराटता और वेदान्त दर्शन के रूप में इसके ऊँचे आध्यात्मिक आयामों पर गर्व है; मुझे हिन्दू धर्म के पालन के विविध तौर–तरीक़ों पर गर्व है; और मुझे भिन्नता को लेकर इसकी असाधारण स्वीकृति पर गर्व है।

दुर्भाग्यवश, जैसाकि मैंने अनुभव किया है, हिन्दुत्व के पक्षधर हिन्दू धर्म पर उसी तरह गर्व करते हैं जैसे कोई किसी फुटबाल टीम का समर्थन करता है और उसके प्रदर्शन पर गर्व करता है। उन्हें हिन्दू धर्म के मूल्यों, सिद्धान्तों और मान्यताओं की शायद ही कोई जानकारी या परवाह है। इसलिए हिन्दू धर्म किसी टी–शर्ट पर लगा लेबल मात्र बनकर रह जाता है–बजाय परलोक या ब्रह्माण्ड से जुड़ने के एक माध्यम के, जोकि हिन्दू धर्म वास्तव में है।

भारतीयता और हिन्दूपन (या हिन्दुत्व) की मेरी धारणा डॉ. राधाकृष्णन

के विचारों से बहुत मिलती–जुलती है, जिन्होंने इसे एक जीवन–दृष्टि के रूप में परिभाषित किया था। जिसमें असहिष्णुता, कट्टरता और दूसरों पर प्रहार के लिए बहुत कम जगह है। मैं एक हिन्दू हूँ और मैं एक राष्ट्रवादी भी हूँ, परन्तु मैं एक हिन्दू राष्ट्रवादी नहीं हूँ। मेरा राष्ट्रवाद किसी प्रश्नचिह्न के बिना और सभी को शामिल करने वाला भारतीय राष्ट्रवाद है। संघ मेरे जैसे हिन्दुओं का प्रतिनिधित्व नहीं करता।

अध्याय छह

गो–माता से आगे

हिन्दू संस्कृति और इतिहास के उपयोग और दुरुपयोग

धार्मिक बहुलवाद में मेरी आस्था 'सेक्युलर' भारत में मेरी परवरिश की देन है। भारत में धर्मनिरपेक्षता का अर्थ अधार्मिकता नहीं है, जिसकी अलोकप्रियता को कम्युनिस्ट या दक्षिण की डी.एम.के. जैसी नास्तिक पार्टियाँ भी महसूस कर चुकी हैं। सच्चाई यह है कि कोलकाता में वार्षिक दुर्गा पूजा के दौरान कम्युनिस्ट पार्टियाँ शानदार से शानदार पूजा पण्डाल बनाने में एक–दूसरे से होड़ करती हैं। भारतीय परम्परा को देखते हुए धर्मनिरपेक्षता का अर्थ 'सर्वधर्म समभाव' अर्थात् सभी धर्मों के लिए जगह हो गया है, जिनमें से किसी को भी राज्य का संरक्षण प्राप्त नहीं है। मुझे याद है कि हाई स्कूल के दिनों में जब मैं कोलकाता में रहता था तो पड़ोस की मस्जिद से उठती अज़ान की आवाज़ नज़दीक के शिव मन्दिर में गूँजती घण्टियों और मन्त्रोच्चारण और सिखों के गुरुद्वारे के लाउडस्पीकर से आती गुरुवाणी की आवाज़ में घुल–मिल जाती थी। सेण्ट पॉल कैथेड्रल भी पास ही नुक्कड़ पर स्थित था।

जैसाकि हमने देखा है, भारत का धर्मनिरपेक्ष अस्तित्व इसीलिए सम्भव हो सका है क्योंकि यहाँ की जनसंख्या में हिन्दुओं का प्रचण्ड बहुमत है। स्वामी विवेकानन्द और अन्य हिन्दू महापुरुषों ने हिन्दू धर्म की जो व्याख्या की है, उसके अनुसार भिन्नता की स्वीकृति हिन्दू धर्म की एक चारित्रिक विशिष्टता है। इसका अर्थ है कि अन्य धर्मों को मानने वालों के साथ सह–अस्तित्व हिन्दुओं के स्वभाव का हिस्सा है। एक विविधतापूर्ण समाज में धार्मिक बहुलवाद मात्र एक और ऐसी भिन्नता थी जिसे हर

कोई स्वाभाविक रूप से स्वीकार करता था, जैसेकि अलग–अलग भाषाएँ बोलने वालों, अलग–अलग खान–पान, पहनावे, और रीति–रिवाज वालों और अलग–अलग रंगत के लोगों को।

धर्मनिरपेक्षता और समन्वयता

इस तरह, भारत में धर्मनिरपेक्षता का अर्थ धर्म और राज्य में दूरी न होकर सभी धर्मों का ख़याल रखने वाला और किसी के साथ पक्षपात न करने वाला राज्य हो गया।

फ्रांस में 'सेक्युलेरिटी' का अर्थ धर्म को सरकारी संस्थानों से बाहर रखना और सरकार को धार्मिक संस्थानों से बाहर रखना है। इसकी तुलना में भारत में धर्मनिरपेक्षता के अन्तर्गत धार्मिक स्कूलों को सरकारी मदद दी जा सकती है और विभिन्न धार्मिक समुदाय अपने 'पर्सनल लॉ' जारी रख सकते हैं। भारतीय व्यवस्था में बहुत–से धार्मिक समुदायों को सरकारी मदद से अल्पसंख्यक स्कूल और कॉलेज खोलने और उन्हें चलाने के अवसर उपलब्ध हैं। उन्हें कई नियमों और करों में छूट की भी सुविधा है, जो ग़ैर–अल्पसंख्यक स्कूलों को उपलब्ध नहीं है। (आलोचक, ख़ासकर हिन्दुत्व के समर्थक, अक्सर यह शिकायत करते रहे हैं कि जहाँ आम सरकारी स्कूलों और कॉलेजों को धार्मिक शिक्षा प्रदान करने की अनुमति नहीं है, वहीं अल्पसंख्यक समुदाय सरकारी मदद से अपने ख़ुद के स्कूल खोल कर धार्मिक शिक्षा प्रदान कर सकते हैं।)

भारत के 'सेक्युलरवाद' के अन्तर्गत मुस्लिम वक्फ़ बोर्डों, बौद्ध विहारों और कुछ ईसाई धार्मिक संस्थानों को सरकार की तरफ़ से आर्थिक मदद दी जाती है। 1951 के धार्मिक और परोपकारी अक्षय–निधि कानून के अन्तर्गत राज्य सरकारें हिन्दू मन्दिरों को अपने नियन्त्रण, स्वामित्व और संचालन में ले सकती हैं, चढ़ावे की राशि एकत्र कर सकती हैं और इसे किसी भी उचित उद्देश्य के लिए, भले ही वह मन्दिर से सम्बन्धित न हो, ख़र्च कर सकती हैं। इस कानून पर पुनर्विचार की ज़रूरत हो सकती है। फिर भी, 2016 में जब हरियाणा की भाजपा सरकार ने एक जैन मुनि को विधानसभा में आमन्त्रित करके अध्यक्ष से भी ऊँचे स्थान पर बिठाया तो बहुत–से लोगों को गहरा झटका लगा। उन्हें इसमें एक भारी भूल दिखाई दी। हमारे देश की राजनीति में धार्मिकता कोई अनजानी वस्तु

नहीं है। बहुत–से भगवाधारी साधु हमारी संसद के चुने हुए सदस्य हैं और उनमें से एक योगी आदित्यनाथ तो भारत के सबसे बड़े राज्य उत्तर प्रदेश के मुख्यमन्त्री हैं। फिर भी, एक अनचुने धार्मिक मुनि को एक चुनी हुई प्रतिनिधि सभा में सबसे ऊपर बिठाना आधारभूत रूप से ग़लत था। संवैधानिक मर्यादा का ऐसा उल्लंघन पहले कभी नहीं हुआ था।

हो सकता है हरियाणा सरकार से यह ग़लती अनजाने में हो गयी हो, फिर भी इस तथ्य से बचने का कोई रास्ता नहीं है कि भारत 'सेक्युलर' शब्द के आमतौर पर समझे जाने वाले अर्थों में एक सेक्युलर देश नहीं है। इसकी बजाय यह एक बहुलधर्मी देश है। देश की बहुसंख्यक हिन्दू आबादी राजनीतिक और सरकारी संस्थाएँ चलाती है और धार्मिक अल्पसंख्यकों के अस्तित्व, सुविधाओं और प्रगति का ध्यान रखती है। धर्म से दूरी बनाकर रखने अर्थात् 'धर्मनिरपेक्षता' (जिसे सेक्युलरवाद के आलोचक हमेशा अपना निशाना बनाते रहे हैं) की बजाय यही विचार अमल में लाया जाता रहा है। दूसरे शब्दों में कहें, तो राज्य सभी धर्मों को संरक्षण प्रदान करता है।

मेरी पीढ़ी एक ऐसे भारत में बड़ी हुई जहाँ राष्ट्रीय भावना का अर्थ 'अनेकता में एकता' का नारा था। इस बहुलवाद को एक स्वाभाविक स्थिति के रूप में देखते हुए और देश के टुकड़े करने वाली साम्प्रदायिकता को नकारते हुए बड़े हुए। पाकिस्तान के औचित्य को नकारने का यह भी अर्थ था कि एक राष्ट्र का आधार धर्म नहीं हो सकता। हम कभी भी इस झाँसे में नहीं आये कि क्योंकि बँटवारे ने एक मुस्लिम देश बना दिया था इसलिए जो कुछ बचा था वह एक हिन्दू देश था। भारत के विचार को स्वीकार करने का अर्थ था बँटवारे के तर्क को सिरे से ख़ारिज करना।

देखा जाये तो इस तरह के भारतीय सेक्युलरवाद की हमारे इतिहास में बहुत प्राचीन जड़ें हैं। ईसा पूर्व की तीसरी सदी के सम्राट अशोक से लेकर ईसवी सन् की छठी सदी के हर्षवर्द्धन तक विभिन्न धर्मों को राज्य आश्रय और मान्यता देते रहे थे। अशोक शिलालेख के 12वें निर्देश में दूसरों की आस्था की बुराई करके अपने धर्म की बड़ाई करने से मना किया गया है। उनके राज्य में नागरिकता और राजनीतिक प्रतिष्ठा को धर्म से जोड़कर नहीं देखा जाता था। विभिन्न धर्मों का सह–अस्तित्व इन प्रमाणों से भी स्पष्ट है कि एलोरा गुफाओं में कुछ जैन, कुछ हिन्दू और कुछ बौद्ध मन्दिर साथ–साथ बने हुए थे। ये पाँचवीं से दसवीं ईसवी सदी के बीच

निर्मित किये गये थे। यह सच है कि यह सेक्युलर या बहुलवादी व्यवहार इस्लामी सल्तनतों में दिखाई नहीं देता था, परन्तु बारहवीं सदी के बाद जब वे भारत में अपना राजपाट स्थापित करने लगे तो उन्हें एक अधिक लचीला धार्मिक दृष्टिकोण अपनाना पड़ा। उनकी सरकार और सेना में बहुत–से हिन्दू शामिल थे। मुग़ल सम्राट अकबर ने तो अपना खुद का एक नया धर्म ही ईजाद कर लिया था, जिसे 'दीन–ए–इलाही' के नाम से जाना जाता था। इस धर्म में इस्लाम और हिन्दू धर्म के साथ–साथ कुछ अन्य धर्मों के भी सर्वोत्तम तत्त्व शामिल किये गये थे। वे इसे एक नया 'राष्ट्रीय धर्म' बनाना चाहते थे। भले ही उनकी मृत्यु के बाद 'दीन–ए–इलाही' लुप्तप्राय हो गया, परन्तु उनका यह प्रयास सचमुच ही उल्लेखनीय और अद्वितीय था।

'सर्वधर्म समभाव' की अवधारणा रामकृष्ण परमहंस और स्वामी विवेकानन्द जैसे महान हिन्दू सन्तों ने प्रतिपादित की थी। जैसाकि हमने देखा है, राष्ट्रपिता महात्मा गाँधी और भारतीय राष्ट्रवादी आन्दोलन ने भी यही राह अपनायी। मैं जिस स्वाधीन भारत में पला–बढ़ा, उसमें यही विचार राष्ट्र का जीवन–मन्त्र माना जाता था। परन्तु कुछ दशकों से हिन्दुत्व के प्रस्तावक इस विचार को ठुकराते हुए एक अधिक मुखर और आक्रामक हिन्दू सांस्कृतिक पहचान की स्थापना में जुटे हुए हैं। उदाहरण के लिए, एक हिन्दुत्व विचारक डेविड फ्रॉले (पण्डित वामदेव शास्त्री) ने हिन्दुओं को सर्वधर्म समभाव' के ख़िलाफ़ चेताते हुए यह तर्क दिया कि सिर्फ़ हिन्दुओं को ही इस पर अमल करने के लिए कहा जाता है। इससे सिर्फ़ भ्रम पैदा होता है। विरोधियों पर कोई असर करने या उन्हें आश्वस्त करने की बजाय यह सिर्फ़ हिन्दुओं को भ्रमित किये रहता है। उन्होंने एक प्रश्न किया– ''क्या कभी सर्वधर्म समभाव का पालन न करने के लिए किसी ईसाई या मुस्लिम को आलोचना का निशाना बनाया गया है?... धार्मिक सहिष्णुता के नाम पर धार्मिक समानता के इस विचार को (दूसरों के) धार्मिक कट्टरवाद पर पर्दा डालने के लिए इस्तेमाल किया जाता है।''[122]

फिर भी, भारतीय समन्वयता की जीती–जागती सच्चाई को नज़रअन्दाज़ नहीं किया जा सकता। उत्तरी कश्मीर में अमरनाथ की गुफा

---

122. वामदेव शास्त्री, 'सर्वधर्म समभावः यूनिटी ऑर कन्फ़्यूजन ऑफ़ रिलिजंस', www.hinduhumanrights.info, 18 अगस्त, 2013

में स्थित शिव मन्दिर के दर्शन करने वाले तीर्थयात्री–जहाँ प्राकृतिक रूप से निर्मित बर्फ़ के शिवलिंग की पूजा की जाती है, को यह पता होना चाहिए कि उनके चढ़ावे का तीसरा हिस्सा एक मुस्लिम चरवाहे आदिम मलिक के परिवार को जाता है। चार सदियों पहले उसी चरवाहे ने एक हिन्दू साधु को उस गुफा के बारे में बताया था और उसे वहाँ ले गया था। इसी तरह, अपने एक उपन्यास 'रॉयट' में मैंने सैयद सैलार मसूद ग़ाज़ी का उल्लेख किया है। 'ग़ाज़ी मियाँ' के नाम से प्रसिद्ध इस मुस्लिम योद्धा को उत्तर प्रदेश के बहराइच में एक सन्त के रूप में पूजा जाता है। बहुत–से हिन्दू श्रद्धालु आज भी निजामुद्दीन औलिया, मोइनुद्दीन चिश्ती, शाह मदार और शेख़ नसीरुद्दीन (चिराग़–ए–दिल्ली) जैसे कितने ही मुस्लिम फ़क़ीरों की दरगाहों पर जाते रहते हैं। सबरीमाला में स्थित अय्यपा मन्दिर में जाने वाले तीर्थयात्री चढ़ाई चढ़ने से पहले उनके एक मुस्लिम साथी वावरा स्वामी के मन्दिर में जाते हैं, जहाँ कोई मूर्ति नहीं है। सबसे धनवान हिन्दू मन्दिर तिरुपति का भी मुसलमानों से कुछ सम्बन्ध है। एक प्रचलित कथा के अनुसार, भगवान बालाजी की दूसरी पत्नी बीबी नंचिरा मुसलमान थी। वह एक सुल्तान की बेटी थी, जो बालाजी के प्रति अपनी बेटी के समर्पण से बहुत दुखी था। एक रात बालाजी ने सुल्तान के सपने में आकर उसकी बेटी से विवाह करने की इच्छा प्रकट की। सुल्तान मान गया। ऐसा माना जाता है कि बालाजी की यह दूसरी पत्नी पहाड़ी के नीचे बसे कस्बे में रहा करती थी, अर्थात् बालाजी के चरणों में। उनकी पहली पत्नी पद्मावती तिरुमाला के पहाड़ पर ही उनके साथ रहती थी, अर्थात् उनके हृदय में।

भारत में इस तरह के क़िस्से–कहानियाँ कोई अनोखी बात नहीं है। बंगाल की खाड़ी के पास एक मुस्लिम देवी बोन बीबी का मन्दिर काफ़ी प्रसिद्ध है, जहाँ उनकी मूर्ति भी स्थित है। अवध के नवाब वार्षिक रामलीला और कृष्णलीला को बड़े उत्साह से मनाते थे और इनमें बढ–चढ कर भाग लेते थे। उन्होंने 'बड़ा मंगल' के नाम से जाने जाने वाले लखनऊ के हनुमान त्योहार की भी शुरुआत की और इसे भरपूर बढ़ावा दिया। बगाल के मुस्लिम पटुआ चित्रकार काग़ज़ की लम्बी शीटों पर हिन्दू महाकाव्यों के चित्रण के लिए प्रसिद्ध थे। जैसाकि मैं पहले कह चुका हूँ, अनेक हिन्दू श्रद्धालु बेलंकन्नी के ईसाई धर्मस्थल बेसिलिकन ऑफ़ अवर लेडी

ऑफ़ गुड हेल्थ में नियमित रूप से जाते रहते हैं। इसी तरह, मुम्बई का माउण्ट मेरी चर्च भी हिन्दुओं में ख़ूब लोकप्रिय है। केरल के अम्बलपुजा में हिन्दू त्योहारों के दौरान भगवान श्रीकृष्ण और अन्य हिन्दू देवी–देवताओं के साथ–साथ लॉर्ड थॉमस की भी झाँकी निकाली जाती थी, जो कृष्ण मन्दिर पहुँचकर ख़त्म होती थी।

ऐसे भी बहुत–से प्रसंग हैं जिनसे पता चलता है कि उपनिवेश पूर्व काल से ही दोनों समुदाय एक–दूसरे के हित के लिए मिल–जुलकर काम करते रहे हैं। उदाहरण के लिए, किसी मुस्लिम धर्मस्थल के पुनर्निर्माण में हिन्दुओं द्वारा सहयोग या किसी हिन्दू मन्दिर के पुनर्निर्माण में मुस्लिमों द्वारा सहयोग। कई बार हिन्दुओं के मुस्लिम नाम रख दिये जाते थे और बहुत–से हिन्दू फ़ारसी के विद्वान माने जाते थे। मराठा योद्धा शिवाजी की सेना में मुसलमान भी शामिल थे तो कट्टर इस्लामी माने जाने वाले औरंगज़ेब की सेना में भी हिन्दू राजपूतों की कमी नहीं थी। विजयनगर की सेना का एक पूरा घुड़सवार जत्था मुस्लिम सैनिकों का था। सामाजिक और ग्राम्य जीवन के स्तर पर भी विद्वान इतिहासकार हिन्दुओं और मुसलमानों की बहुत–सी साझी मान्यताओं और रीति–रिवाजों का उल्लेख कर चुके हैं। कई सन्त–फकीर और दरगाहें हिन्दू–मुस्लिम दोनों द्वारा ही साथ–साथ पूजे जाते रहे हैं। दोनों समुदायों के मेल–जोल का सबसे विचित्र और अनूठा उदाहरण तमिलनाडु के साउथ आर्कोट के एक मन्दिर में देखा जा सकता है। इसमें एक मुस्लिम सरदार मुत्ताल रावुत्तन की दाढ़ी समेत एक मूर्ति है। उसे 'महाभारत' में द्रौपदी की रक्षा करने वाले एक योद्धा के रूप में पूजा जाता है। दिलचस्प बात यह है कि महाभारत के युग में इस्लाम का कोई अस्तित्व नहीं था, फिर भी, इसमें एक मुस्लिम सरदार का प्रसंग जोड़ा जाना दोनों समुदायों के घनिष्ठ सामाजिक सम्बन्धों का सूचक है।

सभी धार्मिक समुदायों के भारतीय लम्बे समय से साथ–साथ रहते रहे हैं। उनकी जीवन–शैली ही नहीं, बल्कि बहुत–सी धार्मिक गतिविधियाँ भी एक–दूसरे से घुली–मिली रही हैं। मुस्लिम संगीतज्ञ हिन्दू भजन गाते–बजाते रहे हैं तो हिन्दू सूफ़ी दरगाहों पर क़व्वालियों में शामिल होते रहे हैं। बनारस के मुस्लिम कारीगर रामलीला के मुरकैटे, मुकुट और धनुष–बाण इत्यादि बनाने के लिए मशहूर हैं। उत्तर–भारत की संस्कृति को 'गंगा–जमुनी तहजीब' कहा जाता है, क्योंकि इसमें हिन्दू और मुस्लिम,

दोनों संस्कृतियों के रंग घुले हुए हैं। रोमिला थापर ने उल्लेख किया है कि कई मुस्लिम कवि हिन्दू भजन रचते रहे हैं और हिन्दू देवी–देवताओं की पूजा करते रहे हैं। इनमें 'रसखान' के नाम से जाने जाने वाले सैयद इब्राहिम प्रमुख हैं, जिनके दोहे और भजन सोलहवीं सदी में ख़ूब लोकप्रिय हुए थे। वे भगवान कृष्ण के परमभक्त थे। मुग़ल बादशाहों ने 'महाभारत' और 'भगवद्गीता' समेत बहुत–से संस्कृत धर्म–ग्रन्थों का फ़ारसी में अनुवाद करवाया था। इन अनुवादों के लिए ब्राह्मण पण्डितों ने फ़ारसी के विद्वानों के साथ मिल–जुल कर काम किया था।

ज्ञानेन्द्र पाण्डे के अनुसार, ऐसे क़िस्सों–कहावतों और मुग़ल दरबार के हिन्दू सेनापतियों या सिख बादशाह रणजीत सिंह के हिन्दू और मुस्लिम मन्त्रियों से जुड़े प्रसंगों से यह स्पष्ट होता है कि उस ज़माने में धार्मिक (और जातीय) पहचानों के बीच बहुत धुँधली–सी विभाजन रेखा थी। इन क़िस्से–कहानियों में कहीं भी आपसी वैर या शत्रुतापूर्ण विचारधाराओं की झलक नहीं मिलती।

समन्वयता की यह हक़ीक़त सामाजिक व्यवहार में बहुत गहराई से पैठी हुई है। वाराणसी और कई मान्य शहरों में दशहरे के त्योहार पर आमतौर से मुस्लिम कारीगर रावण, मेघनाद और कुम्भकर्ण के पुतले बनाते हैं। रामलीला के मंचन में उनकी भूमिका का हम पीछे उल्लेख कर चुके हैं। मुस्लिम पट चित्रकार हिन्दू देवी–देवताओं के पटचित्र बनाने के लिए विख्यात रहे हैं। हिन्दू भजन–संगीत के लिए मशहूर मुस्लिम डागर भाइयों का नाम भला किसने नहीं सुना होगा? इसी तरह सूफ़ी लोकगीतों के लिए भी कई मुस्लिम गायक प्रसिद्ध रहे हैं, जो हिन्दुओं की भक्ति परम्परा का ही हिस्सा हैं। मुस्लिम समाजशास्त्रियों के अनुसार, भारतीय गाँवों के मुस्लिम इस्लाम की बजाय स्थानीय संस्कृति से ज़्यादा जुड़े हुए हैं, जो एक मिली–जुली हिन्दू–मुस्लिम संस्कृति है। जाने–माने मुस्लिम समाज सुधारक असगर अली इंजीनियर ने भारत की ग्रामीण संस्कृति पर टिप्पणी करते हुए कहा था–"देहाती इस्लाम को हिन्दू धर्म से अलग करना बहुत मुश्किल है, सिवा पूजा–पद्धति के। ...हो सकता है, हर क्षेत्र में इस समानता की डिग्री कम–ज़्यादा हो, लेकिन हिन्दुओं और मुसलमानों का सांस्कृतिक जुड़ाव एक ऐसा तथ्य है जिसे सिर्फ़ ग़लत जानकारी के शिकार ही झुठला सकते हैं।"

हाल ही में इण्टरनेट पर आज के भारत की एक चौंकाने वाली छवि ख़ूब लोकप्रिय हुई थी। इस चित्र में एक मुस्लिम पति–पत्नी अपने बच्चे के साथ अपने स्कूटर पर जाते दिखाई दे रहे थे। पुरुष ने दाढ़ी रखी हुई थी और सिर पर ताकिया (मुस्लिम टोपी) पहन रखा था, जबकि स्त्री बुर्के में लिपटी हुई थी, परन्तु उनके बच्चे ने भगवान कृष्ण का रूप धर रखा था–मुकुट, मयूर पंख और बाँसुरी समेत। वे अपने बच्चे को जन्माष्टमी के अवसर पर स्कूल में एक नृत्य नाटिका में भाग लेने के लिए ले जा रहे थे।

दुर्भाग्यवश, कुछ हिन्दू हठधर्मियों ने अपने ही धर्म के मूलभूत सिद्धान्तों को विकृत करके उसका एक ऐसा रूप तैयार कर लिया है जो अन्य धर्मों, ख़ासकर इस्लाम और ईसाइयत के विरोध पर अधिक केन्द्रित है। इससे भी अधिक दुर्भाग्यपूर्ण यह तथ्य है कि हिन्दू धर्म का यह हिंसक और चरमपन्थी रूप–जिसका हिन्दू धर्म–ग्रन्थों में प्रतिपादित सिद्धान्तों और व्यवहार से कुछ भी सम्बन्ध नहीं है–हाल के वर्षों में आम जनता की स्वीकृति बटोरने में सफल होता दिखाई दे रहा है। हिन्दूवाद के इस हिंसक रूप–जो हिन्दू धर्म की मूल भावना पर एक कठोर आघात से कम नहीं है–के दो सबसे शर्मनाक उदाहरण दिसम्बर 1991 का बाबरी मस्जिद विध्वंस और 2002 के गुजरात दंगे हैं।

आख़िर हम कहाँ पहुँच गये हैं? अपने समूचे इतिहास में धार्मिक अल्पसंख्यकों के लिए सहिष्णुता का स्वर्ग मानी जाने वाली भारतीय सभ्यता इतना नीचे कैसे गिर सकती है? भारत ने हमेशा ही शरणागतों को सम्पूर्ण धार्मिक और सांस्कृतिक स्वतन्त्रता दी है–वे यहूदी हों, पारसी हों, मुस्लिम हों या कई तरह के ईसाई। ऐसा कहा जाता है कि भारत की धरती पर पहुँचने वाला पहला ईसाई (सेण्ट थॉमस द एपोस्टल या 'डाउटिंग थॉमस') 52 ईसवी सन् में केरल के तट पर पहुँचा था, जहाँ बाँसुरी बजा रही एक यहूदी कन्या ने उसका स्वागत किया था। इस ईसाई आगन्तुक से प्रेरित होकर बहुत–से लोग ईसाई बने। इसलिए भारत में आज कुछ ऐसे ईसाई ज़रूर होंगे जिनके पूर्वज ईसाई धर्म के यूरोप में पहुँचने और फैलने से बहुत पहले ही ईसाई बन चुके थे। अरब के देशों को छोड़ दें तो दुनिया की सबसे पुरानी मस्जिद भी केरल में ही स्थित है, कोडुंगलूर में। हमें उस भारत पर गर्व होना चाहिए जहाँ मुअज्जिन की अज़ान और पुजारी के मन्त्रों की आवाज़ साथ–साथ सुनी जा सकती है।

परन्तु हम सब जानते हैं कि एक ऐसा भारत भी है जहाँ मरने–मारने पर उतारू भीड़ ओडिशा में ईसाइयों पर हमला करने और उनके धर्मस्थल और घर उजाड़ने, बाबरी मस्जिद को गिराने, गुजरात में नरसंहार करने और किसी मुहम्मद अख़लाक़ या पेहलू खान जैसे मासूम इनसान के प्राण लेने में झिझक नहीं करती।

हिंसा का निरन्तर जारी यह चक्र किसी त्रासदी से कम नहीं है, जो आये दिन अपने नये शिकार ढूँढ़ती रहती है। भविष्य की पीढ़ियों को ग़लत पाठ पढ़ाये जा रहे हैं। ऑक्टोवियो पॉज ने लिखा था कि हम गुमनामी और स्मृति के बीच जीते हैं–स्मृति और विस्मृति, विस्मृति और स्मृति...दोनों एक–दूसरे की तरफ़ ले जाती हैं। एक से दूसरी की तरफ़ बढ़ते हुए मेरा ख़ुद का अधिकांश लेखन भी इन्हीं दोनों के बीच झूलता रहा है। आज हम ऐसे लोगों का सामना कर रहे हैं जो स्मृति को मिटा देना चाहते हैं, और इसकी जगह एक 'नयी स्मृति', उनकी ख़ुद की गढ़ी हुई स्मृति हमारे मस्तिष्कों में बिठा देना चाहते हैं। जैसाकि मैंने अपने उपन्यास 'रॉयट' के आख़िरी शब्दों में कहा था, "इतिहास मासूम हाथों से बुना गया जाला नहीं है।"

परन्तु क्योंकि यह पुस्तक हिन्दू धर्म के बारे में है, इसलिए मेरी सबसे बड़ी पीड़ा यह है कि यह हिंसा मेरे धर्म की रक्षा के नाम पर फैलाई जा रही है। हिन्दूवाद यह मानता है कि परम सत्य तक पहुँचने के बहुत–से रास्ते हैं। यह तथ्य कि मेरे ही धर्म के कुछ लोग इसके सिद्धान्तों के एक विकृत रूप को ही सत्य मानते हुए इसके नाम पर दूसरों के धर्मस्थल नष्ट कर रहे हैं और ख़तने या माथे पर किसी चिह्न के अभाव के कारण मासूम जानें ले रहे हैं, मुझे एक हिन्दू के रूप में असीम पीड़ा और इससे भी बढ़कर लज्जा से भर देता है।

आख़िर वह महान धर्म, जिसकी विशिष्टताओं का मैं पूरी पुस्तक में जगह–जगह उल्लेख करता रहा हूँ, किस तरह इस तरह के 'कट्टरवाद' को सहन कर सकता है? किस तरह इसके साथ अपने–आपको जोड़ सकता है? जैसाकि हमने देखा है, हिन्दूवाद ने बहुत–सी चुनौतियों का सामना किया है– आर्य, मुग़ल, ब्रिटिश। इसने उनसे कुछ–न–कुछ सीखा, कुछ–न–कुछ ग्रहण किया–भाषा, कला; भोजन, शिक्षा–और फिर उन्हें पीछे इतिहास के पृष्ठों में छोड़ते हुए ख़ुद आगे बढ़ता रहा। चुनौतियाँ

ध्वस्त हो गयीं परन्तु हिन्दूवाद का अस्तित्व नहीं मिटा। मुस्लिम लुटेरों और आक्रमणकारियों ने मन्दिर लूटे और ढहाये, उनकी जगह मस्जिदें खड़ी कीं, परन्तु हिन्दूवाद ख़त्म नहीं हुआ, वह पहले की तरह ही फलता–फूलता रहा। हिन्दूवाद का यह फलता–फूलता अस्तित्व ही उसकी विजय है, और उसका प्रतिशोध भी। 'आँख के बदले आँख' न तो कोई समाधान है और न विजय। जैसाकि महात्मा गाँधी ने कहा था, ''इससे पूरी दुनिया ही अन्धी हो जायेगी।'' जैसाकि मैंने हिन्दू धर्म को समझा है, यह हृदयों और मस्तिष्कों का धर्म है, न कि ईंटों और पत्थरों का। हिन्दूवाद ने हमेशा से कहा है–''अपने हृदय में राम की स्थापना करो।'' यदि भगवान राम आपके हृदय में हैं तो इससे कोई अन्तर नहीं पड़ता कि वे अन्यत्र कहाँ हैं या नहीं हैं। आख़िर ऐसी कौन–सी ईंटें या पत्थर हैं जिनमें राम को खोजा जा सकता है?

विभिन्न धार्मिक समुदायों के साथ रहते–रहते हिन्दू समुदाय में भिन्नता की स्वीकृति की परम्परा विकसित होती चली गयी। इसके साथ ही उन्हें यह भी समझ में आया कि सैद्धान्तिक और व्यावहारिक रूप से धर्म और राजनीति को एक–दूसरे में दखल नहीं देना चाहिए। स्वाधीन भारत के संस्थापकों ने–जिनमें अधिकांश हिन्दू थे–यह निर्णय लिया कि भारत एक 'हिन्दू पाकिस्तान' नहीं होगा। अधिकांश भारतीयों ने न सिर्फ़ इस निर्णय का स्वागत किया बल्कि इस पर गर्व महसूस किया। जहाँ पाकिस्तान में उच्च संवैधानिक पद मात्र मुसलमानों के लिए आरक्षित रखे गये और ग़ैर–मुसलमानों को अल्पसंख्यक नागरिकों के रूप में दूसरे दर्जे के नागरिक बना दिया गया, वहीं भारत को इस बात पर गर्व था कि देश के सभी अल्पसंख्यक समुदाय बढ़–चढ़ कर राष्ट्र निर्माण में योगदान कर रहे थे। सिर्फ़ राजनीति और सरकार में ही नहीं, बल्कि संस्कृति, खेल–कूद और मनोरंजन से जुड़े क्षेत्रों में भी धर्म के नाम पर किसी तरह का भेदभाव नहीं किया गया। किसी भी क्षेत्र में आगे बढ़ने के लिए धर्म को कसौटी नहीं माना गया।

स्वाधीनता के बाद के दशकों में देश की राजनीतिक संस्कृति में ये 'सेक्युलर' मान्यताएँ और भावनाएँ खुलकर दिखाई दीं। भारत की आबादी का 80 प्रतिशत हिन्दू होते हुए भी, और इस तथ्य के बावजूद कि मुस्लिमों के लिए एक अलग देश की माँग के परिणामस्वरूप देश का बँटवारा हो चुका था, भारत के ग्यारह राष्ट्रपतियों में से तीन मुस्लिम थे। इसी तरह,

राज्यपालों, कैबिनेट मन्त्रियों, मुख्यमन्त्रियों, राजदूतों, सेना के जनरलों और सुप्रीम कोर्ट के न्यायाधीशों के पदों पर भी मुस्लिमों का भरपूर प्रतिनिधित्व रहा। 1971 के भारत–पाकिस्तान युद्ध के दौरान–जिसे पाकिस्तान ने मूर्खतापूर्वक 'काफ़िर' हिन्दुओं के ख़िलाफ़ एक जेहाद घोषित कर दिया था–भारतीय वायुसेना के उत्तरी सेक्टर के कमाण्डर एक मुसलमान थे (एयर मार्शल आई.एच. लतीफ़, जो बाद में एयर चीफ़ मार्शल भी बने); भारतीय थलसेना के कमाण्डर एक पारसी थे (जनरल एस.एच.एफ.जे. मानेकशा, जो बाद में फ़ील्ड मार्शल भी बने); बांग्लादेश में घुसकर पाकिस्तानी सेना के छक्के छुड़ाने वाली भारतीय सेना के कमाण्डर एक सिख थे (जनरल जे.एस. अरोड़ा); और बांग्लादेश में पाकिस्तानी सेना के आत्मसमर्पण की औपचारिकताओं को पूरा करने के लिए पहुँचे भारतीय सेना अधिकारी एक यहूदी थे (मेजर जनरल जे.एफ.आर. जेकब)। ये सभी एक ऐसे राष्ट्र की सशस्त्र सेनाओं का नेतृत्व कर रहे थे जहाँ हिन्दुओं का प्रचण्ड बहुमत था।

यही असली भारत है।

इस युद्ध में भारत ने पश्चिमी और पूर्वी दोनों मोर्चों पर पाकिस्तान को करारी मात दी और 'बांग्लादेश' (पूर्वी पाकिस्तान) के रूप में एक नये राष्ट्र का जन्म हुआ।

हिन्दू राष्ट्रवाद

इस तरह, भारत एक ऐसा विचार है जहाँ एक ही धरती बहुतों को गले लगाये हुए है। जैसाकि मैंने पहले लिखा है, भारत के इस 'आइडिया' या विचार के अनुसार एक राष्ट्र जाति, नस्ल, रंग, संस्कृति, खान–पान, मान्यता, पहनावे और रीति–रिवाज की भिन्नताओं को झेल सकता है और फिर भी एक सर्वसम्मति पर पहुँच सकता है। यह सर्वसम्मति इस सीधे–सादे सिद्धान्त पर आधारित है कि एक विविधतापूर्ण प्रजातन्त्र में आपका सहमत होना आवश्यक नहीं है, सिवा इन आधारभूत नियमों के कि आप किस तरह असहमत होंगे? पिछले सत्तर वर्षों से भारत इसीलिए हर तरह के दबाव और तनाव झेल सका है–जिनमें कई लोगों को इसके विघटन के आसार दिखाई दे रहे थे–क्योंकि इसमें इस बात को लेकर सर्वसम्मति थी कि सर्वसम्मति के बिना कैसे काम चलाया जा सकता है।

परन्तु बीसवीं सदी की पृथक्करण की राजनीति से इस संस्कृति

को धक्का लगा है। जैसाकि हमने देखा है, एक संघर्षशील प्रजातन्त्र में संसाधनों के लिए प्रतियोगिता ने हिन्दू अन्तर्राष्ट्रीयता को जन्म दिया है। देशभर में सभी धर्मों के राजनीतिक संकुचित पहचानों को उभारकर वोटों की लामबन्दी में लगे हैं। वे धर्म, जाति, क्षेत्र के नाम पर मतदाताओं को अपनी एक संकुचित पहचान बनाने की सीख दे रहे हैं। इसलिए कुछ लोगों के लिए एक मुस्लिम, एक बोडो या एक यादव होना एक भारतीय होने से ज़्यादा महत्त्वपूर्ण हो गया है।

हिन्दुत्व विचारकों की दृष्टि में सहिष्णुता और स्वीकृति के सिद्धान्त पुंसत्वहीनता के प्रतीक हैं। जैसाकि फ्रॉले लिखते हैं, ''हिन्दुओं के लिए यह अब काफ़ी नहीं है कि वे सहनशीलता के मसीहा बने रहें, जिसे जारी रखने के लिए न कोई स्पष्ट सिद्धान्त हैं न धार्मिक मूल्य। उन्हें सत्य पर अडिग रहना होगा, जो हमेशा लोकप्रिय नहीं हो सकता। उन्हें हर किसी को प्रसन्न रखने की ज़रूरत नहीं है।[123] परन्तु क्या उनका यह सत्य उन सत्यों का खण्डन नहीं करता जिन्हें हिन्दू सदियों से जीते रहे हैं?

यही कारण है कि 'हिन्दू कट्टरवाद' के नाम से जानी जाने वाली मानसिकता का विकास और परिणामस्वरूप भारतीयता को लेकर सार्वजनिक चर्चा में आने वाला बदलाव इतना ख़तरनाक प्रतीत होता है। यह सुझाव कि सिर्फ़ एक हिन्दू, और सिर्फ़ एक विशेष प्रकार का हिन्दू ही एक प्रामाणिक भारतीय हो सकता है, भारतीय राष्ट्रवाद की मूल भावना पर एक आघात से कम नहीं है। अगर एक भारत इसमें से कुछ के लिए नहीं है तो हो सकता है, कल वह इनमें से किसी के लिए भी न हो।

ग़ैर–हिन्दुओं को उन्हीं की जन्मभूमि पर दूसरे दर्जे के नागरिक बनाने की बात सोची भी नहीं जा सकती। यह एक दूसरा विभाजन होगा और भारत की आत्मा का विभाजन भी उतना ही बुरा है, जितना भारत की धरती का विभाजन। परन्तु इस तरह के विचार हिन्दुत्व की विचारधारा में बहुत गहरे पैठे हुए हैं और सभी विचारशील हिन्दुओं के लिए यह चिन्ता का विषय है।

* * *

123. डेविड फ्रॉले, 'अवेकन भारत : ए कॉल फॉर इण्डियाज़ रीबर्थ', वॉयस ऑफ़ इण्डिया, नयी दिल्ली, 1998, पृ. xxv

कई पहलुओं से 'हिन्दुत्व' (या इसे इसके धार्मिक चोले से वंचित करने के लिए 'संघवाद' कहना बेहतर होगा) देश के सामने मौजूद कई बड़ी और असली समस्याओं से ध्यान हटाने का हथकण्डा भी है–निर्धनता और आर्थिक विकास, दमन और अन्याय, हमारे प्रजातन्त्र का विकास क्रम, जिसमें अभी भी कई छोटी–बड़ी त्रुटियाँ हैं। पहचान की राजनीति दाल–रोटी के मसले को भुला देती है जो अधिकांश हिन्दुओं की असली समस्या है। हम पिछले अध्याय में यह चर्चा कर चुके हैं कि हिन्दुत्व परियोजना हिन्दू धर्म के विविध रूपों और उनके अनुयायियों को एक साझी राजनीतिक विचारधारा के दायरे में लाने पर केन्द्रित है। इसलिए हिन्दू राष्ट्रवाद का विचार धर्म और संस्कृति को राष्ट्र और राज्य से जोड़ देता है। परिभाषा की दृष्टि से राष्ट्रवाद अविभाज्य होता है, जबकि धर्म और संस्कृति के विविध रूप हो सकते हैं। यह सही है कि राष्ट्रीय पहचान में संस्कृति का भी योगदान होता है, परन्तु मात्र संस्कृति किसी देश का राष्ट्रवाद नहीं बन सकती। भारत जैसे विविधतापूर्ण देश में तो यह और भी असम्भव है। उपनिवेशीय काल में भारतीय संस्कृति का पुनरुत्थान एक राष्ट्रवादी परियोजना थी। इसके अन्तर्गत भरतनाट्यम नृत्य शैली और परम्परागत हिन्दुस्तानी शास्त्रीय संगीत की व्यापक स्तर पर वापसी के साथ–साथ भारतीय भाषाओं में आधुनिक साहित्य की रचना और चित्रकला में मॉडर्न आर्ट पर ज़ोर दिया गया। (चित्रकला में राजा रवि वर्मा ने पश्चिमी शैली में भारतीय विषय उकेरे तो बांग्ला चित्रकारों और हुसैन इत्यादि ने भारतीय महाकाव्यों से प्रेरणा ली।) इसके साथ ही भारतीय सिनेमा के विकास ने भी सांस्कृतिक पुनरुत्थान में महत्त्वपूर्ण भूमिका निभाई।

भारत को अपनी सांस्कृतिक विविधता को लेकर जितना आत्मविश्वास था, उतना ही इन सांस्कृतिक अभिव्यक्तियों के भिन्न–भिन्न रूपों पर गर्व भी। परन्तु हिन्दुत्व संस्कृति को एक अलग दृष्टि से देखता था। जैसाकि गोलवलकर ने लिखा था, "संस्कृति हमारे सर्वग्राही धर्म का एक उत्पाद भर है। इसके शरीर का ही एक अंग जिसे इससे अलग करके नहीं देखा जा सकता।" एक हिन्दुत्ववादी के लिए भारत की राष्ट्रीय संस्कृति हिन्दू धार्मिक संस्कृति है। सांस्कृतिक राष्ट्रवाद एक बहुलवादी भारत को हिन्दू पहचान के आवरण में देखना चाहता है। क्योंकि हिन्दुत्व की राष्ट्रवाद की धारणा राजनीति पर संस्कृति की वरिष्ठता पर केन्द्रित है, इसलिए

के.एन. पणिक्कर के अनुसार हिन्दुत्व का उद्देश्य भारतीय राष्ट्र के ऐसे विचार की रचना करना है जिसमें हिन्दू धार्मिक पहचान और संस्कृति में कोई अन्तर नहीं है।

डेविड फ्रॉले का मानना है कि स्वाधीनता के बाद कई दशकों तक पश्चिमीकृत भारतीयों के शासन के बाद अब हिन्दू अपनी जड़ों की खोज में जुटे हैं। "यह आन्दोलन मात्र मध्यकालीन हिन्दू मूल्यों में लौटने का एक प्रतिगामी प्रयास नहीं है, बल्कि हिन्दू संस्कृति और आध्यात्मिकता के महत्त्व की वैधता के पुनर्स्थापना का प्रयास है, भविष्य और अतीत, दोनों के लिए। इसमें योग विद्या, वेदान्त, आयुर्वेद, वैदिक ज्योतिष–शास्त्र, शास्त्रीय कला और संस्कृत के साथ–साथ समाज और सरकार के बारे में हिन्दू दृष्टिकोण के महत्त्व को समझना शामिल है।"[124] उनके अनुसार, "भारतीय आध्यात्मिक आकांक्षा अन्य मानवीय आकांक्षाओं का दमन करके पैदा नहीं हुई, बल्कि सभी पहलुओं से एक फलती–फूलती मानवीय प्रकृति का अंग थी, जिसमें सभी कलाएँ और विज्ञान भी शामिल थे। यह सब भारतीय संगीत, नृत्य, गणित और औषधि विज्ञान में प्रचुर मात्रा में झलकता है।" इन तर्कसंगत पंक्तियों के बाद वे आगे जोड़ते हैं, "हिन्दुओं को एकजुटता का प्रदर्शन करना सीखना होगा ताकि वे हिन्दू धर्म के बृहत् क्षेत्र को फिर से खोज कर प्रतिष्ठापित कर सकें। हिन्दू धर्म में जीवन और संस्कृति के सभी पहलुओं का समावेश है।"[125] एकजुटता का यह आह्वान विविधता की जगह एकरूपता और असहमति की जगह हठधर्मिता पर ज़ोर देता है। हिन्दू धर्म की यह धारणा भिन्नता या विधर्मिता के लिए कोई गुंजाइश नहीं छोड़ती, विरोध या उल्लंघन तो दूर की बात है।

हिन्दुत्व विचारकों द्वारा परिभाषित हिन्दू धार्मिक पहचान एक संकुचित दृष्टिकोण की प्रतीक है। इस पुस्तक के पहले चार अध्यायों में मैंने जिस हिन्दूवाद का वर्णन किया है– और जिसे प्राचीन ऋषि–मुनियों से लेकर आधुनिक युग के चोटी के हिन्दू विचारकों ने विकसित और परिभाषित किया है, वह हिन्दूवाद संघ परिवार का हिन्दूवाद नहीं है। स्वामी विवेकानन्द, दयानन्द सरस्वती, अरविन्दो और महात्मा गाँधी का नाम तो ख़ूब लिया

124. डेविड फ्रॉले, 'अराइज अर्जुना : हिन्दूइज़्म एण्ड द मॉडर्न वर्ल्ड', वॉयस ऑफ़ इण्डिया, नयी दिल्ली, 1995, पृ. 15

125. डेविड फ्रॉले, 'अवेकन भारत : ए कॉल फॉर इण्डियाज़ रीबर्थ', वॉयस ऑफ़ इण्डिया, नयी दिल्ली, 1998, पृ. xxv

जाता है, परन्तु हिन्दू धर्म की समावेशी प्रकृति पर उनके ज़ोर को पूरी तरह नज़रअन्दाज़ कर दिया जाता है। जैसाकि के.एन. पणिक्कर ने लिखा है, "हिन्दुत्ववादी दृष्टिकोण के अनुसार, राष्ट्रीय पुनर्जागरण और पुनरुत्थान के लिए एक ऐसी प्रामाणिक संस्कृति की पुनर्रचना की ज़रूरत है जिसमें स्वदेशी प्रभाव को उभारने और बाहरी प्रभाव को मिटाने पर ज़ोर हो। हिन्दुत्व की सांस्कृतिक परियोजना को इस नारे से अभिव्यक्त किया जा सकता है–'राष्ट्रीयकरण और आध्यात्मीकरण'। यह एक दोहरी परियोजना है--एक 'सुनहरी' हिन्दू अतीत की सांस्कृतिक परम्पराओं को खोज कर उभारना, और उन सभी अवांछनीय प्रतीकों को मिटाना जो विरासत का अंग बन चुके हैं।"[126]

पहली परियोजना अर्थात् अतीत के प्राचीन गौरव को खोद कर निकालना ज़ोर–शोर से जारी है। दूसरी परियोजना कुछ–कुछ गिरते–पड़ते और हिचकोले खाते हुए आगे बढ़ रही है। हम यहाँ इन दोनों की ही जाँच करेंगे। सबसे पहले इतिहास को लेकर छिड़ी जंग पर बात करते हैं।

हिन्दुत्व की थ्योरी के विकास का एक दिलचस्प और महत्त्वपूर्ण पहलू है–आर्यों के उद्भव से जुड़ा विवाद। आमतौर से यह माना जाता है कि इण्डो–आर्य 1500 ईसा पूर्व में मध्य एशिया से उत्तरी भारत में आये थे और उन्होंने वेदों के रूप में हिन्दू धर्म के आधार–ग्रन्थों की रचना की। गोलवलकर के अनुसार, ऐसा होना असम्भव था। उनका मानना था कि हिन्दू धर्म इसी धरती की उपज था, इसलिए आर्यों का कहीं बाहर से आकर यहाँ बसना असम्भव था। उनकी और सावरकर की इस धारणा को सही ठहराने के लिए कि भारत हिन्दुओं की पुण्यभूमि है, आर्यों का स्वदेशी मूल के होना आवश्यक था। ख़ासकर मुस्लिमों के सन्दर्भ में यह एक महत्त्वपूर्ण तथ्य था जिनका धर्म अरब प्रायद्वीप में शुरू हुआ था। संघ परिवार के प्रति झुकाव वाले इतिहासकारों की कुटीर उद्योग की तरह बाढ़ आ गयी और वे सब–के–सब एक स्वर में यह दावा करने लगे कि आर्य, जिन्होंने हिन्दू धर्म की स्थापना की, हमेशा से ही भारत से सम्बन्ध रखते थे।

कुछ अन्य विद्वानों ने भी इस तथ्य की तरफ़ संकेत किया कि 'ऋग्वेद' में उत्तर भारत या आर्यवर्त के अतिरिक्त किसी अन्य भूमि का

---

126. के.एन. पणिक्कर, 'इन द नेम ऑफ़ नेशनलिज़्म', फ्रण्टलाइन, 13 मार्च, 2004

उल्लेख नहीं है। अपनी पुस्तक 'सेक्रिड प्लाण्ट्स ऑफ़ इण्डिया' में डॉ. नन्दिता कृष्णा ने बताया है कि किस तरह 'ऋग्वेद' में वर्णित प्रत्येक पौधा और पशु–पक्षी इसी भूमि की उपज थे। इससे इस निष्कर्ष पर पहुँचा जा सकता है कि आर्य कहीं और से नहीं आये होंगे। परन्तु यही सामग्री और वानस्पतिक प्रमाण हमें इस निष्कर्ष पर भी ले जा सकते हैं कि आर्य कहीं और से आये थे, परन्तु उन्होंने गंगा के मैदानों में सभ्यता की स्थापना के बाद ही वेदों की रचना की, इसलिए इनमें सिर्फ़ भारत का भूमि की उल्लेख है।

हिन्दुत्व विचारक भले ही इतिहास की लड़ाई में दिनोदिन अपनी बात मनवाने में सफल होते दिख रहे हों, परन्तु हाल की एक अन्तर्राष्ट्रीय जेनेटिक रिसर्च उनके इरादों पर पानी फेर सकती है। प्रो. मार्टिन पी. रिचर्ड्स और पन्द्रह अन्य वैज्ञानिकों द्वारा प्रस्तुत यह शोध–पत्र ('ए जेनेटिक क्रोनोलॉजी फॉर द इण्डियन सब–कॉण्टिनेण्ट पॉइण्ट्स टू हेविली सेक्स–बायस्ड डिस्पर्सल्स' शीर्षक से) 'बीएमसी एवोल्यूशनरी बायोलॉजी' नामक एक प्रतिष्ठित साइंस जनरल में प्रकाशित हुआ है। इस शोध से यह पुष्टि हुई है कि 2000 ईसा पूर्व से 1500 ईसा पूर्व के बीच मध्य एशिया से बड़े स्तर पर भारतीय उप–महाद्वीप में निर्गमन हुआ था।[127] ये डी.एन.ए. अध्ययन बताते हैं कि इण्डो–आर्य जातीय–भाषाई समूह में द्रविड़ों की तुलना में मध्य एशिया के जींस की कहीं अधिक छाप है। यह देखते हुए कि इण्डो–आर्यन भाषाओं और इण्डो–यूरोपियन भाषाई परिवार में बहुत ज़्यादा समानता है, इसमें सन्देह की कोई गुंजाइश नहीं है कि दोनों का एक ही प्रोटो–भाषाई आधार है।

इस शोध से सावरकर–गोलवलकर की अवधारणा ख़तरे में पड़ सकती है, क्योंकि यह शोध यह इंगित करता है कि हिन्दूवाद या वैदिक धर्म स्वयं बाहर से आये लोगों की उत्पत्ति हो सकता है। इससे हिन्दूवाद का उद्‌भव भी इस्लाम या ईसाइयत की तरह 'अभारतीय' हो जाता है। यह सच है कि इन आधे–अधूरे और अनिश्चित शोधात्मक प्रमाणों से किसी ठोस निष्कर्ष पर नहीं पहुँचा जा सकता। " 'भारत से बाहर की तरफ़' या 'बाहर से भारत की तरफ़' प्रवसन की दिशा निर्धारित करना बहुत कठिन

---

127. के थंगराज और जी. चौबे, 'टू अर्ली टू सेटल द आर्यन माइग्रेशन डिबेट', द हिन्दू, 13 जुलाई, 2017

है। इन जेनेटिक आँकड़ों से निश्चित रूप से सिर्फ़ यह कहा जा सकता है कि मध्य एशिया और भारत के बीच देशान्तरण हुआ था।''[128]

भले ही हिन्दुत्ववादी इण्डो–आर्यों और उनके धर्म के स्वदेशी मूल पर अड़े हुए हैं, परन्तु आगे चलकर इस सम्बन्ध में डी.एन.ए. प्रमाण अकाट्य सिद्ध हो सकते हैं। बहस का एक बड़ा हिस्सा इस बात पर केन्द्रित है कि क्या बाहर से आकर भारत में बसने वाले 12,000 वर्ष पहले आये थे या 3,500–4,000 वर्ष पहले? यदि पहली अवधारणा सही है तो वेदों की रचना करने वाले लोग हज़ारों वर्षों से भारत की भूमि पर रहे रहे थे; परन्तु यदि दूसरी अवधारणा सही है तो उनके भारत आगमन और वेदों की रचना (और हिन्दू धर्म की उत्पत्ति) में कम सदियों का अन्तर था।

मेरी दृष्टि में यह एक ऐसा अन्तर है जिससे कोई अन्तर नहीं पड़ता। परन्तु मुझे यह स्वीकार करने में कोई आपत्ति नहीं है कि बाहर से आकर भारत में बसने की एक युगों पुरानी परम्परा है, जो इतिहास के समूचे विकास क्रम में बिना रुके जारी रही है। एक दिलचस्प तथ्य यह भी है कि 731 ईसवी सन् में जब पल्लव राज्य के हिन्दू राजा परमेश्वरवरनम बिना कोई वारिस छोड़े चल बसे तो उनकी राजगद्दी सँभालने के लिए दक्षिण–पूर्व एशिया से एक राजकुमार को आमन्त्रित किया गया था। कई पीढ़ियों पहले पल्लव की एक राजकुमारी का विवाह चैम वंश में हुआ था, इसलिए इसी वंश के एक राजकुमार को हिन्दू राजा की विरासत सँभालने के लिए उपयुक्त माना गया। भारतीय सामन्तों का एक दल ख़ासतौर से कम्बोडिया–वियतनाम गया और चौदह वर्ष के इस बालक को भारत लेकर आया। उसने राजा नन्दीवरमन द्वितीय (731–795 ईसवी) के नाम से पूरे चौंसठ वर्ष तक शासन किया।[129] अपने शासनकाल के दौरान उसने कई भव्य मन्दिर बनवाये, जिनमें कांचीपुरम का वैकुण्ठ पेरुमल सबसे ज़्यादा प्रसिद्ध है। इस तरह, एक 'आयातित' राजा ने भी हिन्दू धर्म को सुदृढ़ करने में महत्त्वपूर्ण भूमिका निभाई।

---

128. वही; 'एक कम्पेनियन टू साउथ एशिया इन द पास्ट' में संकलित माइकल डेनिनो का आलेख 'आर्यन एण्ड द इंडस वैली सिविलाइज़ेशन' भी देखें, जॉन विले एण्ड संस, ऑक्सफोर्ड, 2016; साथ ही देखें, टॉनी जोसेफ़, 'हाउ जेनेटिक्स इज़ सेटलिंग द आर्यन माइग्रेशन डिबेट', द हिन्दू, 16 जून, 2017, और इस पर माइकल डेनिनो की प्रतिक्रिया 'द प्रॉब्लेमैटिक्स ऑफ़ जेनेटिक्स एण्ड द आर्यन इश्यू', द हिन्दू, 29 जून, 2017
129. पी.एल. केस्लर, 'साउथ ईस्ट एशिया–कम्बोडिया, www.historyfiles.co.uk

हिन्दूवाद और विज्ञान

इसी तरह के युद्ध कई अन्य बौद्धिक क्षेत्रों में भी छिड़े हुए हैं, क्योंकि हिन्दुत्ववादी प्राचीन भारतीय चिन्तन और विज्ञान के क्षेत्र में हमारे पूर्वजों की भुला दी गयी उपलब्धियों को मान्यता देने का आग्रह कर रहे हैं। यह सच है कि हमारे प्राचीन चिन्तन–दर्शन और अन्य अनूठी उपलब्धियों के बारे में हमारी नयी पीढ़ियों को जागरूक करने की ज़रूरत है (जिसके बारे में हम आगे चर्चा करेंगे), बजाय इसके कि हम उन्हें उपनिवेशीय युग के पश्चिमी नज़रिए से ही विश्व और भारत का चित्र दिखाते रहें। परन्तु जिस तरह के अनालोचनात्मक, बल्कि फन्तासी मिश्रित ढंग से हिन्दुत्ववादी यह सब कर रहे हैं, उससे हमारी सच्ची प्राचीन उपलब्धियाँ भी झूठी प्रतीत होने लगी हैं।

केन्द्र और राज्यों में भारतीय जनता पार्टी के वर्चस्व के कारण हिन्दुत्व विचारधारा के कई उत्साही अनुयायी बहुत–से प्रभावशाली पदों पर पहुँच गये हैं, जिनमें इण्डियन काउंसिल फॉर हिस्टोरिकल रिसर्च, यूनिवर्सिटी ग्राण्ट्स कमीशन और इण्डियन साइंस कांग्रेस की कार्यक्रम समिति जैसे महत्त्वपूर्ण फ़ोरम शामिल हैं।[130] भारतीय विज्ञान कांग्रेस ने 2015 में 'वैदिक विमानन प्रौद्योगिकी' विषय पर एक चर्चा का आयोजन करके बहुत–से प्रतिनिधियों को विस्मय में डाल दिया।

इससे किसी विषय या क्षेत्र की समुचित जानकारी न रखने वाले परन्तु सत्ता से जुड़े लोगों को अधिकृत टिप्पणियाँ करने का भी अवसर मिल गया है। स्वयं प्रधानमन्त्री ने एक अस्पताल में भाषण देते हुए कहा था कि गणेशजी के शरीर पर हाथी के सिर से पता चलता था कि प्राचीन भारत में प्लास्टिक सर्जरी कितनी विकसित थी। यह विचार कि छोटे–से–छोटे हाथी का सिर भी बड़ी–से–बड़ी मानवीय गर्दन पर कैसे फिट बैठ सकता था, कभी तर्क की कसौटी पर नहीं कसा गया है, परन्तु हिन्दुत्ववादी इस तरह के प्रश्नों और तर्कों के चक्कर में नहीं पड़ते।

इस तरह के विचार–जो हर लिहाज़ से बेतुके होते हैं–इन्हें व्यक्त करने वालों और इन्हें सुनने वालों के लिए शर्मिन्दगी का कारण बनते रहे

130. मेरे कहने का यह अर्थ नहीं है कि इन निकायों में हाल के वर्षों में हुई सभी नियुक्तियाँ हिन्दुत्वकारियों से जुड़ी हुई हैं, मैंने सिर्फ़ यह कहा है कि कुछ हिन्दुत्ववादी इन निकायों में महत्त्वपूर्ण पदों पर पहुँच गये हैं।

हैं, फिर भले ही प्राचीन विज्ञान को जेनेटिक्स और क्लोनिंग से जोड़ना हो या प्रथम ईसवी सदी में कणाद ऋषि द्वारा परमाणु अस्त्रों के प्रयोग का दावा। अन्धराष्ट्रवाद या 'शुविनिज़्म' हमेशा ही कुरूप होता है, परन्तु विज्ञान के क्षेत्र में इसकी दखलन्दाज़ी और भी आपत्तिजनक प्रतीत होती है, जहाँ एक वस्तुपरक और तथ्यात्मक दृष्टिकोण की ज़रूरत होती है, न कि किसी विचारधारा, अन्धविश्वास या तर्कहीन गर्व में रँगे दृष्टिकोण की।

परन्तु यह बहस उन आधुनिक तर्कवादियों को भी कठघरे में खड़ा कर देती है जो इन तर्कहीन और अतिशयोक्तिपूर्ण दावों को तिरस्कार की दृष्टि से देखते हुए उन प्राचीन उपलब्धियों को भी नज़रअन्दाज़ करने का प्रयास करते हैं जो हमारे लिए सचमुच गर्व का विषय है। हिन्दुत्व ब्रिगेड के हास्यात्मक दावों का मज़ाक़ उड़ाने के प्रयास में हमें अपनी सच्ची उपलब्धियों से आँखें नहीं मूँद लेनी चाहिए।

तर्कसंगत को बेतुके से अलग करना एक ठोस समालोचना की अनिवार्य शर्त है। भाजपा सरकार द्वारा योग और आयुर्वेद को गर्व के साथ देखना और इन्हें अन्तर्राष्ट्रीय स्तर पर बढ़ावा देना मेरी दृष्टि में एक अच्छा क़दम है। ये दोनों न सिर्फ़ हमारी सभ्यता की अनूठी उपलब्धियाँ हैं, बल्कि हमेशा से पक्षपातपूर्ण राजनीति से ऊपर रहे हैं और आगे भी रहने चाहिए। यदि भाजपा सरकार देश के नागरिकों के बेहतर चिकित्सा सेवा और जीवन रक्षक एलोपैथिक औषधियाँ उपलब्ध करवाने की अपनी ज़िम्मेदारी से मुँह मोड़ कर योग और आयुर्वेद को बढ़ावा देती है तो हम अवश्य ही नीति के आधार पर इसका विरोध कर सकते हैं, परन्तु जब वर्ष 2009 के आम चुनावों में भाजपा का घोषणा–पत्र प्राचीन युगों में भारत में प्रति हेक्टर 20 टन चावल पैदा होने का दावा करता है, जबकि आज हर तरह की सुविधा और आधुनिक तकनीकों के होते हुए और उपजाऊ–से–उपजाऊ परिस्थितियों में भी इससे आधा चावल ही पैदा हो पाता है तो कोफ़्त से हाथ खड़े करने के अलावा कोई चारा दिखाई नहीं देता।

दूसरी तरफ़, जब भारतीय विज्ञान कांग्रेस के कार्यक्रम में विज्ञान एवं प्रौद्योगिकी मन्त्री डॉ. हर्षवर्द्धन ने यह दावा किया था कि प्राचीन भारतीय पाइथोगोरस का ज्ञान रखते थे तो वे ग़लत नहीं थे और उनका उपहास नहीं उड़ाया जाना चाहिए था। वे अपने भाषण में न्यूटन, कोपरनिकस, केपलर और गैलीलियो के नाम भी जोड़ सकते थे, जिनमें से हरेक की

महान 'खोज' को अनाम और अज्ञात भारतीयों ने सदियों पहले खोज लिया था।

न्यूटन के सिर पर सेब के गिरने से लगभग चौबीस सदियों पहले 'ऋग्वेद' ने घोषित कर दिया था कि गुरुत्वाकर्षण इस सृष्टि को थामे हुए है। संस्कृत के विद्वानों ने कैल्क्युलस (गणना) से जुड़ी उनकी खोजों के बारे में कम–से–कम 250 वर्ष पहले ही पता लगा लिया था। खगोल विज्ञान और गणित के बारे में भारतीय 'सिद्धान्त शृंखला' विश्व के प्राचीनतम ग्रन्थों में शामिल है। लगभग 400 ईसवी सन् में रचित 'सूर्य सिद्धान्त' में ग्रहों के अधिरोहणों (चढ़ाव) और ग्रहणों के समय जानने की विधि का वर्णन है। इन प्राचीन ग्रन्थों में गुरुत्वाकर्षण की भी धारणा मौजूद है। आधुनिक विज्ञान की प्राचीन और ग़ैर–पश्चिमी आधारशिलाओं के विस्तृत अध्ययन पर केन्द्रित एक सारगर्भित पुस्तक 'लॉस्ट डिस्कवरीज़' में अमेरिकन लेखक डिक टेरेसी ने साफ़–साफ़ लिखा है–''पाइथागोरस से 200 वर्ष पहले उत्तर भारत के दार्शनिक यह जान चुके थे कि गुरुत्वाकर्षण ही सौर मण्डल को सँभाले हुए है, इसलिए सबसे भारी तत्त्व सूर्य को ही इसका केन्द्र होना चाहिए।[131]

आर्यभट्ट ने 499 ईसवी सन् में ही यह जान लिया था कि अपनी धुरी के गिर्द पृथ्वी के चक्कर काटने के कारण ही सूर्य उदय और अस्त होता है। (उनके विचार अपने समय से इतने आगे थे कि काव्य–शैली में लिखे उनके महान ग्रन्थ 'आर्यभटिया' ('आर्यभटीय') के बाद के कई सम्पादकों ने सार्वजनिक आलोचना के डर से उनके कई विचारों में फेर–बदल करना बेहतर समझा।) आर्यभट्ट ने पश्चिम के केपलर से एक हज़ार वर्ष पहले ही ग्रहों की अण्डाकार कक्षाओं का पता लगा लिया था। बाद में केपलर भी इसी निष्कर्ष पर पहुँचे (सभी यूरोपियों की तरह पहले यह मानते हुए कि ग्रहों की कक्षाएँ अण्डाकार की बजाय वृत्ताकार थीं।) आर्यभट्ट ने वर्ष के कुल दिनों की गणना भी लगभग ठीक–ठीक कर ली थी–365 दिन, 6 घण्टे; 12 मिनट और 30 सेकेण्ड। वे मात्र कुछ मिनटों के अन्तर से ग़लत थे। (सही समय 365 दिन और 6 घण्टों से थोड़ा–सा कम है)। तेरहवीं सदी में आर्यभट्ट के लैटिन में अनुवाद के बाद यूरोपियों ने उनसे बहुत कुछ

131. डिक टेरेसी, 'लॉस्ट डिस्कवरीज़ : द एशिएण्ट रूट्स ऑफ़ मॉडर्न साइंस फ्रॉम द बेबीलोनियन्स टू द माया', सायमन एण्ड शुस्टर, न्यूयॉर्क, 2002

सीखा। उन्हें यह भी पता चला कि भारतीयों ने बहुत–सी ऐसी बातें एक हज़ार वर्ष पहले ही जान ली थीं जिन्हें यूरोप के वैज्ञानिक अब खोज रहे थे।

वैदिक सभ्यता एक वृत्ताकार पृथ्वी की धारणा में विश्वास करती थी, जबकि यूनानियों समेत पूरा विश्व पृथ्वी को सपाट मानता था। पाँचवीं ईसवी सदी तक भारतीयों ने पृथ्वी की आयु का अनुमान 4.3 अरब (4.3 बिलियन) वर्ष लगा लिया था, जबकि उन्नीसवीं सदी तक भी अंग्रेज़ वैज्ञानिक पृथ्वी की आयु 10 करोड़ वर्ष मान कर चल रहे थे। बीसवीं सदी के अन्त तक पश्चिमी वैज्ञानिक इस निष्कर्ष पर पहुँच चुके थे कि पृथ्वी की आयु 4.6 अरब (बिलियन) वर्ष थी।

भारतीयों ने ही आधुनिक अंकों की खोज की, जिन्हें विश्व अरबी अंकों के रूप में जानता है क्योंकि पश्चिम ने इसे अरबों से लिया (अरबों ने इसे हमसे सीखा था।) भारतीयों ने ही सबसे पहले 'शून्य' की खोज की, अर्थात् 'कुछ भी नहीं', जो हिन्दू और बौद्ध धर्म का एक अभिन्न अंग है। पश्चिम में 'शून्य' या 'शून्यता' के बारे में कोई धारणा ही नहीं थी। शून्य के बिना आधुनिक गणित का विकास असम्भव था। शून्य और दशमलव ने ही गणित को उसका आधुनिक स्वरूप प्रदान किया। इसके महत्त्व को समझने के लिए रोमन संख्याओं पर एक दृष्टि दौड़ाना पर्याप्त होगा, जो शून्य न होने के कारण बहुत सीमित उपयोग में आती हैं।

भारतीयों ने ही ऋणात्मक (नेगेटिव) संख्याओं का आविष्कार किया। छठवीं ईसवी सदी में जैन विचारक परिमेय (रैशनल) संख्याओं की असीमितता की धारणा के बारे में जानते थे। हमारे पूर्वजों को ही ज्यामिति (ज्योमेट्री), त्रिकोणमिति (ट्रिग्नोमेट्री) और गणनागणित (कैल्क्युलस) की खोज की। शुरुआती ईसवी सदियों की एक छाल के 70 पत्तों से बनी दुर्लभ पाण्डुलिपि से पता चलता है कि उस युग में भी भारतीय अपूर्ण अंकों, समीकरणों, ज्यामिति के साथ–साथ ब्याज के साथ लाभ और घाटे की गणना करने में निपुण थे।

500 से 800 ईसवी सन् में रचित 'सुलभ सूत्र' से पता चलता है कि महान यूनानी वैज्ञानिक पाइथागोरस के जन्म से बहुत पहले से ही भारत में 'पाइथागोरस थ्योरम' (प्रमेय) का ज्ञान था और भारतीय पाँच दशमलव (डेसिमल) स्थानों तक का वर्गमूल (स्क्वेयर रूट) निकालना जानते थे। केरल के महान गणितज्ञ नीलकान्त पश्चिमी विश्व से बहुत पहले ही

'पायी' के मान और महत्त्व का सटीक वर्णन कर चुके थे। लगभग 500 ईसवी सन् में रचित 'वेदांग ज्योतिष' में लिखा है–"समूचे ज्ञान के शिखर पर गणित उसी तरह विद्यमान है जैसे किसी मयूर की कलगी या किसी अजगर के मस्तक का नाग।" हमारे गणितज्ञ काव्य रचना भी जानते थे।

हिन्दुओं ने कटपयादि (katapayadi) पद्धति (जिसे मलयालम में 'परलपेरु' के नाम से जाना जाता है) का भी आविष्कार किया था। उस युग में जब काग़ज़ उपलब्ध नहीं था और जलवायु की प्रतिकूल परिस्थितियों में दस्तावेज़ों को सुरक्षित रखना बहुत कठिन था, यह पद्धति या व्यवस्था अत्यन्त उपयोगी थी। इस पद्धति में अंकों को शब्दों या काव्य में व्यक्त किया जाता था, जिन्हें याद रखना उतना कठिन नहीं था। गणित के सूत्रों को अर्थपूर्ण वाक्यों में लिखने के कारण उन्हें सदियों तक सुरक्षित रखा जा सकता था। भारतीय अंक सम्भवतः 773 ईसवी सन् में अरब पहुँचे थे, जब सिन्ध के एक हिन्दू राजा ने अपने दूतों को ख़लीफ़ा अल–मंसूर से भेंट करने के लिए भेजा था। इसके परिणामस्वरूप 820 ईसवी सन् के आसपास अल–ख़्वारिज़्मी का प्रसिद्ध गणित–शास्त्र अस्तित्व में आया। इसमें भारतीय गणित के विस्तृत वर्णन के साथ–साथ शून्य अर्थात् 'ज़ीरो' के महत्त्व को भी समझाया गया है। अल–ख़्वारिज़्मी को ही अलजबरा (बीजगणित) की खोज का श्रेय दिया जाता है, हालाँकि स्वयं उन्होंने इसका श्रेय भारतीयों को देते हुए स्पष्ट रूप से पुस्तक में इसका उल्लेख किया था।

परन्तु मुख्य बिन्दु यह है कि हमने इस ज्ञान को लुप्त हो जाने दिया। यह सच है कि हमारा अतीत बहुत भव्य और गौरवशाली रहा है; परन्तु इस पर अपनी मूँछें ऐंठते रहने या बहस करते रहने से हम अपना वर्तमान सँवारने की बजाय उसे भ्रमपूर्ण और अन–उपजाऊ बना देंगे। हमें अपने पूर्वजों पर गर्व तो करना चाहिए, परन्तु साथ ही उनसे प्रेरणा लेकर आगे बढ़ना चाहिए। हमें उनकी उपलब्धियों पर झूमते नहीं रहना चाहिए। अतीत को एक प्रेरणास्रोत की तरह देखा जाना चाहिए, न कि एक रणभूमि की तरह। तभी हम इस गर्व से ऊपर उठकर एक ऐसे भविष्य की रचना कर सकते हैं जिस पर हमारे उन पूर्वजों को भी गर्व हो।

हिन्दुत्व और इतिहास

कोई आश्चर्य की बात नहीं है कि मुसलमानों द्वारा उत्तर भारत की विजय

के बाद का इतिहास काल हिन्दुत्ववादियों और बहुलवादियों के बीच वृत्तान्त की लड़ाई में 'ग्राउण्ड ज़ीरो' बन गया है। जब मैं 2016 में प्रकाशित अपनी पुस्तक 'अन्धकार काल : भारत में ब्रिटिश साम्राज्य' में विदेशी शासन के 200 वर्षों की बात कर रहा था, तो ठीक उसी समय प्रधानमन्त्री नरेन्द्र मोदी के नेतृत्व में हिन्दू ब्रिगेड 1,200 वर्षों के विदेशी शासन की बात कर रही थी। उनकी दृष्टि में भारत में मुस्लिम शासन, भले ही वह दिल्ली की सल्तनत हो या दक्खन की या फिर मुग़ल साम्राज्य (और देश के विभिन्न भागों में कई सदियों तक सैकड़ों अन्य छोटे–बड़े बादशाहों और सुल्तानों की सत्ता), विदेशी शासन का प्रतीक था। मैंने इसका उत्तर यह दिया कि भले ही भारत में मुस्लिम शासन के संस्थापक बाहर से आने वाले विदेशी रहे हों, परन्तु वे और उनके वंशज भारत में ही बस गये और इस देश की संस्कृति के साथ घुल–मिल गये। उन्होंने हिन्दू स्त्रियों के साथ विवाह किये और इस देश का भाग्य बनाने में जुट गये। बाबर के बाद के हर मुग़ल शासक के अपनी मूल (विदेशी) भूमि और वहाँ के लोगों के साथ कम–से–कम सम्बन्ध रहे। अगर उन्होंने भारत और भारतीयों को लूटा या उनका शोषण किया तो इस लूट को इसी देश में ख़र्च कर दिया, इसे अंग्रेज़ों की तरह अपनी मूल भूमि (इंग्लैण्ड) में भेजकर विदेशी ख़ज़ाने नहीं भरे। मुग़ल बादशाह फ़रगान घाटी से आने वाले यात्रियों का स्वागत करते थे, उनसे वहाँ के लोगों का हाल–चाल पूछते थे, और शायद अपने पूर्वजों की क़ब्रों की देख–रेख के लिए उन्हें कुछ पैसे भी दे देते थे, परन्तु उन्होंने अपनी मूल भूमि को अपना 'वतन' या 'देश' मानना छोड़ दिया था। मुग़ल वंश की दूसरी पीढ़ी ही, पाँचवीं या छठी पीढ़ी की तो बात ही क्या, उतनी ही 'भारतीय' हो चुकी थी जितना कि कोई हिन्दू।

परन्तु प्रामाणिकता की चुनौती का बौद्धिक दायरा बहुत व्यापक है। यह चुनौती ऐसे हिन्दुओं की तरफ़ से है जो वी.एस. नायपॉल की तरह इतिहास को उनकी चर्चित पुस्तक 'वूंडिड सिविलाइज़ेशन' (आहत सभ्यता) की दृष्टि से देखते हैं–एक ऐसी पावन हिन्दू भूमि, जो सदियों तक क्रूर और लोभी मुस्लिम लुटेरों और आक्रमणकारियों के अत्याचारों का शिकार होती रही और इस प्रक्रिया में निरन्तर जर्जर और शक्तिहीन होती चली गयी। इन लोगों की दृष्टि में भारत की स्वाधीनता मात्र ब्रिटिश शासन से स्वतन्त्रता ही नहीं थी, बल्कि मुस्लिम आक्रमणकारियों द्वारा आहत अपनी

संस्कृति और धर्म के गौरव को पुनर्स्थापित करने का भी एक अवसर थी। ऑड्री ट्रश्क जैसे इतिहासकार–जो औरंगज़ेब की सहानुभूतिपूर्ण जीवनी के लिए प्रसिद्ध हैं,[132] –यह तर्क देते हैं कि मुस्लिमों द्वारा हिन्दू भूमि के अनादर और लूट का यह वृत्तान्त न तो एक सतत ऐतिहासिक स्मृति का हिस्सा है और न अतीत के प्रामाणिक दस्तावेज़ों पर आधारित है।

उदाहरण के लिए, हिन्दुओं के हृदय सम्राट और महान योद्धा शिवाजी के ख़िलाफ़ औरंगज़ेब की मुग़ल सेना का नेतृत्व जयपुर के एक धर्मपरायण हिन्दू राजा जयसिंह ने किया था। इसी तरह, एक और हिन्दू महानायक महाराणा प्रताप के ख़िलाफ़ मुग़ल सम्राट अकबर की सेनाओं का नेतृत्व उनके सेनापति राजा मानसिंह ने किया था। इस युद्ध में स्वयं राणा प्रताप का प्रमुख लेफ़्टिनेंट हाकिम खान सूर एक मुस्लिम था। परन्तु इतिहास को लेकर हिन्दुत्व के भावनात्मक ज्वार को ऐसे तर्कों से थामना लगभग असम्भव है। उनके लिए यह एक आस्था का प्रश्न है कि भारत एक हिन्दू राष्ट्र है, जिसे मुस्लिम शासकों ने लूटा और बर्बाद किया। इस दृष्टिकोण को झुठलाने वाले सभी ऐतिहासिक तथ्य और प्रमाण उनके लिए निरर्थक हैं, या कम–से–कम असुविधाजनक हैं।

प्रो. ट्रश्क ने भारत में व्यापक स्तर पर प्रचलित इस धारणा का खण्डन किया है कि औरंगज़ेब एक मुस्लिम धर्मोन्मादी था, जिसने हज़ारों हिन्दू मन्दिरों को तोड़ा, लाखों भारतीयों को मुसलमान बनने पर बाध्य किया और हिन्दुओं का बड़े पैमाने पर नरसंहार किया। फिर भी, इसमें कोई सन्देह नहीं है कि वह, जवाहरलाल नेहरू के शब्दों में कहें तो, 'एक कट्टर और शुद्धतावादी' मुस्लिम था। उदाहरण के लिए, उसने संगीत को दिया जाने वाला शाही संरक्षण ख़त्म कर दिया; राजदरबार में हिन्दू मूल के रीति–रिवाजों पर प्रतिबन्ध लगा दिया; ग़ैर–मुस्लिम प्रजा पर जजिया कर लगा दिया; हिन्दुओं के दिये गये भू–अनुदान वापस ले लिए; और सिर्फ़ मुसलमानों का हित करने वाली नीतियों को बढ़ावा दिया। परन्तु प्रो. ट्रश्क के अनुसार, अन्य सभी आरोप सही नहीं हैं, ख़ासकर यह आरोप कि उसका अन्तिम लक्ष्य हिन्दुओं और हिन्दूवाद को ख़त्म करना था। (दिल्ली की एक सड़क से उसका नाम हटाने वालों ने भी यह आरोप लगाया था।) ऐतिहासिक प्रमाणों से पता चलता है कि औरंगज़ेब ने हज़ारों

132. ऑड्री ट्रश्क, 'औरंगज़ेब : द मैन एण्ड द मिथ', पेंग्युइन बुक्स, नयी दिल्ली, 2007

हिन्दू मन्दिर नहीं तोड़े थे, जैसाकि दावा किया जाता था। उसने जो मन्दिर तोड़े थे, उनके पीछे भी मुख्य रूप से राजनीतिक कारण थे। इसी तरह, उसने हिन्दुओं को इस्लाम धर्म अपनाने के लिए भी बाध्य नहीं किया था। ऐतिहासिक दस्तावेज़ों के अनुसार, औरंगज़ेब के शासनकाल में धर्मान्तरण करने वाले हिन्दुओं की संख्या बहुत सीमित थी। ऐतिहासिक प्रमाणों से यह भी पता चलता है कि उसने दक्खन के मराठा सामन्तों को अपने साथ मिलाकर मुग़ल सत्ता में हिन्दुओं की भागीदारी बढ़ाई थी। उसने न सिर्फ़ हिन्दू और जैन मन्दिरों को संरक्षण प्रदान किया, बल्कि बहुत–से ब्राह्मणों को ज़मीनें भी दान कीं। उसके राज में लाखों–लाख हिन्दू बिना किसी ख़तरे के फलते–फूलते रहे थे। इतिहास एक जटिल और उलझा हुआ मामला है। इसमें कोई सन्देह नहीं कि औरंगज़ेब उतना उदारवादी मुस्लिम नहीं था जितने कि उसके पूर्वज (अकबर, जहाँगीर और शाहजहाँ इत्यादि) थे उसका भाई दाराशिकोह भी एक उदारवादी मुस्लिम माना जाता था, जिसे औरंगज़ेब ने सिंहासन की लड़ाई में क़त्ल कर दिया था। राजगद्दी के लिए अपने भाई के प्राण लेने वाला व्यक्ति उदार नहीं हो सकता, परन्तु औरंगज़ेब उस तरह का नरसंहारक और मूर्ति–भंजक भी नहीं था जैसाकि बहुत–से हिन्दू मानते हैं।

प्रो. ट्रश्क यह बात स्वीकार करती हैं कि औरंगज़ेब ने 'कुछ दर्जन' मन्दिर ज़रूर तुड़वाये थे। वे आगे लिखती हैं, ''औरंगज़ेब की ऐतिहासिक रूप से वैध समालोचना से ही हमें पता चल सकता है कि उसने जितने मन्दिर तुड़वाये, उनसे ज़्यादा की रक्षा भी की।'' परन्तु कुछ दूसरे विद्वान इसे औरंगज़ेब की असहिष्णुता के एक कमज़ोर और अपर्याप्त बहाने के रूप में देखते हैं। गिरीश शहाने, जो कहीं से भी हिन्दुत्ववादी नहीं हैं, इस पर तीखी टिप्पणी करते हुए कहते हैं, ''क्या हमें मैच फ़िक्सिग करने वाले खिलाड़ियों की सिर्फ़ इसलिए आलोचना नहीं करनी चाहिए क्योंकि उन्होंने ज़्यादातर मैचों में ऐसा नहीं किया था? क्या हमें यौन अपराधियों को सिर्फ़ इसलिए छोड़ देना चाहिए क्योंकि अधिकांश स्त्रियों के साथ उनका व्यवहार सम्मानजनक था? क्या हमें एक सीरियल हत्यारे को भी इस आधार पर क्षमा कर देना चाहिए कि उसने रास्ते में दिखने वाले सैकड़ों अन्य लोगों की हत्या नहीं की? यह बहुत महत्त्वपूर्ण है कि हम मुस्लिम शासकों को विक्षिप्त नरसंहारक और अन्धाधुन्ध मन्दिरों को

ध्वस्त करने वाले धर्मोन्मादी दिखाने के हिन्दुत्ववादी प्रयासों का कड़ा विरोध करें, परन्तु इसके साथ ही यह भी उतना ही महत्त्वपूर्ण है कि हम ऐसे किसी शासक की सफ़ाई देने या उसका बचाव करने का प्रयास न करें। जहाँ कहीं भी मुस्लिम धार्मिक पूर्वाग्रह था, उसे स्वीकार किया जाना चाहिए।''[133]

दूसरे शब्दों में कहें तो औरंगज़ेब का एक निष्पक्ष आकलन यह हो सकता है कि अपने समय के अन्य शासकों की तरह, वे चाहे हिन्दू रहे हों या मुसलमान, औरंगज़ेब ने हिन्दुओं और मुसलमानों पर प्रहार भी किये और उनकी रक्षा भी की, परन्तु उसकी धार्मिक कट्टरता का निशाना स्वाभाविक रूप से सिर्फ़ हिन्दू ही बने। परन्तु इतिहास को सिर्फ़ सफ़ेद और काले या अच्छे और बुरे के रूप में देखने वालों के लिए औरंगज़ेब के उलझे हुए व्यक्तित्व और इससे जुड़ी बारीकियों का कोई अर्थ नहीं है। जैसाकि ऑड्री ट्रश्क लिखती हैं, ''औरंगज़ेब के इतने विवादास्पद होने के कारण भारत का अतीत न होकर इसका वर्तमान है। औरंगज़ेब के कट्टरवाद का वृत्तान्त, जो मुख्यतः भारतीय राष्ट्रीय पहचान और इससे जुड़े ध्रुवीकरण के सन्दर्भ में बार–बार उभरता है, इतिहास की बजाय आधुनिक राजनीति से ज़्यादा सम्बन्ध रखता है। यह भारत में बढ़ती असहिष्णुता का ही एक प्रति–उत्पाद और अंग है।''

इतिहास के इस हिन्दुत्ववादी दृष्टिकोण में सब कुछ धर्म के आधार पर देखा और वर्णित किया जा रहा है। सभी मुस्लिम शासक बुरे थे और सभी हिन्दू शूरवीर और पराक्रमी थे। प्रो. ट्रश्क के शब्दों में कहें तो, ''भारत कई सदियों तक बार–बार बाहरी आक्रमणकारियों से हारता रहा, जिनमें मुस्लिमों की कई पीढ़ियाँ शामिल थीं। परिणामस्वरूप, भारत और इसके लोग शक्तिहीन होते चले गये। ...भारत में बहुत–से लोग इण्डो–मुस्लिम अतीत को लेकर आहत महसूस करते हैं...और यह पीड़ा अक्सर मुस्लिम विरोधी भावनाओं के रूप में प्रकट होती रहती है।''[134]

जैसाकि के.एन. पणिक्कर ने कहा है, अशोक, अकबर, जयसिंह, शाहू

---

133. गिरीश शहाने, 'औरंगज़ेब सिर्फ़ हमारे मापदण्डों से ही नहीं, अपने पूर्वजों और समकालीनों के मापदण्डों से भी धर्मान्ध था।' Scroll.in, नवम्बर, 2017

134. ऑड्री ट्रश्क, ''कुछ हेट–मेल तो रोंगटे खड़े कर देने वाली है''; औरंगज़ेब पर अपनी पुस्तक की आक्रामक प्रतिक्रिया पर इतिहासकार आड्री ट्रश्क का दृष्टिकोण, scroll.in, मई, 2017

महाराज और वाजिद अली शाह जैसे उदारवादी और सहिष्णु शासक हिन्दुत्ववादियों के राष्ट्रीय नायकों की सूची में शामिल नहीं हैं। (सच तो यह है कि औरंगज़ेब के विपरीत एक उदार और सहिष्णु शासक माने जाने वाले अकबर की बहुत–से राष्ट्रवादियों और इतिहासकारों द्वारा खुलकर प्रशंसा किये जाने के बावजूद हिन्दुत्ववादी उसे भी अपने प्रहार का निशाना बनाने लगे हैं, क्योंकि वह एक मुसलमान था, और (अधिकांश मध्यकालीन शासकों की तरह) उसे कई हिन्दू राजाओं की चुनौती को ध्वस्त करना पड़ा था।

मुस्लिम शासन के युग के ख़त्म होने के बाद भी साम्प्रदायिक इतिहास जारी रहा। अंग्रेज़ों के ख़िलाफ़ विद्रोह का बिगुल बजाने वालों में बहादुर शाह ज़फ़र, ज़ीनत महल, मौलवी अहमदुल्ला और जनरल बख़्त खान शामिल थे। ये सब–के–सब हिन्दुत्ववादियों के इतिहास के वृत्तान्त से ग़ायब हैं। इसी तरह, भक्ति आन्दोलन के दौरान धार्मिक समरसता की धारा बहाने वाले हिन्दू–मुस्लिम सन्त कवि और मानवतावादी धर्म का प्रचार करने वाले राजा राममोहन राय और केशवचन्द्र सेन जैसे महापुरुष भी हिन्दुत्ववादियों की विशेष प्रशंसा के पात्र नहीं हैं। इनकी बजाय राणा प्रताप जैसे 'हिन्दू नायकों' का बढ़ा–चढ़ा कर गुणगान किया जाता है। (अब राजस्थान की पाठ्य–पुस्तकों में अकबर की बजाय राणा प्रताप को हल्दीघाटी की लड़ाई का विजेता बताया जा रहा है, भले ही इसके बाद अगले तीन दशकों तक उनकी बजाय अकबर ने दिल्ली की गद्दी पर राज किया हो!)। इसी तरह, महाराष्ट्र की पाठ्य–पुस्तकों में अब मुग़लकाल के वर्णन की बजाय मुग़लों के ख़िलाफ़ छत्रपति शिवाजी की लड़ाइयों का बढ़ा–चढ़ा कर वर्णन किया जा रहा है। महाराष्ट्र शिक्षा बोर्ड द्वारा हाल ही में संशोधित सातवीं कक्षा की इतिहास की पुस्तक में मुग़ल वंश से पहले के सभी मुस्लिम शासकों का उल्लेख हटा दिया गया है। इनमें दिल्ली की पहली महिला शासक रज़िया सुल्तान, शेरशाह सूरी और मुहम्मद बिन तुगलक (जिसने अपनी राजधानी को आबादी समेत दिल्ली से तुगलकाबाद ले जाने का असफल और मूर्खतापूर्ण प्रयोग किया था) जैसे कई दिलचस्प ऐतिहासिक नाम शामिल हैं। दरअसल, शिक्षा का क्षेत्र हिन्दुत्ववादियों के लिए एक रणभूमि की तरह बन गया है, जिसमें पाठ्यक्रमों में संशोधन के रूप में वे खुलकर अपनी तलवारें भाँज रहे हैं।

स्वतन्त्रता संग्राम

इतिहास से जुड़ी बहस सिर्फ़ पुराने युगों तक ही सीमित नहीं है। प्रधानमन्त्री नरेन्द्र मोदी ने 1942 के 'भारत छोड़ो आन्दोलन' की वर्षगाँठ के अवसर पर एक नये अभियान की शुरुआत की–'70 साल आज़ादी : ज़रा याद करो कुर्बानी'। भारतीय जनता पार्टी, जो प्रधानमन्त्री के नेतृत्व में स्वयं को राष्ट्रवाद के चोले में लपेटने में जुटी हुई है, अब आज़ादी की लड़ाई को अपने उद्देश्यों के लिए प्रयोग करने की धुन में है। विडम्बना यह है कि भाजपा के लिए 'भारत छोड़ो आन्दोलन' की वर्षगाँठ मनाने की बजाय इसकी आलोचना करना ज़्यादा सही रहता, क्योंकि इस आन्दोलन के कारण सभी प्रमुख राष्ट्रीय नेता और हज़ारों कांग्रेस कार्यकर्त्ता जेलों में पहुँच गये और परिणामस्वरूप, मुस्लिम लीग को अपने–आपको सुदृढ़ करने और कांग्रेस को कड़ी चुनौती देने का अवसर मिल गया, जो वह 1937 के चुनाव में नहीं कर पायी थी। दूसरे शब्दों में कहें तो 'भारत छोड़ो आन्दोलन' ने बँटवारे की माँग करने वालों के ही हाथ मज़बूत किये थे।

परन्तु मोदी सरकार 'भारत छोड़ो' को कांग्रेस की भूल के रूप में दर्शाने की इच्छुक नहीं है। यह स्वतन्त्रता सेनानियों को नायकों के रूप में प्रस्तुत करना चाहती है, ताकि अपने–आपको स्वतन्त्रता संग्राम की परम्परा से जोड़कर दिखा सके। वास्तविकता यह है कि भाजपा जिस संघवादी राजनीति की वारिस है–और जिसका प्रतिनिधित्व जनसंघ, राष्ट्रीय स्वयंसेवक संघ और हिन्दुत्व आन्दोलन करते रहे हैं, आज़ादी की लड़ाई में उसका बहुत कम योगदान रहा है। भाजपा और आर.एस.एस. के पास शायद ही कोई अपना कहा जाने वाला प्रमुख स्वतन्त्रता सेनानी है। भाजपा और संघ जिन विचारकों को अपने प्रेरणास्रोत के रूप में देखते हैं, वे स्वतन्त्रता आन्दोलन में कुछ ख़ास सक्रिय नहीं थे। इसलिए देश की स्वाधीनता के संघर्ष से जुड़े रोल मॉडलों के लिए भाजपा को कांग्रेस के शीर्ष नेताओं की तरफ़ देखना पड़ रहा है।

हमें यह याद रखना चाहिए कि यह प्रक्रिया 2014 के लोकसभा चुनावों से बहुत पहले ही शुरू हो गयी थी। गुजरात के मुख्यमन्त्री के रूप में नरेन्द्र मोदी बार–बार कांग्रेस के एक अत्यन्त सम्मानित और शीर्ष नेता सरदार पटेल का नाम लेने लगे थे। अपने–आपको एक ऐसी महान विरासत से जोड़ने के लिए–जो उनकी अपनी पार्टी के बस की बात नहीं

थी–नरेन्द्र मोदी ने देश भर के किसानों से अपने हल का कुछ लोहा दान करने का आह्वान किया। वे इस लोहे से 'लौहपुरुष' के नाम से प्रसिद्ध देश के इस महान नेता की एक 550 फुट ऊँची भव्य प्रतिमा स्थापित करवाना चाहते थे। विश्व की इस सबसे बड़ी प्रतिमा के सामने अमेरिका का 'स्टेच्यू ऑफ़ लिबर्टी' भले ही छोटा पड़ जाये, परन्तु सच्चाई यह है कि यह भव्य स्मारक एक सादगी पसन्द और सच्चे गाँधीवादी का उतना प्रतीक नहीं होगा जितना कि इसके निर्माण से जुड़ी ऊँची महत्वाकांक्षाओं का।

मोदी के उद्‌देश्यों को समझना इतना मुश्किल भी नहीं है। अपने मुख्यमन्त्री काल में 2002 के गुजरात दंगों के बाद उनकी छवि पर गहरा धब्बा लग गया था। सरदार पटेल के साथ अपनी पहचान जोड़कर वे न सिर्फ़ इस धब्बे को छुड़ाना चाहते थे, बल्कि पटेल की तरह एक दृढ़ संकल्प और अडिग नेता के रूप में भी दिखना चाहते थे। (सरदार पटेल को विभाजन के दौरान हिन्दुओं के पक्ष में खड़े होने, सोमनाथ मन्दिर का पुनर्निर्माण करने और कश्मीर के मामले में ठोस और निर्णयात्मक क़दम उठाने के लिए जाना जाता है।) नरेन्द्र मोदी अपने आलोचकों द्वारा बनाई जा रही अपनी साम्प्रदायिक छवि से ऊपर उठकर सरदार पटेल की तरह एक सम्मानित राष्ट्रीय नेता के रूप में दिखना चाहते थे।

सरदार पटेल को देश को एक सूत्र में बाँधकर एक संगठित राष्ट्र बनाने और देश की एकता और अखण्डता के साथ कोई समझौता न करने वाले एक दृढ़ नेता या 'लौहपुरुष' के रूप में देखा जाता है। उनके और नरेन्द्र मोदी के गुजराती मूल के होने के कारण गुजरात की राजनीति में इसका अतिरिक्त प्रभाव पड़ना स्वाभाविक था। नरेन्द्र मोदी की राष्ट्रीय नेतृत्व की आकांक्षाओं को देखते हुए भी सरदार पटेल के साथ उनकी तुलना बहुत महत्त्वपूर्ण थी। आज बहुत–से गुजराती नरेन्द्र मोदी को 'दूसरे सरदार पटेल' के रूप में देखते हैं और अपने इस भूमि पुत्र को राष्ट्र का नेतृत्व करते देखकर गर्व महसूस करते हैं। सिर्फ़ गुजराती ही नहीं, पूरे भारत का एक शहरी मध्यवर्ग नरेन्द्र मोदी को एक मज़बूत इरादों वाले अडिग नेता के रूप में देखता है, जो प्रजातन्त्रीय निर्णय प्रक्रिया की ढीली रफ़्तार की तुलना में दृढ़ता और गतिशीलता का सन्देश देते हुए प्रतीत होते हैं।

परन्तु बँटवारे के दिनों की साम्प्रदायिक हिंसा को लेकर सरदार पटेल का दृष्टिकोण गुजरात के दंगों के दौरान नरेन्द्र मोदी के दृष्टिकोण से

बिल्कुल अलग था। दोनों को ही कानून और व्यवस्था के ध्वस्त होने का सामना करना पड़ा था। 1947 में दिल्ली में दंगे भड़कते ही सरदार पटेल ने तुरन्त क़दम उठाये और सबसे ज़्यादा संवेदनशील क्षेत्रों से लगभग 10,000 मुसलमानों को निकालकर लाल क़िले में स्थानान्तरित कर दिया, जहाँ कड़ी सुरक्षा व्यवस्था थी। यह देखते हुए कि स्थानीय सुरक्षा बल साम्प्रदायिक भावनाओं से प्रभावित हो सकते थे, उन्होंने विशेष रूप से मद्रास और पुणे के सैनिक बलों को दिल्ली बुलाकर उन्हीं के हाथों में कानून और व्यवस्था सौंपना बेहतर समझा। मुस्लिम समुदाय का विश्वास जीतने के लिए उन्होंने मशहूर निज़ामुद्दीन दरगाह का भी दौरा किया और उन्हें यह भरोसा दिलाया कि भारत उनका अपना देश था। सरदार पटेल अमृतसर की सीमा पर भी गये, ताकि पाकिस्तान जा रहे मुस्लिम जत्थों को हिन्दुओं और सिखों के हमलों से बचा सकें। वे दिल्ली और अमृतसर, दोनों जगह साम्प्रदायिक हिंसा को रोकने में सफल रहे। इसमें कोई सन्देह नहीं कि भारत में लाखों–लाख मुसलमान उन्हीं के कारण अपनी जान बचाने में सफल रहे।

दूसरी तरफ़, 2002 में गुजरात में जो कुछ घटा वह बहुत पीड़ाजनक था। भले ही इस नरसंहार के लिए हम नरेन्द्र मोदी को सीधे दोष न दें, परन्तु वे सरदार पटेल की तरह चुस्ती से प्रभावी क़दम उठाने में असफल रहे। मुसलमानों की सुरक्षा के लिए उन्होंने न तो आगे बढ़कर सरदार पटेल की तरह सराहनीय भूमिका निभाई और न सार्वजनिक रूप से साम्प्रदायिक हिंसा की निन्दा की। किसी मस्जिद या मुस्लिम मुहल्ले में जाकर मुसलमानों का विश्वास जीतना और उन्हें सुरक्षा का भरोसा दिलाना तो दूर की बात है।

हम यह कल्पना भी नहीं कर सकते कि सरदार पटेल इस नरसंहार को लेकर अपने किसी इण्टरव्यू में नरेन्द्र मोदी जैसा जवाब दे सकते थे। मोदी ने कहा था–"अगर कोई दूसरा कार चला रहा हो और हम पीछे बैठे हों तो किसी पिल्ले के कुचले जाने पर भी दुःख होता है कि नहीं?"[135] जब अपने–आपको एक 'हिन्दू राष्ट्रवादी' मानने वाले और अपने भाषणों में अक्सर मुस्लिमों का तिरस्कार करने वाले नरेन्द्र मोदी एक गाँधीवादी नेता

135. रॉस काल्विन और श्रुति गॉट्टिपती 'भाजपा नेता नरेन्द्र मोदी के साथ साक्षात्कार', रॉयटर्स, 12 जुलाई, 2013

की विरासत को आगे बढ़ाने का दावा करते हैं तो आश्चर्य होता है। सरदार पटेल कभी भी भारतीय राष्ट्रवाद को धर्म से जोड़कर नहीं देख सकते थे।

सरदार पटेल धर्म या जाति के भेदभाव के बिना सभी के लिए समान अधिकारों की बात करते थे। यह सच है कि विभाजन के दिनों में वे नेहरू की सोच के विपरीत यह मानकर चल रहे थे कि एक पूरा समुदाय भारत से अलग होने जा रहा था। अपनी जीवनी 'नेहरू : द इन्वेन्शन ऑफ़ इण्डिया' (2003) में मैंने इस सम्बन्ध में नेहरू और पटेल के बीच मतभेदों के कुछ उदाहरण दिये हैं। परन्तु पुस्तक में इतने ही ऐसे उदाहरण भी हैं जिनसे पता चलता है कि जब हिन्दू हितों और नैतिक दृष्टि से सही में से किसी एक का चुनाव करना होता था तो सरदार पटेल हमेशा नैतिकता का गाँधीवादी रास्ता चुनते थे।

एक उदाहरण, जिसे संघ परिवार के समर्थक तोड़–मरोड़ कर प्रस्तुत करते रहे हैं, नेहरू और पाकिस्तान के प्रधानमन्त्री लियाकत अली खान के बीच एक सन्धि को लेकर उनके विरोध से जुड़ा हुआ है। यह सन्धि पूर्वी पाकिस्तान में हिन्दू अल्पसंख्यकों के ख़िलाफ़ हिंसा से जुड़ी हुई थी। पटेल ने निश्चित रूप से इस सन्धि की आलोचना की थी और तीखे शब्दों में अपना विरोध प्रकट किया था। परन्तु नेहरू ने अपना पक्ष सामने रखा तो पटेल को उनसे सहमत होना पड़ा। नेहरू का कहना था कि पश्चिम बंगाल में मुस्लिमों के ख़िलाफ़ साम्प्रदायिक हिंसा को देखते हुए भारत को पूर्वी पाकिस्तान में हिन्दुओं के ख़िलाफ़ हो रही हिंसा का विरोध करने का नैतिक अधिकार नहीं था। यह हिन्दू राष्ट्रवादी दृष्टिकोण न होकर गाँधीजी का भारतीय राष्ट्रवाद था और नेहरू और पटेल, दोनों ही इससे सहमत थे।

भारत में इतिहास अक्सर विवाद का विषय बनता रहा है। परन्तु इक्कीसवीं सदी में इस विवाद का इतनी मुखरता से उभरना इस बात का संकेत है कि हिन्दुत्व आन्दोलन पर अतीत बहुत ज़्यादा हावी है। भारतीय मुसलमानों को कठघरे में खड़ा करने के लिए मुग़ल शासन की बुराई करना (और उन्हें 'बाबर की औलाद' कहना) हिन्दुत्ववादियों की इसी मानसिकता को दर्शाता है। इसी तरह, अपने–आपको स्वतन्त्रता आन्दोलन से जोड़ने के लिए सरदार पटेल का सहारा लेना एक तरह से 'भारतीय राष्ट्रवाद' को हाइजैक करने का प्रयास है, जिसमें वास्तव में हिन्दुत्ववादियों का कोई योगदान नहीं था।

हिन्दुत्व और संस्कृति

अगर ऐतिहासिक अतीत का पुनर्लेखन हिन्दुत्व परियोजना का पहला महत्त्वपूर्ण चरण है, तो हिन्दू सांस्कृतिक विरासत से कई 'अवांछनीय' तत्त्वों को हटाना इसका दूसरा प्रमुख लक्ष्य है। इस सांस्कृतिक विरासत में स्वामी विवेकानन्द और डॉ. राधाकृष्णन जैसे महान विचारकों द्वारा रेखांकित और प्रोत्साहित 'भिन्नता की स्वीकृति' भी शामिल है। दरअसल, 'भारतीय राष्ट्रवाद' की नेहरूवादी धारणा और हिन्दुत्ववादी धारणा में मूलभूत अन्तर यही है कि हिन्दुत्ववाद भारतीय संस्कृति की विभिन्न व्याख्याओं और विविध अभिव्यक्तियों को हिन्दू धर्म की आन्तरिक शक्ति के रूप में स्वीकार करने की बजाय–जैसाकि सभी उदारवादी हिन्दू मानते रहे हैं–इसे सिरे से नकारता और अस्वीकार करता है।

इसी का एक पहलू स्वयं हिन्दूवाद की विभिन्न व्याख्याओं के ख़िलाफ़ छिड़ा अभियान है–एक ऐसे धर्म के नाम पर जिसमें 'अधर्म' की कोई धारणा ही नहीं है। इसलिए हिन्दुत्व मण्डलियों ने पुणे के भण्डारकर प्राच्य अनुसन्धान संस्थान के पुस्तकालय पर हमला करके उसे तहस–नहस कर डाला। उन्हें पुस्तकालय द्वारा इतिहासकार जेम्स लेन को सहयोग दिये जाने पर एतराज़ था, जिनकी पुस्तक में शिवाजी के माता–पिता को लेकर कथित प्रश्नचिह्न लगाये गये हैं। वे चाहते तो न्यायालय में भी जा सकते थे और भारतीय दण्ड संहिता की धारा 295 (अ) के अन्तर्गत लेखक पर धार्मिक भावनाओं को ठेस पहुँचाने का आरोप लगा सकते थे। यूँ इस कानून की मूल भावना जानबूझ कर और द्वेष की भावना से भड़काने वाली सामग्री के प्रकाशन पर रोक लगाना है। इस कानून के अन्तर्गत हिन्दू धर्म पर कई महत्त्वपूर्ण पुस्तकों के लिए विख्यात विद्वान लेखक वेंडी डोनिजर को अदालत में घसीटा गया तो उनके प्रकाशकों ने उनके बचाव पर पैसे ख़र्च करने की बजाय उनकी विवादास्पद पुस्तक को बाज़ार से वापस मँगवाना बेहतर समझा। इतना ही नहीं, हिन्दुत्ववादियों की नाराज़गी से बचने के लिए उन्होंने पुस्तक की सभी मौजूदा प्रतियों को नष्ट कर दिया।

पुस्तकों को इस तरह नष्ट किये जाने और पुस्तकालयों को जलाये जाने की इन घटनाओं को उपनिवेशीय काल के कानूनों से और बढ़ावा मिलता है। इन कानूनों के अन्तर्गत भारतीय धर्म और इतिहास को लेकर कोई सही जानकारी भी 'किसी समुदाय की भावनाओं को ठेस पहुँचाने'

के नाम पर आपको कठघरे में खड़ा कर सकती है। फिर भी, हिन्दू धर्म के नाम पर इस तरह की हिंसा मन को बहुत टीस पहुँचाती है। मैं जिस हिन्दू संस्कृति में पला–बढ़ा, उसमें पुस्तकों को श्रद्धेय माना जाता था। अगर कभी भूल से भी मेरा पाँव किसी पुस्तक, पत्रिका या अख़बार को छू जाता तो मुझे नीचे झुककर उसे हाथ से छूना और फिर उस हाथ से अपने माथे और आँखों को छूकर ज्ञान की देवी सरस्वती से क्षमा माँगनी पड़ती थी। छपे हुए शब्दों के लिए यह आदर–सम्मान आज भी देश भर में बहुत–से हिन्दू घरों में देखा जा सकता है। तो फिर अपने–आपको हिन्दू कहने वाले लोग पुस्तकों का इस तरह अपमान कैसे कर सकते हैं? उन्हें नष्ट कैसे कर सकते हैं?

एक तरफ़ जहाँ कुछ पुस्तकों को नष्ट किया जा रहा है, वहीं दूसरी तरफ़ कुछ पुस्तकों को खुलकर प्रोत्साहन भी दिया जा रहा है। विदेश मन्त्री सुषमा स्वराज भले ही संघ–समर्थक के रूप में न जानी जाती हों, परन्तु वे उग्र सांस्कृतिक राष्ट्रवाद की बात करती रही हैं। उन्होंने सुझाव दिया है कि 'भगवद्गीता' को एक 'राष्ट्रीय ग्रन्थ' के रूप में अपना लिया जाना चाहिए। उनके इस सुझाव के साथ चार समस्याएँ जुड़ी हुई हैं। इनमें से पहली की तरफ़ स्वयं प्रधानमन्त्री नरेन्द्र मोदी ने इशारा करते हुए कहा था कि हमारे पास पहले से ही एक राष्ट्रीय ग्रन्थ है–भारतीय संविधान।

दूसरी समस्या यह है कि हमारा देश एक बहुलधर्मी देश है। प्रत्येक धर्म के अपने धर्म–ग्रन्थ हैं। हम किस आधार पर राष्ट्रीय पवित्र ग्रन्थ का चुनाव करेंगे? उदाहरण के लिए, क्या एक सिख से 'भगवद्गीता' को 'गुरु ग्रन्थ साहिब' से बढ़कर मानने की अपेक्षा की जा सकती है?

अगर इसका उत्तर यह है, जैसाकि सुषमा स्वराज के सुझाव से झलकता है, कि यह भारत की बहुसंख्यक आबादी का सबसे श्रद्धेय ग्रन्थ है, तो भी इस पर विवाद किया जा सकता है, जैसाकि हिन्दू दर्शन के अधिकांश पहलुओं के साथ है। एक धर्मपरायण हिन्दू होने (और अच्छे–ख़ासे अध्ययन के अनुभव) के नाते मुझे उपनिषदों और पुराणों में ऐसे बहुत–से श्रद्धेय तत्त्व दिखाई देते हैं जो 'गीता' में नहीं हैं। मैं हिन्दूवाद को बहुत–से पवित्र ग्रन्थों वाला और विविध पूजा–पद्धतियों वाला धर्म मानता हूँ। हमारा उन हिन्दू विद्वानों से सहमत होना ज़रूरी नहीं है जो 'गीता' को इतिहास के एक अंग और स्मृति पर आधारित ग्रन्थ के रूप में देखते हैं, और इसलिए

इसे वेदों और उपनिषदों से नीचे रखते हैं (जो 'स्मृति' की बजाय 'श्रुति' ग्रन्थ है, अर्थात् महान ऋषि–मुनियों द्वारा अपनी आत्मा और परमात्मा की आवाज़ सुन कर रचे गये हैं।) फिर भी, इसमें कोई सन्देह नहीं कि सबसे पवित्र धर्म–ग्रन्थ को लेकर हिन्दुओं में भिन्न–भिन्न मत हो सकते हैं।

श्रीमती स्वराज (स्वामी विवेकानन्द और महात्मा गाँधी की तरह) 'भगवद्गीता' से अत्यधिक प्रभावित हो सकती हैं, परन्तु कई दूसरे उतने ही निष्ठावान हिन्दू किसी दूसरे धर्म–ग्रन्थ को शीर्ष स्थान पर रख सकते हैं। उदाहरण के लिए, दयानन्द सरस्वती का प्रिय ग्रन्थ 'ऋग्वेद', जो हिन्दू आस्था का प्राचीनतम प्रतीक है। या फिर 'श्रीमद्भागवत' या 'भागवत पुराण', जिसे बहुत–से मन्दिरों और हिन्दू घरों में हर वर्ष एक सप्ताह तक बड़ी श्रद्धा से पढ़ा जाता है? एक राष्ट्रीय पवित्र ग्रन्थ का विचार न केवल भारतीयों बल्कि हिन्दुओं को भी बाँट सकता है।

इस विषय पर राजनीतिक चर्चा की दृष्टि से चौथी समस्या सबसे ज़्यादा महत्त्व रखती है। एक सरकारी मन्त्री द्वारा राष्ट्रीय धर्म–ग्रन्थ का सुझाव न सिर्फ़ एक विवाद को जन्म देता है, बल्कि भयभीत भी करता है। इसका अर्थ है कि धीरे–धीरे परन्तु निश्चित रूप से बहुसंख्यकवाद भारत की बहुलवादी (आधिकारिक रूप से धर्मनिरपेक्ष) पहचान पर हावी होने और इसे परोक्ष रूप से हिन्दू पहचान में बदलने के लिए तत्पर है।

मई 2014 में भारतीय जनता पार्टी के केन्द्रीय सत्ता में आने के बाद से इस तरह के संकेत लगातार मिलते रहे हैं। आर.एस.एस. प्रमुख मोहन भागवत खुलेआम कह चुके हैं कि सभी भारतीय हिन्दू हैं। इसका अर्थ यही निकलता है कि जो अपने–आपको हिन्दू नहीं मानते वे भारतीय भी नहीं हैं और इस देश से कोई सम्बन्ध नहीं रखते।[136] एक भाजपा मन्त्री गिरिराज सिंह का वक्तव्य तो इससे भी बढ़कर था–"जो मोदी को वोट नहीं देना चाहते उन्हें पाकिस्तान चले जाना चाहिए।"[137] हम पीछे साध्वी निरंजन ज्योति के 'रामजादे बनाम हरामजादे' वाले भड़काऊ वक्तव्य का उल्लेख कर ही चुके हैं। इनमें से किसी को भी अपने वक्तव्य के लिए प्रधानमन्त्री नरेन्द्र मोदी की मन्त्रिपरिषद् से अपनी सीट नहीं गँवानी पड़ी।

136. "सभी भारतीय मूलतः हिन्दू हैं" –आर.एस.एस. प्रमुख मोहन भागवत ने कहा है कि हिन्दू धर्म के दरवाज़े सभी के लिए खुले हैं, आउटलुक, 12 सितम्बर, 2017
137. 'गिरिराज पी.एम. के आलोचकों को पाकिस्तान भेजना चाहते थे, अब वे एक मन्त्री हैं', www.NDTV.com, 10 नवम्बर, 2014

इसी तरह शिवसेना के एक सांसद, जो सत्ताधारी गठबन्धन के सदस्य हैं, रमज़ान के दौरान एक रोज़ेदार मुस्लिम के मुँह में ज़बर्दस्ती अन्न ठूँसने की शर्मनाक हरक़त करते पाये गये तो सरकार ने उफ़ तक नहीं की।[138] इस बीच साम्प्रदायिक हिंसा की बहुत–सी घटनाएँ हो चुकी हैं, जिनके पीछे सीधा–सीधा राजनीतिक उद्देश्य रहा है। इनसे अल्पसंख्यक समुदायों में भय पैदा हुआ है। आगरा में 57 बंगाली मुसलमानों का कुछ धमका कर तो कुछ बहला–फुसला कर धर्म–परिवर्तन हिन्दुत्ववादियों का एक अच्छा–ख़ासा तमाशा था, जिसे संघ परिवार ने बड़े गर्व के साथ 'घर वापसी' योजना का हिस्सा बताया। (ऐसा लगता है कि इनमें से बहुत–से ग़ैर–कानूनी ढंग से भारत में आये बांग्लादेशी थे, जिन्हें 'धर्मान्तरण' के बाद भारत में नियमित नागरिकों का दर्जा मिलने का पूरा भरोसा था।)[139]

इस घटना के बाद छिड़े विवाद ने 'घर वापसी परियोजना' पर कुछ लगाम तो लगा दी, परन्तु भारत के ग़ैर–हिन्दुओं को फिर से हिन्दू बनाना हिन्दुत्व शक्तियों का पुराना सपना है। जैसाकि आर.एस.एस. के मनमोहन वैद्य कहते हैं, " 'घर वापसी' अपनी जड़ों की तरफ़ लौटने की एक स्वाभाविक चाह है।"

इस तरह, श्रीमती स्वराज का वक्तव्य हिन्दुत्ववादियों के इसी तरह के वक्तव्यों और कृत्यों की एक लम्बी शृंखला का हिस्सा है, जिनसे हमेशा ही देश भर में असुरक्षा और भय का माहौल बनता जा रहा है।

क्या यह समझदारी है? यह भी अपने–आपमें एक विडम्बना है कि एक तरफ़ जहाँ प्रधानमन्त्री नरेन्द्र मोदी विकास और आर्थिक कायाकल्प का राग अलापते रहते हैं, वहीं दूसरी तरफ़ उन्हीं के सहयोगी लगातार भड़काऊ और विवादास्पद मुद्दे उछालते रहते हैं। इसमें सन्देह की कोई गुंजाइश नहीं है कि जबसे भाजपा 'सबका साथ सबका विकास' और 'समावेशी विकास' के नारों के बल पर सत्ता में आयी है, तभी से इसका हिन्दुत्व गुट स्थिति का लाभ उठाते हुए पूरे ज़ोर–शोर से अपने साम्प्रदायिक एजेण्डे को आगे बढ़ाने में जुट गया है। जैसाकि मैंने पीछे उल्लेख किया है, हिन्दुत्व का मन्त्र जपने वालों को शोध प्राध्यापकों और उप–कुलपतियों के पदों पर

---

138. 'शिवेसना सांसद ने रोज़ेदार को ज़बर्दस्ती खिलाया', www.NDTV.com, 23 जुलाई, 2014;

139. फ़िरोज़ एल. विन्सेण्ट, 'बंगाली झोंपड़पट्टी वासी सामुदायिक तनाव के शिकार', द हिन्दू, 10 दिसम्बर, 2014

नियुक्त किया जा रहा है। भारतीय ऐतिहासिक अनुसन्धान परिषद् के शीर्ष पद पर तीन वर्ष तक एक ऐसे व्यक्ति रहे जिनके ऐतिहासिक ज्ञान की तुलना में उनकी हिन्दुत्व भक्ति कहीं ज़्यादा थी। महाराष्ट्र और राजस्थान जैसे भाजपा–शासित राज्यों में पाठ्य–पुस्तकों के पुनर्लेखन का उल्लेख भी हम पीछे कर चुके हैं। यह सच है कि किसी भी प्रजातन्त्र में जब कोई अलग विचारधारा वाली पार्टी सत्ता में आती है तो बहुत कुछ बदलता है। परन्तु पार्टी और उसके प्रमुख नेता द्वारा दिये जाने वाले वक्तव्यों में इतना अधिक अन्तर नहीं होता, ख़ासकर प्रधानमन्त्री द्वारा बार–बार दोहराये जाने वाले इस सन्देश को देखते हुए कि 'आर्थिक विकास उनका धर्म है, संविधान उनका पवित्र ग्रन्थ है और देश की संसद उनका मन्दिर है'।

जिस तरह निवेशक युद्ध–भूमियों में जाने से कतराते हैं (यही कारण है कि सीमा पर शान्ति हमारे राष्ट्रीय हित में होती है), उसी तरह वे अपनी पूँजी ऐसे समरस समाजों में निवेशित करना पसन्द करते हैं जो उज्ज्वल भविष्य की तरफ़ अग्रसर हों, न कि अतीत को लेकर आपस में बँटे हुए हों। भाजपा और सरकार को एक सीधे–सादे सिद्धान्त का पालन करना चाहिए– धर्म को हर भारतीय का निजी मामला समझो और उसे अपनी इच्छानुसार इसका पालन करने दो। हमें किसी राष्ट्रीय धर्म–ग्रन्थ की आवश्यकता नहीं है, उसी तरह जैसे हमारा संविधान किसी राष्ट्रीय धर्म की अनुमति नहीं देता। हमारा देश पहले ही धर्म के नाम पर दो टुकड़ों में बँट चुका है। अब हमें भारतीय आत्मा को बाँटने की कोशिश नहीं करनी चाहिए, जो उतना ही बुरा और पीड़ाजनक है जितना भारतीय भूमि का बँटवारा। हमें उन साम्प्रदायिक दैत्यों को फिर से जगाने का प्रयास नहीं करना चाहिए; जिन्हें 1947 के विकराल घटनाक्रम के बाद 70 वर्षों के धर्मनिरपेक्ष प्रजातन्त्र में हमने बहुत मुश्किल से सुलाया है।

हमें इन दैत्यों को सोए रहना देना चाहिए।

संकुचित मानसिकता की धर्मान्धता

हिन्दुत्व भारत की सांस्कृतिक परम्परा को बहुत नीरस और सपाट दृष्टि से देखता है। यह बाहरी प्रभावों को झेलने या आत्मसात करने की इसकी अद्‌भुत क्षमता और इसकी अन्तर्निहित ऊर्जाशीलता को नज़रअन्दाज़ करता है और नकारता है। हिन्दू संस्कृति को लेकर इस सीमित और संकुचित

दृष्टिकोण के कारण हिन्दुत्ववादियों ने पुस्तकों के साथ–साथ एक फ़िल्म निर्माता को भी अपने प्रहार का निशाना बनाया। उस पर एक राजपूत राजकुमारी और एक मुस्लिम विजेता के बीच एक फ़िल्म–दृश्य फ़िल्माने का आरोप लगाया गया। चित्रकार एम.एफ. हुसैन की एक कला प्रदर्शनी पर प्रहार करके जम कर तोड़–फोड़ की गयी, क्योंकि उसने हिन्दू देवियों को नग्नावस्था में चित्रित करने का दुस्साहस किया था। बनारस की विधवाओं पर दीपा मेहता की एक फ़िल्म की शूटिंग इसलिए रुकवा दी गयी क्योंकि उन पर एक युगों पुरानी हिन्दू परम्परा का अपमान करने का आरोप था। मलयालम लेखिका कमला दास को धर्मान्तरण करके अपना नाम कमला सुरैया रखने के लिए प्रहार का निशाना बनाया गया। दिल्ली विश्वविद्यालय के पाठ्य–क्रम में शामिल ए.के. रामानुजम की उस पुस्तक पर प्रतिबन्ध लगा दिया गया जिसमें 'रामायण' के सैकड़ों रूपों का वर्णन है। अयोध्या विवाद से जुड़ी 'सहमत' संस्था की एक प्रदर्शनी में हंगामा मचाकर तोड़–फोड़ की गयी। कुल मिलाकर कहें तो हिन्दुत्व सरकार के तत्त्वावधान में संस्कृति का ध्रुवीकरण ज़ोर–शोर से जारी है।

चित्रकार एम.एफ. हुसैन पर प्रहार हिन्दुत्ववादी असहिष्णुता का एक सटीक उदाहरण था। 1996 में प्रदर्शनकारियों की एक भीड़ ने अहमदाबाद में आयोजित चित्रकार एफ.एम. हुसैन की प्रदर्शनी में तोड़–फोड़ करके उनकी कई कलाकृतियों को नष्ट कर दिया। एक मुस्लिम चित्रकार द्वारा हिन्दू देवियों का नग्नावस्था में चित्रण उनसे बर्दाश्त नहीं हुआ था। हुसैन कई वर्षों से हिन्दू देवियों और अप्सराओं के कलात्मक चित्रण के लिए जाने जाते रहे थे। उन्होंने इन्दिरा गाँधी को दुर्गा के रूप में और अभिनेत्री माधुरी दीक्षित को मेनका के रूप में चित्रित किया था। वे हिन्दू पौराणिक कथाओं और उनके पात्रों में शुरू से ही दिलचस्पी लेते रहे थे और अपने चित्रों में अपने ढंग से उनकी पुनर्व्याख्या करते रहे थे। परन्तु इसकी सराहना करने की बजाय हिन्दू संस्कृति के स्वघोषित संरक्षक इसे हिन्दू धर्म के अपमान के रूप में देख रहे थे। जैसाकि एक क्रुद्ध हिन्दुत्ववादी ने कहा था कि किसी भी मुसलमान को हिन्दू देवी–देवताओं को 'मनचाहे ढंग से' चित्रित करने का अधिकार नहीं था। बहुत–से हिन्दुत्ववादियों की तरफ़ से यह माँग भी उठी कि हुसैन की पेण्टिंग्स को गंगा में डुबो देना चाहिए, ताकि वे पवित्र भी हो जाएँ और साथ ही नष्ट भी।

किसी ज़माने में हम यह कह सकते थे कि भला हिन्दू इस तरह का व्यवहार कैसे कर सकते हैं! सच्चाई यह है कि जो पेण्टिंग्स प्रदर्शित की गयी थीं उनमें से बहुत–सी बीस से भी अधिक वर्षों से अस्तित्व में थीं। परन्तु तब किसी हिन्दू को कोई आपत्ति नहीं हुई थी। दरअसल यह सारा विवाद हिन्दू धर्म से नहीं बल्कि हिन्दुत्व की राजनीति से जुड़ा हुआ है। 'बजरंग दल' और इसी तरह के अन्य संगठन एक राजनीतिक 'मैं–भी–वाद' का अनुसरण कर रहे हैं। एक के बाद एक सरकारों को 'अल्पसंख्यकों की आहत भावनाओं' के आगे झुकते देखते रहने के बाद वे यह दिखाने पर तुले हुए थे कि उनकी भावनाएँ भी आहत हो सकती हैं और वे भी समाज को अपनी इच्छानुसार झुका सकते हैं।

तोड़–फोड़ की घटनाओं के बाद नब्बे वर्ष के इस चित्रकार का कानूनी उत्पीड़न शुरू हुआ। उनके ख़िलाफ़ चित्रों में नग्नता दिखाने और ख़ासकर हिन्दू देवियों को अशोभनीय अवस्था में चित्रित करके एक समुदाय की भावनाओं को आहत करने के आरोप में कितने ही मुक़दमे दर्ज कर दिये गये। मुक़दमों की बढ़ती संख्या से घबराकर हुसैन को ढलते बुढ़ापे में देश छोड़कर भागना पड़ा और दुबई और लन्दन में शरण लेने के लिए मजबूर होना पड़ा। उनके ख़िलाफ़ इतने सारे मुक़दमे दर्ज हो चुके थे कि अदालत ने उनके घर और सम्पत्ति की कुर्की का आदेश दे दिया। हालाँकि बाद में उच्च न्यायालय ने इस फैसले को पलट दिया, पर इतना काफ़ी नहीं था। हुसैन को यह डर था कि दिल्ली या मुम्बई में क़दम रखते ही उन्हें पकड़ कर जेल में ठूँस दिया जायेगा और उनकी बची–खुची उम्र मुक़दमों से निपटने में ही गुज़र जायेगी। जिस उम्र में इस इक्यानवे वर्ष के दिग्गज चित्रकार को आराम करना चाहिए था, उन्हें अपना देश छोड़कर भागना पड़ा। कुछ वर्ष बाद विदेशी धरती पर ही उन्होंने अपनी आख़िरी साँस ली।

दिल्ली उच्च न्यायालय के न्यायाधीश संजय किशन कौल (जो बाद में उच्चतम न्यायालय से भी जुड़े रहे) ने 2007 में इनमें से कई मुक़दमों का फ़ैसला करते हुए बहुत ज्ञान भरी, तर्कसंगत और सटीक टिप्पणियाँ कीं, जिनका विस्तार से अध्ययन किया जाना चाहिए।[140]

न्यायाधीश ने भारत की 5,000 वर्ष पुरानी सांस्कृतिक समृद्धि का

140. फ़ैसले के पूरे आलेख के लिए देखें, संजय किशन कौल, 'उस विचार के लिए भी स्वतन्त्रता होनी चाहिए जिससे हम घृणा करते हैं'। आउटलुक, 8 मई, 2008

उल्लेख करते हुए कहा, ''प्राचीन भारतीय कला में कामुकता का अभाव नहीं रहा है, उल्टे 'काम' को पूज्य मान कर पुरुष–नारी के आन्तरिक सम्बन्धों का खुलकर चित्रण किया जाता रहा है। ओडिशा के भुवनेश्वर, कोणार्क और पुरी के प्राचीन मन्दिरों में पुरुष–नारी की मैथुनरत छवियाँ (150–1250 ईसवी), मध्य प्रदेश में खजुराहो की प्रसिद्ध मूर्तियाँ (900–1050 ईसवी), महसाना का लिम्बोजी माता मन्दिर (दसवीं ईसवी सदी), मद्रास में बेल्लारी का कुपगुल्लु हिल और बड़ौदा के नज़दीक सूनाक का नीलकान्त मन्दिर (ऐसी ही कलात्मक और कामोत्तेजक छवियों के उदाहरण हैं)। 'शिवलिंग' या 'लिंगम' की धारणा ही अपने–आपमें प्रजनन या सृजन की प्रतीक है, जिसमें लिंग को योनि के केन्द्र में स्थापित दिखाया जाता है। यह प्रकृति और पुरुष के योग और मिलाप का प्रतीक है। श्रृंगार रस या कामोत्तेजना से जुड़ी प्राचीन भारतीय कला अपने मूल स्वरूप में धार्मिक है। इसे मनुष्य की चरम आनन्द की अवस्था की दृष्टि से देखा जा सकता है–एक ऐसा परम आनन्द, जिसे केवल आत्मा द्वारा ही अनुभव किया जा सकता है।

परन्तु हुसैन के पीछे पड़ने वाले इन प्राचीन भारतीय परम्पराओं से अनजान थे। वे हिन्दू धर्म की अपनी ख़ुद की गढ़ी हुई धारणा के अनुसार अपनी राष्ट्रीय संस्कृति को बचाने का प्रयास कर रहे थे। (नग्नता को लेकर उनकी आपत्ति दरअसल ईसाई धर्म के शुद्धतावाद से मिलती–जुलती थी, न कि उदारवादी और शिवलिंग पूजक हिन्दू धर्म से।) इसलिए इस मुस्लिम कलाकार की हिन्दू धर्म और पौराणिक पात्रों में रुचि की सराहना करने की बजाय वे उस पर दूसरों के धर्म को विकृत और अपमानित करने का आरोप लगाने लगे। उसके चित्रों में भारतीय संस्कृति की विविधता की अभिव्यक्ति देखने की बजाय वे इस अन्तर्राष्ट्रीय ख्याति के चित्रकार को भारतीय संस्कृति के अपमान के लिए अदालत में घसीटने पर तुल गये।

यह बड़े अफ़सोस की बात है कि हमारे प्रजातन्त्र ने समाज के कुछ असहिष्णु और अज्ञानी तत्त्वों को एक ऊँचे दर्ज़े के कलाकार के साथ ऐसा व्यवहार करने की छूट दी। इन तथाकथित हिन्दुओं ने शायद कभी हमारे प्राचीन मन्दिर नहीं देखे थे। उन्होंने खजुराहो और कोणार्क की कलात्मक अभिव्यक्तियों के कभी दर्शन नहीं किये थे। 'भारतीय संस्कृति' की उनकी धारणा पूरी तरह से भ्रमपूर्ण और निराधार है क्योंकि मुस्लिमों के भारत में

आने से पहले हिन्दू धर्म और समाज में इस तरह के शुद्धतावाद का कोई प्रमाण नहीं मिलता।

इस नब्बे वर्षीय चित्रकार ने अपने ख़िलाफ़ दायर बहुत–से मुक़दमों को ख़ारिज करने की अपील की थी। उन पर सार्वजनिक शालीनता और नैतिकता को आघात पहुँचाने, अपने चित्रों में नग्नता का 'अश्लील' चित्रण करने और हिन्दू देवियों और भारत माता का घोर अपमान करने जैसे कई आरोप थे। जस्टिस कौल ने अपने फ़ैसले में उनके ख़िलाफ़ अधिकांश मामलों को निराधार घोषित करते हुए कुछ ऐसे व्यापक प्रश्न समाज के सामने रखे जिन पर हर चिन्तनशील भारतीय को विचार करने की ज़रूरत है।

मेरे विचार में इनमें से सबसे महत्त्वपूर्ण माननीय न्यायाधीश की यह टिप्पणी है कि पतली चमड़ी वाले (या द्वेष भावना के शिकार) लोगों की इस प्रवृत्ति को प्रोत्साहन नहीं दिया जा सकता कि वे बात–बात पर 'भावनाओं के आहत' होने के नाम पर कलात्मक और साहित्यिक अभिव्यक्तियों की स्वतन्त्रता पर अंकुश लगाएँ। उनके अनुसार, अगर आप सचमुच आहत महसूस करते हैं तो वह पुस्तक न पढ़ें, उस कलाकृति को न देखें या उस वेबसाइट को न खोलें, परन्तु आप एक कलाकार या लेखक से अभिव्यक्ति की स्वतन्त्रता का उसका संवैधानिक अधिकार नहीं छीन सकते। हर कलात्मक कृति को उसके रचयिता की दृष्टि से, या उसके अभिप्राय की दृष्टि से देखने की ज़रूरत होती है, न कि किसी अति संवेदनशील दर्शक–पाठक की दृष्टि से। यह ध्यान रखते हुए कि हिन्दुत्व ब्रिगेड उन्हें 'स्यूडो–सेक्युलरों' की जमात में न शामिल कर दे, इस विद्वान न्यायाधीश ने स्वामी विवेकानन्द के शब्दों का प्रयोग करते हुए कहा–"हम दूसरों को अपनी मानसिक सृष्टि की सीमाओं में बाँधने की कोशिश करते हैं और उन पर अपनी खुद की संहिताएँ, नैतिकता, कर्तव्य–भावना और उपयोगिता–भावना थोपना चाहते हैं। सभी धार्मिक टकराव दूसरों को अपनी कसौटी पर कसने की इसी प्रवृत्ति से पैदा होते हैं। यदि हमें दूसरों को तौलना ही है, तो यह "उनके अपने आदर्शों के अनुसार होना चाहिए, न कि किसी दूसरे के आदर्शों के अनुसार।" इसलिए यह बहुत महत्त्वपूर्ण है कि हम दूसरों के कर्तव्यों को उनकी दृष्टि से देखना सीखें और कभी भी अपने खुद के मापदण्डों से दूसरों की प्रथाओं और अभिव्यक्तियों का मूल्यांकन न करें।

न्यायाधीश कौल ने भारत में अभिव्यक्ति की सीमाओं का विस्तार करते हुए आगे कहा कि कला और साहित्य में नग्नता और यौन का एक सम्मानित स्थान है। उन्होंने आश्चर्य से पूछा, ''कामसूत्र की भूमि में हम इसका नाम लेते हुए भी क्यों शर्माते हैं? सौन्दर्य देखने वाले की दृष्टि में होता है और यही बात अश्लीलता पर भी लागू होती है।... (हिन्दू परम्परा में) 'काम' को एक भरे–पूरे और सम्पूर्ण जीवन का अभिन्न अंग माना जाता था। यह बहुत दुर्भाग्यपूर्ण है कि भारत का नाम 'शुद्धतावाद' सांस्कृतिक शुद्धता के नाम पर चलाया जा रहा है और बहुत–से अज्ञानी लोग कला का तिरस्कार करने और हमें पुनर्जागरण से पहले के युग में ले जाने में जुटे हुए हैं।''

मैं उन हिन्दू पाठकों की भावनाओं का अनादर नहीं कर रहा हूँ जो हुसैन को एक उत्कृष्ट चित्रकार मानते हुए भी और किसी तरह के धार्मिक कट्टरवाद को व्यक्त किये बिना एक आराध्य देवी के नग्न चित्रण से आहत महसूस कर रहे हैं। उन्होंने मुझे लिखा था कि जिन छवियों की वे पूजा करते हैं, उन्हें कोई नग्नावस्था में कैसे चित्रित कर सकता है? कइयों ने यह प्रश्न भी किया कि हुसैन अपने ख़ुद के धर्म की छवियों के नग्न चित्र क्यों नहीं करते? (उन्होंने एक बार हज़रत मुहम्मद की पत्नी का चित्र बनाया था तो उसे न सिर्फ़ एक साड़ी में पूरी तरह लिपटी हुई दिखाया था, बल्कि उसका सिर भी ढका हुआ था।) बहुत–से आलोचकों के अनुसार यह हिन्दुओं को कमज़ोर समझने का परिचायक था। अन्य धर्म अपनी आत्मरक्षा में कड़े तेवर अपनाते थे, जबकि हिन्दू अपमान का घूँट पीकर रह जाते थे।

इसके बारे में कहने के लिए इतना कुछ है कि इस पुस्तक के दायरे में समाना मुश्किल है। पहली बात तो यह है कि मैं अपमानित इसलिए महसूस नहीं करता क्योंकि चित्रकार का ऐसा कोई अभिप्राय नहीं था (जैसाकि पैग़म्बर मुहम्मद के व्यंग्य चित्र बनाने वाले डैनिश कार्टूनिस्ट का था)। हुसैन का हिन्दू पौराणिक छवियों के चित्रण का लम्बा अनुभव रहा था। वे लगभग पचास वर्षों से विभिन्न देवियों के चित्र बनाते रहे थे। वे पंढारपुर में पले–बढ़े थे, जिसे एक बड़ा हिन्दू तीर्थ केन्द्र माना जाता है। वर्षों तक हिन्दुओं से घुलने–मिलने, उनके त्योहारों में शामिल होने और उनके पौराणिक चरित्रों को जानने–समझने का उनकी चित्रकारी पर गहरा

प्रभाव पड़ा था। पैग़म्बर या मुस्लिम छवियों की तुलना में उन्हें हिन्दू भारत ज़्यादा प्रेरित करता था। मैंने उनकी पेण्टिंग्स को इसी सन्दर्भ में देखा था, जबकि उनके आलोचक इन्हें उनके व्यक्तित्व और जीवन से अलग करके देख रहे थे। हुसैन अपनी पेण्टिंग्स को अर्धनग्न या नग्न चित्रण की प्राचीन भारतीय परम्परा से जोड़कर देखते थे, और मैंने भी इन्हें इसी नज़रिए से देखा था। मैं यह स्वीकार करता हूँ कि भारतीय परम्परा में देवी–देवताओं की निर्वस्त्र छवियों का चित्रण शामिल नहीं है। मैं यह भी स्वीकार करता हूँ कि मेरे तर्क आहत हिन्दुओं को सन्तुष्ट करने के लिए पर्याप्त नहीं हैं।

हुसैन इन छवियों का उपयोग कोई विचार व्यक्त करने के लिए करते थे। जैसाकि वे अक्सर कहते थे, उनकी आकृतियाँ निराकर को अभिव्यक्त करने का माध्यम थीं। आकृति या आकार मात्र एक माया थी, जिसके पीछे विचार छिपा रहता था। एक हिन्दू के रूप में मैं उनकी छवियों में उन देवी–देवताओं को नहीं देखता जिनकी मैं पूजा करता हूँ। मैं उपनिषदों के इस कथन में विश्वास करता हूँ कि ईश्वरीयता या दिव्यता अज्ञेय है। ईश्वर की पूजा उस दिव्यता की तरफ़ हाथ बढ़ाने का प्रयास है जिसे हम छू नहीं सकते। परन्तु क्योंकि हम मनुष्य अपने मस्तिष्क के इधर–उधर भटकने पर नियन्त्रण नहीं रख पाते, इसलिए हम ईश्वर की ऐसी आकृति के रूप में कल्पना करते हैं जिसे हम देख और छू सकें और हमारा ध्यान न बँटे। हिन्दूवाद इस तथ्य को स्वीकार करता है और अपने अनुयायियों को ईश्वर की किसी भी रूप में कल्पना करने की स्वतन्त्रता देता है। यही कारण है कि हिन्दू शास्त्रों में तैंतीस करोड़ देवी–देवताओं का उल्लेख है। प्रत्येक हिन्दू किसी भी देवता की किसी भी रूप में कल्पना कर सकता है।

राजा रविवर्मा की सरस्वती की छवियाँ उतनी ही प्रामाणिक हैं जितनी किसी कैलेण्डर आर्टिस्ट की हो सकती हैं। प्रत्येक चित्रकार किसी भी देवी की छवि अपनी इच्छानुसार कल्पना कर सकता है। मुझे हुसैन को भी यह अधिकार देने में कोई परेशानी नहीं है।

यह प्रश्न कि हुसैन इस्लामी छवियों का नग्न चित्रण क्यों नहीं करते थे, तर्कसंगत प्रतीत नहीं होता। इस्लामी परम्परा भारतीय और पश्चिमी परम्परा से बिल्कुल अलग है। इस्लाम में पैग़म्बर का चित्र बनाने की मनाही है, जबकि हिन्दू धर्म में देवी–देवताओं की छवियों का चित्रण एक सदियों पुरानी और लोकप्रिय परम्परा रही है।

अब समय आ गया है कि सभी भारतीय और ख़ासकर हिन्दू सचेत होकर यह विचार करें कि हमारे धर्म के नाम पर क्या किया जा रहा है? एक महान, उदात्त, स्वतन्त्र, मानवीय और विविधतापूर्ण धर्म को संकुचित मानसिकता और बुर्जुआ नैतिकता की ज़ंजीरों में जकड़ने का अभियान चलाया जा रहा है। यह हमारी संस्कृति के साथ एक चित्रकार की पेण्टिंग की तुलना में कहीं बड़ा खिलवाड़ है।

आख़िर हिन्दुत्व ब्रिगेड की 'भारतीय संस्कृति' की परिभाषा में खजुराहो की मूर्तियों को कैसे फिट किया जायेगा? क्या नर–नारी की मैथुनरत छवियों से ओत–प्रोत इस ऐतिहासिक धरोहर को ध्वस्त कर दिया जायेगा– पिछली भाजपा सरकार के राज में फ़ैशन टीवी के सिग्नलों को उखाड़ फेंकने की तरह? और कामसूत्र का क्या होगा, या देवदासियों की प्रथा का, या कृष्णलीला के रास का? क्या ये सब अब भारतीय संस्कृति के अंग नहीं रहे?

नोबेल पुरस्कार से सम्मानित मैक्सिको के जाने–माने कवि ओक्टॉवियो पाज़ ने भारतीय सभ्यता पर अपनी प्रसिद्ध कृति 'इन लाइट ऑफ़ इण्डियन' में एक पूरा खण्ड संस्कृत के शृंगार–काव्य को समर्पित किया। इसमें बौद्ध संन्यासी विद्याकार के ग्यारहवीं सदी के 1,728 काव्य–छन्दों के संकलन के भी बहुत–से अंश शामिल थे, जिनमें से कई भरपूर कामोत्तेजक हैं। क्या लदाहाचंदू या भावकादेवी जैसे कवियों को, जिन्होंने एक हज़ार वर्ष पहले नारी–वक्ष की महिमा में अनगिनत छन्द रचे थे, 'भारतीय संस्कृति' से निष्कासित कर दिया जायेगा? क्या हम भारतीय संस्कृति का अध्ययन करने वाले भविष्य के किसी ओक्टॉवियो पाज़ को 'महाभारत' टीवी सीरियल तो दिखाएँगे, परन्तु गोपियों के साथ कृष्ण की रासलीला को 'अभारतीय' कहकर उसकी नज़रों से छिपा लेंगे?

टीवी पर 'रामायण' धारावाहिक की अभूतपूर्व लोकप्रियता और फिर इससे भी बढ़कर साबित होने वाले 'महाभारत' धारावाहिक के सामाजिक–राजनीतिक प्रभाव का आकलन अपने–आपमें दिलचस्प विषय हो सकता है। हिन्दुत्व आन्दोलन को प्रोत्साहन देने में रामानन्द सागर के 'रामायण' सीरियल के योगदान से इनकार नहीं किया जा सकता। इसमें राम के पात्र का चित्रण किसी बी–ग्रेड बॉलीवुड हीरो की तरह आदर्शवाद के साँचे में ढला हुआ था, जिसे भावुकता भरे संवादों, रंगमंचीय अभिनय

और स्पेशल इफ़ेक्ट्स ने और भी प्रभावी बना दिया था। बी.आर. चोपड़ा का 'महाभारत' भी इसी की टक्कर और श्रेणी का साबित हुआ। इन दोनों सीरियलों की लोकप्रियता का यह हाल था कि 'दूरदर्शन' के रूप में इकलौते टीवी चैनल पर इनके साप्ताहिक प्रदर्शन के दौरान सड़कें और बाज़ार सुनसान दिखाई देने लगते थे, मानो पूरा राष्ट्र मन्त्रमुग्ध–सा इन सीरियलों की धार्मिक और पौरा णिक दुनिया में खो जाता था। यह अपने–आपमें एक विचारणीय प्रश्न है कि किस तरह एक धर्मनिरपेक्ष सरकार और भौतिकवादी बॉलीवुड ने मिलकर (इन दो धारावाहिकों के माध्यम से) देश भर में एक ऐसी धार्मिक लहर पैदा की कि हिन्दू सांस्कृतिक राष्ट्रवाद के लिए सिर उठाने का रास्ता खुल गया।

(दरअसल यह सिलसिला अब भी जारी है। टीवी चैनलों की बाढ़ आ गयी है और बहुत–से चैनल ऐसे भरपूर लोकप्रिय धारावाहिक दिखा रहे हैं जिनमें 'सोप ऑपेरा' को देशी रंग देते हुए रूढ़िवादी 'हिन्दू' मूल्यों पर ज़ोर दिया जा रहा है। बहुत–से बॉलीवुड सुपरस्टार ख़ुद मुसलमान होने के बावजूद– जिनमें पाँच 'खान' भी शामिल हैं–धर्मपरायण हिन्दू नायकों की भूमिकाएँ निभा रहे हैं और बड़े भक्ति भाव से देवी–देवताओं की मूर्तियों के आगे भजन गा रहे हैं। आजकल फ़िल्मों में सहानुभूतिपूर्ण मुस्लिम पात्र–जैसे 'ज़ंजीर' (1973) में शेरखान का पात्र या 'अमर अक़बर एन्थोनी' (1977) में अकबर का पात्र–बहुत कम दिखाई देते है। मानो आज के दौर का भारतीय सिनेमा भी एक मिली–जुली और बहुलवादी भारतीय संस्कृति की बजाय सिर्फ़ हिन्दू संस्कृति का प्रतिबिम्ब बनता जा रहा है)।

मद्यपान के मामले में भी हिन्दुत्ववादियों की संकुचित और पाखण्डपूर्ण विचारधारा झलकती है। प्रधानमन्त्री के घरेलू राज्य गुजरात में वर्षों से शराबबन्दी लागू है। (हालाँकि ऐसा कहा जाता है कि दुगने–तिगुने दामों पर यह हर जगह आसानी से उपलब्ध है।) आये दिन अन्य राज्यों के नेता भी नशाबन्दी की बात करते रहते हैं। मद्यपान को लेकर कुछ ऐसी हवा है कि शायद ही कोई नेता शराब का गिलास हाथ में लेकर चित्र खिंचवाने की हिम्मत करे। यह बहुत आश्चर्य की बात है, क्योंकि प्राचीन हिन्दू साहित्य 'सोमरस' के उल्लेख से भरा पड़ा है। इसे वैदिक देवताओं का प्रिय पेय माना जाता था। इन्द्र, अग्नि, वरुण इत्यादि देवताओं के लिए किये जाने वाले यज्ञों में सोमरस का खुलकर उपयोग किया जाता था। कुछ यज्ञों में तो यह

अनिवार्य होता था। इतिहासकार डी.एन. झा ने सामूहिक मदिरा सेवन की प्राचीन परम्परा का वर्णन किया है, जिसमें पाँच प्याले इन्द्र के नाम अर्पित किये जाते थे। इसी तरह चौंतीस अन्य देवताओं के नाम सत्रह प्याले सोमरस के और सत्रह प्याले सुरा के अर्पित किये जाते थे।[141]

प्राचीन हिन्दू ग्रन्थों में लगभग पचास प्रकार के मद्य पेयों का उल्लेख मिलता है। झा के अनुसार, प्राचीन हिन्दू समाज में मदिरा का उपभोग काफ़ी व्यापक था, हालाँकि ब्राह्मण अक्सर इससे परहेज़ करते थे। स्त्रियों में मदिरापान भी कोई दुर्लभ बात नहीं थी। कालिदास के नाटकों समेत संस्कृत की कई कृतियों में मद्यपान का काफ़ी उल्लेख मिलता है। बौद्धों के जातक ग्रन्थों में भी इसका उल्लेख है। प्राचीन हिन्दू आज के स्व–घोषित धर्म–रक्षकों की तरह 'शुद्धतावादी' नहीं थे। हिन्दुत्ववादियों की 'मद्यनिषेध की सनक' का प्रत्युत्तर स्वयं उन्हीं के प्राचीनतम देवताओं के दिव्य विलास में देखा जा सकता है।

परन्तु हिन्दुत्ववादी प्राचीन भारतीय संस्कृति को आधे–अधूरे ज्ञान के कारण मदिरापान को पश्चिमी संस्कृति के प्रभाव के रूप में देखते हैं। इसी तरह, युवा जोड़ों के प्रेम–सम्बन्धों में भी उन्हें 'राधा–कृष्ण' की बजाय पश्चिम का प्रभाव दिखाई देता है। 14 फ़रवरी को 'वेलेण्टाइन डे' के अवसर पर वर्षों तक प्रेमी युगलों के पीछे पड़े रहने और कॉफ़ी हाउसों के बाहर प्रदर्शन करके उन्हें डराने–धमकाने के बाद अब हिन्दू ब्रिगेड एक नयी तरकीब आजमाने लगी है–अविवाहित जोड़ों को ज़बरन मन्दिर में ले जाकर उनका विवाह करवाने की! (और अगर नाथूराम गोडसे की प्रशंसा करने वाले हिन्दुत्ववादी सांसद साक्षी महाराज का वश चले तो उन्हें चार से दस बच्चे पैदा करने की सीख देने की, ताकि उनकी पार्टी का वोट बैंक बढ़ सके!)

अगर ये लोग अपने इरादों को लेकर इतने गम्भीर न होते तो इस हंगामे और तमाशेबाज़ी पर हँसा जा सकता था। इनकी आपत्ति यह है कि 'वेलेण्टाइन डे' एक विदेशी त्योहार है। अगर इसी तर्क को आगे बढ़ाया जाये तो क्रिसमस, ईद–उल–नबी और महिला दिवस इत्यादि भी विदेशी कहे जा सकते हैं–क्या वे इन पर भी प्रतिबन्ध लगाने की हिम्मत करेंगे? उन्हें युवा प्रेम और इसके उत्सवीकरण में पश्चिमी गन्ध आती है, परन्तु

141. डी.एन. झा, 'व्हाट द गॉड्स ड्रैंक', इण्डियन एक्सप्रेस, 29 जुलाई, 2017

अगर वे भारतीय और हिन्दू संस्कृति के इतिहास में गोता लगाएँ तो वे पाएँगे कि हमारे यहाँ प्राचीन युगों से ही प्रेम और यौन–सम्बन्धों के देवता कामदेव की स्तुति करने की परम्परा रही है। मुस्लिम अतिक्रमणों के बाद ही हिन्दू समाज ने पर्देदारी और स्त्रियों को घरों में सुरक्षित रखने का रवैया अपनाया। परन्तु हिन्दुत्व ब्रिगेड को अपने ही धर्म और संस्कृति का ज्ञान नहीं है। 'भारतीय मूल्यों' के बारे में उनकी धारणा न सिर्फ़ आदिम और संकुचित मानसिकता की परिचायक है, बल्कि यह ग़ैर–ऐतिहासिक भी है।

युवा वर्ग आज जिसे 'पी.डी.ए.' अर्थात् 'पब्लिक डिस्प्ले ऑफ़ अफ़ेक्शन' (प्रेम भावनाओं का सार्वजनिक प्रदर्शन) के नाम से जानता है, वह प्राचीन भारत में एक सहज प्रचलन था। ग्यारहवीं सदी तक भी भारत में आने वाले मुस्लिम यात्री हिन्दुओं की यौन स्वच्छन्दता देखकर दंग रह जाते थे। (कालिदास की 'शकुन्तला' समेत सभी कृतियों में प्रेम सम्बन्धों से जुड़ी स्वच्छन्दता इसका जीता–जागता प्रमाण है।) दरअसल आज के 'वेलेण्टाइन डे' मनाने वाले युवक–युवतियाँ मुसलमानों के आने से पहले की स्वच्छन्द भारतीय परम्परा को ही आगे बढ़ा रहे हैं, भले ही तब प्रेम भावनाएँ आज की तुलना में अधिक गहरी और मर्यादाशील रही हों। खजुराहो की मूर्तियाँ भी प्राचीन हिन्दू समाज में प्रेम और यौन सम्बन्धों की स्वच्छन्दता की ही प्रतीक हैं। क्या भारतीय संस्कृति के आज के स्व–घोषित संरक्षक इस ऐतिहासिक धरोहर को 'अभारतीय' कहकर ठुकरा देंगे?

हिन्दुत्व ब्रिगेड भारतीय संस्कृति के अज्ञान के कारण युवा प्रेमियों के पीछे हाथ धोकर पड़ी हुई है। मानो 'वेलेण्टाइन डे' से जुड़ा हंगामा काफ़ी नहीं है। उत्तर प्रदेश में योगी आदित्यनाथ की भाजपा सरकार ने प्रेमी जोड़ों पर नज़र रखने के लिए बाक़ायदा एक 'एण्टी–रोमियो स्क्वॉड' बना रखी है।[142] क्या 'संस्कृत' से जुड़ी संस्कृति का राग अलापने वाली भाजपा सरकार के लिए यह कहीं बेहतर न होता कि प्राचीन हिन्दू परम्पराओं को ध्यान में रखते हुए 'वेलेण्टाइन डे' का नाम बदलकर 'कामदेव दिवस' रख दिया जाता? तो फिर शायद 'प्रेम' से 'घृणा' करने वाले हिन्दुत्ववादी जत्थों को प्रेमी–प्रेमिकाओं का मिलन इतना न अखरता।

सबसे बड़ी समस्या इन उपद्रवी जत्थों के 'स्व–घोषित' दर्जे से जुड़ी

---

142. मुख्यमन्त्री योगी आदित्यनाथ की एण्टी–रोमियो स्क्वॉड : 'मोरल पोलिसिंग', 'तालीबान लाइक', अन्तर्राष्ट्रीय मीडिया की चीत्कार, इण्डियन एक्सप्रेस, 3 अप्रैल, 2017

हुई है। यह सब भारतीय संस्कृति की एक ऐसी धारणा के नाम पर किया जा रहा है जो हमारे वास्तविक अतीत को नकारने पर आधारित है। भारतीय संस्कृति हमेशा से ही उदार, समावेशी और विविधतापूर्ण रही है–सिकन्दर से लेकर अंग्रेज़ों के आने तक। समकालीन भारतीय सभ्यता का केन्द्रीय द्वन्द्व दो विचारधाराओं के बीच है। पहली विचारधारा, वॉल्ट ह्विटमेन के शब्दों में कहें तो, यह स्वीकार करती है कि अपने ऐतिहासिक अनुभवों के कारण हम एक विराट, विस्तृत और बहुमुखी सभ्यता के प्रतिनिधि हैं, जबकि दूसरी विचारधारा ने 'सच्ची' भारतीयता को संकुचित–से–संकुचित शब्दों में परिभाषित करना अपना दायित्व मान लिया है।

ताज का तिरस्कार

परिभाषा से जुड़ी इस कसरत का सबसे ताज़ा शिकार भारत का सबसे लोकप्रिय स्मारक 'ताजमहल' है। एक ऐसे देश में जहाँ राजनीति ने किसी भी क्षेत्र में घुसने से संकोच नहीं किया है–दिवाली के पटाख़ों से लेकर पशुपालन तक (गो–रक्षा की बात आगे करेंगे)– और जीवन के हर पहलू को साम्प्रदायिक और धार्मिक रंग दे दिया है, वहाँ ताजमहल जैसे महान स्मारक का इससे अछूता रह पाना कैसे सम्भव था?

ताजमहल भारत की सबसे भव्य वास्तुशिल्पीय धरोहर है। लगभग चार सदियों पहले मुग़ल सम्राट शाहजहाँ द्वारा निर्मित यह स्मारक दरअसल उसकी प्रिय पत्नी मुमताज का मक़बरा है। मुमताज ने तेरह सन्तानों को जन्म दिया और चौदहवीं सन्तान को जन्म देने की प्रक्रिया में चल बसीं। ताजमहल प्रतिवर्ष देश–विदेश के लाखों–लाख पर्यटकों को आकर्षित करता है और निस्सन्देह भारत का सर्वाधिक लोकप्रिय और छायांकित पर्यटन–स्थल है। उत्कृष्ट संगमरमर से निर्मित और पति–पत्नी के प्रेम के इस महान प्रतीक के बारे में भारत के इकलौते नोबेल पुरस्कार विजेता साहित्यकार गुरुदेव रवीन्द्रनाथ टैगोर ने कहा था–"यह काल के गाल पर आँसू की एक बूँद की तरह है।"

परन्तु ऐसा लगता है कि अब ताजमहल ख़ुद रो रहा है। आसपास की फ़ैक्ट्रियों और कपास उद्योग के साथ–साथ बगल के मथुरा की रिफ़ाइनरियों से पैदा होने वाले प्रदूषण के कारण ताजमहल का सफ़ेद रंग पीला पड़ता जा रहा है। बार–बार मरम्मत की ज़रूरत पड़ते रहने के

कारण इसके प्रसिद्ध गुम्बद अक्सर मरम्मती मचान के पीछे छिपे रहते हैं। हाल के वर्षों में यहाँ आने वाले विदेशी पर्यटकों की संख्या में भी तेज़ी से गिरावट आयी है। 2012 में 7,43,000 विदेशी पर्यटकों की तुलना में 2015 में सिर्फ़ 4,80,000 विदेशी पर्यटक ही ताजमहल के दर्शन करने आए।[143] आगरा की भीड़–भाड़ और धूल–मिट्टी अक्सर विदेशी पर्यटकों का उत्साह कम कर देती है। 2017 की गर्मियों में अमेरिका के बॉस्केटबॉल खिलाड़ी केविन दुरान्त ने ताजमहल के भ्रमण के बाद इसके आसपास की शोचनीय स्थितियों का जो वर्णन किया, वह सचमुच चौंकाने वाला था।

इससे भी ज़्यादा चौंकाने वाली बात यह है कि उत्तर प्रदेश में सत्ता में आने के बाद भाजपा सरकार ने इस विश्वप्रसिद्ध स्मारक पर गर्व महसूस करने की बजाय इसकी उपेक्षा करने का फैसला किया।

इस उपेक्षा की शुरुआत स्वयं मुख्यमन्त्री योगी आदित्यनाथ ने की। उन्होंने कहा कि विदेशी मेहमानों को उपहार के रूप में ताजमहल की अनुकृति दिये जाने की परम्परा उन्हें रास नहीं आ रही, क्योंकि यह स्मारक भारतीय संस्कृति का प्रतीक नहीं था। उन्होंने घोषणा की कि उनकी सरकार विदेशी मेहमानों को 'भगवद्गीता' की प्रतियाँ भेंट करेगी।[144]

मानो इतना ही काफ़ी नहीं था। उत्तर प्रदेश सरकार के पर्यटन विभाग ने प्रदेश के पर्यटन–स्थल को लेकर नया सूचना पत्र जारी किया तो उसमें ताजमहल ग़ायब था। सिर्फ़ राज्य के ही नहीं, बल्कि पूरे देश के सबसे विख्यात और लोकप्रिय पर्यटन आकर्षण को उस वर्ष सांस्कृतिक धरोहर के रूप में दी जाने वाली भी मदद से वंचित रखा गया।

विदेशी ही नहीं, ताजमहल देखने आने वाले देशी पर्यटकों में भी कमी आई है। ऐसा कहा जाता है कि वे तीर्थ नगरी वाराणसी के दर्शन करना ज्यादा पसन्द कर रहे हैं। इससे राज्य सरकार द्वारा हिन्दू धर्म–स्थलों की तुलना में इस ऐतिहासिक स्मारक की उपेक्षा की ही पुष्टि होती है।

ताज से जुड़ी आपत्ति की जड़ें काफ़ी गहरी हैं। एक चरमपन्थी भाजपा विधायक ने इसे प्रदेश के नाम पर 'एक धब्बा' और 'गद्दारों द्वारा निर्मित' बताते हुए कहा कि ''ताजमहल का भारतीय इतिहास में कोई

143. एन ओवेन, 'क्या भारत ताज की अवहेलना कर रहा है क्योंकि इसे मुस्लिमों ने बनाया था?', वॉशिंगटन पोस्ट, 3 अक्टूबर, 2016

144. आदित्यनाथ : 'विदेशी मेहमानों को अब 'अभारतीय' ताजमहल की अनुकृति की बजाय गीता भेंट की जा रही है', scroll.in, 16 जून, 2017

स्थान नहीं होना चाहिए।" उन्होंने इसके उल्लेख को इतिहास से हटाने के लिए इतिहास को बदलने की माँग भी की।[145]

ताजमहल के ख़िलाफ़ सत्ताधारी पार्टी का यह अभियान 'विचित्र' और 'मूर्खतापूर्ण' प्रतीत हो सकता है, क्योंकि आख़िर कोई सरकार विश्व भर में सराहे जाने वाले और पर्यटन के रूप में राज्य सरकार का ख़ज़ाना भरने वाले किसी स्मारक का विरोध क्यों करेगी? परन्तु भाजपा के प्रताड़ित पूर्वाग्रह को गहराई से जानने–समझने वालों को इस पर इतना आश्चर्य नहीं होगा। ताज पर प्रहार घृणा की उस राजनीति का हिस्सा है जो भारत में कई सदियों तक मुस्लिम शासन के इतिहास से जुड़ी हुई है।

जैसाकि हमने देखा है, भाजपा में बहुत–से लोगों को इतिहास का यह काल पराधीनता और हिन्दू आज़ादी के ख़िलाफ़ भेदभाव का काल प्रतीत होता है। उनके अनुसार, यह काल मन्दिरों और महलों को ध्वस्त करने वाले, हिन्दू स्त्रियों के सतीत्व पर हमला करने वाले और लाखों हिन्दुओं को मुसलमान बनाने वाले बाहरी आक्रमणकारियों और लुटरों के शासन का काल था। इस शासनकाल की परिणति भारत माता के दो टुकड़े करके पाकिस्तान की स्थापना के रूप में हुई।

यह एक जटिल इतिहास का अतिसरलीकरण है, स्थितियों को काली और सफ़ेद, भली और बुरी के रूप में देखने के आग्रह से जुड़ा हुआ सरलीकरण। सच्चाई यह है कि हिन्दुओं और मुसलमानों में जितना टकराव था, उससे कहीं ज़्यादा तालमेल और सह–अस्तित्व की भावना थी। परन्तु हिन्दू अन्धराष्ट्रवादियों के लिए यह सब निरर्थक है और भाजपा का मूल आधार ऐसी ही सोच के लोग हैं। उनके लिए ताजमहल एक शाश्वत प्रेम का प्रतीक न होकर विजय और पराजय का प्रतीक है।

हिन्दुओं की बहुसंख्या वाले भारत में एक मुस्लिम शासक द्वारा निर्मित स्मारक स्वाधीन भारत का सबसे प्रसिद्ध और लोकप्रिय स्मारक बना रहे, यह बात कुछ दक्षिणपन्थी हिन्दुओं को कभी भी रास नहीं आयी थी, परन्तु अब वे 'कुछ' लोग उत्तर प्रदेश और दिल्ली में सत्ता में हैं और अपनी मनमानी करने में सक्षम हैं।

योगी आदित्यनाथ का उत्तर प्रदेश का मुख्यमन्त्री बनना एक चौंकाने

---

145. ताजमहल 'भारतीय संस्कृति पर एक धब्बा है, यह ग़द्दारों द्वारा बनाया गया है, भाजपा नेता संगीत सोम का बयान, scroll.in, 16 अक्टूबर, 2017

वाली नियुक्ति थी। वे अपने भाषणों में मुस्लिम विरोधी तेवरों और तीखे और भड़काऊ भाषण के लिए जाने जाते रहे हैं। उन्होंने मुस्लिम लक्ष्यों पर प्रहार करने के लिए अपना ख़ुद का एक दबंगयी जत्था भी गठित कर रखा था। वर्ष 2007 में उन्हें घृणा फैलाने वाले अपने एक भाषण के लिए ग्यारह दिन जेल में भी बिताने पड़े थे। देश के सबसे लोकप्रिय फ़िल्म स्टार शाहरुख़ खान को 'आतंकवादी' बताने और डोनाल्ड ट्रम्प की तरह भारत में भी मुसलमानों के प्रवेश पर पाबन्दी लगाने के अपने सुझाव के कारण भी वे विवादों में घिरे रहे हैं।[146]

परन्तु सार्वजनिक और राजनीतिक दबाव के कारण उन्हें सबसे ताज़ा विवाद में अपने क़दम पीछे खींचने पड़े। ताजमहल को लेकर आग भड़काने के बाद उन्हें ख़ुद ही इसे बुझाना भी पड़ा। उन्होंने आधिकारिक तौर पर आगरा का दौरा करके ताजमहल के दर्शन किये और व्याकुल जनता को यह भरोसा दिलाया कि उनकी सरकार ताजमहल के संरक्षण के लिए प्रतिबद्ध है। महत्त्वपूर्ण बात यह है कि उन्होंने बेमन से स्वीकार करते हुए कहा, "कि यह भारतीय किसानों और मज़दूरों के ख़ून–पसीने से ही बना है।"[147]

यह स्वीकृति हमें आंशिक रूप से ही आश्वस्त करती है। यह ताजमहल को लेकर एक दूसरे विभाजनवादी दृष्टिकोण का भी द्वार खोल सकती है। जैसाकि एक इतिहासकार पी.एन. ओक ने दावा किया है, ताजमहल मूलतः 'तेजो महालय' नाम का एक शिव मन्दिर था। कुछ बहके हुए हिन्दुत्ववादी तत्त्व पहले ही इस मक़बरे में शिव पूजा करते हुए पकड़े गये हैं। इसके बाद राष्ट्रीय स्वयंसेवक संघ (आर.एस.एस.) ने यह बयान जारी किया कि वहाँ मुसलमानों को भी नमाज़ पढ़ने की अनुमति नहीं होनी चाहिए।

ऐसी परिस्थितियों में, बहुत–से भारतीयों के लिए भाजपा का नया 'ताज प्रेम' ख़तरे का संकेत भी हो सकता है। (इस बीच, जब योगी सरकार ताजमहल की आलोचना करने में जुटी थी, तो दूर दक्षिण में बैठी केरल की सरकार ने एक विज्ञापन जारी करके भारत की खोज में

---

146. योगी आदित्यनाथ ने एसआरके पर प्रहार करते हुए उनकी तुलना हाफ़िज़ सईद से की, द हिन्दू, 4 नवम्बर, 2015

147. सोमिया अशोक, "यह सब छोड़ो कि ताजमहल कब, क्यों और कैसे बना...ताज एक नगीना है और हम इसकी रक्षा करेंगे" : योगी आदित्यनाथ, इण्डियन एक्सप्रेस, 27 अक्टूबर, 2017

पर्यटकों की मदद करने की महत्त्वपूर्ण भूमिका निभाने के लिए ताज को सलाम किया।)

दरअसल, ताजमहल भारतीय इतिहास को लेकर उस राजनीतिक अभियान का सबसे ताज़ा शिकार है जो स्वयं भारत के विचार को नये सिरे से गढ़ने के प्रयास में है। स्वाधीनता के पहले सात दशकों तक भारतीयता की धारणा बहुलवाद में आस्था पर आधारित थी परन्तु हिन्दू भाजपा के बढ़ते वर्चस्व के साथ देश को एक ऐसे हिन्दू राष्ट्र के रूप में परिभाषित करने के प्रयास शुरू हो गये जो सदियों तक विदेशियों के शासन का शिकार रहा था। हिन्दू दक्षिणपन्थ का 'सांस्कृतिक राष्ट्रवाद' मुस्लिम अल्पसंख्यकों के प्रति सदियों पुराने रोष को भड़काने और उनके प्रति घृणा फैलाने पर आधारित है। यह मात्र विभाजनवादी ही नहीं है, बल्कि विश्वस्तर पर भारत की जन–शक्ति (सॉफ़्ट पॉवर) में सेंध लगाने वाला और राष्ट्रीय स्तर पर इसके राजनीतिक और सामाजिक ताने–बाने को छिन्न–भिन्न करने वाला भी है। जैसाकि नयनतारा सहगल ने लिखा है–"हमारी बहुधर्मी और बहु–सांस्कृतिक विरासत–जिसमें साहित्य, वास्तुशिल्प, भाषा, भोजन, संगीत–नृत्य, पहनावा और शिष्टाचार इत्यादि शामिल हैं–के एक बड़े हिस्से का तिरस्कार और परित्याग करने के प्रयास हो रहे हैं। हमें एक ऐसी एकरस संस्कृति में सिकोड़ा जा रहा है जो न केवल हिन्दूवाद नहीं है, बल्कि उन सभी मूल्यों का विलोभ है जिन पर भारत खड़ा रहा है और एक गर्वीली और अमूल्य धरोहर के रूप में जिन्हें निखारता–सँवारता और सहेज कर रखता रहा है।"[148]

ताजमहल के विवाद के दिनों में ही एक फ़िल्म को लेकर भी ख़ूब हंगामा मचा। यह फ़िल्म एक राजपूत रानी पद्मावती पर आधारित थी, जिसने युद्ध में हार के बाद दिल्ली के सुल्तान अलाउद्दीन खिलजी के हाथों में पड़ने की बजाय 16,000 अन्य राजपूत स्त्रियों के साथ 'जौहर' (अर्थात् स्वयं को अग्नि के हवाले करना) करने का फ़ैसला किया था। परन्तु इस घटना की ऐतिहासिकता को लेकर कुछ सन्देह है, क्योंकि चित्तौड़गढ़ पर खिलजी की चढ़ाई के उपलब्ध वर्णनों में पद्मावती का कोई उल्लेख नहीं मिलता। दरअसल, दो सदियों बाद सूफ़ी फ़कीर मलिक मुहम्मद जायसी द्वारा रचित महाकाव्य 'पद्मावत' ने ही रानी पद्मावती को अमर बनाया।

148. नयनतारा सहगल, 'ए हिन्दू स्पीक्स,' www.indiacultureforum.in, अक्टूबर, 2017

ऐसा भी कहा जाता है कि जायसी इस कथा को शाब्दिक अर्थों में लिये जाने की अपेक्षा नहीं रखते थे। इस धारणा के अनुसार, चित्तौड़गढ़ में 'चित' (अर्थात् चेतना) शब्द के कारण ही जायसी ने इस कथा का उपयोग किया था, जिसके माध्यम से वे बाहरी तत्त्वों के आक्रमण की स्थिति में मस्तिष्क और आत्मा की एकता दिखाना चाहते थे।

जो भी हो, एक बार छप जाने के बाद साहित्य अपना ख़ुद का एक जीवन ग्रहण कर लेता है। इस कथा को बंगाली लोकगायकों और राजस्थानी कथावाचकों ने बार–बार दोहराया। इतना ही नहीं, अंग्रेज़ लेखक कर्नल टॉड ने भी इसे अपनी पुस्तक 'एनल्स एण्ड एण्टीक्स ऑफ़ राजपूताना' में शामिल किया। धीरे–धीरे, पद्मावती का नाम एक लेजेण्ड बनता चला गया और उसे एक देवी की तरह महिमामण्डित किया जाने लगा। वह एक राजपूत नारी के सम्मान की प्रतीक बन गयी। एक ऐसी नारी, जिसने एक मुस्लिम विजेता के हाथों में पड़ने की बजाय जौहर करना बेहतर समझा था। पद्मावती एक त्यागमयी भारतीय नारी के प्रतीक के रूप में देखी जाने लगी। उसके जौहर का स्थल एक पर्यटन–स्थल बन गया। समय के साथ पद्मावती राजस्थान के इतिहास का एक अभिन्न अंग बनती चली गयी और एक राजपूत संस्था 'करणी सेना' स्वयं को पद्मावती की वंशज बताने लगी। जब इसके प्रमुख से पूछा गया कि पद्मावती के एक काल्पनिक पात्र होने के बारे में उनका क्या विचार था तो उनका जवाब था, ''मैं पद्मावती की वंशावली की 37वीं पीढ़ी का प्रतिनिधि हूँ। क्या मैं आपको कोई भूत–प्रेत दिखाई देता हूँ?''

इस विवाद ने एक बार फिर प्रमाणित कर दिया कि कई हिन्दुओं के लिए ऐतिहासिक तथ्यों और सांस्कृतिक मिथकों में कोई अन्तर नहीं है। जो याद है और जिस पर विश्वास है, वह सत्यापित से ज्यादा महत्त्वपूर्ण है। भारत के सबसे जाने–माने और प्रतिष्ठित सेक्युलरवादी पण्डित जवाहरलाल नेहरू ने भी लगभग ऐसी ही बात कहते हुए सात दशक पहले लिखा था–''तथ्य और कल्पना आपस में इतने गुँथे हुए हैं कि इन्हें एक–दूसरे से अलग करना असम्भव है। इन दोनों का मिश्रण ही एक कल्पित इतिहास है, जो शायद हमें ठीक वह न बता सके जो सचमुच हुआ था, लेकिन जो हमें वह बताता है, जो उतना ही महत्त्वपूर्ण है और जिस पर हम विश्वास करते हैं कि ऐसा हुआ था, कि हमारे पराक्रमी पूर्वज

क्या–क्या कर सकते थे और कौन–से आदर्श उन्हें प्रेरित करते थे। ...इस तरह, यह कल्पित इतिहास, तथ्य और कथा का मिश्रण, और कभी–कभी सिर्फ़ कथा, प्रतीकात्मक रूप से सत्य बन जाता है और हमें लोगों के मस्तिष्कों, हृदयों और उद्देश्यों के बारे में बताता है...''[149] पद्मावती से जुड़े विवाद का भी कुल मिलाकर यही सार है, जिसकी केन्द्रीय पात्र का कोई ऐतिहासिक अस्तित्व रहा हो या न रहा हो।

पद्मावती की छवि पर लगे भारी दाँवों को देखते हुए, उस पर एक फ़िल्म बनाने का फ़ैसला करने वाले फ़िल्मकार ने स्वयं को अतीत को लेकर भावनाओं के एक प्रचण्ड झंझावात में घिरे पाया। करणी सेना ने जयपुर के जयगढ़ क़िले में बनाये गये फ़िल्म के सेट को तहस–नहस कर दिया और कोल्हापुर की नयी (और कम प्रामाणिक) लोकेशन में भी फ़िल्म की शूटिंग में बाधा डालने से बाज नहीं आयी। उसका आरोप था कि हिन्दू रानी और मुस्लिम आक्रमणकारी के बीच प्रेम–दृश्य फ़िल्माया जा रहा था। निर्माता–निर्देशक द्वारा इस आरोप के खण्डन के बावजूद राजपूत समुदाय फ़िल्म की रिलीज़ में विलम्ब करवाने में सफल रहा। उनका दावा था कि फ़िल्म में ऐतिहासिक घटनाओं को तोड़–मरोड़कर दिखाया गया था। यह तथ्य कि फ़िल्म को देखे बिना ही इस तरह के दावे किये जा रहे थे, विरोध–प्रदर्शन करने वालों के लिए कोई अर्थ नहीं रखता था। (और चार भाजपा मुख्यमन्त्रियों के लिए भी, जिन्होंने झट से इस फ़िल्म पर प्रतिबन्ध लगाने की घोषणा कर दी, भले ही तब तक फ़िल्म रिलीज़ भी नहीं हुई थी!)

आजकल 'हाय–तोबा' मचाना एक खेल हो गया है, और 'समुदाय की भावनाओं को आहत करने' के नाम पर अपराध करना भी। उदात्त सहिष्णुता की पुरानी हिन्दू परम्परा जाने कहाँ लुप्त हो गयी है? (वैसे इस फ़िल्मकार को एक दशक पहले की एक फ़िल्म से सबक लेते हुए पहले ही सतर्क हो जाना चाहिए था। वह मामला धर्म से जुड़ा हुआ भी नहीं था। 'बिल्लू बारबर' नाम की उस फ़िल्म को सिर्फ़ इसलिए अपने नाम का दूसरा शब्द हटाना पड़ा था क्योंकि इससे एक समुदाय की भावनाएँ आहत होती थीं!

शायद इससे हमें कोई फ़र्क़ न पड़े कि कुछ उपद्रवी तत्त्व एक फ़िल्म या 'वेलेण्टाइन डे' के बारे में क्या सोचते है, परन्तु इस तरह की संकुचित

149. जवाहरलाल नेहरू, 'द डिस्कवरी ऑफ़ इण्डिया', द सिग्नेट प्रेस, कलकत्ता, 1946

मानसिकता ही वेण्डी डोनिज़र द्वारा हिन्दू धर्म के गहन अध्ययन की मुद्रित प्रतियों को नष्ट करने का कारण बनती है। यदि हम इन असहिष्णु दबंगइयों को कानून अपने हाथ में लेने और दूसरों को डराने–धमकाने देते रहेंगे तो वे हमारी सभ्यता के कुछ अनिवार्य आधार–स्तम्भों को ध्वस्त करने से भी बाज़ नहीं आएँगे।

एक बहुलवादी और प्रजातन्त्रीय भारत की परिभाषा यही है कि विभिन्न पहचानों को आत्म–अभिव्यक्ति की पूरी स्वतन्त्रता हो। भारतीय संस्कृति के कुछ स्व–घोषित संरक्षकों को अपना पाखण्डवाद और दोहरे मापदण्ड अन्य सभी पर थोपने की अनुमति देने का अर्थ है उन्हें भारतीयता को परिभाषित करने की इतनी छूट देना कि इसमें 'भारतीयता' जैसा कुछ न बचे।

परन्तु मुझे इस तरह की स्थितियाँ विकसित होने की आशा नहीं है। मेरे स्वर्गवासी पिता चन्द्रन थरूर लगभग पचास वर्ष पहले मुझसे कहा करते थे कि भारत न सिर्फ़ विश्व की सबसे बड़ी 'डेमोक्रेसी' है, बल्कि 'हिपोक्रेसी' भी। उनकी इस धारणा के पीछे छिपी सूझ–बूझ तब उजागर हुई जब मैंने भारतीय दण्ड संहिता की धारा 377 (जिसके अन्तर्गत समलैंगिकता एक अपराध है) में संशोधन के लिए दो बार एक निजी सदस्य विधेयक प्रस्तुत करने का प्रयास किया। दोनों ही बार मेरे प्रस्ताव को हिन्दुत्व के नाम पर लोकसभा में प्रचण्ड बहुमत से ठुकरा दिया गया।

यह एक संसदीय प्रजातन्त्र का ऐसा नमूना था जिसमें बहस से इनकार किया जा रहा था। सत्ताधारी पार्टी ने अपने बर्बर बहुमत का उपयोग करते हुए एक प्रस्ताव को किसी तरह की चर्चा के बिना ही परास्त कर दिया। अपने–आपको 'प्रजातन्त्र का मन्दिर' कहने वाली संसद कैसे किसी प्रस्ताव को बिना सुने ही ठुकरा सकती है?

इस पाखण्डवाद का सत्य यह है कि लिपिबद्ध हिन्दू ग्रन्थों के दो हज़ार वर्षों के इतिहास में कहीं भी लैंगिक भेद या लैंगिक रुझान को लेकर किसी तरह की असहिष्णुता का उल्लेख नहीं है। 'महाभारत' का शिखण्डी हमारी संस्कृति का अंग है। खजुराहो की समलैंगिक युग्मों की मूर्तियाँ हों या अर्द्धनारीश्वर (आधी नारी आधा नर) के रूप में ईश्वर की धारणा, हमारी संस्कृति एवं उदात्त और उन्मुक्त संस्कृति रही है। भारत में समलैंगिकता को लेकर किसी तरह की वर्जनाओं या दण्ड के प्रावधान का कोई ऐतिहासिक साक्ष्य उपलब्ध नहीं है। इसलिए भारतीय संस्कृति और

हिन्दुत्व की बात करने वाली पार्टी का यह दृष्टिकोण और भी अखरता है। ये लोग सिर्फ़ एक ब्रिटिश उपनिवेशीय कानून को (बिना बहस के) जीवित रखे हुए हैं। मेरे प्रस्ताव को अनसुना ही ठुकरा दिया जाना भारतीय प्रजातन्त्र की पराजय और पाखण्डवाद की विजय का प्रतीक था।

धारा 377 में संशोधन के पीछे मेरा यह मकसद था कि हमारी पुस्तकों में कोई ऐसा कानून नहीं होना चाहिए जिसे अपने निजी जीवन में अपने यौन रुझानों के अनुसार आचरण करने वाले निर्दोष व्यक्तियों को परेशान करने के लिए इस्तेमाल किया जा सके। दो लोग एक–दूसरे के प्रति अपने प्रेम और चाहत को अभिव्यक्त करने के लिए क्या करते हैं, यह पूरी तरह उनका निजी मामला होना चाहिए। सरकार का इसमें कोई दख़ल नहीं होना चाहिए।

इसके साथ ही मैंने यह भी समझाने की कोशिश की थी (दुर्भाग्यवश, मुझे संसद में बोलने नहीं दिया गया) कि मेरा विधेयक यौन सम्बन्धों के बारे में नहीं बल्कि स्वतन्त्रता के बारे में था। धारा 377 अस्मिता, निजता, समानता और ग़ैर–भेदभाव (14, 15 और 21 धाराएँ) के अधिकारों का उल्लंघन करती है, जो सभी नागरिकों के संवैधानिक अधिकार हैं। 1860 में बनाया गया यह कानून ब्रिटिश राज का एक अवशेष मात्र था, जो भारतीय संस्कृति की बजाय तत्कालीन विक्टोरिया–युगीन नैतिकताओं को ध्यान में रखकर बनाया गया था। इक्कीसवीं सदी के भारत में इस कानून की कोई जगह नहीं होनी चाहिए।

विडम्बना यह है कि मेरे संशोधन के पराजित होने के आधे घण्टे बाद ही मुझे उसी लोकसभा में ट्रांसजेंडरों के अधिकारों से जुड़े विधेयक के पक्ष में बोलने के लिए खड़ा होना पड़ा। इस प्रगतिशील विधेयक के पास होने के बाद अब ट्रांसजेंडरों पर धारा 377 लागू नहीं की जा सकेगी। परन्तु जब तक यह कानून पुस्तकों में मौजूद है, इसे समलैंगिकों को परेशान करने के लिए इस्तेमाल किया जाता रहेगा। कितनी अजीब बात है! इसे 'डेमोक्रेसी' कहेंगे या 'हिपोक्रेसी'?

एक और विडम्बना यह है कि चिरस्थापित हिन्दू परम्पराओं को देखते हुए अब धारा 377 को लेकर भी एक प्रगतिशील दृष्टिकोण अपनाने का दायित्व उच्चतम न्यायालय द्वारा पर आ पड़ा है। उच्चतम न्यायालय इस धारा की समीक्षा करने की इच्छा जताने और निजता के अधिकार से

जुड़े एक दूसरे मामले को देखते हुए अब उच्चतम न्यायालय से ही इस उपनिवेशीय कानून को निरस्त करने की आशा की जा सकती है। कितनी विचित्र बात है कि हिन्दुत्ववादी बहुमत के कारण देश के चुने हुए सदन से जिस उदारवादिता और नागरिकों के अधिकारों की रक्षा की आशा नहीं की जा सकती, वह अनचुनी न्यायपालिका से करनी पड़ रही है। हमारी सभ्यता के कालजयी मूल्यों की रक्षा के लिए अब न्यायपालिका ही आशा की आख़िरी किरण बची है।

गो–माता क्षेत्र और 'बीफ़' की राजनीति

भारतीय राजनीति, अपने सभी रूपों में, जितनी विस्मयकारी है उतनी ही वितृष्णापूर्ण भी। इन दोनों का सबसे ताज़ा उदाहरण एक अनूठी भारतीय परम्परा से जुड़ा हुआ है–जो वर्तमान सरकार के तत्त्वावधान में ख़ूब फल–फूल रही है–गो–रक्षा!

बहुत–से रूढ़िवादी हिन्दू–ख़ासकर 'काउ–बेल्ट' (गोमाता पट्टी) के नाम से जाने जाने वाले उत्तर भारतीय क्षेत्रों के हिन्दू–गो–मांस (बीफ़) खाना तो दूर इसका नाम सुनना भी पसन्द नहीं करते। उल्टे वे गाय को 'गो–माता' के रूप में पूजते हैं, जो एक माँ की तरह अन्नापूर्णा है, भोजन और जीवन प्रदान करने वाली। बहुत–से भारतीय राज्यों में गो–हत्या पर प्रतिबन्ध लगा हुआ है। कुछ राज्यों में तो गो–मांस रखना या उसे खाना भी प्रतिबन्धित है। परन्तु इन कानूनों पर पूरी तरह अमल नहीं हो पाता। पुलिस के पास घरों की रसोइयों में झाँकने के अलावा भी बहुत–से काम हैं।

परन्तु 2014 के संसदीय चुनावों में भारतीय जनता पार्टी की विजय के बाद देश में 'हिन्दू धाक' की एक लहर–सी बहने लगी है। गो–रक्षा के लिए नये कानून बना दिये गये हैं और इन पर सख़्ती से अमल करने की माँग की जा रही है। गो–रक्षा मण्डलियों और संस्थाओं को एक नया जीवन मिल गया है और इनमें से कइयों ने कानून का पालन करवाने का काम अपने हाथ में ले लिया है। इस प्रक्रिया में ये संस्थाएँ न सिर्फ़ कानून अपने हाथ में ले रही हैं, बल्कि गो–रक्षा के नाम पर हत्या समेत कई गम्भीर अपराध भी कर रही हैं। पिछले आठ वर्षों में गाय से जुड़ी हिंसा के 70 मामले दर्ज हुए हैं, जिनमें से 97 प्रतिशत (70 में से 68) भाजपा के तीन वर्षों के शासन के दौरान हुए हैं। इनमें से अधिकांश भाजपा–शासित

राज्यों में हुए हैं। इन हिंसक घटनाओं में 136 लोग घायल हुए हैं और 28 को अपनी जान से हाथ धोना पड़ा है। इनमें से 86 प्रतिशत मुस्लिम हैं।[150]

इनमें से बहुत–सी घटनाओं का हर किसी को पता है। डेयरी फार्म के धन्धे से जुड़े पहलू खान का क़िस्सा न सिर्फ़ दर्दनाक है बल्कि बीभत्स भी। वह बाकायदा एक लाइसेंस के साथ और कानूनी तरीक़े से अपने मवेशियों को कहीं ले जा रहा था कि उसे रास्ते में पीट–पीट कर मार डाला गया। 1 अप्रैल, 2017 की इस घटना को उसके हत्यारों ने अपने मोबाइल फ़ोनों पर फ़िल्माया भी, जिसमें उसे रहम की भीख माँगते दिखाया गया है। एक वर्ष पहले इसी तरह हरियाणा के एक चरवाहे मस्तान अब्बास को अपने मवेशी चराने के लिए जान से हाथ धोना पड़ा था। कुछ ट्रक ड्राइवर, पशु व्यापारी और कथित गाय तस्कर भी गो–रक्षक मण्डलियों के हाथों मारे जा चुके हैं। 16 वर्ष के एक कश्मीरी मुस्लिम लड़के को सिर्फ़ इसलिए मार डाला गया क्योंकि वह मवेशियों की ढुलाई करने वाले एक ट्रक में 'लिफ़्ट' लेने की भूल कर बैठा था।

2015 में जब भारतीय वायुसेना में सेवारत एक हवलदार के पिता मुहम्मद अख़्लाक़ को गो–हत्या के सन्देह में उत्तर प्रदेश में भीड़ द्वारा मार डाला गया, तो जाँच अधिकारियों ने उसके घर के फ्रिज में रखे मांस को फॉरेंसिक लैब में यह पता लगाने के लिए भेजा कि वह 'बीफ़' था या नहीं। मानो अपने फ्रिज में 'बीफ़' रखने वाले की खुलेआम हत्या करना अपने–आपमें कोई गम्भीर अपराध न हो। फ़ॉरेंसिक लैब की जाँच से पता चला कि वह 'बीफ़' नहीं था। फिर भी, यह तथ्य कि एक आदमी को सरेआम पीट–पीट कर मार डाला गया था और उसका बेटा भी भीड़ के हाथों मरने से बाल–बाल बचा था, क्या अपने–आपमें एक जघन्य अपराध नहीं था? क्या एक हत्या की घटना को फ्रिज में 'बीफ़' रखने की घटना के समतुल्य माना जा सकता था?

इस घटना ने तब और भी शर्मनाक रूप ले लिया जब कुछ सप्ताह बाद हत्यारिन भीड़ में शामिल एक व्यक्ति की स्वाभाविक मृत्यु के बाद उसे राष्ट्रीय ध्वज में लिपटा कर अन्तिम संस्कार के लिए ले जाया गया। इस शवयात्रा में एक केन्द्रीय मन्त्री भी शामिल थे और वे मृतक का

150. एलिसन सल्डाना, 'गाय–सम्बन्धी घृणा अपराध 2017 में चरम पर पहुँचे, मृतकों में 86% मुस्लिम', thewire.in, 8 दिसम्बर, 2017

गुणगान करने से भी नहीं चूके। एक धर्मनिरपेक्ष भारतीय राज्य के उच्च पदाधिकारी की तरफ़ से इससे अधिक आपत्तिजनक व्यवहार भला और क्या हो सकता था?

सिर्फ़ मुसलमान ही गो–रक्षकों की हिंसा के शिकार नहीं हुए हैं। दलितों को भी इसके परिणाम भुगतने पड़े हैं। आज भी कई दलित ऐसे काम–धन्धों में संलग्न हैं जिन्हें दूसरे हिन्दू करने से कतराते हैं। ऊँची जातियों के हिन्दू भले ही गाय की पूजा करते हों, परन्तु गाय अमर नहीं है। मृत्यु के बाद (आमतौर से स्वाभाविक कारणों से) उसके शव को दफ़नाने या जलाने का काम सदियों से दलित करते आये हैं। वे उसकी खाल उतार कर चर्मकारों को बेच देते हैं और उसका मांस उन गिने–चुने राज्यों के मुस्लिम कसाइयों को बेच देते हैं जहाँ 'बीफ़' पर प्रतिबन्ध नहीं है। इसके बाद वे उसके अवशेषों को दफ़ना या जला देते हैं। बहुत–से सवर्ण हिन्दुओं के लिए यह एक अरुचिकर कार्य है, इसलिए वे इसे ख़ुशी–ख़ुशी दलितों को सौंप देते हैं। दलितों के लिए मृत गाय आजीविका का साधन है, और मुस्लिम कसाई भी इसे सिर्फ़ एक रोज़गार के रूप में देखते हैं।

परन्तु हाल की कई घटनाओं ने इस व्यवस्था की जड़ें हिला दी हैं। गुजरात में गो–रक्षकों ने चार दलित युवकों को गाय की खाल उतारते देखा तो उन्हें नंगा करके लोहे की छड़ों से पीटा। दलित युवकों पर गो–हत्या का आरोप लगाया गया, जबकि उन्होंने ऐसा कुछ भी नहीं किया था।[151] भाजपा शासित मध्य प्रदेश में दो दलित स्त्रियों को गो–मांस लेकर चलने के आरोप में मारा–पीटा गया, हालाँकि जाँच के बाद वह भैंस का मांस निकला, जिस पर कोई प्रतिबन्ध नहीं था।[152]

इस तरह की घटनाओं ने उन सभी लोगों को असुरक्षा की भावना से भर दिया है जो गाय के प्रति गो–रक्षकों जैसी श्रद्धा की भावना नहीं रखते। भारत में पहली बार केन्द्र में एक ऐसी सरकार है जो गो–रक्षकों पर लगाम कसने से इनकार कर रही है। सामाजिक न्यायमन्त्री, जिन पर प्रमुख रूप से दलितों को न्याय दिलाने की ज़िम्मेदारी है, ने गो–रक्षकों

151. 'मृत गाय की खाल उतारने के लिए दलित को नंगा करके पीटा गया', टाइम्स ऑफ़ इण्डिया, 13 जुलाई, 2016

152. सिद्धार्थ रंजन दास, 'बीफ़ की अफ़वाह पर मुस्लिम स्त्रियों की पिटाई, तमाशाइयों ने वीडियो बनाया, पुलिस देखती रही', www.NDTV.com, 27 जुलाई, 2016

की हिंसा पर चिन्ता व्यक्त करने की बजाय इस बात का दुःख जताया कि उन्होंने सिर्फ़ अफ़वाहों के आधार पर यह क़दम उठाया था।[153] दूसरे शब्दों में कहें तो गो—रक्षकों का उद्देश्य इतना ऊँचा था कि अगर मृतक ने सचमुच गो—हत्या या गो—भक्षण का 'अपराध' किया होता तो हत्यारों के कृत्य को क्षमा किया जा सकता था।

गो—रक्षकों ने गो—माता से जुड़े कट्टरवाद का जो माहौल बना दिया है, उससे गम्भीर आर्थिक समस्याएँ पैदा हो गयी हैं। बहुत—से किसान अपनी गाय की बहुत स्नेहपूर्वक देखभाल करते हैं, परन्तु जब वह बूढ़ी हो जाती है और दूध देना बन्द कर देती है तो उसे पालना बहुत भारी पड़ता है। इसलिए वे चुपके—से उसे कसाइयों को या ऐसे लोगों को बेच देते हैं जो उसे किसी ऐसे राज्य में भिजवा सकें जहाँ गायों के कटने पर पाबन्दी नहीं है। यह व्यवस्था एकाएक खटाई में पड़ जाने के बाद कई किसान अपने बेकार हो चुके मवेशियों की देखभाल करते—करते कर्ज़े में डूब गये। देश में गायों की बढ़ती आबादी को सँभालना एक बड़ी आर्थिक समस्या बन गयी।[154]

यह मात्र संयोग नहीं है कि गो—रक्षकों द्वारा दलितों के ख़िलाफ़ हिंसा की 63 प्रतिशत घटनाएँ सिर्फ़ चार राज्यों में हुई हैं—उत्तर प्रदेश, बिहार, मध्य प्रदेश और राजस्थान, जो घटनाओं की सर्वाधिक संख्या का क्रम भी है। सरकार द्वारा गो—रक्षकों पर कोई अंकुश न लगाये जाने से कट्टरवादी दिनोदिन समाज पर हावी होते जा रहे हैं।

दलितों में इन घटनाओं को लेकर गहरे असन्तोष और आक्रोश के संकेत दिखाई देने लगे हैं। एक तो वे गुज़र—बसर के लिए कोई अप्रिय काम करने से भी परहेज़ नहीं करते, ऊपर से इसके लिए उन्हें मारा—पीटा जाये तो यह सरासर अन्याय है। गुजरात की घटना के बाद राज्य में दलितों के एक वर्ग ने मृतक गायों को हाथ लगाने से इनकार कर दिया। वे उच्च वर्ण हिन्दुओं से पूछ रहे हैं, "अगर गाय तुम्हारी माता है तो उसे दफ़नाने का काम तुम ख़ुद क्यों नहीं करते?"

विचित्र बात यह है—जैसाकि धर्मशास्त्रों से पता चलता है—कि वैदिक युग में गाय को पवित्र माने जाने के बावजूद उसके भक्षण की मनाही नहीं

153. अमूल्य बालकृष्णन, टाइम्स ऑफ़ इण्डिया, 1 अगस्त, 2016

154. वेंकटेश रामाकृष्णन, फ्रण्टलाइन, 10 नवम्बर, 2017

थी, बल्कि इसलिए उसे खाया जाता था।[155] इस तरह के सन्दर्भ ऋग्वेद, धर्मशास्त्रीय ग्रन्थों, 'तैत्तिरीय ब्राह्मण ('गाय भोजन है') और 'वाजसनेयी संहिता इत्यादि में पाये जा सकते हैं।[156] इतिहासकार डी.एन. झा ने लगभग एक दर्जन ऐसे उदाहरण प्रस्तुत किये हैं जिनसे पता चलता है कि 'ऋग्वेद' में गाय की बलि और भक्षण के कितने ही सन्दर्भ हैं। प्राचीन विधि–निर्माता, जिनमें मनु भी शामिल हैं, गाय के वध और भक्षण के ख़िलाफ़ नहीं थे। याज्ञवल्क्य को उद्धरित करते हुए कहा जाता है कि गाय के भक्षण के सम्बन्ध में पूछे जाने पर उन्होंने उत्तर दिया था, "जहाँ तक मेरा सम्बन्ध है, मैं तो खा लेता हूँ बशर्ते कि मांस नर्म हो।"[157]

अम्बेडकर का मानना था कि गो–पूजा बौद्ध धर्म और ब्राह्मणवाद के टकराव का परिणाम थी। गाय को एक श्रद्धेय पशु और गो–मांस के भक्षण को अधर्म घोषित करके ब्राह्मण बौद्ध धर्म पर अपना दबदबा स्थापित करना चाहते थे। जो भी हो, सत्ताधारी पार्टी का हिन्दुत्व अभियान अब गाय पर सवार हो गया दिखता है। गो–रक्षा एक बड़े एजेण्डे का मुखौटा बन गयी है और इसी कारण से इसका इतना विरोध हो रहा है।

इसमें कोई सन्देह नहीं कि देश भर में गाय को बड़ी श्रद्धा से देखा जाता है। इसका कारण इसका दूध और पौष्टिकता का स्रोत होना है, और इसका सफ़ेद पवित्र रंग और विनम्र स्वभाव भी। भारतीय संविधान की रचना के दौरान गो–हत्या पर रोक लगाने से जुड़े शोर–शराबे ने आख़िर एक ऐसे 'निर्देशक सिद्धान्त' का रूप ले लिया जिसका सम्बन्ध धर्म की बजाय 'अर्थ' अर्थात् आर्थिक व्यवस्था से था। संविधान की धारा 48 के अनुसार, "राज्य कृषि और पशुपालन को आधुनिक और वैज्ञानिक पद्धतियों के अनुसार विकसित करेगा, ख़ासकर नस्लों के संरक्षण और सुधार का ध्यान रखा जायेगा और गायों, बछड़ों और अन्य दुधारू और भारवाहक पशुओं के वध पर रोक लगाई जायेगी।" इस तरह, सीधे–सीधे

155. 'वाजसनेयी संहिता' के अनुसार, 'वैदिक युग में गाय को पवित्र मानते हुए ही उसे खाना अच्छा समझा जाता था', पाण्डुराम वामन काणे की मराठी पुस्तक 'धर्मशास्त्र विचार' से उद्धरित, बी.आर. अम्बेडकर, 'द अनटचेबल्स', 1948, www.ambedkarintellectuals.in, 15 दिसम्बर, 2017

156. डी.एन. झा, 'द मिथ ऑफ़ द होली काउ', वर्सो बुक्स, लन्दन, 2004, पृ. 139

157. 'द सतपथ ब्राह्मण एकॉर्डिंग टू द टेक्स्ट ऑफ़ द मध्यांदिन स्कूल', अनुवाद जूलियस एग्लिंग, क्लेयरंड प्रेस, ऑक्सफ़ोर्ड, 1885, पृ. 11

'प्रतिबन्ध' की बजाय गो–हत्या की रोकथाम को कृषि और पशुपालन की ज़रूरतों से जोड़ दिया गया था।

स्वयं महात्मा गाँधी ने कहा था कि हालाँकि वे मांसाहार नहीं करते थे और व्यक्तिगत तौर पर गो–हत्या के विरुद्ध थे, परन्तु एक बहुधर्मी देश में वे उन लोगों पर हिन्दू विचार थोपने को न्यायोचित नहीं ठहरा सकते थे जो अन्य धर्मों को मानते थे। बहुत–से हिन्दुओं के ऐसे ही विचार हैं। मैं स्वयं भी शाकाहारी हूँ और एक मृत पशु का शव खाने के विचार से ही सिहर जाता हूँ, परन्तु मैं इसे खाने वालों को अच्छा या बुरा नहीं समझता। यह उनका निजी मामला है। मैं सिर्फ़ इतना चाहता हूँ कि पशुओं के प्रति क्रूरता दिखाने से बचा जाये और खाने के उद्देश्य से उनकी हत्या करते समय भी उन्हें कम–से–कम पीड़ा पहुँचाई जाये। यह मानवीयता की भी माँग है।

पशुओं के प्रति क्रूरता की रोकथाम से जुड़े नये कानून–जिसे 2016 में पर्यावरण मन्त्रालय द्वारा लाया गया था–के बाद जो हंगामा मचा उसने देश भर में विचारों का ध्रुवीकरण कर दिया, ख़ासकर केरल जैसे गो–मांस खाने वाले राज्यों में। वहाँ स्वयं मुख्यमन्त्री ने इसका विरोध किया और राज्य की तरफ़ से इसे उच्चतम न्यायालय में चुनौती दी। छात्र संगठन 'बीफ़ फ़ेस्टिवल' आयोजित करने लगे और ट्विटर पर 'मोदी हटो' और 'मोदी हटाओ' के सन्देशों की बाढ़ आ गयी। कुछ समय पहले मोदी द्वारा केरल की सोमालिया (अफ्रीकी देश) से तुलना की तो यादें मानो फिर से ताज़ा हो गयीं।[158]

नियमों ने 'बीफ़' पर सीधे प्रतिबन्ध नहीं लगाया, परन्तु चोरी–छिपे गाय की कटाई को लगभग असम्भव बना दिया। इन नियमों के अनुसार कटाई के लिए मवेशियों की ख़रीद–फरोख़्त और ढुलाई ग़ैर–कानूनी थी। इससे कई ऐसे प्रश्न उठ खड़े हुए जिन्हें नज़रअन्दाज़ करना सरकार के लिए असम्भव था, हालाँकि उसने एक विरोध प्रदर्शन के दौरान एक बछड़े की हत्या के मुद्दे को उछालकर इन प्रश्नों से किनारा करने की कोशिश की।

पहला प्रश्न संविधान से जुड़ा हुआ है। गो–हत्या पर सम्पूर्ण प्रतिबन्ध लगाना राज्य सरकारों के अधिकार क्षेत्र में है; केन्द्र सरकार ऐसा नहीं कर

---

158. नन्दगोपाल राजन, 'प्रधानमन्त्री मोदी द्वारा केरल और सोमालिया की तुलना से केरलवासी भड़के', इण्डियन एक्सप्रेस, 13 मई, 2016

सकती। संविधान की सातवीं अनुसूची में राज्य के अधिकारों के अन्तर्गत 15वीं प्रविष्टि में स्पष्ट रूप से लिखा हुआ है कि पशुओं के संरक्षण और विकास और उनकी हत्या पर रोक लगाने के लिए कानून बनाने का अधिकार राज्य विधानसभाओं के पास है। विभिन्न राज्य गाय के संरक्षण को लेकर अलग–अलग नीतियाँ अपनाते हैं। उत्तर प्रदेश, मध्य प्रदेश और दिल्ली में गो–हत्या को लेकर काफ़ी सख़्त कानून हैं, जबकि केरल, तमिलनाडु, पश्चिम बंगाल, मणिपुर, मिजोरम और नागालैण्ड में ये काफ़ी ढीले और लचीले हैं या लगभग नहीं हैं। पूरे भारत को अपने दायरे में समेटने वाला नया कानून राज्यों के अधिकारों का उल्लंघन है और संविधान द्वारा स्वीकृत संघीय प्रणाली की भावना के विरुद्ध है।

दूसरी आपत्ति व्यावहारिक है। संविधान ने दुग्ध और भारवाहन पशुओं के रूप में मवेशियों या ढोर–डंगरों को बिल्कुल सही परिभाषित किया है। गाय लगभग आठ वर्ष तक दूध देती है। इसके बाद उसका दूध सूख जाता है और वह बोझ ढोने लायक भी नहीं रहती। परन्तु दूध देना बन्द कर देने के बाद वह आठ वर्ष तक और जीवित रहती है। एक किसान को गाय के भोजन, चारे और देखभाल पर प्रतिदिन लगभग 60 रुपये ख़र्च करने पड़ते हैं। प्रतिवर्ष के हिसाब से यह ख़र्च लगभग 22,000 रुपये और आठ वर्ष के हिसाब से पौने दो लाख रुपये बैठता है। एक ग़रीब किसान इतने पैसे कहाँ से लायेगा? वह तो अपनी रोज़ी–रोटी ही मुश्किल से चला पाता है। यही कारण है कि किसान दूध न देने वाली गायों को बेच देते हैं, आमतौर से कसाइयों को। हमारे उच्च न्यायालयों ने भी भिन्न–भिन्न दृष्टिकोण प्रकट करने के बावजूद मवेशियों की हत्या पर पूर्ण प्रतिबन्ध को अव्यावहारिक बताया है, क्योंकि 'उपयोग में न आने वाले साँड़ या बैल की देखभाल करना समाज पर एक बोझ है और जनहित में नहीं है।'

2012 की राष्ट्रीय ढोर–डंगर गणना के आँकड़ों के अनुसार, भारत में पहले से ही 51 करोड़ गाय हैं। उनकी ठीक–ठाक देखभाल के साथ–साथ भारत पर अपने जंगलों के संरक्षण और चरागाहों की हरियाली का ध्यान रखने की भी ज़िम्मेदारी है। गो–हत्या पर प्रतिबन्ध से जुड़ी हमारी पिछली नीति में इस बात का ध्यान रखा गया था कि किसानों पर बेकार गाय–बैलों को सँभालने का बोझ न पड़े। यही कारण है कि हम भैंस के मांस के सबसे बड़े निर्यातक हैं, जो आज करोड़ों डॉलर का व्यापार है। यह देखते

हुए कि इस व्यापार के लिए मवेशियों की ख़रीद—फरोख़्त और ढुलाई अनिवार्य है, नये नियमों से मांस निर्यात के साथ—साथ चमड़े और इससे जुड़े अन्य व्यापार भी ख़तरे में पड़ गये। इन उद्योगों में देश भर में दस लाख से भी अधिक लोग कार्यरत हैं, जिनमें से अधिकांश अल्पसंख्यक समुदायों से हैं। 2015 में महाराष्ट्र में 'बीफ़' पर लगे प्रतिबन्ध से राज्य के लगभग दस लाख मुस्लिम कसाइयों और ट्रक वालों की रोज़ी—रोटी ख़तरे में पड़ गयी। देश भर में इस तरह के प्रतिबन्ध से लाखों लोगों का रोज़गार छिनने की सम्भावना है।

जिन राज्यों में 'बीफ़' पर प्रतिबन्ध नहीं था, वहाँ सिर्फ़ मुस्लिम और अन्य अल्पसंख्यक समुदाय ही नहीं बल्कि हिन्दुओं का एक वर्ग भी इसे प्रोटीन के एक प्रमुख स्रोत के रूप में देखता रहा है। यह मांस बकरे के मांस की तुलना में काफ़ी सस्ता होने के कारण भी आर्थिक दृष्टि से कमज़ोर वर्गों में अधिक लोकप्रिय है। आँकड़ों के अनुसार, सिर्फ़ दो प्रतिशत हिन्दू 'बीफ़' खाते हैं, परन्तु इस दो प्रतिशत का अर्थ है 1.25 करोड़ हिन्दू, जो उन्हें 'बीफ़' का सेवन करने वाला देश का दूसरा सबसे बड़ा समुदाय बना देता है। इसके अलावा कई ऐसे लोग भी हैं जो इस तथ्य को स्वीकार करना पसन्द नहीं करते। 'बीफ़' खाने वाले हिन्दुओं में 70 प्रतिशत अनुसूचित जातियों और जनजातियों से सम्बन्ध रखते हैं, जबकि 21 प्रतिशत ओबीसी अर्थात् अन्य पिछड़े वर्गों से हैं। इसलिए सरकार के इस निर्णय को सामाजिक भेदभाव की दृष्टि से भी देखा जा सकता है, क्योंकि मुख्यतः निर्धन और कमज़ोर वर्गों के लोग यह सस्ता मांस खाना ज़्यादा पसन्द करते हैं।

परन्तु सबसे महत्त्वपूर्ण प्रश्न 'बीफ़' या गाय के संरक्षण का न होकर स्वतन्त्रता का है। इतिहास में भारत के समूचे अस्तित्व के दौरान लगभग हमेशा ही 'जीओ और जीने दो' की नीति का अनुसरण किया जा रहा है। 'बीफ़' गा गो—मांस का सेवन करना न करना आपका अपना फ़ैसला है, और दूसरों को भी यह फ़ैसला करने का अधिकार है। एक हिन्दू होने के नाते मैंने कभी भी दूसरों के खाने—पीने में दख़ल देना नहीं चाहा। बहुत—से अन्य हिन्दू भी ऐसा ही सोचते हैं। सभी भारतीय एक जीवन्त और विविधतापूर्ण समाज के अंग के रूप में लगभग हमेशा ही अपनी ख़ुद की जीवन—शैली के अनुसार जीने की स्वतन्त्रता महसूस करते रहे हैं। भाजपा

के समर्थक आज इसी स्वतन्त्रता को चुनौती देने का प्रयास कर रहे हैं।

ससंद में भाजपा के पूर्ण बहुमत को देखते हुए हिन्दुत्ववादी ऐसा मान रहे हैं कि उन्हें कुछ भी करने की खुली छूट है। इसलिए वे भारत के बारे में अपने दृष्टिकोण को दूसरों पर थोपने लगे हैं, यह परवाह किये बग़ैर कि इससे दूसरों को कितनी चोट पहुँचती है। यही कारण है कि इसकी बहुत गहरी प्रतिक्रिया दिखाई दे रही है, मेरे जैसे शुद्ध शाकाहारियों द्वारा भी। हमारा प्रतिरोध भारत को एक ऐसे समाज में बदलने के खिलाफ़ है जो वह कभी था नहीं– एक असहिष्णु बहुसंख्यकवादी समाज।

धर्मान्तरण का प्रश्न

एक अन्तिम मुद्दा, जो अतीत में भी बार–बार उभरता रहा है और पिछले कुछ वर्षों से इस कदर सुलग रहा है कि कभी भी एक विस्फोट का रूप ले सकता है, हिन्दुओं के धर्मान्तरण को लेकर–ख़ासकर इस्लाम और ईसाई धर्म में। इस्लाम के मामले में यह 'लव जेहाद' के आरोपों से और भी उलझ गया है–अर्थात् हिन्दू लड़कियों को मुसलमान बनाने के लिए उन्हें अपने प्रेमजाल में फाँसने का 'जेहाद' या अभियान। जहाँ तक ईसाइयत का प्रश्न है, ईसाई मिशनरियों का 'लॉर्ड के लिए आत्माएँ जुटाने का अभियान' हिन्दू संगठनों के मन में सन्देह और रोष की भावना पैदा करता रहा है। कुछ राज्य सरकारी अनुमति के बिना धर्म–परिवर्तन पर रोक लगा चुके हैं। देश के अधिकांश भागों में प्रलोभन के माध्यम से या डरा–धमका कर धर्म–परिवर्तन को पहले ही ग़ैर–कानूनी घोषित किया जा चुका है।

अपने उदारवादी दृष्टिकोण के लिए विख्यात हिन्दू गुरु और नेता भी धर्मान्तरण के मामले में कम लचीले रहे हैं। लगभग सवा सौ वर्ष पहले स्वामी विवेकानन्द ने अपने अमेरिकी श्रोताओं से कहा था, "अमेरिका के ईसाई भाइयो, आपको अपने मिशनरियों को गँवारों की आत्माओं को बचाने के लिए भेजने का बहुत शौक़ है। मैं आपसे पूछता हूँ– आपने उनके शरीरों को भूख से बचाने के लिए क्या किया है और (अब भी) क्या कर रहे हैं? भारत में तीस करोड़ पुरुष और स्त्रियाँ प्रतिमाह औसतन 50 सेण्ट पर गुजारा कर रहे हैं। मैंने उन्हें बरसों जंगली फूलों के सहारे जीते देखा है। भयंकर अकालों के दौरान हज़ारों भूख से मर गये, पर मिशनरियों ने कुछ नहीं किया। वे आते हैं और ज़िन्दगी देने की बात करते हैं, पर इस शर्त

पर कि हिन्दू ईसाई बन जायें, अपने बाप–दादों के धर्म को छोड़ कर। क्या यह सही है? सैकड़ों आश्रम हैं, पर अगर मुसलमान या हिन्दू वहाँ जाते हैं तो उन्हें ठोकर मार कर बाहर निकाल दिया जाता है। हिन्दुओं के भी हज़ारों आश्रम हैं जहाँ हर किसी का स्वागत किया जाता है। सैकड़ों चर्च हिन्दुओं की मदद से बने हैं, पर किसी हिन्दू मन्दिर के लिए किसी ईसाई ने एक पायी तक नहीं दी।''

स्वामी विवेकानन्द के अनुसार, मिशनरियों की प्राथमिकताएँ ग़लत थीं। ''अमेरिकी बन्धुओ, आप पूरे भारत में चर्च बनाते हो, पर पूर्व की समस्या धर्म नहीं है,'' उन्होंने आगे कहा, ''उनके पास धर्म है, परन्तु वे अपने सूखे गलों से रोटी की पुकार कर रहे हैं। उनकी ज़रूरत रोटी है पर आप उन्हें एक पत्थर पकड़ा देते हो। भूख से तड़पते लोगों को धर्म की शिक्षा देना उनका अपमान करना है। एक भूखे आदमी को अध्यात्म सिखाना उसका अपमान है। इसलिए, अगर आप 'बन्धुत्व' के अर्थ को साकार करना चाहते हो तो हिन्दुओं के साथ नम्रता और दयालुता का व्यवहार करें, भले ही वे हिन्दू हों और अपने धर्म के प्रति निष्ठावान हों। मिशनरियों को उन्हें यह सिखाने के लिए भेजें कि अपनी रोटी ज़्यादा अच्छे ढंग से कैसे कमाएँ' न कि उन्हें अध्यात्म बकवास सुनाने के लिए।''

उन्होंने इस बात पर भी ज़ोर दिया कि हिन्दू धर्म अन्य धर्मों का पालन करने वालों को हिन्दू बनाने का कभी कोई प्रयास नहीं करता था। ''क्या मैं यह चाहता हूँ कि ईसाई हिन्दू बन जायें? कदापि नहीं। ईश्वर मुझे इस सोच से दूर ही रखे। क्या मैं यह चाहता हूँ कि हिन्दू या बौद्ध ईसाई बन जायें? कदापि नहीं। न ईसाई को हिन्दू बनने की ज़रूरत है और न हिन्दू या बौद्ध को ईसाई बनने की ज़रूरत है। परन्तु हरेक को दूसरों से कुछ अच्छा सीखना चाहिए और साथ ही अपने धर्म का पालन करते हुए अपनी विशिष्ट पहचान को भी बचाये रखना चाहिए।''

इसी तरह, महात्मा गाँधी भी धर्मान्तरण को हानिकारक मानते थे। ''अगर मेरे पास इतनी शक्ति हो और मैं कोई कानून बना सकूँ तो मैं धर्मान्तरण अभियानों पर रोक लगाना चाहूँगा। ...एक हिन्दू घर में एक मिशनरी के आने का मतलब है पहनावे, शिष्टाचार, भाषा, और खान–पान में बदलाव के कारण पारिवारिक जीवन में भारी फेरबदल।''

परन्तु इसके साथ ही मेरे जैसे हिन्दू यह भी मानते हैं कि हर व्यक्ति

की आध्यात्मिक ज़रूरत अलग होती है, और अगर कोई व्यक्ति किसी दूसरे धर्म को ज़्यादा आध्यात्मिक सन्तोष देने वाला मानता है तो उसे अपना धर्म बदलने का पूरा अधिकार है। कुछ वर्ष पहले ओडिशा और गुजरात में कुछ ईसाई मिशनरियों के ख़िलाफ़ हुई हिंसक घटनाएँ हिन्दू धर्म के प्रचुर आत्मविश्वास और उदार मानसिकता के साथ मेल नहीं खातीं। हिन्दू धर्म इतना विराट और इतना शक्तिशाली है कि उसे अपनी रक्षा के लिए गुण्डों और दबंगइयों की ज़रूरत नहीं है। 1999 में ओडिशा में ईसाई मिशनरी ग्राहम स्टेन्स और उसके दो बेटों को ज़िन्दा जलाने की घटना सचमुच हृदय–विदारक थी। मैंने अपने कॉलम में तीखे शब्दों में इसकी भर्त्सना की तो मेरे समर्थन में हिन्दू पाठकों के पत्रों की बाढ़ आ गयी। इनमें से बहुत–से पक्के धर्मपरायण हिन्दू थे और मेरी तरह उन्हें भी हिन्दू धर्म के नाम पर इस बर्बरता ने झकझोर दिया था। बच्चों की हत्या करने वालों को हिन्दू धर्म का मुखौटा पहनने का अधिकार नहीं है। हत्या पर कोई धर्म नहीं होता, भले ही इसके पीछे कितने ही धार्मिक तर्क हों।

ईसाई विरोधी हिंसा की भर्त्सना करना शायद बड़ा आसान काम हो। यूँ किसी भी तरह की हिंसा कानून और व्यवस्था के लिए एक ख़तरा है और इस मामले से भारत की 'अन्तर्राष्ट्रीय छवि' का भी प्रश्न जुड़ा हुआ है। बहुत–से पाठकों ने ऐसे प्रश्न भी उठाये जिनका सामना करना ज़रूरी है। एक पत्र लेखक के अनुसार, "क्या यह घटना उन धर्मों के ख़िलाफ़ (हिन्दू) प्रतिक्रिया का परिणाम थी जो सिर्फ़ अपने रास्ते को ही सच्चा रास्ता मानते हैं और अन्य धर्मों को मानने वालों को अधर्मी कहते हैं? इसके बाद उन्होंने अमेरिका की कुछ संस्थाओं द्वारा भारत के हिन्दुओं के सामूहिक स्तर पर धर्मान्तरण की आक्रामक नीतियाँ अपनाये जाने और इसके लिए अनुचित तौर–तरीक़ों से भी परहेज़ न करने की कड़े शब्दों में निन्दा की। उनके अनुसार, अमेरिका के शक्तिशाली चर्च संगठनों के पास प्रचुर आर्थिक शक्ति थी और उनका एकमात्र लक्ष्य था–भारत को ईसाई देशों के दायरे में लाना–जैसाकि वे दक्षिण कोरिया में काफ़ी हद तक सफलतापूर्वक कर चुके हैं और अब मंगोलियन के ईसाईकरण में लगे हैं। उनका कहना था कि अशिक्षित और अर्धशिक्षित लोगों का सामूहिक धर्मान्तरण, जो उतने ही निर्धन भी थे, सीधे–सीधे शोषण का मामला था और समाज के ताने–बाने को भंग करने के कारण हिंसक प्रतिक्रिया को जन्म देता था।

इस तरह के सरोकार, जिन्हें कई सरकारी उच्च अधिकारियों समेत बहुत–से हिन्दू महसूस करते हैं, सचमुच ध्यान दिये जाने और उचित क़दम उठाये जाने की माँग करते हैं। परन्तु मैं दंगई तत्त्वों के बर्बर कृत्यों को न्यायोचित ठहराने और इस तरह की हिंसक घटनाओं को 'समझ में आने वाली' मानने को तैयार नहीं हूँ। दो टूक शब्दों में कहें तो कोई भी अहिंसक गतिविधि, वह कितनी भी भड़काऊ क्यों न हो, हिंसा को न्यायोचित नहीं ठहरा सकती। हमें सभी जगह हमलों और हत्याओं का कड़ा विरोध करना चाहिए। यदि हम इस तरह की हिंसा को प्रोत्साहन देते रहेंगे, इसके पीछे कितने भी वैध कारण और शिकायतें क्यों न हों, तो हमारा प्रजातन्त्र अधिक दिनों तक नहीं टिक पायेगा। हमारे शासन की प्रणाली का कुल मिलाकर सार यह है कि सभी भारतीयों को वैध माध्यमों से अपनी समस्याओं के समाधान का अधिकार है, जिसमें कानूनी मदद या राजनीतिक बदलाव भी शामिल हैं। परन्तु हिंसा कोई समाधान नहीं है।

स्टेन्स ने अपना जीवन कुष्ठ रोगियों की सेवा में बिताया। उनकी हत्या के बाद उनकी पत्नी ने भी यही काम जारी रखा और पिछली सरकार ने उन्हें 'पद्मश्री' की उपाधि से सम्मानित किया। अगर हम मान भी लें कि ईसाई मिशनरी धर्मान्तरण के लिए प्रलोभनों का इस्तेमाल करते हैं (विकास में सहयोग, स्वास्थ्य की देखभाल, शिक्षा और स्वच्छता से जुड़ी सुविधाएँ इत्यादि), या चालबाज़ी से काम लेती है (जिसका बहुत कम प्रमाण मिला है) तो भी इसमें आपत्तिजनक क्या है? अगर भारत के किसी नागरिक को ऐसा लगता है कि उसके धर्म ने उसकी गुज़र–बसर में और सुख–शान्ति से जीने में उसकी कोई मदद नहीं की तो उसे किसी दूसरे धर्म से मदद लेने का अधिकार क्यों नहीं होना चाहिए? आख़िर आस्था की स्वतन्त्रता हर भारतीय का मौलिक अधिकार है, भले ही उसकी आस्था कितनी ही भ्रमपूर्ण क्यों न हो? और अगर हिन्दू धर्मरक्षकों को लगता है कि चालाकी से उसका धर्मान्तरण करवाया गया है, तो उसकी आँखें खोलने और उसे फिर से हिन्दू बनाने से उन्हें किसने रोका है? क्या हिंसा की बजाय वे भी प्रलोभनों का इस्तेमाल नहीं कर सकते? चर्चों को ध्वस्त करने की बजाय कोई हिन्दू पाठशाला खोलना या किसी निर्धन बस्ती में नया शौचालय बनाना ऐसे भटके हुए हिन्दुओं की आँखें खोलने में कहीं अधिक मदद कर सकता है।

अन्तरात्मा की स्वतन्त्रता एक ऐसा अधिकार है जिसमें कोई सौदेबाज़ी नहीं हो सकती। एक ऐसे भारत की कल्पना करना असम्भव है जिसमें किसी व्यक्ति को अपना धर्म परिवर्तित करने की स्वतन्त्रता नहीं है। कुछ लोग धर्मान्तरण को लेकर गाँधीजी के विचारों का हवाला देते हैं, परन्तु उनके ये विचार एक उदात्त, विविधतापूर्ण और समावेशी धार्मिकता पर आधारित थे, जिसके साथ आज की संकुचित और कट्टरवादी हिन्दुत्व शक्तियों का कुछ भी सम्बन्ध नहीं है। गाँधीजी का आशय था कि एक धर्म से दूसरे धर्म में जाने की आवश्यकता नहीं थी, क्योंकि सभी धर्म कुल मिलाकर एक ही विश्वास के प्रतीक थे–ईश्वर में विश्वास।

यह सच है कि बहुत–से धर्म ऐसा मानते हैं कि सिर्फ़ उनका धर्म ही मुक्ति का सच्चा रास्ता है। उनके धार्मिक नेता इसे अपना कर्तव्य समझते हैं कि अपने धर्म की श्रेष्ठता का प्रचार करें, ताकि अन्य कम भाग्यशाली लोग भी इसकी छत्रछाया में आ सकें। एक गाँधीवादी या तर्कवादी होने के नाते हम उनके विचारों का खण्डन करने के लिए स्वतन्त्र हैं। परन्तु भारत का संविधान उन्हें अपने धर्म का प्रचार करने का अधिकार देता है–और इस अधिकार को चुनौती देना आधारभूत रूप से एक असंवैधानिक दृष्टिकोण है।

इसलिए हर धर्म को अपना काम करते रहने देना चाहिए और हर भारतीय को अपना चुनाव स्वयं करने की स्वतन्त्रता होनी चाहिए। परन्तु इसके साथ ही यह ध्यान रखना भी ज़रूरी है कि धर्मान्तरण का सम्बन्ध किसी व्यक्ति की अपनी अन्तरात्मा से हो, न कि किसी सामूहिक विभ्रम या सम्मोहन का परिणाम। सैद्धान्तिक रूप से मुझे इस विचार पर कोई आपत्ति नहीं है कि एक प्रजातान्त्रिक ढंग से चुना गया सदन यह फ़ैसला ले कि संविधान द्वारा रक्षित धर्मान्तरण का अधिकार सिर्फ़ एक व्यक्ति द्वारा ही प्रयोग किया जा सकता है, न कि एक पूरे कुटुम्ब, कबीले या गाँव द्वारा। इस तरह सामूहिक धर्मान्तरण (जिसमें अक्सर प्रलोभनों का हाथ रहता है) से जुड़े समारोहों पर रोक लगाना अपने–आपमें कोई बुरा विचार नहीं है। हर व्यक्ति को सिर्फ़ वैयक्तिक स्तर पर ही धर्मान्तरण की प्रक्रिया से गुज़रना चाहिए और उसे इस बात की पुष्टि करनी चाहिए कि उसे पता है कि वह क्या त्याग रहा है और जो अपना रहा है उसका क्या अर्थ है?

स्वाभाविक तौर पर यह मामला सिर्फ़ धर्म तक सीमित नहीं है; इसके

गहरे धार्मिक पहलू भी हैं। जब मैंने यही सब बातें सितम्बर–अक्टूबर 2008 में 'टाइम्स ऑफ़ इण्डिया' के अपने कॉलम में तीन किश्तों में लिखी थीं तो हिन्दुत्ववादियों ने मुझे अच्छी तरह समझा दिया कि वे मेरे बारे में क्या सोचते थे। पर मैं उनकी इस ग़लतफ़हमी को सिरे से नकारता हूँ कि वे सभी या अधिकांश हिन्दुओं का प्रतिनिधित्व करते हैं। हमें शुरू से बार–बार यही समझाया गया है कि हिन्दू धर्म एक सहिष्णु धर्म है। इस सहिष्णुता का केन्द्रीय सिद्धान्त यह है कि एक सहिष्णु समाज न सिर्फ़ उसे स्वीकार करता है जिसे वह नहीं समझता है, बल्कि उसे भी जिसे वह पसन्द नहीं करता है; बशर्ते कि इसे किसी अनिच्छुक पर थोपने का प्रयास न किया जाये। यह सच है कि हिन्दू धर्म के एक सहिष्णु धर्म होने के बावजूद सभी हिन्दू सहिष्णुता का प्रदर्शन नहीं करते। परन्तु एक तरफ़ हिन्दूवाद की सहिष्णुता का गुणगान करना और दूसरी तरफ़ ईसाई–घरों और पूजा–स्थलों पर प्रहार करना आपस में मेल नहीं खाते।

अपने कॉलम में उस चर्चा के दौरान मैंने यह भी कहा था कि धर्मान्तरण की आलोचना के पीछे छिपा अभिप्राय बहुत चिन्ताजनक है, क्योंकि यह इस तर्क को वैधता प्रदान करता हुआ प्रतीत होता है कि धर्मान्तरण एक राष्ट्र विरोधी कृत्य है। मैंने यह भी रेखांकित किया था कि भारत की आधारशिला इस विचार पर रखी गयी है कि राष्ट्रीयता का प्रतीक धर्म नहीं हो सकता। मैंने हिन्दू राष्ट्रवाद और भारतीय राष्ट्रवाद के बीच धुँधले पड़ते अन्तर की तरफ़ भी ध्यान खींचा था। आपकी भारतीयता का इससे कोई सम्बन्ध नहीं है कि आप किस ईश्वर को पूजते हैं या नहीं पूजते हैं।

जो भी है, जैसाकि हमने पीछे देखा है, हिन्दूवाद यह सिखाता है कि 'एकं सद् विप्रा बहुधा वदन्ति' अर्थात् सत्य एक है परन्तु ऋषि–मुनि उसे अलग–अलग नामों से जानते हैं। तो फिर मेरे कुछ सहधर्मी इस बात से अप्रसन्न क्यों हैं कि कुछ आदिवासी हिन्दू ईसाई धर्म अपना रहे हैं? अगर कोई हिन्दू ईसाई बनने का फ़ैसला करता है तो वह ईश्वर तक पहुँचने का एक दूसरा रास्ता ही तो अपना रहा है। क्या हिन्दुओं का यह विश्वास नहीं रहा है कि परम सत्य तक पहुँचने के बहुत–से रास्ते हो सकते हैं?

जैसाकि हमने देखा है, हिन्दूवाद ने कभी भी आध्यात्मिक ज्ञान पर एकाधिकार का दावा नहीं किया। यही कारण है कि यह दुनिया भर के विद्वानों को इतना आकर्षित करता रहा है। इसकी चयनशीलता और विविधता

ही इसकी शक्ति है। इसलिए ईश्वर भक्ति के अन्य मार्गों को अस्वीकार करना हिन्दूवाद और भारतीयता की मूल भावना के ख़िलाफ़ है। इसलिए धर्मान्तरण के विरोधियों द्वारा प्रचारित की जा रही यह धारणा कि 'हिन्दू अधिक प्रामाणिक भारतीय है' और हिन्दू धर्म के परित्याग का अर्थ है 'अपनी राष्ट्रीय पहचान को कमज़ोर करना' उस सोच से मिलती–जुलती है जो पाकिस्तान के निर्माण से पहले मुस्लिम लीग द्वारा प्रचारित की गयी थी। गाँधी, नेहरू और आज़ाद का रास्ता इस सोच से बिल्कुल अलग था, जिस पर भारत पिछले सात दशकों से चलता रहा है। बहुत–से मुस्लिम देशों में मुसलमानों के धर्मान्तरण पर प्रतिबन्ध है और कुछ देशों में तो इस कृत्य के लिए मृत्युदण्ड का प्रावधान है। परन्तु भारत में इस तरह के कट्टरवाद के लिए कोई जगह नहीं है। हिन्दू धर्म में 'अधर्म' की कोई धारणा ही नहीं है। परन्तु हिन्दुत्व ब्रिगेड के सबसे कट्टरवादी तत्त्व मुस्लिम परम्परा का अनुसरण करना चाहते हैं।

इसलिए हिन्दुत्ववादी न तो हिन्दूवाद के प्रति निष्ठावान हैं और न भारतीय राष्ट्रवाद के प्रति। राष्ट्रवादी आन्दोलन ने इस धारणा को ठुकरा दिया था कि भारत की राजनीतिक पहचान के निर्माण में धर्म सबसे महत्त्वपूर्ण तत्त्व हो सकता है। भारत में हमारी शासन प्रणाली में नागरिकों की विविधता को देखते हुए इस बात का ध्यान रखा गया है कि धार्मिक आस्था न तो कोई बाधा होनी चाहिए और न इसका कोई अतिरिक्त लाभ मिलना चाहिए। इस व्यवस्था को चुनौती देकर हिन्दुत्ववादी भारतीय नागरिकता के मूल आधार के साथ–साथ भारतीय राज्य की संवैधानिक आधारशिला को भी चुनौती दे रहे हैं।

यह कहना कि धर्मान्तरण मूल रूप से ग़लत है, बजरंग दल और इसकी सहयोगी संस्थाओं के विचारों को वैधता प्रदान करना होगा, जो खुलेआम यह कहते हैं कि हिन्दुओं का अन्य धर्मों में धर्मान्तरण एक राष्ट्र विरोधी कृत्य है। जैसाकि मैंने महसूस किया है, इसके पीछे मूल अभिप्राय यह है कि हिन्दू स्वाभाविक रूप से और अधिक प्रामाणिक रूप से भारतीय है और हिन्दू धर्म का परित्याग अपनी मातृभूमि से जुड़ी अपनी पहचान को कम करना है।

एक हिन्दू के रूप में मैं इस धारणा को अस्वीकार करता हूँ। यह कहना कि एक भारतीय हिन्दू का ईसाई धर्म अपनाना एक राष्ट्र विरोधी

कृत्य है भारत के लाखों देशभक्त ईसाइयों का अपमान है, जिनमें केरल के वे ईसाई भी शामिल हैं जिनके पूर्वज सदियों पहले जब सेण्ट थॉमस के अनुयायी बने थे तो आज के बहुत–से हिन्दुओं के पूर्वजों ने स्वयं को हिन्दू कहना भी नहीं शुरू किया था। यह ईसाई धर्म में आस्था रखने वाले उन राष्ट्रीय नेताओं, स्वतन्त्रता सेनानियों, शिक्षाविदों, वैज्ञानिकों, सेना अधिकारियों, पत्रकारों और खिलाड़ियों का भी अपमान है जिन्होंने अपने कृत्यों और बलिदानों से भारत के स्वाभिमान और गौरव को बढ़ाने में महत्त्वपूर्ण योगदान दिया है। यह स्वयं 'भारत' के विचार का भी अपमान है। इस सोच से ज़्यादा राष्ट्र विरोधी और कुछ भी नहीं हो सकता।

एक पत्र–लेखक राज राजागोपाल ने स्वयं को एक 'हिन्दू बन्धु' कहते हुए 'आतंकवाद' और 'साम्प्रदायिक दंगों' को 'एक ही सिक्के के दो पहलू' बताया है, जो 'एक–दूसरे को प्रोत्साहित करते हैं'। उनके अनुसार, ''इन दोनों में सिर्फ़ यह अन्तर है कि जहाँ आतंकवाद उन धर्मोन्मदियों द्वारा फैलाया जा रहा है जो भारत के विचार के साथ कोई सम्बन्ध नहीं रखते, वहीं दूसरी तरह का आतंक वे लोग फैला रहे हैं जो स्वयं को मुझसे और आपसे ज़्यादा देशभक्त समझते हैं और जो भारत की चुनावी राजनीति का हिस्सा हैं। उन्हें अपने कृत्यों के परिणामों का भी पता है–समुदायों के बीच गहरी दरार पैदा होना, जिसके भयंकर परिणाम पिछले दशकों में विश्व कई बार देख चुका है।''

हमें असली ख़तरा यही है, जिसे बहुत–से लोग समझ नहीं पा रहे हैं। नेहरू ने हमें चेताया था कि बहुसंख्यकों का सम्प्रदायवाद ज़्यादा ख़तरनाक होता है क्योंकि वह स्वयं को राष्ट्रवाद के रूप में प्रस्तुत कर सकता है। हिन्दू राष्ट्रवाद का भारतीय राष्ट्रवाद से कोई सम्बन्ध नहीं है। इसका सच्चे हिन्दूवाद से भी कोई सम्बन्ध नहीं है। एक ईसाई पत्र–लेखक ने मुझे बताया था कि जब उसके भाई का विवाह एक हिन्दू लड़की से हो रहा था तो हिन्दू पण्डित ने लड़के से ख़ासतौर से यह कहलवाया था कि 'जब मैं ईश्वर कहता हूँ तो इसका अर्थ कोई विशिष्ट ईश्वर नहीं होता।' पत्र–लेखक ने आगे लिखा था–''इसी तरह के क्षण हमें एक भारतीय होने पर गर्व करने और इसकी धार्मिकता पर भाव–विभोर होने के लिए प्रेरित करते हैं–भले ही मैं नास्तिक होऊँ।''

हमारे देश में अब दो वास्तविक विकल्प हैं–वे लोग, जो एक ऐसे

भारत में विश्वास करते हैं जहाँ आपका जन्म, भाषा, सामाजिक दर्जा, पूजा–पद्धति या खान–पान आपकी भारतीयता का मापदण्ड नहीं है, और वे लोग जो इन विभाजनों के अनुसार आपकी भारतीयता को परिभाषित करते हैं। दूसरे शब्दों में कहें तो असली बहस धर्मान्तरण को लेकर नहीं है, बल्कि जोड़ने वालों और तोड़ने वालों के बीच है–उनके बीच जो सभी भारतीयों को 'हम' के रूप में देखते हैं, चाहे वे किसी भी ईश्वर को मानें, और उनके बीच जो यह मानते हैं कि भारतीयों को 'हम' और 'वे' में विभाजित किया जा सकता है।

अब समय आ गया है कि सभी हिन्दू यह उद्घोष करें–विभाजन की राजनीति बन्द करो! हम सभी भारतीय हैं!

तीसरा खण्ड

सच्चे हिन्दूवाद की वापसी

अध्याय सात

हिन्दूवाद की वापसी

(हिन्दू धर्म को हिन्दुत्ववादियों से वापस लेने का समय)

अगर उदारवादी हिन्दुओं का विशाल बहुमत हिन्दुत्व का प्रतिरोध कर रहा है, तो यह कहना कोई विसंगति नहीं होगी कि हिन्दूवाद, जो भारत का प्राचीन स्वदेशी धर्म रहा है–भारतीयता को सुदृढ़ करने में एक ऐसी भूमिका निभा सकता है जो हिन्दुत्व की वकालत करने वालों की समझ से बाहर है। एक तरह से हिन्दूवाद इक्कीसवीं सदी के लिए एक आदर्श धर्म है–एक ऐसा धर्म जिसका कोई पैग़म्बर नहीं है, जिसमें अधर्म, या धर्मविरुद्ध जैसी कोई धारणा नहीं है, जो अपने अनुयायियों को चयनशीलता की स्वतन्त्रता देता है, और जिसमें कोई धर्म निर्देश या धार्मिक संहिताएँ नहीं हैं। हिन्दूवाद सचमुच एक ऐसा धर्म है जो उत्तर–आधुनिक विश्व की प्रकृति के बिल्कुल अनुकूल है।

इसलिए एक ऐसे हिन्दू के लिए, जिसे अपने धर्म पर और अपने देश की उदारवादी परम्पराओं पर गर्व है, एक विदेशी मेहमान, अमेरिका के राष्ट्रपति बराक ओबामा के मुख से यह सुनना कि दिल्ली की सरकार को भारतीय मूल्यों की मर्यादा का ध्यान रखना चाहिए, एक झकझोर देने वाला अनुभव था। ओबामा ने यह बात 2015 में नयी दिल्ली में अपने एक भाषण के दौरान कही थी। 2017 में उन्होंने फिर यही बात दोहराई।

ओबामा ने 2015 में हिन्दुत्व ब्रिगेड की तरफ़ परोक्ष संकेत करते हुए कहा था, "भारत तब तक सफल होता रहेगा जब तक कि वह धार्मिक आस्था के आधार पर एक बँटा हुआ देश नहीं है।" निस्सन्देह, राष्ट्रपति ने अत्यन्त विनम्रता और शिष्टता के साथ अपनी बात कही थी और धार्मिक

विविधता की प्रशंसा करते हुए इसे दोनों देशों की साझा शक्ति बताया था। एक राजनीतिज्ञ के रूप में अपने सामने आने वाली चुनौतियों का उल्लेख करते हुए उन्होंने अपने मध्य नाम 'हुसैन' के कारण पैदा होने वाली परेशानियों को याद किया था—एक ऐसे देश में, जहाँ मुस्लिमों के प्रति दिनोदिन बढ़ते रोष के बीच उन्हें राष्ट्रपति का चुनाव लड़ना पड़ा था। अमेरिका में उनके बहुत—से आलोचकों ने यह आरोप लगाया था कि वे मुस्लिम थे, न कि ईसाई। ओबामा ने यह भी कहा था, "ऐसा समय भी आया है जब मेरी धार्मिक आस्था पर ऐसे लोगों ने प्रश्न उठाये जो मुझे नहीं जानते थे। उन्होंने कहा कि मैं अलग धर्म में विश्वास रखता था, मानो यह कोई बुरी बात हो।"[159]

राष्ट्रपति इस बात से बेख़बर नहीं रहे होंगे कि भारत के हिन्दुत्व समर्थक प्रधानमन्त्री लम्बे समय तक एक ऐसी विचारधारा का प्रचार करते रहे थे जिसके अनुसार हिन्दुत्व की बजाय अन्य धर्मों में आस्था रखना सचमुच बुरी बात थी। और वे यह भी अवश्य जानते होंगे कि प्रधानमन्त्री मोदी का राजनीतिक कॅरियर ऐसे लोगों के समर्थन पर निर्भर था जो ग़ैर—हिन्दुओं को 'फिर से' हिन्दू बनाने या देश से बाहर निकालने की बातें करते थे। दिसम्बर 2017 में अपने भारतीय दौरे के दौरान ओबामा ने एक बार फिर वही बात दोहराई—"किसी देश को साम्प्रदायिक आधार पर नहीं बाँटा जाना चाहिए। मैंने प्रधानमन्त्री मोदी से व्यक्तिगत तौर पर यह बात कही है और अमेरिका के लोगों से भी ऐसा ही कहा है।" उन्होंने आगे जोड़ा, "भारत जैसे देश में, जहाँ मुस्लिम आबादी खुशहाल है और ख़ूब घुली—मिली हुई है और अपने—आपको भारतीय मानती है, जैसाकि कुछ अन्य देशों के साथ नहीं है (इस सुखद स्थिति को) पोषित और सिंचित किया जाना चाहिए।"

दोनों अवसरों पर ओबामा के सन्देश में एक चेतावनी छिपी हुई थी—अगर कट्टरवाद की समस्या से नहीं निपटा गया, जो देश को बाँटने पर तुला हुआ था, तो श्रीमान मोदी की घोषित विकास योजनाएँ जस—की—तस रह जायेंगी। यही सन्देश राजनीतिक विपक्ष में बैठे हम सब लोग भी मोदी और उसके साथियों को देते रहे थे। परन्तु अमेरिका के राष्ट्रपति की तरफ़ से यह सन्देश, जिनके दौरे को एक महान कूटनीतिक विजय के

159. सुहासिनी हैदर, द हिन्दू, 28 जनवरी, 2015

रूप में उछाला जा रहा था और उनके और भारतीय प्रधानमन्त्री के बीच आपस में पहले नाम के प्रयोग को भारत और अमेरिका के बीच नये रिश्तों की शुरुआत के रूप में देखा जा रहा था, मोदी राज में अन्तर्निहित एक आधारभूत विरोधाभास को रेखांकित कर रहा था।

जैसाकि मैंने 2014 में प्रकाशित अपनी पुस्तक 'इण्डिया शास्त्र' में लिखा था–मोदी के भाषणों और जुमलों से भारतीय राजनीति में एक महत्त्वपूर्ण बदलाव आता दिखाई दिया था–'पहचान की राजनीति' की बजाय 'कार्यक्षमता के प्रदर्शन की राजनीति'। परन्तु वे जिस पार्टी, भाजपा, के बल पर सत्ता में आये थे वह भारत की राजनीति को 'धार्मिक पहचान की राजनीति' से ऊपर उठाने की चुनौती के लिए एक अनुकूल पार्टी नहीं थी, क्योंकि इसका समूचा आधार इसी धार्मिक पहचान पर केन्द्रित था।

भारत को आस्था की स्वतन्त्रता के आदर्शों की याद दिलाने के लिए किसी अमेरिकी मेहमान की ज़रूरत नहीं है, क्योंकि हमारा समूचा इतिहास सह–अस्तित्व का इतिहास रहा है और धार्मिक विविधता की स्वीकृति हमारी संस्कृति में बहुत गहरी पैठी हुई है। हमारा संविधान भी इसी बहुलतावाद को प्रतिबिम्बित करता है। यह बहुत दुर्भाग्यपूर्ण है कि एक विदेशी नेता को यह रेखांकित करना पड़ रहा है कि भारत में कुछ लोग उन मूल्यों में विश्वास नहीं रखते जिनकी नींव पर भारत खड़ा हुआ है और वे मूल्य हमारे संविधान का भी एक अभिन्न अंग है। जैसाकि मैं वर्षों से कहता रहा हूँ, भारतीय प्रजातन्त्र कुल मिलाकर विविधता के प्रबन्धन पर आधारित है। अगर हम अपनी विविधता का सम्मान नहीं करेंगे तो हम वह भारत नहीं रहेंगे जिसके लिए महात्मा गाँधी ने आज़ादी की लड़ाई लड़ी थी।

पहली बार भारत में एक ऐसा प्रधानमन्त्री शासन की बागडोर सँभाले हुए है जिस पर अमेरिका के स्टेट डिपार्टमेण्ट की 2002 के बाद की रिपोर्टों में 'धार्मिक स्वतन्त्रता के घोर उल्लंघन' के आरोप हैं, जिसे अमेरिका ने वीज़ा देने से इनकार कर दिया था, और जिसके प्रधानमन्त्री बनने से पहले अमेरिका में प्रवेश पर भी प्रतिबन्ध था। श्रीमान मोदी को अल्पसंख्यकों के ख़िलाफ़ हिंसा को प्रश्रय देने के लिए प्रधानमन्त्री नहीं चुना गया था, उन्हें उनके विकास के बड़े–बड़े वायदों को पूरा करने के लिए इस गद्दी पर बैठाया गया था। श्रीमान ओबामा का भाषण उन्हें यह चेताने के लिए था कि वे अपनी पुरानी धार्मिक असहिष्णुता का त्याग किये

बिना आगे नहीं बढ़ सकते, जिसके लिए उनके नाम पर अमेरिका में वे रिपोर्टें तैयार की गयी थीं।

समस्या यह है कि सत्ताधारी पार्टी में ऐसे लोगों का वर्चस्व है जिन्हें आर्थिक सुधारों और विकास से कहीं ज़्यादा दिलचस्पी हिन्दुत्व के एजेण्डे में है। उन्हें इस बात की परवाह नहीं है कि मोदी ने यह चुनाव विकास के नाम पर जीता था, न कि हिन्दुत्व के नाम पर, और उन्हें वोट देने वाले मतदाताओं की एक बड़ी संख्या हिन्दुत्व के एजेण्डे में विश्वास नहीं रखती। जो पार्टी ऐसे लोगों पर निर्भर हो जो हिन्दू स्त्रियों को चार बच्चे पैदा करने के लिए कह रहे हैं–और अगर बद्रिकाश्रम के शंकराचार्य की सुनें तो दस बच्चे[160] वह न सिर्फ़ हिन्दू स्त्रियों का घोर अनादर कर रही है बल्कि हिन्दुओं के सच्चे जीवन–मूल्यों और प्राथमिकताओं से भी कोसों दूर है जिनका प्रतिनिधित्व करने का वह दावा कर रही है।

तथ्य यही है कि मोदी सरकार ने भारतीय समाज के सबसे पुरातनपन्थी तत्त्वों को खुली छूट दे दी है, जो हिन्दू नायकों को महिमामण्डित करने के लिए पाठ्य–पुस्तकों के पुनर्लेखन में जुटे हैं, आधुनिक टेक्नोलॉजी की बजाय प्राचीन भारतीय विज्ञान का ढिंढोरा पीट रहे हैं, 'लव जेहाद' के नाम पर हाय–तोबा मचा रहे हैं, 'घर–वापसी' की स्कीमें बना रहे हैं, और भारत की पहचान को विशुद्ध हिन्दू पहचान बनाने के लिए हर तिकड़म आजमा रहे हैं। जैसाकि नेहरू ने वर्षों पहले भाँप लिया था, बहुसंख्यकों का सम्प्रदायवाद हमारे बहुलवादी प्रजातन्त्र के लिए एक आधारभूत ख़तरा है, परन्तु नरेन्द्र मोदी एक संघ–प्रचारक के रूप में अपनी पूरी ज़िन्दगी में उसी विचारधारा का राग अलापते रहे हैं जो आज भारतीय समाज की समरसता को निगलने का प्रयास कर रही है।

सहिष्णुता और स्वीकृति

एक निष्ठावान हिन्दू के रूप में मैं हिन्दुत्ववादियों से सहमत नहीं हो सकता, बल्कि वे जो कुछ कर रहे हैं उस पर मैं शर्मिन्दगी महसूस कर रहा हूँ, क्योंकि वे यह सब मेरे धर्म के नाम पर कर रहे हैं। उनकी हिंसा ख़ासतौर से वितृष्णा पैदा करती है। इसीलिए देश भर के हज़ारों–लाखों हिन्दुओं ने

160. संदीप जोशी, द हिन्दू, 19 जनवरी 2015

इसका विरोध करते हुए 'मेरे नाम पर नहीं' की तख़्तियाँ दिखाईं। जैसाकि मैंने पुस्तक में जगह–जगह उल्लेख किया है, और जिसे मैं फिर से दोहरा रहा हूँ, मैंने हमेशा ही एक ऐसे धर्म से जुड़ा होने पर गर्व महसूस किया है जिसमें आस्थाओं की अद्‌भुत व्यापकता और विविधता है, एक ऐसा धर्म जो यह स्वीकार करता है कि ईश्वर भक्ति के सभी रास्ते एक समान वैध है–सच में, दुनिया का एकमात्र ऐसा धर्म जो इकलौता सच्चा धर्म होने का दावा नहीं करता। जैसेकि मैंने अक्सर पूछा है–गुण्डों की एक टोली वेदों और उपनिषदों की भव्यता और विराटता को सिकोड़कर अपनी 'पहचान की राजनीति' की तुच्छ ब्राण्ड में ढालने का दुस्साहस कैसे कर पा रही है? कोई हिन्दू उन्हें हिन्दूवाद को पतित करके किसी फुटबल मैच के हुड़दंग के स्तर पर लाने की अनुमति कैसे दे सकता है? एक चमत्कृत कर देने वाली उदात्तता और सहिष्णुता वाले धर्म को सड़कछाप दबंगई का विकृत रूप क्यों लेने दिया जा रहा है?

हिन्दूवाद अपने खुलेपन, विविधता के प्रति सम्मान और अन्य सभी आस्थाओं की स्वीकृति के कारण हमेशा ही दृढ़ता से टिका रहने में सफल रहा है–किसी दूसरे धर्म को हानि पहुँचाये बिना। परन्तु यह बाबरी मस्जिद को ध्वस्त करने वाला हिन्दुत्व नहीं है, न ही यह घृणा की आग उगलने वाले साम्प्रदायिक राजनीतिज्ञों का धर्म है। उनकी बजाय यह स्वामी विवेकानन्द का हिन्दूवाद है, जिनके विचारों को मैंने इस पुस्तक में जगह–जगह व्यक्त किया है। उनके कुछ सबसे महत्त्वपूर्ण विचारों को बार–बार दोहराने और देश के हिन्दुओं के सामने रखने की ज़रूरत है। इनमें से पहला विचार यह है कि हिन्दूवाद सहिष्णुता और सार्वभौमिक स्वीकृति का प्रतीक है। हम केवल सार्वभौमिक सहिष्णुता में ही विश्वास नहीं रखते, बल्कि हम सभी धर्मों को सत्य मानते है'। उन्होंने एक श्लोक भी उद्धरित किया था, जिसे मैं पीछे उद्धरित कर चुका हूँ। इसका अर्थ है कि अलग–अलग नदियाँ अलग–अलग स्थलों–उद्‌गमों से शुरू होती हैं परन्तु एक ही समुद्र में जाकर गिरती हैं। इसी तरह धर्म के सभी रास्ते ईश्वर से जाकर मिलते हैं। विवेकानन्द अद्वैत दर्शन की इस धारणा को भी बार–बार उद्धरित करते थे कि सत्य एक ही है, परन्तु ऋषि–मुनि इसे अलग–अलग नामों से पुकारते हैं। स्वामी विवेकानन्द का जीवन दर्शन–'सर्वधर्म समभाव' आज भी भारत के हिन्दुओं की विशाल बहुसंख्या का

जीवन मन्त्र बना हुआ है। अन्य धर्मों की स्वीकृति उनके स्वभाव में है और यह युगों–युगों से हमारी संस्कृति का हिस्सा रहा है।

यह सच है कि एक सहिष्णु धर्म के अनुयायी होने के बावजूद सभी हिन्दू सहिष्णुता का प्रदर्शन नहीं करते। इसी तरह यह भी सच है कि धर्म के आधार पर पहचान की लामबन्दी को अपना समर्थन देने वाले सभी हिन्दू अपने धर्म के सिद्धान्तों के अनुसार नहीं चलते। फिर भी, यह एक ऐतिहासिक तथ्य है कि मराठा योद्धा सम्राट् शिवाजी, जिनके नाम पर कट्टरवादी 'शिवसेना' का नाम रखा गया है, दूसरे धर्मों का सम्मान करने में किसी से पीछे नहीं थे। मुग़ल इतिहासकार काफ़ी ख़ान ने लिखा है कि शिवाजी ने यह नियम बना रखा था कि किसी मस्जिद को नुकसान नहीं पहुँचाया जायेगा। कुरान और मुस्लिम स्त्रियों के सम्मान को लेकर भी उन्होंने कड़े नियम बना रखे थे। काफ़ी ख़ान के अनुसार, "हमलों के दौरान जब कभी कुरान की कोई प्रति उनके हाथ में पड़ जाती थी तो वे इसे सम्मानपूर्वक सँभाल कर रखते थे और अपने किसी मुसलमान साथी को भेंट कर देते थे।"[161] अन्य स्रोतों से भी इस बात की पुष्टि होती है कि शिवाजी ने अपनी सेना को कुरान और बाइबल को सम्मानपूर्वक सँभाल कर रखने और मुस्लिमों या ईसाइयों के हाथों में सही–सलामत पहुँचाने का निर्देश दे रखा था।

सभी धर्मों के सम्मान के इसी सिद्धान्त को हिन्दुत्ववादी दिनोदिन अधिक उग्र तेवरों के साथ चुनौती देने में जुटे हुए हैं। स्वामी विवेकानन्द ने हिन्दुओं को चरित्र का प्रमाण–पत्र देते हुए कहा था–"भारतीयों की अपनी आस्थाएँ हैं। वे अपने पड़ोसियों का गला काटने की बजाय तपस्या करके स्वयं अपने शरीर को दण्ड देना पसन्द करते हैं। अगर कोई हिन्दू उन्मादी स्वयं को चिता में झोंक देता है तो वह ज्ञान की ज्योति नहीं जलाता है।"[162] 125 वर्ष बाद उनके इन शब्दों की प्रतिध्वनि सुनाई पड़ रही है, क्योंकि हिन्दू उन्मादी वही सब कर रहे हैं जिसे विवेकानन्द 'हिन्दू प्रकृति' नहीं मानते थे।

अर्थशास्त्री अमर्त्य सेन ने खेद प्रकट करते हुए कहा है कि हिन्दुत्व की

---

161. पर्सिवल स्पीयर, अनुवाद विसेण्ट स्मिथ, 'द ऑक्सफ़ोर्ड हिस्ट्री ऑफ़ इण्डिया', चौथा संस्करण, ऑक्सफ़ोर्ड यूनिवर्सिटी प्रेस, लन्दन, पृ. 412

162. मकरन्द आर. पराजंपे (सं.), 'स्वामी विवेकानन्द : ए कण्टेम्परेरी रीडर', रॉटलीज, नयी दिल्ली, 2015

वकालत करने वाले हिन्दू सभ्यता की महान उपलब्धियों को नज़रअन्दाज़ करके सिर्फ़ इसके कुछ कम गौरवशाली पहलुओं पर ज़ोर दे रहे हैं। उन्होंने हिन्दू उग्रवादियों की आलोचना करते हुए लिखा है–"उनके लिए उपनिषदों या गीता, ब्रह्मगुप्त या शंकरा, कालिदास या शूद्रक के गहरे और परिष्कृत ज्ञान का कोई अर्थ नहीं है; वे राम या हनुमान की मूर्ति की पूजा में ही ख़ुश हैं। उनका राष्ट्रवाद भारत की तर्कवादी परम्पराओं की भी अवहेलना करता है–एक ऐसा देश जहाँ बीजगणित, ज्यामिति और खगोलशास्त्र से आरम्भिक सूत्र रचे गये, जहाँ दशमलव की प्रणाली का सूत्रपात हुआ, जहाँ दर्शनशास्त्र, जो धर्मनिरपेक्ष भी था और धार्मिक भी, ने असीम ऊँचाइयाँ छुईं, जहाँ शतरंज जैसे खेलों का आविष्कार हुआ, जहाँ सबसे पहले यौन शिक्षा की शुरुआत हुई, और जहाँ राजनीतिक अर्थशास्त्र का पहला योजनाबद्ध अध्ययन किया गया। इसके विपरीत हिन्दू उग्रवादी एक ऐसा भारत प्रस्तुत कर रहे हैं–प्रत्यक्ष या अप्रत्यक्ष रूप से–जहाँ अन्धभक्त मूर्ति पूजक हैं, चेतनाशून्य धर्मोन्मादी हैं, आक्रामक श्रद्धालु हैं और धार्मिक हत्यारे हैं।"[163]

दूसरों के प्रति भेदभाव दिखाना, दूसरों पर प्रहार करना, दूसरों की हत्या करना, दूसरों के धर्मस्थलों को नष्ट करना उस हिन्दू धर्म का अंग नहीं है जिसे इतने गर्व और भव्यता से स्वामी विवेकानन्द ने दुनिया के सामने प्रस्तुत किया था। न ही यह इक्कीसवीं सदी के उस हिन्दू धर्म का अंग है जिसे श्री श्री रविशंकर (आर्ट ऑफ़ लिविंग के संस्थापक) और सद्‌गुरु जग्गी वासुदेव (ईशा आश्रम के संस्थापक) जैसे आध्यात्मिक गुरु सिखा रहे हैं। वे ध्यान एवं योग की तकनीकों का प्रयोग करके और प्राचीन ग्रन्थों पर आधारित आध्यात्मिक परामर्श देकर धर्म के प्रति एक मानवीय और व्यावहारिक दृष्टिकोण की सीख दे रहे हैं। क्या इस तरह के हिन्दू धार्मिक गुरुओं को धर्म के आधारभूत मूल्यों की रक्षा के लिए और कुछ धर्मोन्मादी तत्त्वों द्वारा इनके उल्लंघन के ख़िलाफ़ आवाज़ नहीं उठानी चाहिए?

मैं इस अवधारणा को सिरे से नकारता हूँ कि घृणा की आग उगलने वाले ये लोग सभी या अधिकांश हिन्दुओं का प्रतिनिधित्व करते हैं। देखा जाये तो हिन्दुत्व विचारधारा हिन्दुत्व का एक विकृत संस्करण है। बीसवीं

163. अमर्त्य सेन, 'थ्रेट्स टू सेक्युलर इण्डिया', सोशल साइंटिस्ट, खण्ड–21, 1993

सदी के कई जाने–माने हिन्दू विपक्षी नेता जो लिबरल पार्टी और स्वतन्त्र पार्टी जैसी व्यवसाय–समर्थक पार्टियों से जुड़े हुए थे–अपनी धर्म परायणता पर गर्व का प्रदर्शन करते रहे हैं। लिबरल पार्टी के श्रीनिवास शास्त्री ने 'रामायण' की ज्ञानवर्द्धक व्याख्याएँ की थीं, जबकि स्वतन्त्र पार्टी के संस्थापक सी. राजगोपालाचारी ('राजाजी' के नाम से प्रसिद्ध) संस्कृत के विद्वान थे और 'इतिहास ग्रन्थों' के उनके अनुवाद और हिन्दू धर्म के विभिन्न पहलुओं पर उनके विचार उनके निधन के दशकों बाद आज भी पढ़े जाते हैं। इन दोनों में से कोई भी हिन्दुत्ववादियों की असहिष्णुता और कट्टरवाद को स्वीकार करने या उन्हें हिन्दू धर्म का प्रतिनिधि मानने को तैयार न होता। इसी तरह कांग्रेस पार्टी के भी कई दिग्गज नेता निष्ठावान हिन्दू रहे हैं और वे भी हिन्दुत्व के राजनीतिक चेहरे को स्वीकार करने को तैयार न होते। हिन्दुत्ववादी यह मानते और प्रचारित करते रहे हैं कि उनके आलोचक ईश्वर को न मानने वाले पश्चिमीकृत 'स्यूडो सेक्युलर' हैं, परन्तु राजाजी और श्रीनिवास शास्त्री जैसे नेता वर्षों पहले ही यह साबित कर चुके हैं कि अपने धर्म को पूरी निष्ठा से पहनने–ओढ़ने के बावजूद आप उदारवादी राजनीति कर सकते हैं। परन्तु आज हिन्दुत्व को राजनीतिक हिन्दूवाद से जोड़कर यह जताने का प्रयास किया जा रहा है मानो निष्ठावान हिन्दुओं के लिए 'हिन्दुत्व' के अलावा और कोई विकल्प नहीं है।

मैं इस विचार को अस्वीकार करता हूँ। मैं न सिर्फ़ अपने–आपको हिन्दू भी मानता हूँ और उदारवादी भी, बल्कि इस बात में भी दृढ़ विश्वास रखता हूँ कि मेरे धर्म की विस्तृतता और खुली मानसिकता की प्रकृति को देखते हुए उदारवादी राजनीति इससे सबसे ज़्यादा मेल खाती है।

असुरक्षा का प्रतिबिम्ब

'हिन्दुत्व अभियान' आत्मविश्वास का प्रतीक न होकर असुरक्षा की भावना का सूचक है। यह अतीत में बार–बार मुसलमानों के हाथों हिन्दू राजाओं की पराजय और अपमान की कथाओं और विजेताओं द्वारा मन्दिरों के विनाश और ख़ज़ानों की लूट की घटनाओं की याद दिलाते रहने पर ही टिका हुआ है। दूसरे शब्दों में कहें तो हिन्दुत्व वृत्तान्त हिन्दुओं को 'पीड़ित' के रूप में प्रस्तुत करता है, न कि एक महान सभ्यता और धर्म के गर्वीले प्रतिनिधियों के रूप में। यह विफलता और पराजय की भावना का वृत्तान्त

है, न कि एक महान और विश्व के सबसे उदात्त धर्म का आत्मविश्वास भरा वृत्तान्त। यह अतीत की विफलताओं की स्मृतियों में क़ैद वृत्तान्त है, इसलिए इसे एक विकासशील वर्तमान और सुनहरा भविष्य दिखाई ही नहीं देता।

हिन्दुत्व के कुछ समकालीन स्वरों से भी इसी बात की पुष्टि होती है। अमेरिकी हिन्दुत्व समर्थक डॉ. डेविड फ्रॉले ने हिन्दू कट्टरवाद को प्रोत्साहित करने वाली अपनी पुस्तक 'अराइज अर्जुन' ('जागो अर्जुन', 1995) में लिखा है–"हिन्दू आमतौर से आत्म गौरव के अभाव और हीनभावना के शिकार हैं, जिसके कारण वे अपने–आपको और अपने धर्म को खुलकर अभिव्यक्त करने से घबराते हैं। वे सदियों तक विदेशी शासन की मार झेलते रहे हैं और धर्मान्तरण के निरन्तर जारी प्रयासों के शिकार रहे हैं।" फ्रॉले इसका समाधान हिन्दू गौरव के पुनरुत्थान में देखते हैं, परन्तु उन्होंने जिस 'दोष' की पुष्टि की है, उसका यह उपचार नहीं है।

एक हिन्दू और एक भारतीय के रूप में मैं दृढ़तापूर्वक कहना चाहूँगा कि 'भारत' का विचार कुल मिलाकर इस सिद्धान्त पर आधारित है कि राष्ट्रीयता का आधार धर्म नहीं हो सकता। हमारे राष्ट्रवादी नेताओं ने इस विचार को सख़्ती से ठुकरा दिया था कि बँटवारे ने मुसलमानों के लिए पाकिस्तान बना दिया था, इसलिए शेष भारत एक हिन्दू राष्ट्र था। भारत के विचार को स्वीकार करने के लिए आपको 1947 के विभाजन के तर्क को ठुकराना होगा। हम भारत को एक 'हिन्दू पाकिस्तान' नहीं बना सकते। जैसाकि मैंने पहले भी कहा है, हिन्दू राष्ट्रवाद भारतीय राष्ट्रवाद नहीं है, और सही अर्थों में इसका सच्चे हिन्दू धर्म से भी कोई सम्बन्ध नहीं है।

मुझे हिन्दू धर्म पर गर्व है, इसीलिए मैं इसे अज्ञानी धर्मोन्मादियों के हाथों में पड़ते देखकर इतना त्रस्त और चिन्तित महसूस कर रहा हूँ। अब समय आ गया है कि हम अपने असली और सच्चे धर्म की तरफ़ लौटें–आदि शंकराचार्य और स्वामी विवेकानन्द के धर्म की तरफ़–और इसे कट्टरवादियों का खिलौना बनने से बचाएँ। यह हिन्दूवाद की वापसी का समय है, उसे हिन्दुत्ववादियों से वापस लेने का भी।

अल्पसंख्यकों पर प्रहार के लिए हिन्दू धर्म का दुरुपयोग इस कारण से और भी दुखद है क्योंकि हिन्दूवाद भारत में एक ऐसी साझी संस्कृति को आधार प्रदान करता है जो धर्म से ऊपर है। अमीष त्रिपाठी जैसे बेस्टसेलर उपन्यासकार हिन्दू मिथकों के पात्रों को आधुनिक पाठकों के अनुरूप नये

साँचों में ढाल कर खूब लोकप्रियता अर्जित कर रहे हैं। पाठकों के हृदयों को छूने के लिए उन्हें हिन्दुत्व के कट्टरवाद की ज़रूरत नहीं पड़ती। होली, दिवाली और केरल के ओणम जैसे हिन्दू त्योहार अब हिन्दुओं तक सीमित नहीं रहे। अन्य धर्मों के भारतीय भी उन्हें एक साझे अनुभव के रूप में देखने लगे हैं। (होली का हुड़दंग हो या ओणम की तोहफ़ेबाज़ी या फिर दिवाली की रौशनी, बम–पटाखे, मिठाई और जुएबाज़ी–सभी धर्मों के भारतीय इनका मज़ा लेते देखे जा सकते हैं।) मानो ये त्योहार 'सेक्युलर' त्योहार बन चुके हैं। इसी तरह; तरह–तरह के उत्सवों, मेलों और लीलाओं में भी जो सब हिन्दू मूल के आयोजन हैं पिछली कई पीढ़ियों से सभी धर्मों के भारतीय बढ़–चढ़ कर भाग लेते रहे हैं। मुस्लिम कारीगरों द्वारा रामलीला के मुखौटे, मुकुट और धनुष–बाण बनाये जाने या दशहरे पर रावण के पुतले बनाने की बात सभी जानते हैं। बहुत–से मुस्लिम रामलीलाओं में प्रमुख पात्रों की भूमिकाएँ भी निभाते रहे हैं। 'रामायण' और 'महाभारत' अब सिर्फ़ हिन्दू ग्रन्थ नहीं रहे। वे हर भारतीय के मानस में गहराई से पैठे हुए हैं और आपसी बातचीत में शब्दों, मुहावरों और वाक्यों के रूप में अक्सर झलकते रहते हैं। टीवी पर प्रसारित अत्यन्त लोकप्रिय धारावाहिक 'महाभारत' की पटकथा और संवाद प्रसिद्ध मुस्लिम लेखक डॉ. राही मासूम रज़ा ने लिखे थे। भारत में हिन्दूवाद और इस्लाम आपस में घुले–मिले हुए हैं। आख़िर दोनों का एक ही इतिहास रहा है और सदियों के सह–अस्तित्व ने उन्हें एक–दूसरे के साथ प्रेम और सद्भावना से जीना सिखा दिया है।

कुछ हद तक, भारत के अन्य अल्पसंख्यक समुदाय हिन्दू संस्कृति के कुछ तत्त्व अपनाकर राष्ट्रीय मुख्यधारा के साथ अधिक जुड़ाव महसूस करने के प्रयास करते रहे हैं। उदाहरण के लिए, टेनिस के धुरन्धर खिलाड़ी भाइयों आनन्द, विजय और अशोक अमृतराज, तीनों के हिन्दू नाम हैं, हालाँकि वे ईसाई धर्म में विश्वास रखते हैं। रॉबर्ट और मैगी अमृतराज के ये तीनों सुपुत्र किसी मैच के भावुक क्षणों में अपने गले में शान से लटकते 'क्रॉस' को दुआ या कृतज्ञता की भावना से चूमना नहीं भूलते। रॉबर्ट और मैगी ने उत्तर–उपनिवेशीय काल में अपने बच्चों को हिन्दू नाम देना बेहतर समझा। परन्तु मैं इस तथ्य को ज़्यादा तूल नहीं दूँगा। इसी तरह, केरल में ईसाई गायक येसुदास को मलयालम का सर्वश्रेष्ठ भजन गायक समझा जाता है। हालाँकि उनका नाम 'येसु' स्वयं 'येशु' या 'ईसा' का प्रतीक है।

उनके गाये भजन मन्दिरों में ख़ूब बजाये जाते हैं, गुरुवयुर मन्दिर समेत जहाँ ईसाई होने के कारण उन्हें प्रवेश की अनुमति नहीं है। (सितम्बर 2017 में मन्दिर की तरफ़ से ख़ासतौर से यह घोषणा की गयी कि अगर येसुदास औपचारिक अनुरोध करें तो भगवान कृष्ण के सच्चे भक्त के रूप में उन्हें मन्दिर में प्रवेश की अनुमति दे दी जायेगी!)

हिन्दूवाद और संस्कृति

हिन्दूवाद को काफ़ी हद तक धर्म की बजाय एक संस्कृति के रूप में परिभाषित किया जा सकता है। (सावरकर के इसी तरह के विचारों का हिन्दुत्ववादी गुणगान करते नहीं थकते, हालाँकि वे इसे एक विकृत संकुचित दृष्टिकोण से देखते है)। किसी सार्वजनिक परियोजना का उद्घाटन हो या कोई आधारशिला रखने या किसी समुद्री जहाज की रवानगी का अवसर–एक नारियल तोड़ कर शुभ मुहूर्त की रस्म अदा करने की परम्परा लगभग सभी धर्मों के भारतीयों में देखी जा सकती है। यह वैसा ही है जैसे पश्चिम में शैम्पेन की बोतल खोल कर किसी उत्सव की शुरआत की जाती है। एक दिलचस्प तथ्य यह है कि मुस्लिम बहुल जावा और बौद्ध बहुल थाईलैण्ड में कुछ हिन्दू रस्में आज भी प्रचलित हैं। इसी तरह, इण्डोनेशिया में 'रामायण' की कथा आज भी खूब लोकप्रिय है, भले ही इसका कोई धार्मिक महत्त्व न रहा हो। जावा के मुसलमानों के संस्कृत नाम किसी भी भारतीय को चौंका सकते हैं। अगर हिन्दू संस्कृति को धर्म से जोड़कर न देखा जाये तो सभी धर्मों के भारतीय इसे अपनी विरासत के रूप में ख़ुशी–ख़ुशी अपनाना पसन्द करते हैं। मैंने अक्सर इस बात पर ज़ोर दिया है कि हमारे स्कूलों में 'रामायण' और 'महाभारत' पढ़ाई जानी चाहिए, उसी तरह जैसे पश्चिमी देशों में 'ओडिसी' और 'इलियड' पढ़ाई जाती हैं। इन्हें धर्म–ग्रन्थों की बजाय हमारी प्राचीन संस्कृति और उपलब्धियों की गौरव गाथाओं के रूप में देखने की ज़रूरत है, जिनके साथ कितने ही सांस्कृतिक प्रसंग और सन्दर्भ जुड़े हुए हैं।

अमर्त्य सेन ने बिल्कुल ठीक कहा है कि हिन्दूवाद सिर्फ़ अयोध्या या गुजरात का हिन्दुत्व नहीं है। यह सभी भारतीयों की एक धार्मिक, दार्शनिक, आध्यात्मिक और ऐतिहासिक धरोहर है, जो हमारी सभ्यता को और एक धर्मनिरपेक्ष भारतीय राष्ट्रवाद को इसका अर्थ प्रदान करती है।

एक ऐसा भारतीय राष्ट्र बनाने के लिए, जो देश की सच्ची हिन्दू विरासत के अनुरूप हो, हमें हमारे राष्ट्रीय आन्दोलन के बहुलवाद की तरफ़ लौटना होगा। इसके लिए हिन्दुत्व के उस आह्वान को सख़्ती से नकारना होगा जो अल्पसंख्यकों को बाहर रखकर हिन्दूवाद की एक कट्टरवादी परिभाषा गढ़ना चाहता है। यह आह्वान स्वामी विवेकानन्द के हिन्दूवाद के सारतत्त्व से बिल्कुल उलट है। मैं एक गर्वीले हिन्दू के रूप में, न कि एक ईश्वर विहीन सेक्युलरवादी के रूप में, अपने महान धर्म के साथ ऐसे लोगों को खिलवाड़ करते देखकर अत्यन्त त्रस्त हूँ जो न हिन्दू धर्म के बारे में कुछ जानते हैं और न इसके इतिहास और परम्पराओं के बारे में। जिस धर्म की 'रक्षा' का वे दावा कर रहे हैं, उसका सिर्फ़ एक विकृत रूप ही उन्होंने देखा–जाना है। दूसरे शब्दों में कहें तो धर्म की राजनीति करने के लिए उन्होंने हिन्दू धर्म को एक ऐसी राजनीतिक विचारधारा में बदल दिया है जो इसके मूल स्वरूप और इसकी मूल भावना से बिल्कुल भी मेल नहीं खाती।

इतिहास और सांस्कृतिक स्मृति का समकालीन दृष्टिकोण पर क्या और कितना प्रभाव पड़ता है, यह प्रत्येक परिवार की अपनी स्थिति पर निर्भर करता है। उदाहरण के लिए, मेरी माँ का सम्पन्न नायर परिवार टीपू सुल्तान की सेना के हमले से इतना डरा रहता था कि घर के कीमती ज़ेवरों को बचाने के लिए उन्होंने उन्हें ज़मीन में गाड़ दिया और फिर भूल गये कि कहाँ गाड़ा था। उन्हें वे ज़ेवर कभी नहीं मिले। पिछली दो सदियों से यह कहानी परिवार की हर पीढ़ी सुनती–सुनाती रही है, परन्तु मेरे परिवार या मेरे मन में टीपू सुल्तान या उसके लुटेरों के लिए रोष की भावना कभी सभी मुस्लिमों के प्रति रोष की भावना में नहीं बदली। हमारे दिलों में गुज़रे ज़माने के मुस्लिम लुटेरों की छाया नहीं मँडरा रही और हमने अपने बच्चों को अतीत के नाम पर कट्टरवाद को सही ठहराना नहीं सिखाया। इतिहास को इतिहास ही रहने देना चाहिए, उसे वर्तमान में नहीं घसीटना चाहिए।

भारतीयों को एक बहुधर्मी और बहुलवादी राष्ट्र को शासित करने में आने वाली कठिनाइयों के समाधान खोजने होंगे। राष्ट्रवादी अक्सर अपने राष्ट्र को एक ऐसे जनसमूह के रूप में परिभाषित करते हैं जो एक साझे शत्रु के ख़िलाफ़ एकजुट है। भारत का साझा शत्रु भारत में ही मौजूद है, परन्तु वह शत्रु हिन्दुत्ववादियों द्वारा चित्रित शत्रु नहीं है। भारत का साझा

शत्रु वह विभाजनवादी सोच है जो नियन्त्रित न किये जाने पर देश के टुकड़े–टुकड़े कर सकती है या वह भारत को एक ऐसे देश में बदल सकती है जिसे कोई भी स्वाभिमानी हिन्दू अपने देश के रूप में न पहचान पाये।

कई पहलुओं से, हमारे समय का आधारभूत द्वन्द्व सभ्यताओं के बीच नहीं बल्कि दो सिद्धान्तों के बीच है। एक तरफ़ धार्मिक और नस्ली कट्टरवाद है और दूसरी तरफ़ धर्मनिरपेक्ष उपभोक्तावादी पूँजीवाद। यह टकराव एक विरोधाभास के बीचोबीच चल रहा है। भूमण्डलीकरण के कारण जहाँ विश्व सिकुड़कर एक अकेला अन्तर्राष्ट्रीय बाज़ार बन गया है, वहीं इसी के साथ–साथ गृहयुद्धों, आतंकवाद और राष्ट्रों के विखण्डन से भी जूझ रहा है। आज हम एक तरह का 'बैकलैश', या सही कहा जाये तो दो तरह के 'बैकलैश' देख रहे हैं। इनमें से पहला आर्थिक ग़ैर–भूमण्डलीकरण के रूप में सबको साफ़–साफ़ दिखाई दे रहा है, क्योंकि पिछड़ने वालों को लगता है कि रोज़गारों के निर्यात से उन्हें अब अपने ही देश में पर्याप्त अवसर नहीं मिल रहे हैं। दूसरा 'बैकलैश' सांस्कृतिक ग़ैर–भूमण्डलीकरण के रूप में है, जिसके प्रवर्तक अपनी परम्परागत पहचान के खोल में सुरक्षित महसूस करना चाहते हैं। पश्चिम में बहुत–से क्षेत्रों में ये दोनों 'बैकलैश' साथ–साथ चल रहे हैं, परन्तु भारत जैसे देशों में ऐसा नहीं है। भारत में सरकार भूमण्डलीकरण में तो शामिल होना चाहती है परन्तु इससे जुड़ी सांस्कृतिक विविधता को नकारना चाहती है। हिन्दुत्व आन्दोलन दूसरी तरह का 'बैकलैश' है–यह महानगरीकरण, बहु–संस्कृतिवाद और सेक्युलरवाद के ख़िलाफ़ है–भले ही यह सांस्कृतिक पुनरुत्थान, धार्मिक पहचान या राष्ट्रवादी प्रामाणिकता के नाम पर हो।

भाजपा सरकार के अधीन सांस्कृतिक जड़ों (या पुनरुत्थान) और राष्ट्रवादी प्रामाणिकता ने हिन्दू बहुसंख्यवाद का रूप ले लिया है। वह भारतीयों को उनके धर्म से जुड़ी एक इकलौती पहचान देना चाहती है। मैंने 1997 में प्रकाशित अपनी पुस्तक 'इण्डिया : फ्रॉम मिडनाइट टू द मिलिनियम' में लिखा था कि हर भारतीय की बहुत–सी पहचानें हैं। कई बार हम अपनी बहुत–सी पहचानों पर पर्दा डालने के लिए भी धर्म के आवरण का प्रयोग करना चाहते हैं। धार्मिक कट्टरवादी ख़ासतौर से ऐसा करते हैं क्योंकि वे किसी विशुद्ध जुड़ाव की भावनात्मक ज़रूरत महसूस करते हैं। भूमण्डलीकरण की प्रचण्ड लहरों के 'ख़तरे' और अपनी 'राजनीति

की माँग' को देखते हुए धर्म के साथ भावनात्मक जुड़ाव की यह ज़रूरत और गहरी हो जाती है। इस ज़रूरत को अतीत या वर्तमान में किसी वास्तविक या काल्पनिक अन्याय के 'शिकार' होने की भावना से निरन्तर प्रोत्साहन मिलता रहता है। दूसरे शब्दों में कहें तो हिन्दुत्व आन्दोलन उसी भावनात्मक और मानसिक ज़रूरत की उपज है जिससे इस्लामी धर्मान्धवाद और श्वेत राष्ट्रवादी ईसाई कट्टरवाद का जन्म हुआ है।

तो फिर क्या किया जाये? हम धर्म को ख़ारिज नहीं कर सकते क्योंकि इसमें कुछ ऐसे अमूल्य और अत्यन्त महत्त्वपूर्ण तत्त्व शामिल हैं जो मनुष्य को पूरी मानवता के साथ एकाकार होकर ईश्वर से प्रार्थना करना सिखाते हैं। पर क्या हम धर्म को पहचान से अलग कर सकते हैं? क्या हम एक ऐसे विश्व की कल्पना कर सकते हैं जिसमें धर्म का एक सम्मानजनक स्थान है; परन्तु मनुष्य की आध्यात्मिक ज़रूरत किसी समाज से जुड़ने की ज़रूरत से जुड़ी हुई नहीं है? यदि हम चाहते हैं कि धर्म कट्टरवाद, आतंकवाद और जातीय/नस्लीय युद्धों का कारण न बने तो हमें पहचान की ज़रूरत को सन्तुष्ट करने के दूसरे रास्ते खोजने होंगे। यदि पहचान धर्म की बजाय नागरिकता से, धर्म सिद्धान्तों की बजाय भूमि से जोड़ी जा सके, और यह पहचान अन्य पहचानों के साथ तालमेल बिठा सके तो हम उस महाविनाश से बच सकते हैं जिसकी कल्पना सेम्युल हंटिंग्टन (जिन्होंने दो दशक पहले 'क्लैश ऑफ़ सिविलाइज़ेशंस' में इस प्रलय को चित्रित किया था) जैसे लोग करते रहे हैं। एक घरेलू 'सभ्यताओं का टकराव' भारत को ध्वस्त कर देगा, जो युगों–युगों से अपनी विविधरूपी सभ्यता पर गर्व करता रहा है।

सम्भवतः हिन्दूवाद की विविधरूपी और समावेशी प्रकृति के कारण ही भारत में लगभग हर वस्तु अनगिनत किस्मों में उपलब्ध है। कोई एक मानक या निश्चित मापदण्ड नहीं है, कोई 'एक रास्ता' नहीं है। यह बहुलवाद देश की सहज प्रकृति की उपज है। भारत के भूगोल ने इसे अपरिहार्य बनाया तो इतिहास ने इसकी पुष्टि की। कभी भी, कोई भी इकलौता राष्ट्रवाद स्थापित नहीं हो सका। जब हिन्दुत्ववादी यह माँग करते हैं कि सभी भारतीयों को 'भारत माता की जय' का नारा लगाना होगा, कि यह उनके राष्ट्रवादी होने की कसौटी है, तो हममें से बहुत–से उसी दृढ़ता से कहते हैं कि किसी भी भारतीय को ऐसा नारा लगाने की बाध्यता नहीं होनी

चाहिए जिसे वह दिल से न लगाना चाहे। उदाहरण के लिए, अगर कुछ मुसलमान यह कहते हैं कि उनका धर्म उन्हें अपनी मातृभूमि को देवी की तरह देखने की अनुमति नहीं देता तो भारत के संविधान ने उन्हें ऐसा न करने का अधिकार दिया है। हिन्दुत्ववादी उनके इस अधिकार को नकार कर ठीक नहीं कर रहे थे।

हम इसे एक सहज स्थिति स्वीकारते हुए बड़े हुए थे, देश का बँटवारा करने वाले सम्प्रदायवाद को नकारते हुए। जैसाकि मैं पीछे कह चुका हूँ, मुझे अपनी जाति का भी पता नहीं था। न ही मुझे अपने सहपाठियों या दोस्तों के धर्म या जात–पाँत का कुछ ध्यान होता था। समय के साथ मुझे इस सबका पता चलता, पर इससे मेरे रवैये या व्यवहार पर कुछ भी फ़र्क़ नहीं पड़ा। हम भारतीय थे; हमें यही सिखाया गया था कि राष्ट्रीयता धार्मिक भेदभाव से ऊपर है। हो सकता है, यह विशिष्ट वर्ग का हवाई भोलापन जैसा लगे, पर यह सोच सिर्फ़ विशिष्ट वर्गों तक सीमित नहीं थी। यह अधिकांश भारतीयों के जीवन का प्रतिबिम्ब थी, भारत के गाँवों में भी स्वाधीन भारत एक ऐसे राष्ट्रवादी संघर्ष की देन था जिसमें एक–दूसरे को स्वीकारना जिसे हम शायद नासमझी से 'सेक्युलरवाद' कह रहे थे राष्ट्रवादी सर्वसम्मति का आधारभूत और अभिन्न अंग था।

यह सच है कि हिन्दू कट्टरता, जो अपने–आपमें एक विरोधाभास प्रतीत होता है, कुछ हद तक दूसरे कट्टरपन्थियों का प्रतिक्रियात्मक परिणाम भी है। जैसाकि मैंने पीछे कहा है, बहुत–से हिन्दुओं का अपनी धर्मनिरपेक्षता को लेकर विचारहीन या ढीला रवैया अन्य हिन्दुओं के कटाक्ष का निशाना बनता रहा है, जो सेक्युलरों को 'मैकॉले पुत्र' या 'बाबर की औलाद' कहते हैं। उनकी दृष्टि में ये ऐसे हिन्दू हैं जो अपनी संस्कृति और विरासत से कटे हुए हैं, इसलिए वे इन्हें हिन्दुत्ववादियों द्वारा परिभाषित 'अपनी असली जड़ों' को फिर से खोजने की चुनौती देते रहते हैं।

हिन्दूवाद कोई शिला–स्तम्भ नहीं है

हिन्दूवाद कोई विशाल शिला–स्तम्भ नहीं है। इसकी शक्ति प्रत्येक हिन्दू में निहित है, न कि उनके समूह में। 'हिन्दू' हित को परिभाषित करने का प्रयास सम्भवतः ग़ैर–हिन्दू हितों की परिभाषा की राजनीतिक प्रतिक्रिया है। 'हिन्दुत्व' के विचार की उत्पत्ति लगभग उसी समय हुई जब बीसवीं सदी

की शुरुआत में भारतीय राजनीति में एक अलग मुस्लिम चेतना उभरने लगी। इसी सदी के अन्त में बाबरी मस्जिद के विध्वंस के रूप में प्रकट हुआ हिन्दू रोष भी मुख्य रूप से अल्पसंख्यकों के काल्पनिक तुष्टिकरण की प्रतिक्रिया थी। हिन्दू भीड़ का आवेश ऐसे लोगों का आवेश था जो पहचान की प्रतियोगिता में पिछड़ने और अतीत के अतिक्रमणकारियों से अपना कब्ज़ा वापस लेने की उन्माद भरी भावना से ग्रस्त थे। वे इतिहास से बदला लेना चाहते थे, परन्तु वे यह बात भूल रहे थे कि इतिहास अपना बदला खुद लेता है।

हिन्दुत्व परियोजना धार्मिक मान्यताओं के एक नये ढाँचे और शब्दावली के साथ हिन्दू पहचान को फिर से गढ़ना चाहती है। वे हिन्दू धर्म को सभी धर्मों जैसा बनाना चाहते हैं। जिनके प्रति उनके मन में रोष है, वे उन्हीं का अनुसरण करना चाहते हैं। वे हिन्दू धर्म–ग्रन्थों के भण्डार की बजाय कुछ ही ग्रन्थ चाहते हैं, जैसेकि 'गीता', ताकि उन्हें सामने रखकर धर्म का एक अधिक संगठित रूप प्रस्तुत किया जा सके। इसी तरह, वे कुछ ही देवताओं को प्रमुखता देना चाहते हैं, जैसेकि शिव, राम, कृष्ण, गणेश और देवी के विभिन्न प्रचलित रूप। इससे हिन्दू धर्म में एक कसाव आयेगा और प्रमुख ईश्वर रूपों पर अधिक एकाग्रता से ध्यान दिया जा सकेगा। वे हिन्दू रीति–रिवाजों का भी मानकीकरण करना चाहते हैं, ताकि कुछ निश्चित कर्मकाण्ड, धार्मिक संस्कार और आयोजन ही नहीं बल्कि त्योहार और प्रथाएँ भी निर्धारित की जा सकें। इससे हिन्दुओं में सामुदायिक भावना बढ़ेगी। वे हिन्दुओं में खान–पान, पहनावे और भाषा को भी नियन्त्रित करने के इच्छुक हैं, जैसेकि मांसाहार और ख़ासकर गो–मांस का निषेध, पश्चिमी वेशभूषा और अंग्रेज़ी भाषा की बजाय स्वदेशी पारम्परिक पोशाकों और राष्ट्रीय भाषा के रूप में हिन्दी का अधिक प्रचलन और वर्चस्व (भले ही लगभग आधा देश इसे पढ़ना–लिखना न जानता हो)। वे यह भी चाहते हैं कि हिन्दू एक ही तरह के नारे लगाएँ ('भारत माता की जय') और एक ही तरह के राष्ट्रीय गीत गाएँ ('वन्दे मातरम्'), भले ही अल्पसंख्यक मुस्लिमों को इन दोनों पर आपत्ति हो। यह नया गढ़ा हुआ हिन्दू धर्म आज की राजनीतिक और सांस्कृतिक असुरक्षा और नयी बाल सुलभ आकांक्षाओं के युग के साथ ज़्यादा मेल खाता है, न कि वेदों, पुराणों और भक्ति आन्दोलन के हिन्दू धर्म से। यह हिन्दू धर्म के जिये हुए

इतिहास को नकारना चाहता है, भले ही यह सब कुछ उसी के नाम पर करने का दावा कर रहा हो।

भारत की केन्द्रीय चुनौती विभिन्न समूहों की आकांक्षाओं को राष्ट्रीय स्वप्न में शामिल करने की चुनौती है। हिन्दूवाद की प्रकृति ने इसके समावेशी, लचीले और बहुमुखी ढाँचे ने इसे सम्भव बनाये रखा है, परन्तु हिन्दुत्व का सिद्धान्त इन समूहों में एकरूपता चाहता है। भारत की आत्मा का युद्ध दो हिन्दूवादों के बीच है– राष्ट्रवादी आन्दोलन का 'सेक्युलरवादी' भारतीयवाद और अयोध्या की भीड़ का विशेष रूप से कट्टरवाद। ये पंक्तियाँ लिखे जाने के समय यह युद्ध ज़ोर–शोर से जारी है।

* * *

हिन्दुत्व अतिरेकों पर मेरे लेखन–जिनमें बाबरी मस्जिद विध्वंस से लेकर गुजरात की भयानकता तक मेरे अध्ययन में शामिल रहे हैं–की प्रतिक्रिया में उभरी 'बैकलैश' ने काफ़ी हद तक आक्रामक ई–मेलों और सोशल मीडिया पर लांछनों की बाढ़ का रूप ले लिया है। इनमें ज़्यादातर कम विचारशील हिन्दू ब्रिगेड शामिल है। कुछ ने मुझे एण्टी–हिन्दू (हिन्दू विरोधी) के रूप में चित्रित किया तो कुछ ने जाने–माने लेफ़्टिस्ट (वामपन्थी) के ख़िताब से सम्मानित किया। यह दूसरा तोहफ़ा मेरे लिए एक अजूबा था, और मेरे उन दोस्तों के लिए भी, जो घोर समाजवादी ज़माने में मुझे राजाजी की रूढ़िवादी 'स्वतन्त्र पार्टी' के गिने–चुने समर्थकों में गिनते थे। बीच–बीच में कई हिन्दुत्ववादी मुझे मेरे जन्म से ही मेरे धर्म की याद दिलाते हुए 'गर्व से कहो हम हिन्दू हैं' की सलाह देते रहे।

मैं सचमुच ही गर्व से कह सकता हूँ कि मैं हिन्दू हूँ, लेकिन वह क्या है जिस पर मुझे गर्व है या गर्व नहीं है?

मुझे इस बात पर ज़रा भी गर्व नहीं है कि मेरे कुछ सहधर्मी मुसलमानों के घर और दुकानें जला रहे हैं। मुझे मुस्लिम लड़कियों का बलात्कार करने या मुस्लिम माँओं का गर्भ चीरने वालों पर गर्व नहीं है। मुझे उन हिन्दू शाकाहारियों पर गर्व नहीं है जो इनसानों को ज़िन्दा जलाते और उनके शवों पर ख़ुशी मनाते नहीं झिझकते। मुझे उन हिन्दुओं पर गर्व नहीं है जो उपनिषदों के महान आध्यात्मिक चिन्तन को अपनी पहचान की

भावना के तुच्छ कट्टरवाद में बदल देना चाहते हैं। मुझे उन हिन्दुओं पर गर्व नहीं है जो अपने धर्म को दूसरों को गले लगाने के लिए नहीं बल्कि उन्हें बाहर रखने के लिए इस्तेमाल करना चाहते हैं।

मुझे इस बात पर गर्व है कि विरोधाभास के बीच भारत का बहुलवाद इसीलिए दृढ़ता से अपनी जगह पर टिका रहा है क्योंकि इस देश की बहुसंख्यक आबादी हिन्दू है; और हिन्दूवाद ने उन्हें अन्य विविध पहचानों के बीच जीना सिखाया है।

मुझे उन हिन्दुओं पर गर्व है जो कांची के शंकराचार्य की तरह कहते हैं कि भारत में हिन्दू और मुसलमानों को राम और लक्ष्मण की तरह रहना चाहिए। मुझे उन हिन्दुओं पर गर्व नहीं है जो साध्वी ऋतम्भरा की तरह कहते हैं कि मुस्लिम खट्टे नीबू की तरह हैं जो हिन्दू भारत के दूध को फाड़ने का काम कर रहे हैं।

मुझे उन लोगों पर भी गर्व नहीं है जिनके अनुसार सिर्फ़ एक हिन्दू, और सिर्फ़ एक ख़ास तरह का हिन्दू ही प्रामाणिक भारतीय हो सकता है। मुझे ऐसे हिन्दुओं पर गर्व नहीं है जो कहते हैं कि भारत में रहने वाले अन्य धर्मों के लोग हिन्दुओं की सद्भावना के कारण ही यहाँ रह सकते है, न कि इसलिए कि वे इसी मिट्टी के हैं। मुझे उन हिन्दुओं पर गर्व है जो यह मानते हैं कि हममें से कुछ को भारतीय के रूप में नकारने वाला भारत अन्त में हम सभी को नकार देगा।

मुझे उन हिन्दुओं पर गर्व है जो हिन्दू साम्प्रदायिकता को पूर्णतया स्वीकार करते हैं, क्योंकि वे जानते हैं कि स्वयं को राष्ट्रवाद के रूप में प्रस्तुत कर सकने के कारण यह ज़्यादा ख़तरनाक होता है। मुझे उन हिन्दुओं पर गर्व है जो हिन्दू राष्ट्रवाद और भारतीय राष्ट्रवाद के फ़र्क को जानते हैं। स्वाभाविक तौर पर बहुसंख्यकों को अलगाववादियों के रूप में नहीं देखा जाता, क्योंकि इसे अल्पसंख्यकों के सन्दर्भ में परिभाषित किया जाता है, परन्तु बहुसंख्यकों का सम्प्रदायवाद अलगाववाद का चरम रूप होता है, क्योंकि यह अन्य भारतीयों को, जो हमारे देश का अभिन्न अंग हैं, भारत से ही अलग कर देना चाहता है। मुझे उन हिन्दुओं पर गर्व है जो यह जानते हैं कि भगवा और हरा, दोनों रंग ही राष्ट्रीय ध्वज में समान रूप से विद्यमान हैं।

ग़ैर–हिन्दुओं को उनकी अपनी ही मातृभूमि में दूसरे दर्जे के नागरिक

बना देने का विचार अकल्पनीय है। जैसाकि मैंने पीछे कहा है, यह एक तरह का दूसरा बँटवारा होगा। भारतीय आत्मा का विभाजन भी उतना ही बुरा है जितना कि भारतीय धरती का विभाजन। मेरे जैसे हिन्दुओं के लिए भारत का एकमात्र सम्भव विचार एक ऐसा राष्ट्र है जो अपने सभी हिस्सों के जोड़ से कहीं ज़्यादा है। एक ऐसा ही भारत हमें अपने आपको ब्राह्मण या बंगाली, हिन्दू या हिन्दीभाषी कहने की बजाय 'भारतीय' कहने का गौरव प्रदान कर सकता है।

* * *

मेरे जैसे हिन्दुओं के लिए क्यों न एक और नारा गढ़ा जाये? गर्व से कहो हम भारतीय हैं!

सत्य के बारे में एक पुरानी पौराणिक कथा प्रचलित है। एक सजीले और बहादुर युवक ने एक रूपवती राजकुमारी से विवाह की इच्छा प्रकट की। लड़की के पिता का विचार था कि युवक कुछ अधिक ही आत्मविश्वासी और अनुभवहीन था। इसलिए राजा ने युवक के सामने यह शर्त रखी कि राजकुमारी का हाथ जीतने के लिए उसे सत्य को खोजना होगा।

शूरवीर युवक सत्य की खोज में निकल पड़ा। वह मन्दिरों और मठों में गया, पर्वत की चोटियों पर तपस्या करने वाले ऋषि–मुनियों और सुनसान वनों में वास करने वाले साधु–स।न्यासियों के पास गया, परन्तु कहीं भी उसे सत्य नहीं मिला।

एक दिन हताश मन से वह इधर–उधर भटक रहा था कि वह एक तूफ़ान में फँस गया और शरण लेने के लिए एक पुरानी गुफ़ा में घुस गया। वहाँ एक वयोवृद्ध बुढ़िया बैठी हुई थी। वह एक डायन थी और अपने उलझे हुए बालों और झुर्रियों भरे चेहरे के मस्सों के कारण बहुत भयानक लग रही थी। उसकी चमड़ी उराकी हड्डियों पर झूल–सी रही थी, पीले पड़े दाँत सड़ रहे थे और मुँह से दुर्गन्ध उठ रही थी। फिर भी, युवक हिम्मत करके उससे बात करने लगा और अपने हर प्रश्न पर उसका उत्तर सुनकर चकित और मन्त्रमुग्ध होता चला गया। उसकी समझ में आ गया कि सत्य की खोज की उसकी यात्रा इस गुफा में आकर ख़त्म हो गयी थी।

वे दोनों रात भर बात करते रहे। सुबह जब तूफ़ान थम गया और युवक जाने लगा तो उसने बुढ़िया को बताया कि उसकी खोज पूरी हो गयी थी। उसे सत्य मिल गया था और अब वह बड़े विश्वास से राजा के महल में जाकर राजकुमारी से विवाह कर सकता था।

''मैंने सत्य पा लिया है,'' उसने कहा, ''परन्तु मैं राजमहल में जाकर आपके बारे में क्या बताऊँ?''

बुढ़िया मुस्कराने लगी और बोली, ''उनसे कहना कि मैं युवा और सुन्दर हूँ।''

तो यह है सत्य! सत्य का अस्तित्व है, परन्तु वह हमेशा सच नहीं होता। प्राचीन हिन्दुओं के ज्ञान की यह अन्तर्दृष्टि सभी धर्म–ग्रन्थों में मौजूद है, जिनमें आज के सुनिश्चितवादी, कट्टरवादी और धर्मोन्मादी हिन्दुत्ववादियों के लिए कोई जगह नहीं है।

बहुत–से हिन्दुओं के लिए सबसे दुःखद तथ्य यह है कि (आलोचकों द्वारा अक्सर 'भक्त' कहे जाने वाले) हिन्दुत्ववादी प्रतिदिन हिन्दू धर्म के महान मूल्यों के साथ घात कर रहे हैं। जब से सोलहवीं सदी में तमिलनाडु से भक्ति आन्दोलन की लहर शुरू हुई है, हिन्दू चिन्तन धर्म की निजी प्रकृति पर केन्द्रित होता चला गया है। इसके साथ ही आदि शंकराचार्य और स्वामी विवेकानन्द का सर्वग्राही, समन्वयकारी और समावेशी दर्शन हिन्दू धर्म का प्रमुख दर्शन बनता चला गया है। वेदों से लेकर सभी परम्परागत हिन्दू धर्म–ग्रन्थ दार्शनिक जिज्ञासा, सृष्टि की रचना से जुड़े प्रश्नों, जीवन के अर्थ और महत्त्व को लेकर चिन्तन, और प्रत्येक निष्कर्ष पर संशय और प्रश्नचिह्नों से ओत–प्रोत रहे हैं। हिन्दूवाद को इसके रहस्यवाद और संशयवाद से अलग करना और इसे एक निश्चित और एकरूपी साँचे में ढाल कर एक कट्टरवादी और एकमात्र हिन्दू धर्म के रूप में प्रस्तुत करना भारत के इस महान धर्म के साथ राजद्रोह या धर्मद्रोह से कम नहीं है।

हिन्दुत्व की राजनीतिक परियोजना सीधे धर्म पर प्रहार है। हिन्दूवाद जहाँ सदियों तक बाहरी आक्रमणों को सफलतापूर्वक झेलता रहा है, वहीं इस भीतरी घात के ख़िलाफ़ कुछ–कुछ असहाय प्रतीत हो रहा है। यही कारण है कि हिन्दुत्व राजनीति का दृढ़ता से प्रतिरोध करने की ज़रूरत है। यह हिन्दू धर्म को उसकी प्रकृति के विपरीत एक ऐसे साँचे में ढाल

देने को उत्सुक है जो उसका रूप कभी था ही नहीं। जैसाकि अर्थशास्त्री और बुद्धिजीवी कौशिक बसु ने भी कहा है, यह हिन्दुत्ववादियों की असुरक्षा की भावना का ही प्रमाण है कि वे अपने देश और अपने धर्म को उन्हीं देशों और धर्मों के साँचे में ढाल देने को उत्सुक हैं जिनके प्रति वे इतनी घृणा का प्रदर्शन करते हैं।

हिन्दूवाद में ज्ञान की खोज में 'प्रमाण' का बहुत महत्त्व है। यदि आप अपने प्रमाण की वैधता और दृढ़ता को प्रदर्शित कर सकते हैं, तो आपको अपनी विशिष्ट मान्यता पर अड़े रहने का पूरा अधिकार है। हिन्दूवाद का यही पहलू, जो अन्य धर्मों में 'उद्घाटित सत्य' को अपने–आपमें प्रमाण मानने की परम्परा से अलग है, इसे मान्यताओं की विविधता को लेकर इतना उदार बना देता है। मेरे मित्र कार्तिक श्रीधरण के अनुसार, इक्कीसवीं सदी की शब्दावली में हिन्दूवाद एक 'ओपन सोर्स ऑपरेटिव सिस्टम' की तरह है, जिसे अपना आधार बनाकर कोई भी अपनी ख़ुद की ऐप मानवीय मस्तिष्कों की हार्डवेयर में फिट कर सकता है। किसी भी मान्यता को गढ़ने के लिए हिन्दूवाद की सिर्फ़ यही शर्त है कि इसमें विश्लेषणात्मक और तार्किक नियमितता होनी चाहिए। स्वयं ईश्वर का अस्तित्व भी इसी कसौटी पर निर्भर है। नीत्शे के इस कथन कि 'ईश्वर ने मनुष्य को रचा और मनुष्य ने ईश्वर को' से एक हज़ार वर्ष पहले दसवीं सदी के तर्कशास्त्री उदयनाचार्य ने संस्कृत के एक श्लोक में पुरी के भगवान जगन्नाथ को सम्बोधित करते हुए कुछ यूँ कहा गया–

ऐश्वर्य के मद में मत
आप मेरी उपेक्षा कर रहे हैं,
परन्तु (निरीश्वरवादी) बौद्धों के आते ही
आपका समूचा अस्तित्व मेरे वश में होगा।[164]

ईश्वर को इस चुनौती के बावजूद उदयनाचार्य को ही बौद्धों को शास्त्रार्थ में बुरी तरह परास्त करने का श्रेय जाता है, जिसके परिणामस्वरूप बौद्ध धर्म कभी भी हिन्दूवाद के लिए एक चुनौती नहीं बन सका।

---

164. संस्कृत के मूल श्लोक से अनूदित।

कट्टर सिद्धान्तों से रहित एक धर्म

जब, 2006 में मैं संयुक्त राष्ट्र के महासचिव के पद के लिए भारत का पहला और इकलौता आधिकारिक उम्मीदवार बना तो कुछ पत्रकारों ने जानना चाहा कि मेरी विश्वदृष्टि में मेरे हिन्दू धर्म की क्या भूमिका थी? मैंने यह स्वीकार किया कि धर्म किसी व्यक्ति के कार्यक्षेत्र और जीवन में उसके आचरण को प्रभावित कर सकता है। कुछ के लिए इसका अर्थ सिर्फ़ स्वयं में आस्था होता है, अन्य लोगों के लिए, मेरे समेत, यह आस्था स्वयं से किसी बड़े स्रोत से उपजती है। आस्था, एक स्तर पर, वह चीज़ है जो आपको कुछ आवश्यक जोख़िम उठाने का साहस प्रदान करती है। यह आस्था आपको जीवन के उन उतार–चढ़ावों और झटकों को झेलने की शक्ति भी देती है जो उन सभी के जीवन में आते हैं जो दुनिया में कुछ बदलाव लाना चाहते हैं। इसलिए मुझे खुलकर यह कहने में कोई परेशानी नहीं हुई कि मैं एक निष्ठावान हिन्दू हूँ। इसके साथ ही मैंने यह भी समझाया कि मेरे लिए इन शब्दों का क्या अर्थ था। मैं एक 'हिन्दू कट्टरवादी' नहीं हूँ। जैसाकि मैंने इस पुस्तक में कहा है, और पहले भी कहता रहा हूँ, हिन्दू धर्म के बारे में सबसे आधारभूत बात यह है कि इसमें आधारभूत या कट्टर सिद्धान्त जैसा कुछ भी नहीं है।

मैंने यह भी कहा कि वैश्विक विविधता में मेरी आस्था भी हिन्दू मान्यताओं की देन है, क्योंकि हिन्दूवाद के भीतर ही धार्मिक प्रथाओं की प्रचुर विविधता है। हमारे धर्म में किसी इकलौते धर्म–ग्रन्थ की बजाय अनेक धर्म–ग्रन्थ हैं। मेरा धर्म मुझे इस बात की अनुमति देता है कि मैं ईश्वर की अपनी ख़ुद की धारणा के अनुरूप उस तक पहुँचने का प्रयास करूँ। मेरा पालन–पोषण इस तरह हुआ है कि मैं ईश्वर के सभी प्रतीकों को समान रूप से वैध समझूँ। मैंने बड़े चाव से उन्हें बताया कि मेरे पिता प्रतिदिन बड़ी श्रद्धा से पूजा–पाठ करते थे, परन्तु उन्होंने कभी भी मुझे भी इसमें शामिल होने के लिए नहीं कहा। हिन्दू परम्परा के अनुरूप वे चाहते थे कि उनका पुत्र अपना सत्य स्वयं खोजे। मैंने अपने बेटों का भी ठीक इसी तरह पालन–पोषण किया है।

अपना सत्य खोजते हुए मैं इस सत्य पर पहुँचा कि सत्य के अनेक रूप भी हो सकते हैं। इसलिए मैं विश्व के सामने एक ऐसा दृष्टिकोण ला रहा हूँ जो खुला हुआ, समन्वयकारी और सहिष्णु है। मेरा धर्म उन लोगों

के लिए नहीं है जो अप्रश्नीय और कट्टर धर्म सिद्धान्तों की खोज में हैं। संशय और अनिश्चितता के इस दौर में इससे अच्छा धर्म भला और क्या हो सकता है जिसमें इन दोनों के लिए भरपूर जगह है।

राजनीतिक उद्देश्यों के लिए धर्म का दुरुपयोग निस्सन्देह हमारे समकालीन यथार्थ का एक दुखद और कई मामलों में, त्रासदी भरा अंग है। जैसाकि संयुक्त राष्ट्र के महासचिव कोफ़ी अनान ने एक बार कहा था, ''धर्म के साथ कभी कोई समस्या नहीं होती। समस्या सिर्फ़ इसे मानने वालों के साथ है।'' सभी धर्मों का उद्देश्य हमारे भीतर ईश्वरीय चिंगारी पैदा करना होता है, परन्तु दुर्भाग्य से कुछ लोग अपने धर्म का प्रयोग एक की तरह दूसरों पर प्रहार करने के लिए करते हैं। वे यह भूल जाते हैं कि धर्म स्वयं को ईश्वरीयता या दिव्यता के स्तर तक ऊँचा उठाने का माध्यम है। क्योंकि हिन्दूवाद ईश्वर तक पहुँचने के विविध रास्तों में विश्वास रखता है, इसलिए मैं अन्य लोगों की धार्मिक मान्यताओं को अपनी मान्यताओं के समान ही वैध मानता हूँ। यही कारण है कि मैं अपने धर्म के मूल्यों और सिद्धान्तों की हिन्दुत्ववादी व्याख्या को स्वीकार नहीं कर सकता।

परन्तु एक निष्ठावान या धर्म परायण हिन्दू होने का मेरे लिए क्या अर्थ है? जैसाकि मैंने पहले कहा है, मैं मन्दिरों में ज़्यादा नहीं जाता हूँ। फिर भी मैं प्रतिदिन पूजा करता हूँ, भले ही कई बार सिर्फ़ दो मिनट के लिए। बहुत–से हिन्दू अपने घरों में एक छोटा या बड़ा मन्दिर या पूजा घर बनाते हैं, जिसमें कम–से–कम एक छोटी–सी मूर्ति तो होती ही है। मैनहट्टन (अमेरिका) के मेरे घर में भी एक छोटा–सा पूजा कक्ष था, और अब दिल्ली और तिरुवनन्तपुरम में कुछ बड़ा है। यह ईश्वर के साथ मेरे जुड़ाव का पवित्र स्थल है। फिर भी, मैं उपनिषदों के इस सिद्धान्त में विश्वास रखता हूँ कि ईश्वर अज्ञेय और अगम्य है; उसे न जाना जा सकता है न पाया जा सकता है। समस्त पूजा उस तक पहुँचने का प्रयास है जिसे हम स्पर्श नहीं कर सकते। मैं कभी–कभी मन्दिर में भी जाता हूँ और यह भी जानता हूँ कि मेरी माँ और अन्य श्रद्धालुओं के लिए वह कितना महत्त्वपूर्ण है, परन्तु निजी तौर पर मेरा विश्वास है कि ईश्वर और मनुष्य के बीच किसी माध्यम या मध्यस्थ की ज़रूरत नहीं है। यदि ईश्वर आपके हृदय में है तो इससे कोई अन्तर नहीं पड़ता कि वह कहाँ वास करता है।

इसलिए मैं वेदान्त के खुलेपन, विविधता, विराटता और ऊँची दार्शनिक

आकांक्षाओं पर गर्व करता हूँ। मुझे हिन्दू धर्म के पालन में किसी तरह की बाध्यता के अभाव और पूजा–पाठ के विविध और समृद्ध तौर–तरीक़ों पर भी गर्व है और ईश्वर की किसी भी छवि और किसी भी देवी–देवता को अपना प्रिय ईश्वर रूप मानने की स्वतन्त्रता पर भी। मैं हिन्दू धर्म की सहिष्णुता की प्राचीन परम्परा और सभ्यता का अगाध समर्थक हूँ, जो अन्य धर्मों के अनुयायियों को हमेशा गले लगाती रही है और उन्हें अपनी धार्मिक मान्यताओं का पालन करने की स्वतन्त्रता देती रही है। यह एक उल्लेखनीय तथ्य है कि भारत एकमात्र ऐसा देश है जहाँ यहूदी समुदाय सदियों से सुख–शान्ति से रहता रहा है और उसे अपने धर्म के विरोध की एक छोटी–सी घटना का भी सामना नहीं करना पड़ा है। मुझे इसी हिन्दूवाद पर आनन्द भरा गर्व है।

आधुनिक विश्व के साथ भारत की अनुकूलता इसकी अनिश्चितता की स्वीकृति और व्यावहारिक और उदार धार्मिक संस्कृति पर आधारित है। 'सम्भवतः वह भी नहीं जानता' की बात करने वाला हिन्दू धर्म काले और सफ़ेद, सच और झूठ से ऊपर उठकर मानव जीवन को देखता है और जीवन–मृत्यु के प्रश्नों को सन्देह और संशय और विधि दृष्टिकोणों के साथ स्वीकार करता है। इसलिए यह 'कट्टरवाद' से ऊपर उठकर सोचने वालों का धर्म है। आज विश्व में जगह–जगह धार्मिक कट्टरवाद की लहरों को उठते देखते हुए स्वामी विवेकानन्द का सन्देश शान्ति और सह–अस्तित्व का मन्त्र साबित हो सकता है। उन्होंने कहा था– "हम केवल सार्वभौमिक सहिष्णुता में ही विश्वास नहीं रखते, अपितु सभी धर्मों को सत्य के रूप में स्वीकार करते हैं।" इसलिए संयुक्त राष्ट्र के महासचिव के पद के प्रत्याशी के लिए यह एक आदर्श धर्म था। हारने के बाद भी मेरे धर्म ने ही मुझे सान्त्वना देते हुए 'भगवद्गीता' का यह श्लोक याद दिलाया कि हमें अपने धर्म का पालन करना चाहिए और परिणाम की चिन्ता नहीं करनी चाहिए।

हिन्दूवाद विश्व को निश्चितताओं में बाँध कर नहीं देखता है। इसकी प्रकृति में काले और सफ़ेद, सत्य और असत्य का बहुत कम स्थान है। भले और बुरे या कर्तव्य और विद्रोह को लेकर यह विविध दृष्टिकोणों को स्वीकार करता है और परिस्थितियों के अनुसार उनका मूल्यांकन करता है। स्वामी विवेकानन्द अक्सर कुएँ के मेंढक का सन्दर्भ दिया करते थे।

हिन्दु, ईसाई, मुस्लिम सभी अपने–अपने कुओं में बैठे उसी को पूरा विश्व समझते रहते हैं जबकि इन सभी को एक–दूसरे से बहुत कुछ सीखने के लिए कुएँ से बाहर निकलने की ज़रूरत है।

हिन्दूवाद एक कुल जमा वाली निश्चित या कठोर मान्यता वाली व्यवस्था नहीं है। यह विश्व की जटिलताओं का सामना करने के उपाय सुझाता है। यह इस बात को स्वीकार करता है कि सत्य बहुमुखी है और सृष्टि की रचना या जीवन के अर्थ से जुड़े प्रश्नों का कोई एक निश्चित उत्तर नहीं है। ऋषि–मुनियों के प्रति श्रद्धा भाव रखते हुए यह स्वीकार करना कि सत्य दो या अनेक विचारों के परस्पर आदान–प्रदान से ही उद्‌घाटित हो सकता है, इसलिए कोई एक विचार सत्य पर एकाधिकार का दावा नहीं कर सकता। एक हिन्दू के लिए सबसे बड़ा सत्य यह है कि सत्य के कई रूप हो सकते हैं।

हिन्दूवाद में जीवन एक गतिशील प्रक्रिया है, जिसका हमेशा के लिए कोई निश्चित समाधान नहीं खोजा जा सकता। यह मनुष्य के जीने के अनुभव और उसके विश्वास के अनुसार नया रूप लेता रहता है। ईश्वर के साथ भी मनुष्य के सम्बन्ध प्रत्येक व्यक्ति के अपने अनुभव और विश्वास पर निर्भर करते हैं। हर मनुष्य को अपना सत्य स्वयं खोजना पड़ता है। प्रत्येक मनुष्य को आत्म–तृप्ति और मुक्ति के लिए स्वयं प्रयास करना पड़ता है।

इस आध्यात्मिक स्वतन्त्रता के साथ–साथ हिन्दूवाद सांसारिक जीवन के साथ भी गहराई से जुड़ा हुआ है। एक सतही दृष्टिकोण से हिन्दूवाद 'परलोक की शाश्वतता' के विचार पर केन्द्रित प्रतीत हो सकता है, परन्तु वास्तव में हिन्दूवाद 'संसार के त्याग' से जुड़ा अध्यात्म मात्र नहीं है। जैसाकि रेमन पणिक्कर ने रेखांकित किया है, वेदों की महानता का आधार अकाल या कालहीनता (टाइमलेस) न होकर काल प्रचुरता या कालपूर्णता (टाइमफुल) है। 'अथर्ववेद' के एक श्लोक के अनुसार, समय एक लबालब भरे पात्र से छलकने वाले द्रव्य के समान है, जो हर तरह के प्रयास के बावजूद कभी ख़ाली नहीं होता। समय या काल एक ऐसी निरन्तरता है जिसका न कोई आदि है न अन्त, न इसकी कोई परिमिति या सीमा ही है। यह अनन्त और अपार है, स्वयं ईश्वर की तरह। जैसाकि 'भगवद्‌गीता' में भी श्रीकृष्ण ने कहा है, "मैं काल हूँ, विश्व–विनाशक...मैं अजर–अमर काल हूँ। "मैत्रेय उपनिषद्' के एक श्लोक का भावार्थ इस प्रकार है–

काल से सभी जीव उत्पन्न होते हैं
काल से ही विकसित और फलते–फूलते हैं
काल से ही उनका अन्त होता है
काल देह में भी है और विदेह भी

इसमें भी कोई सन्देह नहीं कि जब धर्म पर दक्षिण–पन्थ सवार हो जाता है तो इसके भयंकर परिणाम होते हैं–युद्ध, विजय अभियान, जेहाद, साम्प्रदायिक हिंसा, नरसंहार। दूसरी तरफ़ धर्म के लाभ नैतिकता सिखाने, किसी प्रार्थना के फलने और दुखी आत्माओं को ढाढस बँधाने तक सीमित हैं। अपने पूरे इतिहास में हिन्दूवाद ने कभी भी दूसरे धर्मों के ख़िलाफ़ कोई युद्ध नहीं छेड़ा और न ही उन पर अपने विचार थोपने का कोई प्रयास किया। हिन्दू अपने धर्म को एक शान्तिप्रिय धर्म मानते हैं, हालाँकि अन्य धर्मों के लोग भी ऐसा ही मानते हैं। हिन्दू धर्म–ग्रन्थ मनुष्य के भीतर और बाहर, दोनों तरह ही शान्ति पर ज़ोर देते हैं। कई वैदिक मन्त्र विशेष रूप से शान्ति पर केन्द्रित हैं और ऐसा माना जाता है कि, इनका बहुत गहरा प्रभाव पड़ता है। इनमें 'शान्ति मन्त्र' सबसे प्रसिद्ध है। किसी भी शुभ कार्य के बाद या किसी पवित्र ग्रन्थ के पाठ के बाद तीन बार 'ओ३म् शान्ति, शान्ति, शान्ति' का उच्चारण किया जाता है। इसे तीन बार दोहराने का उद्‌देश्य तीनों लोकों की शान्ति है। मनुष्य पृथ्वीलोक पर तभी शान्ति प्राप्त कर सकता है अगर स्वर्गलोक और उसके हृदय में शान्ति है, और उसका हृदय तभी शान्ति प्राप्त कर सकता है अगर स्वर्गलोक और पृथ्वीलोक पर शान्ति है। 'यजुर्वेद' का यह प्रसिद्ध शान्ति पाठ है–

ओ३म् द्यौः शान्तिरन्तरिक्षः,
शान्तिः पृथ्वी शान्तिरापः शान्तिरोषधयः।
शान्तिः वनस्पतयः शान्तिर्विश्वे देवाः शान्तिर्ब्रह्म,
शान्तिः सर्वं शान्तिः, शान्तिरेव शान्तिः, सा मा शान्तिरेधि।।
ओ३म् शान्तिः शान्तिः शान्तिः।।

(शान्ति दीजिए, प्रभु...अन्तरिक्ष में, पृथ्वी पर, जल में, वनस्पति लोक में, ब्रह्म और स्वर्गलोक में, जड़ में, चेतन में और जगत् के कण–कण में शान्ति का संचार कीजिए।)[165]

165. रेमन पणिक्कर, 'द वैदिक एक्सपीरियंस', (हिन्दी संस्करण) मूल संस्कृत पाठ और उसका हिन्दी भावार्थ।

सोलहवीं लोकसभा की अध्यक्ष, जो यह पद सँभालने वाली भारतीय जनता पार्टी की पहली सदस्य हैं, ने प्रत्येक सत्र में शोक सूचनाएँ पढ़े जाने के बाद 'ओ३म् शान्ति शान्ति शान्ति' के उच्चारण की परम्परा शुरू की है। भले ही इसमें एक धर्मनिरपेक्ष सदन में धार्मिक भाषा के प्रयोग की झलक दिखाई देती हो, परन्तु बहुत–से सांसदों ने उनके साथ यह शान्ति मन्त्र दोहराया। इनमें अन्य पार्टियों के भी बहुत–से सांसद शामिल थे। एक उदारवादी होने के कारण मुझे शुरू में यह कुछ अटपटा लगा था, परन्तु फिर मेरे मन में यह विचार आया कि अगर सभी सांसद इसे दोहराने के लिए बाध्य नहीं थे तो इस शान्ति मन्त्र में कोई बुराई नहीं थी। मुझे लगा कि एक हिन्दू अपने धर्म को प्रकट कर सकता है, अगर इसमें एक समावेशी दृष्टिकोण निहित है और इसे किसी पर थोपा नहीं जा रहा है।

हिन्दूवाद जीवन के आनन्द और रसों को, जीवन की लीलाओं को सहर्ष स्वीकार करने वाला धर्म है। यह विश्व को चमकते–दमकते हुए और आनन्दमग्न देखता है, न कि गम्भीरता और अन्धकार में लिपटे हुए। जैसाकि 'भगवत्गीता' में कहा गया है–''सूर्य की वह आभा जो समस्त संसार को प्रकाश से भर देती है, जो चन्द्रमा में भी है और अग्नि में भी, समझो कि वह मेरी आभा है।'' एक तरह से यही आभा सभी मनुष्यों में भी है, क्योंकि उपनिषदों के अनुसार, ईश्वर प्रत्येक वस्तु में स्वयं को और स्वयं में प्रत्येक वस्तु को देखता है। दूसरे शब्दों में कहें तो पूरी सृष्टि में ईश्वर की आभा झलकती है और ईश्वर में पूरी सृष्टि की आभा झलकती है। हिन्दू धर्म–ग्रन्थों में मानवीय दुखों और कष्टों के अस्तित्व को भी स्वीकार किया गया है, परन्तु इन्हें मनुष्य के विकास में एक जागृति चरण के रूप में देखा गया है। वेद यह नहीं बताते कि हम कष्ट क्यों भोगते हैं वे मनुष्य के दुखों को सहज रूप से स्वीकार करते हैं और इनसे उबरने की बात करते हैं। उपनिषदों में 'दुख' का अधिक उल्लेख मिलता है, जबकि वेदों में यह शब्द है ही नहीं। जैसाकि 'गीता' में कहा गया है, आदर्श स्थिति यह है कि दुखों से विरक्त रहा जाये और आत्म–बोध के माध्यम से इनसे उबरा जाये। एक आम मनुष्य के लिए यह एक असम्भव काम लगता है, इसलिए ईश्वर में मन लगाना एक आसान उपाय प्रतीत होता है।

इसी तरह, हिन्दू धर्म–ग्रन्थों में जीवन–मृत्यु से जुड़े रहस्य पर भी पर्याप्त चिन्तन मिलता है, परन्तु मृत्यु को अधिक महत्त्व नहीं दिया गया

है। जैसाकि रेमन पणिक्कर लिखते हैं, "इनमें एक अस्तित्ववादी दृष्टिकोण दिखाई देता है। मृत्यु की घटना को स्वीकार करते हुए भी इसे जीवन का 'अन्त' नहीं माना गया है। मृत्यु के तथ्य को जीवन के साथ एकीकार कर दिया गया है... जीवन–मृत्यु–जीवन... इस तरह, जीवन और मृत्यु को एक ही दृष्टि से देखा गया है।" जीवन–मृत्यु–जीवन की यह निरन्तरता हिन्दू धारणा की एक विशिष्टता है। मृत्यु को एक नये जीवन के साथ जोड़ दिया गया है। पणिक्कर के ही शब्दों में कहें तो, "आगे एक अथाह सागर है, इसलिए इस तरफ़ के तट जी भर कर टहलने और खेलने के लिए हैं।"

हिन्दू धारणा के अनुसार, धर्म अधिक–से–अधिक एक सम्पन्न और सम्पूर्ण जीवन जीने का मंच तैयार कर सकता है। नियति, ज्ञान, चिन्तन और पूजा–पाठ आपको आत्म–तृप्ति की तरफ़ ले जा सकते हैं। हिन्दू एक खोजी है, परन्तु उसकी खोज उसके भीतर तक सीमित है। हिन्दूवाद जीवन के सत्यों को खोजने के लिए आपको अपने मस्तिष्क और हृदय में झाँकने के लिए कहता है। एक आदर्श हिन्दू जिज्ञासु का चित्रण वाल्मीकि की 'रामायण' में नारद मुनि के पात्र में देखा जा सकता है। उनका वर्णन 'आत्म–शिक्षण की लगन और इन्द्रियों पर पूर्ण नियन्त्रण वाले एक सत्य–शोधक' के रूप में किया गया है। योग, ध्यान, पूजा, समाजसेवा– सभी इसी लक्ष्य की प्राप्ति के साधन हैं, परन्तु मात्र यही साधन नहीं हैं। ऊँचे लक्ष्यों की प्राप्ति के लिए आपको स्वयं कठोर प्रयास करने पड़ते हैं। स्वामी विवेकानन्द और महात्मा गाँधी द्वारा सिखाया गया 'कर्म योग' क्रिया का सिद्धान्त है, न कि निष्क्रियता या भाग्यवाद का। पुरुषार्थ की प्राप्ति में शिथिलता का कोई काम नहीं है।

एक बुद्धिमान हिन्दू अपने मस्तिष्क में दो या अधिक परस्पर विरोधी विचारों को एक साथ लेकर चल सकता है। संसार भी इसी आधार पर विद्यमान है। हिन्दू धर्म–ग्रन्थ की बजाय संशय के मंच से चिन्तन करते हैं। 'ऋग्वेद' में स्वयं ईश्वर के बारे में यह श्लोक कि 'सम्भवतः वह भी नहीं जानता है' उत्तर–आधुनिक युग की खोज न होकर साढ़े तीन हज़ार वर्ष पहले के ज्ञान की खोज है। यह आज भी वैध है और हमेशा रहेगी।

अधिकांश धर्म एक पहचान, एक वृत्तान्त और एक पवित्र ग्रन्थ पर आधारित होते हैं। परन्तु हिन्दूवाद यह मानता है कि प्रत्येक मनुष्य की अनेक पहचानें होती हैं। वह विविध वृत्तान्तों को स्वीकार करता है और

अनेक ग्रन्थों को श्रद्धेय मानता है। दरअसल, विभिन्न मान्यताओं वाले 'लोक–हिन्दूवाद' को अब्राहमवादी एक पुस्तक के ढाँचे में फिट भी नहीं किया जा सकता। इसी तरह, इसे एक दैवीय छवि और एक पूजा–पद्धति में ढालना भी असम्भव है। एक हिन्दू बड़े प्रश्नों को लेकर जितना चिन्तन–मनन करता है, उतना ही उसे विश्वास होता जाता है कि कितना कुछ मनुष्य की समझ से परे है।

यह सब होते हुए भी हिन्दू आज के यथार्थ में जीता है, यहाँ और अब, यह जानते हुए कि अध्यात्म और मोक्ष अपनी जगह है, परन्तु उसे अपना सांसारिक जीवन भी जीना है और अपने परिवार, अपने समाज और अपने देश के प्रति अपने कर्तव्यों और दायित्वों को निभाना है, इस बात की परवाह किये बिना कि उसे क्या फल मिलेगा? हिन्दू आज की कठिन चुनौतियों से जूझने की बजाय अपने धर्म सिद्धान्तों की आड़ नहीं लेते, कट्टरपन्थ की शरण में नहीं जाते, और फ़तवों या पण्डितों–पुरोहितों का नेतृत्व नहीं तलाशते। वे आज की चुनौतियों का खुलकर सामना करते हैं, यह स्वीकार करते हुए कि वे कितना कम जानते हैं। हिन्दू विश्व की जटिलताओं से बिल्कुल नहीं घबराते, क्योंकि वे स्वीकार करते हैं कि यह संसार जटिल है, उलझा हुआ है, और बहुत–सी बातें उनकी समझ से परे हैं।

इक्कीसवीं सदी का धर्म

इक्कीसवीं सदी में, हिन्दूवाद में एक सार्वभौमिक धर्म के बहुत–से गुण दिखाई देते हैं। एक ऐसा धर्म, जो एक निजी और व्यक्तिवादी धर्म है; जो व्यक्ति को समूह से ऊपर रखता है, उसे समूह के अंग के रूप में नहीं देखता। एक ऐसा धर्म, जो अपने अनुयायियों को जीवन का सच्चा अर्थ स्वयं खोजने की पूरी स्वतन्त्रता देता है और इसका सम्मान करता है। एक ऐसा धर्म, जो धर्म के पालन के किसी भी तौर–तरीक़े के चुनाव की ही नहीं, बल्कि निराकार ईश्वर की किसी भी छवि के चुनाव की भी पूरी छूट देता है। एक ऐसा धर्म, जो प्रत्येक व्यक्ति को स्वयं सोच–विचार करने, चिन्तन–मनन और आत्म–अध्ययन की स्वतन्त्रता देता है। एक ऐसा धर्म, जो कट्टर सिद्धान्तों और पवित्र निर्देशों से मुक्त है। एक ऐसा धर्म, जो कम–से–कम परामर्श देते हुए भी अधिक से अधिक विकल्प प्रस्तुत करता है; जो अनेकानेक आध्यात्मिक और दार्शनिक ग्रन्थों और सामाजिक–सांस्कृतिक

व्यवहारों में से अपनी इच्छानुसार किन्हीं को भी चुनने और अपने तरीक़े से उनका अनुसरण करने की स्वतन्त्रता देता है।

एक ऐसे विश्व में, जहाँ शासन का विरोध दिनोदिन बढ़ रहा है, शासन रहित हिन्दूवाद किसी तरह का अधिकार नहीं जमाता। एक ऐसे विश्व में, जहाँ व्यक्ति नेटवर्क के माध्यम से जुड़े हुए हैं, हिन्दूवाद किसी तरह की संस्थागत व्यवस्था नहीं थोपता। एक ऐसे विश्व में, जहाँ ओपन सोर्स सूचना आदान–प्रदान का प्रचलन बढ़ रहा है, हिन्दूवाद सभी मान्यताओं को एक समान वैध मानता है। एक ऐसे विश्व में, जो दिनोदिन बड़ी तेज़ी से बदल रहा है, हिन्दूवाद एक परिवर्तनशील और लचीली धार्मिक व्यवस्था प्रस्तुत करता है। अपने इन्हीं विशिष्ट गुणों के कारण हिन्दूवाद लगभग 4,000 वर्षों से अस्तित्व में है और हमेशा फलता–फूलता रहा है।

1926 में प्रोफ़ेसर क्लीमेण्ट वेब ने कहा था कि अपने खुलेपन, सहिष्णुता और सभी कल्पनीय रूपों में ईश्वरीयता की स्वीकृति के कारण हिन्दूवाद "किसी अन्य धर्म की तुलना में, और अपने अतीत के साथ निरन्तरता के सूत्र को खोए बिना, एक सार्वभौमिक धर्म बनने में अधिक सक्षम है।" लगभग एक सदी बाद भी यह सत्य अपनी जगह पर बरक़रार है। सार्वभौमिकता हिन्दूवाद की प्रकृति से साथ पूरी तरह मेल खाती है। हिन्दूवाद पर्यावरण का भी सम्मान करता है, क्योंकि यह समूची सृष्टि की रचना का माध्यम है। इस दृष्टि से भी, हिन्दूवाद इक्कीसवीं सदी का धर्म है।

कश्मीर के भूतपूर्व महाराजा और जाने–माने भारतीय राजनीतिज्ञ डॉ. कर्ण सिंह हिन्दू दर्शन के अच्छे ज्ञाता और इस विषय पर कई अत्यन्त पठनीय पुस्तकों के विद्वान लेखक हैं। हिन्दू धर्म के पाँच प्रमुख सिद्धान्तों को आज वे विश्व के लिए अत्यन्त प्रासंगिक और अनुकरणीय मानते हैं। मोटे तौर पर कहा जाये तो ये पाँच सिद्धान्त इस प्रकार हैं। पहला, पूरी मानवता की एकात्मता की स्वीकृति, जो 'ऋग्वेद' में 'वसुधैव कुटुम्बकम्' के रूप में दर्ज है, अर्थात् विश्व एक परिवार है। दूसरा, सभी धर्मों की समरसता, जो स्वामी विवेकानन्द द्वारा बार–बार उद्धरित की जाने वाली 'ऋग्वेद' की इस पंक्ति से प्रकट होती है–'एकं सद् विप्रा बहुधा वदन्ति'। तीसरा, प्रत्येक मनुष्य में ईश्वरीयता का वास है, जो किसी तरह के सामाजिक–जातीय भेदभाव से ऊपर है। (हिन्दू समाज में इस सिद्धान्त का उल्लंघन सदियों तक एक अभिशाप बना रहा है।) चौथा, पूजा–पाठ से जुड़ी व्यावहारिक

रस्में और गहन चिन्तन–मनन, धर्म और विज्ञान का, ध्यान और समाजसेवा का अद्‌भुत समन्वय। पाँचवाँ, हिन्दू धर्म की खगोलशास्त्रीय दृष्टि, जिसमें असंख्य आकाशगंगाओं के अस्तित्व को स्वीकार करते हुए पृथ्वी को एक लघु इकाई मात्र माना गया है। डॉ. कर्ण सिंह के शब्दों में कहें तो, "आत्मन् में ऐसी भव्यता और माया है कि यह अस्तित्व के रहस्य के अवर्णनीय ज्ञान के द्वार खोल सकती है। हम, जो अतीत और भविष्य की सन्तानें हैं, लोक और परलोक की, प्रकाश और अन्धकार की, मानवता और दिव्यता की, क्षणभंगुर भी और सनातन भी, इस संसार की और इसके पार की, काल के भीतर भी और कालजयी भी–अपनी स्थिति को जानने–समझने में और लौकिक सीमाओं से ऊपर उठने में सक्षम हैं, और देश–काल की धकधकाती हुई खाई को पार करने में भी।"

इस तरह का सार्वभौमिक धर्म इस पुस्तक में वर्णित हिन्दूवाद ही हो सकता है न कि अपने भव्य धर्म का एक विकृत रूप प्रस्तुत करने वाले कट्टरवादियों का तुच्छ असहिष्णुता से ओत–प्रोत हिन्दुत्व। स्वामी विवेकानन्द ने हमेशा की तरह बिल्कुल सही शब्दों का प्रयोग करते हुए कहा था–"यदि कभी किसी सार्वभौमिक धर्म की आवश्यकता हुई, तो यह एक ऐसा धर्म होना चाहिए जिसकी स्थान या काल में कोई निश्चित जगह न हो, जो ईश्वर की तरह ही अनन्त हो; जिसका सूर्य कृष्ण और ईसा के अनुयायियों, सन्तों और पापियों पर एक समान प्रकाश फैलाए; जो न ब्रह्मवादी हो न बौद्धवादी, न ईसाईवादी हो न इस्लामवादी, परन्तु इन सबका योग हो...और फिर भी उसमें विकास के लिए अनन्त सम्भावना हो; जो निम्न से निम्न और क्रूर से क्रूर असभ्य जंगली से लेकर समस्त सद्‌गुणों से सम्पन्न महात्मा पुरुष तक, जिसके साधारण मनुष्य होने पर भी सन्देह हो और जो मस्तिष्क और हृदय से मानवता से ऊपर उठ चुका हो, प्रत्येक मनुष्य को अपनी अनन्त भुजाओं में समेटे हुए हो। यह एक ऐसा धर्म होगा जिसमें दण्ड–विधान या असहिष्णुता के लिए कोई जगह नहीं होगी। जो प्रत्येक मनुष्य में ईश्वरीयता के अस्तित्व को स्वीकार करेगा; और जिसका पूरा ध्यान और पूरा ज़ोर मानवता को अपनी दिव्यता का अहसास करवाने पर होगा। एक ऐसा धर्म प्रस्तुत करो तो सभी राष्ट्र आपका अनुसरण करेंगे।"

मैं वह हिन्दू हूँ जिसे ऐसा ही एक धर्म विश्व को प्रस्तुत करने पर गर्व

है। मैं यह कहते हुए इस तथ्य के प्रति पूरी तरह सचेत हूँ कि हिन्दूवाद धर्मान्तरण में विश्वास नहीं करता। यह सिर्फ स्वयं को एक उदाहरण के रूप में प्रस्तुत कर सकता है, जिसका अनुसरण करना न करना दूसरों की इच्छा पर निर्भर है। यह अब्राहमी धर्मों की तरह स्वयं को सार्वभौमिक बनाने की आकांक्षा नहीं रखता; फिर भी इसके सिद्धान्त और मूल्य एक विश्व धर्म की कसौटी पर खरे उतरते हैं। परन्तु इससे पहले इसका पुनरुत्थान आवश्यक है–इसके भव्य उदारवाद, खुलेपन और इसकी स्वीकृति, इसकी चयनशीलता और इसकी व्यापकता का इसके जन्म के देश में पुनर्प्रतिष्ठापन। जैसाकि 'बृहदारण्यक उपनिषद' में बहुत सुन्दर शब्दों में और पृथ्वी के हर मनुष्य के लिए गहरे अर्थ वाले इस श्लोक में कहा गया है–

असतो मा सद् गमय
तमसो मा ज्योतिर्गमय
मृत्योर मा अमृतं गमय

मुझे असत्य से सत्य की ओर ले चलो
मुझे अन्धकार से प्रकाश की ओर ले चलो
मुझे मृत्यु से अमरत्व की ओर ले चलो।

पुस्तक–सूची

ए.एल. बेशम, 'द वण्डर दैट वाज़ इण्डिया', पिकाडोर, लन्दन, 2004

अंसार हुसैन ख़ान, 'द रीडिस्कवरी ऑफ़ इण्डिया : ए न्यू सबकॉन्टीनेण्ट', ओरिएण्ट लोंगमैन, हैदराबाद, 1995

एंसली टी एंब्री, 'सोर्सेज़ ऑफ़ इडिण्यन ट्रेडीशन', खण्ड–1, कोलम्बिया यूनिवर्सिटी प्रेस, न्यूयॉर्क, 1958

भारत प्रकाशन, 'श्री गुरुजी : द मैन एण्ड हिज़ मिशन', भारत प्रकाशन, नयी दिल्ली, 1955

सी.आर. देशपाण्डे, 'ट्रांसमिशन ऑफ़ द महाभारता ट्रेडीशन', इण्डियन इंस्टीट्यूट ऑफ़ एडवांस स्टडी, शिमला, 1978

डॉ. कर्ण सिंह, 'ऐस्सेज़ ऑन हिन्दूइज़्म', रत्नासागर, नयी दिल्ली, 1989

डी.एन. झा, 'द मिथ ऑफ़ द होली काउ', नावायना बुक्स, नयी दिल्ली, 2009

—'व्हाट द गॉड्स ड्रैंक', इण्डियन एक्सप्रेस, 29 जुलाई, 2017

डायना एल.ईक, 'ए स्पिरिच्युल जर्नी फ्रॉम बोजमन टू बनारस', बीकन प्रेस, बोस्टन, 1993

दीनदयाल उपाध्याय, 'राष्ट्र जीवन की दिशा', लोकहित प्रकाशन, लखनऊ, 1976, 2010

फ्रेडरिक मैक्स मूलर, 'द उपनिषद्, भाग–2', ऑक्सफ़ोर्ड क्लेरेंडन प्रेस, 1884

ज्ञानेन्द्र पाण्डे, 'हिन्दूज एण्ड अदर्स', वाइकिंग, नयी दिल्ली, 1993

एम.एस. गोलवलकर, 'बंच ऑफ़ थॉट्स', विक्रम प्रकाशन, बेंगलुरु, 1968

—'वी, ऑर अवर नेशनहुड डिफाइण्ड', भारत पब्लिकेशन्स, नागपुर, 1945

जवाहरलाल नेहरू, 'द डिस्कवरी ऑफ़ इण्डिया', द सिग्नेट प्रेस, कलकत्ता, 1946

जॉन मेंदिविले, 'द ट्रेवल्ज़ ऑफ़ सर जॉन मेंदिविले', पेंगुइन बुक्स, लन्दन, 2005

जोनार्दन गनेरी, 'अर्था : मीनिंग', ऑक्सफ़ोर्ड यूनिवर्सिटी प्रेस, नयी दिल्ली, 2011

जुआँ मस्करों, 'द उपनिषद्स' पेंगुइन बुक्स लन्दन, 1965

के.एम. सेन, 'हिन्दूइज़्म', पेंगुइन बुक्स, लन्दन, 1978

क्रिस्तोफ, ज़फ़रेलो, 'हिन्दू नेशनलिज़्म : ए रीडर', प्रिंसटन यूनिवर्सिटी प्रेस, प्रिंसटन, 2007

कोनराड ईस्ट, 'भारतीय जनता पार्टी विज़–अ–विज़ हिन्दू रीसर्जेन्स', वॉइस आफ़ इण्डिया, नयी दिल्ली, 1997

नन्दिता कृष्णा, 'हिन्दूइज़्म एण्ड नेचर', पेंगुइन बुक्स, नयी दिल्ली, 2017

नन्दिता कृष्णा, शकुन्तला जगन्नाथन, 'गणेशा : द ऑस्पिशीयस...द बिगिनिंग', वकील, फेफर एण्ड सीमोन्स, मुम्बई, 1992

नटराज गुरु, 'द वर्ड ऑफ़ द गुरु : द लाइफ एण्ड टीचिंग्स ऑफ़ गुरु नारायण', डीके प्रिण्ट–वर्ल्ड, नयी दिल्ली, 2003

आर.सी. जेहनर, 'हिन्दूइज़्म', ऑक्सफ़ोर्ड यूनिवर्सिटी प्रेस, लन्दन, 1962

आर. रामचन्द्रन, 'ए हिस्ट्री ऑफ़ हिन्दूइज़्म', (अप्रकाशित पाण्डुलिपि, 2017)

रमेश मेनन, 'भागवत पुराण', रूपा पब्लिकेशन्स, नयी दिल्ली, 2007

रिचर्ड लेनोय, 'द स्पीकिंग ट्री : ए स्टडी ऑफ़ इण्डियन कल्चर एण्ड सोसाइटी', ऑक्सफ़ोर्ड यूनिवर्सिटी प्रेस, न्यूयॉर्क और लन्दन, 1871

रेमन पणिक्कर, 'द वैदिक एक्सपीरियंस मन्त्रमंजरी : एन एन्थोलॉजी ऑफ़ द वेदाज़ फॉर मॉडर्न मैन', यूनिवर्सिटी ऑफ़ केलिफोर्निया प्रेस, बर्कले, 1977

रोमिला थापर, 'द पेंगुइन हिस्ट्री ऑफ़ अर्ली इण्डिया', पेंगुइन बुक्स, नयी दिल्ली, 2003

एस. राधाकृष्णन, 'द हिन्दू वे ऑफ़ लाइफ़', जी. एलन एण्ड अनविन लि., लन्दन, 1927

श्री पुरोहित स्वामी, 'द गीता : द गोस्पेल ऑफ़ लॉर्ड श्री कृष्णा', फेबर एण्ड फेबर, लन्दन, 1935

स्वामी चिन्मयानन्द, 'द होली गीता', चिन्मय मिशन ट्रस्ट, मुम्बई, 1992

स्वामी गम्भीरानन्द, 'एट उपनिषद् विद द कामेंट्री ऑफ़ शंकराचार्य', अद्वैत आश्रम, कोलकाता, 1989, 2006

स्वामी मुनि नारायण प्रसाद, 'द फिलोसफ़ी ऑफ़ नारायण गुरु', डीके प्रिण्ट–वर्ल्ड, नयी दिल्ली, 2003

स्वामी पार्थसारथी, 'वेदान्त ट्रीटाइस' : द एटरनिटीज़', वकील एण्ड संस, मुम्बई, 1978

स्वामी सत्यानन्द सरस्वती, 'फोर चैप्टर्स ऑन फ्रीडम', योगा पब्लिकेशन्स ट्रस्ट, 1976

स्वामी विवेकानन्द : 'द कम्पलीट वर्क्स ऑफ़ स्वामी विवेकानन्द', मैननमनी पब्लिशर्स, चेन्नई, 2015

शकुन्तला जगन्नाथन, 'हिन्दूइज़्म', वकील, फेफर एण्ड सीमोन्स, मुम्बई, 1984

शशि थरूर, 'इण्डिया : फ्रोम मिडनाइट टू मिलेनियम एण्ड बियोंड', पेंगुइन बुक्स, नयी दिल्ली, 2012

—'ऐन एरा ऑफ़ डार्कनेस : द ब्रिटिश एम्पायर इन इण्डिया', ऐलेफ़ बुक कम्पनी, नयी दिल्ली, 2016

—'इण्डिया शास्त्र : रेफ़्लेक्शन्ज़ ऑन द नातियों इन और टाइम', ऐलेफ़ बुक कम्पनी, नयी दिल्ली, 2015

—'द ग्रेट इण्डियन नॉवेल', पेंगुइन बुक्स, नयी दिल्ली, 1989

यू.आर. अनन्तमूर्ति, 'हिन्दुत्व और हिन्द स्वराज', हार्पर कॉलिन्स, नयी दिल्ली, 2016

वी.डी. सावरकर, .'हिन्दुत्व : हू इज़ ए हिन्दू?', (मूल संस्करण 'एसेंशियल्स ऑफ़ हिन्दुत्व' शीर्षक से प्रकाशित), वीर सावरकर प्रकाशन, 1921; गीता प्रेस संस्करण, 1993

वाल्टर के. एण्डर्सन, 'द ब्रदरहुड इन सेफ़्रोन', विस्तार पब्लिकेशन्स, नयी दिल्ली, 1987

वासुदेव शरण अग्रवाल, 'पद्मावत : मलिक मुहम्मद जायसी कृत महाकाव्य', साहित्य सदन, झाँसी, 1955

वेंडी डोनिजर, 'ऑन हिन्दूइज़्म', ऐलेफ़ बुक कम्पनी, नयी दिल्ली, 2013

विश्वनाथन (सम्पादन), 'एम आई ए हिन्दू?', रूपा पब्लिकेशन्स, नयी दिल्ली, 1993

उपिन्दर सिंह, 'पॉलिटिकल वायलेंस इन एंशिएण्ट इण्डिया', सेज पब्लिकेशन्स, नयी दिल्ली, 2016

अनुक्रमणिका

इ

ई

उ

ऋ

ए

ओ

औ

क

ख

ग

घ

च

ज

र

ल

व

श

स

ह

□□